# HISTOIRE ILLUSTRÉE

DE

# L'EXPÉDITION DU TONKIN

IMPRIMERIE L. DURAND ET FILS, FÉCAMP (SEINE INF$^{re}$.)

# EXPLOITS ET AVENTURES DES FRANÇAIS

### Au *TONKIN*, en *CHINE*, en *ANNAM*

## HISTOIRE ILLUSTRÉE
DE
# L'EXPÉDITION DU TONKIN

Le Pays — Les causes de la Guerre
Les Opérations au Tonkin. — Les Représailles
contre la Chine.
La Paix — La Pacification de l'Annam
Le Retour des Troupes en France

### FÉCAMP

LIBRAIRIE Vᵛᵉ P.-L. ÉBRAN, Rue du Havre

# ANNAM ET TONKIN

## I

### CONSIDÉRATIONS GÉNÉRALES

GÉOGRAPHIE. — POLITIQUE. — ADMINISTRATION. — MŒURS.
COUTUMES. — COMMERCE

La péninsule indo-chinoise est située, comme son nom l'indique, entre l'océan Pacifique et la mer des Indes ; aussi relie-t-elle deux des plus importants marchés du monde.

Elle est divisée en plusieurs états, dont l'un, l'**Annam**, situé à l'est, est celui qui nous occupe en ce moment.

L'Annam, d'une superficie de quatre cent quarante mille kilomètres carrés, comprend deux grandes régions : la Cochinchine proprement dite et le Tonkin. Il est séparé du bassin du Meï-Kong par une longue chaîne de montagnes, dont l'orientation, par rapport aux vents réguliers, a une influence capitale sur les conditions météorologiques du pays.

D'avril à octobre, lorsque la mousson du sud-ouest amène en basse Cochinchine la saison des pluies, l'Annam est en saison sèche ; quand la mousson du nord-est passe au contraire sur l'Annam, elle arrive de l'autre côté de la chaîne de montagne, dépouillée de son humidité, et, la saison sèche règne d'octobre à avril sur le bassin du Meï-Kong.

L'année se partage en deux périodes : celle de la sécheresse et celle des pluies, et, de brusques révolutions aériennes accompagnent ces changements de saison, principalement dans le delta du fleuve Rouge. C'est ainsi qu'au changement d'avril, quand souffle la mousson, il tombe chaque soir des torrents d'eau, avec accompagnement d'éclairs innombrables ; au changement d'octobre, l'ouragan tournoie le long des côtes, pénétrant dans l'intérieur des terres, et balayant tout sur son passage.

La chaleur, plus accablante dans l'intérieur du pays que sur le littoral, est plus forte dans le bas Tonkin qu'à Saïgon ; la température, qui s'élève jusqu'à quarante degrés, en été, ne s'abaisse pas, en hiver, à moins de huit degrés de chaleur au Tonkin et de dix-sept en Annam.

L'Annam est borné, au sud, par la Cochinchine française et le Cambodge, à l'ouest, par le royaume de Siam, à l'est, par la mer de Chine, au nord, par le Céleste-Empire, séparé de l'Annam par une zone inculte, occupée par des bandits pillards et insoumis, réunis en tribus.

Le Tonkin est relié à la province chinoise de Kouang-Si, par une grande route mandarine partant de Hanoï et passant par Bac-Ninh, Phu-Lang, Lang-Kep, Bac-Lé, Truong-Khanh, Chu, Lang-Son, et Dong-Dang. La route, à ce dernier point, voisine de la frontière, au reste, ne devient plus qu'une sorte de chemin rocailleux, et finit en un sentier assez peu praticable, aboutissant à une porte de bois, à double battant, encastrée dans un mur crénelé en briques, d'une hauteur de cinquante mètres : c'est la porte frontière.

Au nord-est, une partie des côtes du Tonkin est bordée de falaises abruptes et d'îles rocheuses, appelées *Archipel des Pirates* ; parmi les baies de la côte méridionale de l'Annam, la plus connue est celle de Tourane, au sud de la province de Hué, toute entourée au nord et à l'ouest d'un hémicycle de collines. Enfin, d'autres découpures analogues se succèdent depuis la presqu'île de Thien-Tcha, jusqu'au cap Padaron ; les principales sont les golfes de Kouï-Nou, de Sonan-Daï, de Hon-Khoï et de Kam-Ran.

La région montueuse du Kouang-Si se prolonge jusqu'au Tonkin par des rameaux secondaires, et des saillies transversales qui séparent la zone côtière en vallées distinctes ne communiquant ensemble que par la côte, lorsque les brèches latérales font défaut.

Les côtes de l'intérieur, qui, vues du large, semblent couvertes de forêts, sont pour la plupart, principalement vers le sud de la chaîne, des masses granitiques dépourvues de végétation ; soit pour agrandir le domaine de la culture ou pour se débarrasser des fauves, on allume, en effet, des incendies périodiques qui dénudent les hauteurs. Mais qu'on franchisse la crête, le spectacle change, de la région déboisée et défrichée on passe dans une contrée toute couverte de forêts.

Un fleuve réellement important, vient se jeter dans la mer, sur la côte orientale de l'Annam : le fleuve Rouge, que les Chinois appellent Hong-Kiang, et nommé Song-Koï par les Annamites. Il doit son nom français à la teinte que lui donnent des gisements métallifères, voisins de sa source, dans le Yunnam. Il traverse le Tonkin du nord-ouest au sud-est et arrose Lao-Kay, Hong-Hoa, Son-Tay, Hanoï et Hong-Yen. Non loin de Hong-Hoa, il reçoit deux affluents considérables : le Song-Bô à droite, et le Tsig-Hô, à gauche. Le premier est plus connu sous le nom de rivière Noire ; on peut le remonter jusqu'à Laos ; le second, la rivière Claire, coule entre deux rives très fertiles et arrose la ville de Tuyen-Quan. Enfin, à cent cinquante kilomètres de la mer, commence le delta du fleuve Rouge, qui se divise d'abord en deux branches : fleuve Rouge et Song-Hat ou Daï, et ne tarde pas à se subdiviser en une quantité innombrables de canaux naturels ou artificiels.

Le fleuve Rouge est navigable, contrairement à certaines assertions ; il est navigable et constitue la véritable route commerciale de la Chine à l'Europe, au détriment du fleuve Bleu et de la Birmanie, c'est-à-dire de la route anglaise. Le Tonkin, déjà très important par sa population et ses ressources, vient d'entrer de lui-même dans le domaine de l'Europe commerçante, par cette voie qu'il ouvre naturellement vers l'intérieur de la Chine.

On a cru tout d'abord que l'accès de la Chine par le fleuve Rouge, était difficile. Aujourd'hui que le Tonkin est pacifié, et qu'on a pu reprendre toutes études sérieuses de cette route liquide, on a relevé les avantages incontestables de cette voie fluviale et sa commodité ; les indigènes savent en profiter avec intelligence. Il est donc probable, on peut même désormais assurer que Lao-Kay, le point frontière du fleuve, deviendra le principal entrepôt du commerce fluvial ; là les jonques débarqueront les marchandises importées d'Europe, là aussi s'échangeront ces marchandises avec celles apportées à dos de mulet, de l'intérieur de la Chine.

Le fleuve Rouge devient navigable à partir de la ville chinoise de Mang-Hao ; cependant, entre ce point et Lao-Kay on rencontre des rapides que ne peuvent franchir les vapeurs. En réalité, sa partie navigable compte quatre cent quatorze milles.

En Annam, la monarchie est absolue, et, le roi, appelé *Fils du ciel*, dispose de la vie de tous ses sujets, a le commandement suprême des forces de terre et de mer, déclare la guerre, fait la paix, signe les traités, nomme à tous les emplois. Comme souverain pontife, il a le droit exclusif d'offrir au nom de la nation, des sacrifices au *Thuong-Dé*, c'est-à-dire *au maître absolu des choses et des âmes*.

Il est assisté d'un conseil supérieur, appelé Noï-Cac, qui lui donne des avis officieux sur les questions, et composé : pour les affaires civiles, d'un grand censeur ou *Daï-Hoc-Si* et de trois vice-censeurs ; pour les affaires militaires, d'un grand maréchal du centre ou *Trung-Quan*, et de quatre maréchaux vulgairement appelés les colonnes de l'empire.

Viennent au-dessous six grands tribunaux ou ministères : *Lai-Bo*, de l'intérieur, *Bo-Hô*, des finances ; *Bo-Lé*, des rites ; *Co Hinh*, de la justice ; *Bo-Binh*, de la guerre ; *Bo-Kong*, des travaux publics.

Sauf les expéditionnaires, tous les agents payés par le gouvernement portent le titre de mandarins. Il y a des mandarins civils ou *Quan-van*, choisis parmi les lettrés, et des mandarins militaires ou *Quân-Vo*, choisis parmi les soldats les plus adroits.

Considérés isolément, ces mandarins ne sont pas indépendants de la volonté du roi et n'oseraient discuter ses moindres caprices, mais collectivement, le grand corps administratif qu'ils représentent, est, en fait, extrêmement puissant, parce qu'il détient les forces dirigeantes de la nation.

Il est d'autant plus puissant, en cette collectivité, que par un moyen fort habile, quoique voilé sous les apparences de la justice et de l'égalité, le corps des mandarins se recrute presque exclusivement dans les mêmes familles ; les fils de mandarins succèdent à leurs pères.

Costume d'un grand Mandarin annamite.

Les examens, en droit, donnent seuls la clef de mandarinat, mais, par une indulgence fort exceptionnelle pour les candidats fils de mandarins, ceux-ci sont toujours jugés aptes à prendre en mains l'administration des affaires publiques; il leur suffit de savoir lire et écrire les caractères chinois.

Dans ce pays, les administrateurs sont les ennemis les plus dangereux de leurs administrés. Les fonctionnaires mal rétribués, se rattrapent sur les malheureux contribuables, chacun en proportion du rang qu'il occupe.

Le roi, dont le pouvoir est absolu, en théorie, subit, lui aussi, l'influence des mandarins, et n'est le plus souvent que l'instrument de leur politique, passée au surplus maintenant entre les mains du résident français. Aussi ne nous attarderons-nous pas à décrire plus amplement l'administration de ce pays, les grandes lignes que nous venons d'indiquer étant suffisamment explicatives depuis la transformation de l'Annam, devenu pays de France.

Passons à l'administration intérieure que nous allons aussi esquisser à grands traits, en faisant plutôt connaître son ancien fonctionnement, que les vice-résidents français et le résident général sont occupés à modifier au mieux des intérêts des habitants et de la France.

L'Annam proprement dit se divise en neuf provinces :

1° *Binh-Thouan;*
2° *Khanh-Hoa;*
3° *Fou-Yen;*
4° *Bihn-Dhin;*
5° *Kouang-Ngai;*
6° *Kouang-Nam;*
7° *Kouang-Duc* (Hué);
8° *Kouang-Tri;*
9° *Kouanh-Binh;*

Le Tonkin en comprenait seize :

Au nord : 1° *Cao-Binh;*
2° *Lang-Son;*
3° *Thaï-Nguyen;*
4° *Bac-Ninh;*

Au nord-est :   5° *Haï-Dzuong;*
                6° *Quang-Yên;*

Au nord-ouest : 7° *Son-Tay;*
                8° *Tuyên-Quang;*
                9° *Hung-Hoa;*

Au centre :    10° *Ha-Noï;*
               11° *Ninh-Binh,*
               12° *Nam-Dinh,*
               13° *Hung-Yên;*

Au sud :       14° *Thanh-Hoá;*
               15° *Nghê-An;*
               16° *Hà-Tinh.*

Les provinces de l'Annam se divisent en départements, arrondissements, cantons et communes.

Les *Quan-Phu*, préfets et les *Quan-Huyen*, sous-préfets, s'occupent, chacun dans sa circonscription, à répartir les impôts, à en assurer la rentrée, à entretenir les voies de communication, à accomplir les cérémonies rituelles, à veiller à la tranquillité publique, à encourager les progrès de l'instruction, à rendre la justice au premier degré, en matière criminelle, au deuxième degré en matière civile.

Des écoles libres, existent dans chaque *Phù*, ou préfecture, elles sont surveillées par des fonctionnaires spéciaux.

Le canton a à sa tête un *Cai-Tong* assisté d'un sous-chef ou *Pho-Tong* et parfois d'un aide ou *Ban-Bien*, ces chefs de canton sont élus par les délégués des communes. Ils ont des attributions analogues à celles des Hugên et connaissent des affaires civiles, sur simples plaintes verbales, jamais sur plaintes écrites. Ils ne reçoivent point de traitement de l'Etat et perçoivent seulement un droit sur leurs condamnés.

Quant aux communes, elles s'administrent elles-mêmes et peuvent posséder, acquérir, s'imposer extraordinairement, exécuter des travaux d'utilité publique, etc. Leur seul obligation consiste dans la levée de l'impôt, pour le gouvernement, qu'elles effectuent directement et dont elles sont responsables.

La commune est administrée par un conseil de notables ou *Cac-Chuc*, à la tête duquel est le maire ou *Thon-Truong*.

Pour en terminer avec cet aperçu général, disons que la population d'un village se divise en deux catégories :

Les inscrits aux rôles ou *Dan-Bo* et les non inscrits ou *Dan-Ngoaï*. Les premiers sont électeurs et éligibles aux fonctions communales; les autres sont corvéables et taillables à merci.

La religion de ce pays est officiellement celle de Bouddha, et réellement, le culte des ancêtres et des génies.

Au Tonkin, particulièrement, chaque village a son esprit protecteur, et le pays est parsemé de pagodes dédiées aux génies ou à d'ex illustres personnages.

L'Annamite et le Tonkinois sont extraordinairement superstitieux, et dévots à la manière antique, en sacrifiant à la divinité des victimes bien grasses, que l'on mange après la cérémonie, et en consultant des augures. Mais, la principale religion est celle des ancêtres. Les riches leur consacrent un édifice spécial, les gens de classe moyenne, une pièce particulière de l'habitation, les pauvres, la place d'honneur du logement.

Un homme mourant sans héritier voit également sa mémoire honorée par des âmes pieuses qui viennent faire des offrandes « aux âmes abandonnés » sur les autels érigés auprès des chemins.

Dans les « chambres d'ancêtres » s'élève un autel en escalier dont chaque degré est occupé par les planchettes d'une génération; une image de Bouddha, autour de laquelle brûlent des veilleuses, est accrochée au-dessus de cet autel.

Les offrandes sont dues aux ancêtres le premier jour de l'année, aux anniversaires de la mort des descendants de la ligne paternelle, du bisaïeul, de la bisaïeule, et à des époques déterminées par le rituel.

A ces jours, des repas sont préparés pour les ancêtres, les autels sont parés dans le temple domestique; le soir, à la venue de la nuit, les cierges sont allumés, et le chef de la famille commence son sacrifice.

L'enterrement annamite est curieux. Le mort, vêtu de ses plus beaux habits, est placé dans un cercueil en bois de senteur, après avoir été exposé vingt-quatre heures sur un lit de parade, la bière est ensuite posée sur un sarcophage que soutiennent de trente à quarante porteurs. Le bruit des gongs, des tamtams et des tambours de basque couvre à peine les hurlements et les cris des pleureuses, vêtues de blanc, qui suivent immédiatement le cercueil. Viennent après elles les hommes, habillés de noir, portant sur des brancards des planchettes coloriées ; enfin, les bonzes chantant des cantiques et les musiciens font partie du cortège, flanqué sur ses côtés d'individus allant et venant, chargés spécialement de chasser les mauvais esprits rôdant autour de la bière. La cérémonie se termine par un sacrifice et un grand repas.

On pouvait autrefois, dans certaines proportions, comparer la puissance du père de famille à celle du chef de la maison chez les anciens Romains : *le père*. Aujourd'hui, néanmoins, son autorité est limitée par la loi, mais l'enfant a toujours le plus profond respect pour son père ; en certaines circonstances il doit se prosterner devant lui. Il est tenu de lui fournir des aliments, s'il devient infirme et de payer ses dettes ; il ne peut se marier sans son consentement.

Quand un Annamite veut se marier, il délègue ses pleins pouvoirs à un intermédiaire ou *Mai Duong*, qui agit en son nom, auprès des parents de la jeune fille ; il rédige le contrat et préside à toutes les cérémonies des fiançailles qui, dans les familles riches, ne durent pas moins de six mois. Le futur conjoint n'est autorisé à présenter son cadeau de noces que le jour où est fixée définitivement la date exacte du mariage ; ce cadeau est toujours accompagné du porc symbolique enfermé dans une cage richement ornée.

Le jour des noces, le jeune homme salue quatre fois les ancêtres et trois fois les père et mère de la jeune fille. Les notables du pays, les parents et les amis des deux familles sont conviés à un grand repas, après lequel la fiancée est conduite à la maison de son mari. C'est pendant le repas de noces que lecture est faite de l'acte de mariage, que seul peut rompre le divorce.

La polygamie, légale, n'est pratiquée que par les femmes.

Les habitants de l'Annam et du Tonkin sont, de tous les peuples envahisseurs de la presqu'île indo-chinoise, ceux qui ont conservé le plus complètement les caractères distinctifs de la race jaune.

De taille moyenne, imberbes jusqu'à l'âge de trente ans, ils ont les cheveux noirs, longs, abondants, souples et lisses, la face plate, osseuse, anguleuse et losangique, et, le front large à sa partie inférieure. Leur teint varie depuis la nuance cire jusqu'à celle d'acajou et de feuille morte.

Leurs yeux sont à fleur de tête, avec des paupières épaisses et bridées aux commissures, des sourcils mal dessinés, des pommettes saillantes; ils ont le nez épaté et enfoncé à sa racine et les mains longues, étroites, terminées par des doigts noueux. Leur corps est trapu, la taille à peine indiquée, le bassin large, et la partie supérieure des fémurs écartée, ce qui donne à leur démarche une sorte de claudication. Souvent les jambes sont arquées et l'écartement du gros orteil est assez considérable, conformation qui résulte de l'habitude qu'ont les Annamites et les Tonkinois de se servir en guise d'étrier d'une simple ganse de corde passant entre le premier et le second orteil, de manœuvrer avec le pied la barre du gouvernail, enfin de ramasser les menus objets avec le même pied pour ne pas se donner la peine de se baisser. Ils vieillissent très rapidement.

Le vêtement est à peu près le même pour les individus des deux sexes; il se compose d'un pantalon court, très large, et d'une robe à manches collantes, descendant jusqu'aux genoux. Seuls les riches portent des chaussures, sortes de sandales à bouts pointus; les mandarins complètent ce costume par le port de grands parapluies, signe de distinction dans l'Indo-Chine.

La nourriture consiste en viande de porc, riz, canards, poulets, légumes, œufs, poissons, qu'ils arrosent d'une sorte de saumure fort nauséabonde, appelée *Nuôc-Mam*, de fruits d'espèces très variées, etc. Les repas n'ont qu'un seul service. Les mets sont servis dans des écuelles en porcelaine, placées sur un plateau de bois ou de bronze, et chaque convive, assis les jambes croisées, puise dans les plats.

Les maisons sont de simples hangards recouverts de feuilles de palmier d'eau et fermées par un lattis de palétuvier; elles sont percées, devant et derrière, d'une porte à charnières qu'on soulève en la soutenant horizontalement, le jour. La nuit, on les laisse simplement retomber. Des nattes servent de cloisons, à l'intérieur. Le lit est formé d'un cadre de bois, recouvert de nattes et monté sur tréteaux. Quelques bancs, divers tabourets de bambous, de grands coffres, serrés dans les coins, et destinés à renfermer les bijoux et les vêtements, constituent le mobilier.

Enfin, contre la muraille du four, brillent les écrans dorés de l'autel domestique.

Bien que le chinois soit la langue des mandarins et des lettrés, il existe une langue annamite, concise, euphonique et originale, mais dont le vocabulaire se compose d'un nombre de mots très restreint. Aussi a-t-on recours à des intonations musicales pour multiplier le sens des mots. L'écriture est idéographique et dérive des signes chinois; mais elle a subi des modifications et des additions sensibles.

L'Annam, et particulièrement le Tonkin sont des pays avec productions variées de la valeur desquels on peut juger par les indications suivantes :

Dans le règne minéral : l'acier, l'alun, l'ambre, l'anthracite, l'antimoine, l'argent, le charbon, le cuivre, l'étain, le fer, le jade, le kaolin, le marbre, l'or, le plomb, le sel gemme, le soufre, le zinc.

Dans le règne végétal : le bambou, la badiane, la cannelle, la canne à sucre, le caféier, le champignon, le coton, le haricot, le ricin, le riz, le sésame, le maïs, l'igname, la patate, la pomme de terre, le cocotier, l'arbre à thé, le mûrier blanc, le bétel.

Dans le règne animal : le tigre, l'éléphant sauvage, le buffle, le rhinocéros, le sanglier, le singe, le cheval, l'ours, la gazelle, le renard, un grand nombre d'oiseaux de basse-cour et de poissons, des tortues énormes, des oiseaux au plumage varié.

Dans les plaines le sol est gras, limoneux, et doit sa fertilité aux alluvions que de nombreux cours d'eau lui apportent; les montagnes sont en général formées d'entassements de granit et de syénite. Les mines d'or et d'argent sont situées à l'ouest du Tonkin : on ignore la valeur des premières, les secondes produisent annuellement 6,000 kil. d'argent environ... L'étain, le zinc et le cuivre se trouvent, au nord, dans les soulèvements qui forment la frontière du Tonkin.

Indépendamment du riz, dont on fait deux récoltes par an, en juillet et en novembre, on cultive encore au Tonkin le maïs, qui vient fort bien dans les terrains privés d'eau ; on y trouve l'igname, la patate et la pomme de terre. Il y a une quantité de légumes très différents de ceux d'Europe.

Le blé et la vigne n'ont jamais pu réussir. Le bambou pousse partout comme en Chine ; on en fait des charrues, des herses, des pioches, des engins de pêche, des lances, des briquets, des instruments de musique, des sièges, du papier, des maisons entières. Le cocotier, le mûrier blanc, l'arbre à thé, le tabac, le bétel, le bananier, l'ananas s'y trouvent abondamment comme dans tous les pays intertropicaux. La flore d'Europe n'y est représentée que par le muguet et le rosier. Les hauteurs, partout boisées, recèlent des essences d'une grande richesse, et dont quelques-unes sont peut-être encore ignorées de nos savants. Citons, parmi les bois les plus célèbres dans le pays : le teck, l'arbre à veines et celui qu'on appelle le *bois d'aigle* ; brûlé, il donne un parfum délicieux.

S'il est une contrée où le fauve dispute à l'homme le droit de séjour sur la terre qui ensemble les voit naître, c'est bien le Tonkin. Les tigres, toujours insatiables de chair humaine, sont nombreux sur le littoral ; dans les montagnes aux forêts sombres, dans les plaines, partout où la jungle se couvre de sinistres roseaux, on trouve encore ces féroces carnassiers à l'affût de l'homme ou du cerf.

L'éléphant sauvage, le buffle, le rhinocéros, le sanglier, des singes d'une variété infinie, sont aussi des ennemis contre lesquels l'indigène soutient une lutte sans trêve.

Cependant, l'éléphant, le buffle, le bœuf sauvage soumis au joug, sont bientôt domestiqués. Le cheval est de petite taille, mais sa forme ordinairement chétive, reprend toute sa grâce dès que l'animal est reposé. On ne s'en sert pas pour l'agriculture ou le transport des denrées, il est exclusivement monté par les mandarins ou les riches négociants.

Il n'y a ni moutons ni lièvres dans les plaines, mais les basses-cours sont aussi bien garnies de poules, d'oies, de cochons et de ca-

Jean Dupuis

EXPLORATEUR DU TONKIN

nards, que la plupart de nos fermes d'Europe. Les abeilles déposent, au hasard, dans un creux d'arbre ou de rocher, un miel blanc et parfumé ; on n'en connaît pas de jaune, c'est-à-dire du commun. Les sauterelles, aussi malfaisantes qu'en Algérie, sont mangées frites et blanches et sont excellentes.

Les poissons abondent, dans un pays traversé par autant de cours d'eau ; dans les montagnes on rencontre d'énormes tortues, allant rarement à l'eau.

Parmi les oiseaux, on retrouve au Tonkin, le moineau, la caille, la bécassine et la tourterelle qui meurt en cage, l'aigle tout petit, le vautour, très gros, l'épervier dressé fort habilement pour la pêche, enfin, la petite hirondelle de mer ou salangane, qui fait ce nid si recherché des gourmets chinois.

L'industrie est peu développée, La fabrication du papier et de l'encre est défectueuse, celle du verre inconnue. Les industries de luxe comptent de bons ouvriers, et les Annamites déploient un goût et une habileté incontestables dans l'art des incrustations.

Le satin broché de France se vend assez couramment sur la place d'Hanoï à la population des lettrés, ainsi que la grenadine et le velours gaufré. Les cotonnades légères blanchies et écrues se vendent en grande quantité à la classe ordinaire pour ses approvisionnements d'hiver. Ces cotonnades, faites *d'après les dimensions en usage dans le pays*, ont la préférence des indigènes sur les articles similaires anglais. Les cotonnades très légères et tous les autres tissus de coton aux couleurs vives et variées se vendent couramment pour couvertures et objets de literie ; les indigènes achètent aussi les couvertures façon japonaise ou celles en coton rayé couleur et mi-laine. Les modèles européens de mobilier, les tissus d'indienne pour vêtements de femmes et d'enfants tendent à s'écouler assez vite. La quincaillerie et les fers pour bâtiments de provenance française sont fort appréciés. Enfin, une partie de la population d'Hanoï commence à s'habiller à l'européenne.

## II

## DES CAUSES DE LA GUERRE

L'idée d'un grand établissement général sur la côte de l'Indo-Chine remonte à Louis XVI. Abanbonné par Napoléon I<sup>er</sup>, reprise sous la Restauration, elle reçut enfin son commencement d'exécution sous le second Eempire, par l'occupation de la Cochinchine.

Cette opération devait donner au gouvernement l'idée d'ouvrir au commerce de la nouvelle colonie des débouchés commerciaux avec l'Europe et avec la Chine. Des explorations furent entreprises qui furent l'origine du conflit franco-chinois.

Aujourd'hui que l'empire franco-indo-chinois comprend les quatre grands pays qu'on appelle le Tonkin, l'Annam, la Cochinchine et le Cambodge, aujourd'hui que la pacification est chose faite, sauf en certaines régions de l'Annam, que toutes les provinces sont placées sous la surveillance supérieure des résidents français, on oublie les difficultés premières et les embarras tout spéciaux qui ont présidé aux premières tentatives. L'Annam, par sa situation particulière, a apporté les plus grandes entraves aux projets des gouverneurs de la Cochinchine.

Aussi, pour connaître la portée bien exacte de la prise de possession non seulement du Tonkin par la France, mais encore de l'Annam, faut-il reprendre l'historique des faits, dès l'occupation de la Cochinchine.

Maîtres de cette nouvelle colonie, les Français cherchèrent les moyens d'ouvrir au commerce de cette Cochinchine les meilleurs débouchés avec le Céleste-Empire.

Le capitaine de frégate Doudart de la Grée, parti le 5 juin 1866 de Saïgon, remonta le Mé-Kong, chercha dans quelles limites cet immense cours d'eau pouvait être utilisé comme voie de communication, visita les ruines d'Angkov, explora le lac Talé-Sap, le pays des Laos et franchit la frontière du Yunnam, le 18 octobre 1867.

Pendant que le capitaine Doudart de la Grée se dirigeait ainsi, il envoyait son lieutenant, Francis Garnier, explorer le Song-Koï, qu'il ne put descendre que jusqu'à une distance de quarante milles par suite du mauvais vouloir des populations.

« A six journées de Liungan, écrivit le capitaine de frégate au gouverneur de la Cochinchine, se trouve le marché renommé de Mang-Hao, à partir duquel le Song-Koï est navigable jusqu'à la mer. A ce marché, et à quelques autres, situés en aval sur la terre tonkinoise, des habitants du Yunnam et du Kouang-Si, des indigènes des montagnes et des Chinois de Canton y apportent, par voie de mer, des marchandises européennes. »

Quelques jours après, l'expédition perdait son chef à Tong-Chuen, et rentrait à Shang-Haï après un voyage de deux ans.

Les prévisions de Doudart de la Grée et de Francis Garnier étaient justes ; malheureusement la mort empêcha ces deux marins de voir vérifier leurs hypothèses. Cet honneur était réservé à un Français : Jean Dupuis, homme d'un caractère énergique, plein de courage, de hardiesse et de persévérance.

De bonne heure il avait manifesté un très grand goût pour les voyages. Après une série d'aventures en 1859, il arriva en Chine en même temps que l'expédition qu'il suivit, s'établit à Han-Kéou, et ne tarda pas à s'y assurer une situation commerciale fort honorable et très lucrative.

Quelques années après, il prit la résolution hardie de partir explorer les riches provinces de la Chine méridionale, éloignées de toute route économique, et de chercher dans le Song-Koï, qui traverse le Tonkin du nord-ouest au sud-est, la voie inutilement cherchée jusqu'alors.

Il partit de Han-Kéou en septembre 1870, et se rendit au Yunnam, accompagné jusqu'à la frontière par une escorte. Là, seul avec un domestique chinois, il poursuivit sa route, à la recherche du Song-Koï, à travers des pays peu connus et très mal habités.

Il parvint un jour, au bord d'une vallée profonde d'un kilomètre environ, et se trouva en présence d'une rivière qu'on lui dit être le Song-Koï ; il la descendit en barque jusqu'à Kouen-Ce, premier poste annamite où on l'empêcha de continuer sa route. Mais, désormais, il connaissait le fleuve Rouge et le savait navigable.

Il revint au Yunnam où les autorités, approuvant sa découverte, voulurent le charger des approvisionnements de l'armée et lui offrirent un corps de 10,000 hommes pour assurer la libre circulation du fleuve Rouge contre les riverains hostiles et l'accréditer auprès du roi d'Annam, tributaire de la Chine.

Jean Dupuis n'accepta que la mission commerciale et refusa toute intervention officielle de l'administration chinoise ; il voulait faire profiter la France de sa découverte. En 1872, il partit pour Paris, y préparer son expédition, et faire part au gouvernement de son projet d'ouverture du fleuve du Tonkin, en lui demandant son concours.

Le vice-amiral Pothuau, ministre de la marine, ne pouvait, au lendemain de la terrible guerre de 1870, faire la moindre tentative militaire pour étendre le domaine colonial en France. Il ne put qu'approuver officieusement les projets de Jean Dupuis, faire des vœux pour le succès de l'entreprise et mettre à la disposition de l'explorateur un navire qui le conduirait de Saïgon à Hué. Il le recommanda également au gouverneur de la Cochinchine.

Le 26 octobre 1872, deux canonnières à vapeur françaises partaient de Hong-Kong pour le golfe du Tonkin où ils rencontrèrent, le 18 novembre, le capitaine Senez, commandant l'aviso *le Bourague*. Ces deux canonnières, remorquant une jonque chinoise, contenaient un petit corps d'aventuriers commandé par Dupuis et formé de vingt-cinq Européens et de cent vingt-cinq Asiatiques. L'expédition était armée de chassepots et de revolvers. M. Millot, négociant à Shang-Haï, commandait en second.

Dès le début, Dupuis éprouva les effets du mauvais vouloir des mandarins annamites, dans la personne du commissaire royal Ly, gouverneur des trois provinces maritimes.

Nous ne saurions mieux faire connaître les points saillants de cette première expédition qu'en détachant quelques pages du journal si intéressant de Dupuis.

« 19 novembre. — Le commissaire Ly, qui a mission de garder l'entrée du fleuve Rouge, tente de me détourner de mon entreprise : « Le fleuve n'est pas navigable, me dit-il, les rebelles vous massacreront dans le haut fleuve. »

« D'un autre côté, le commandant Senez s'entremet officieusement en ma faveur par l'organe de Mgr Gauthier, évêque au Tonkin méridional. Il fait valoir les intérêts qui s'attachent à l'entrée du fleuve Rouge en faisant ressortir les revenus considérables que la cour de Hué retirerait des douanes. Le commissaire Ly répond qu'il est convaincu des avantages que présente l'ouverture de la nouvelle route, mais qu'il ne sait pas comment on appréciera sa mission à la cour. Il demande, en conséquence, que j'attende la réponse de Hué, à l'arrivée de laquelle il fixe un délai de quinze jours..... Ce délai passé, je remonterai le fleuve. . .

. . . . . . . . . . . . . . . . . . . . .

Dupuis partit effectivement de Haï-Phong, le 4 décembre, avec toute son escadrille. Il arriva à Lou-Ta-Kiang le lendemain, et, après des explorations en sens divers, il finit par découvrir un canal qui communique avec le fleuve Rouge. Il y pénétra avec ses navires, entra le 13 décembre dans le Song-Koï et jeta l'ancre devant Hanoï, capitale du Tonkin, le 22, à 3 heures et demie Les mandarins n'osèrent pas l'attaquer de front, mais ils ne négligèrent rien pour lui créer des obstacles et des tracasseries de tout genre.

Il invita à une collation à bord les trois plus hauts fonctionnaires de la ville et parvint ainsi à dissiper un peu les craintes superstitieuses des gens d'Hanoï. Il reçut la visite du colonel Tsaï le 7 janvier 1873. Cet officier, commandant les troupes chinoises à Bac-Ninh et Thaï-Nguyen, était envoyé par le général Tchen. Celui-ci, loin d'écouter les Annamites, désirait, au contraire, faciliter à Dupuis le passage, si réellement il avait une mission de la Chine. Le colonel Tsaï, satisfait des explications de notre compatriote, rendit compte de sa mission au général Tchen, qui lui remit aussitôt trois lettres : une pour Dupuis, les deux autres pour les vice-rois de Hanoï et de Son-Tay. Les mandarins étaient sommés, sous peine de voir les troupes chinoises envahir le pays, de fournir des barques à l'expédition et de faciliter son passage.

« ... 17 *janvier*. — Malgré la menace du général Tchen, les mandarins annamites ne se montrent pas plus accommodants... Le vice-roi cherche à gagner du temps en nous priant d'attendre les ordres du roi, 5 à 6 jours au plus... Nos jonques sont prêtes à partir demain. Vers le soir, le vice-roi me fait dire qu'il lui est impossible de me faire fournir quoi que ce soit par ses mandarins — question de vie ou de mort, — mais il a fait dire secrètement à Long-Sieou-Yé de se mettre à ma disposition dès que j'aurai dépassé Son-Tay.

« Evidemment, c'est la peur qu'il a du général Tchen qui lui fait tenir ce langage, et puis, il me voit décidé à partir quand même.

« Le Long-Sieou-Yé est le premier lieutenant de Lieou-Yûen-Sou, chef des Pavillons-Noirs, et commande un détachement de ces derniers chez les Annamites à Kouen-Ce. Il viendra, me dit-on, pendant la nuit, et secrètement, pour s'entendre avec moi.

« Comme j'aurai souvent l'occasion de parler des Pavillons-Noirs, je crois bon de donner ici quelques détails à leur sujet :

« Vers 1865, les mandarins de la province du Kouang-Si, aidés des troupes de la province du Kouang-Tong, se rendirent maîtres de l'insurrection qui, depuis 1840, désolait leur province. C'est de là qu'étaient partis les Taï-Ping, qui allèrent en 1815 s'établir à Nankin.

« Lors de la défaite de l'insurrection du Kouang-Si, un des principaux chefs, nommé Ouà-Tsong, s'échappa de cette province et pénétra dans le Tonkin à la tête de sa bande, forte de 3 à 4.000 hommes. Il campa plus d'un an sur la rive gauche du fleuve, en face d'Hanoï. Il mourut en 1866.

« Les Annamites, vassaux de la Chine, s'empressèrent de réclamer le concours des troupes chinoises pour chasser ces hôtes incommodes, et voilà ce qui explique la présence du général chinois à Then, à Bac-Ninh et à Thaï-Nguyên, avec 10.000 soldats.

« A la mort de Ouà-Tsong, ses deux lieutenants Lieou-Yûen-Fou et Hong-Tsong-In, obligés de fuir devant les troupes chinoises envoyées à leur poursuite, remontèrent le fleuve Rouge jusque chez les sauvages indépendants et s'établirent dans leurs forêts. Bientôt après, les deux chefs allèrent mettre le siège devant la ville de Lao-Kay.

« Après la prise de Lao-Kay, vers la fin de 1868, Lieou-Yuen-Fou, chef des Pavillons-Noirs, resta en possession de la ville; Hoang-Tson-In, chef des Pavillons-Jaunes, choisit Hô-Yanh, sur la rivière Claire, pour sa résidence.

« Les Pavillons-Jaunes cherchèrent dans leur pays d'adoption à vivre en bonne intelligence avec les montagnards. Ils espéraient d'ailleurs obtenir leur grâce dans la suite et rentrer en Chine. Quant aux Pavillons-Noirs, ils se faisaient remarquer par leurs exactions.

« Les Pavillons-Noirs et les Pavillons-Jaunes ne vécurent pas longtemps en bonne intelligence. Les revenus des douanes, établies sur le fleuve Rouge et la rivière Claire, devaient, dès le principe, être partagés entre les deux chefs, mais comme les revenus de Lao-Kay étaient plus considérables que ceux du Hô-Yang, Licou-Yuen-Fou voulut tout garder pour lui et ne plus rendre de comptes. La question s'envenima bientôt entre les deux chefs, et Hoang-Tsong-In vint attaquer Lao-Kay; ne pouvant s'en emparer d'assaut, il fit établir un camp à Touen-Hia, sur le fleuve, afin de couper aux Pavillons-Noirs toute communication avec le Tonkin et arrêter leurs revenus.

« Dans une attaque du poste de Touen-Hia par les Pavillons-Noirs, 300 de ceux-ci, se trouvant enveloppés par les Pavillons-Jaunes, se laissèrent dériver au courant qui les porta aux avant-postes annamites de Kouen-Ce, ne trouvant dans l'intervalle aucun moyen d'existence. Ils offrirent alors aux Annamites de les aider à combattre les Pavillons-Jaunes. Les Annamites acceptèrent leurs services, un peu par crainte, et aussi pour les employer contre les montagnards et les alliés des montagnards, les Pavillons-Jaunes; mais ils ne voulurent pas laisser descendre les Pavillons-Noirs dans le Delta, où ils craignaient qu'ils ne devinssent les maîtres.

« Telle est la situation entre les deux camps, au moment où je remonte le fleuve Rouge.

. . . . . . . . . . . . . . . . . . . .
. . . . . . . . . . . . . . . . . . . .

Dupuis, laissant une partie de son équipage à Hanoï, remonta jusqu'à Mang-Lao, sans être inquiété ni par les rebelles, ni par les

**Francis Garnier**

LIEUTENANT DE VAISSEAU

Chef de la première expédition du Tonkin

montagnards. Cette fois, la navigabilité du Song-Koï était bien démontrée.

Le maréchal Ma, commandant le Yunnan, craignant de nouvelles entraves des Annamites, proposa d'envoyer immédiatement 10.000 hommes de troupes occuper le fleuve Rouge et protéger la nouvelle voie. Mais Dupuis, voyant au Tonkin « d'autres intérêts qu'il ne perdait pas de vue » n'accepta qu'une escorte de 150 hommes, et des lettres des autorités chinoises destinées aux autorités annamites.

Il repartit de Manh-Hao, après un court séjour au Yunnan et revint à Hanoï. Pendant son absence, le gouvernement de la capitale du Tonkin avait fait prisonniers les propriétaires des jonques qu'il avait prises au-dessous de Son-Tay. L'un d'eux venait de mourir en prison, à la suite de mauvais traitements, les autres étaient toujours aux fers, en compagnie d'autres personnes, coupables d'avoir entretenu des relations avec les Français.

« 6 mai. — Je fais afficher aujourd'hui une longue proclamation pour expliquer au peuple tonkinois l'affaire des prisonniers et le but de ma mission.

« Une foule de monde lit et commente cette proclamation, mais dans un sens favorable pour nous.

. . . . . . . . . . . . . . .

A ce moment surgit une nouvelle difficulté. Dupuis veut faire passer son sel en franchise et se refuse à payer la taxe de 10 p. 100 à chaque douane provinciale,

Les mandarins déclarent qu'ils s'opposeront par la force à cette illégalité et massent des troupes. Le 28 mai, Dupuis reçoit une lettre insolente et menaçante du gouverneur d'Hanoï, lui annonçant la venue du maréchal Nguyên-Tri-Phuong, grand commissaire de la cour de Hué et grand ennemi des Français.

« 28 mai... — On vient me dire que le capitaine du *Hong-Kiang*, Georges Vlavianos, vient de faire enlever une proclamation incendiaire faite par le maréchal Nguyên contre nous. Elle menaçait des peines les plus sévères tous ceux qui ont encore des relations avec nous. Le maréchal disait, en propres termes : *j'exterminerai leur famille jusqu'à la racine.* Il disait aussi qu'il empêcherait mes barques de remonter au Yunnan et que, si nous ne partons pas tout de suite, *il nous fera couper en tout petits morceaux.*

« Cette fois-ci, c'est le maréchal Nguyên, l'homme le plus puissant de l'Annam, après le roi, qui entre en scène.

« Il faut savoir qu'au Tonkin, lorsqu'une proclamation émane directement d'un haut personnage, elle est surmontée du parasol de ce dernier pour inspirer plus de déférence au peuple. C'est comme si l'auteur parlait de vive voix à la foule, et toucher à une semblable proclamation ou au parasol, qui sont d'ailleurs gardés par des soldats, est un crime aussi grand que de s'en prendre au personnage lui-même.

« Le capitaine du *Hong-Kiang*, auquel on avait signalé cette proclamation, était donc allé avec quelques-uns de ses hommes enlever proclamation et parasol. Les soldats annamites qui en avaient la garde s'étaient sauvés au plus vite à l'approche de ces derniers.

« Nous n'en restons pas là. Pour bien montrer le peu de cas que nous faisons du maréchal et de ses menaces, nous portons le parasol et la proclamation en grande pompe dans les principaux quartiers de la ville, au bruit des clairons et des tambours et suivis des hommes du *Hong-Kiang*, et d'une partie des soldats du maréchal Mâ, du Yunnan, qui me servent d'escorte au Tonkin. Puis, après avoir déposé la proclamation chez Ly-Ta-Lâo-Yé, nous venons allumer un grand feu devant la maison où logent les soldats du Yunnan, et nous y précipitons le parasol de Nguyên-Tai-Phong. Il faut entendre les acclamations du peuple de Hanoï! Devant cet acte de vigueur, qui dénote une grande confiance dans nos forces, la population fait éclater sa joie.

« 31 *mai.* — ... M. Millot, qui est effrayé des préparatifs des Annamites, et qui se voit déjà coupé en tout petits morceaux, se monte l'imagination. Il se figure que le pavillon français fera peur aux Annamites, et il insiste de toutes ses forces pour l'arborer sur nos bateaux. Moi qui ne crois pas à l'attaque des Annamites, je me ris de ses terreurs et je me refuse à prendre cette détermination.

« 2 *juin*. — ... L'ancien chef de la police a été mis aux fers dans la citadelle, hier soir, pour n'avoir pas montré assez d'énergie envers nous. Le nouveau chef a voulu faire immédiatement du zèle, en arrêtant nos matelots.

« On vient me prévenir en toute hâte que ce dernier est dans la petite rue qui longe le fleuve, tout près de nos jonques, et à la tête d'une centaine de soldats, à la piste de ceux de nos hommes qui descendent isolément à terre. Sans passer à la caserne, pour prendre quelques soldats du Yunnan, de crainte que le lascar ne m'échappe je pars au pas de course, suivi de quatre hommes qui se trouvent sous ma main. Mon revolver à la main, je m'ouvre un passage au milieu des soldats annamites pour aller empoigner leur chef ; ils prennent aussitôt la fuite, m'abandonnant le chef de la police, que nous conduisons prisonnier à bord des jonques.

. . . . . . . . . . . . . . . . . . . . . . . . .
. . . . . . . . . . . . . . . . . . . . . . . . .

Le 6 janvier 1873, la cour de Hué écrivait au gouverneur de la Cochinchine, pour lui demander si l'intervention du commandant de la *Bourayne*, M. Sevez, était officieuse ou officielle, et, pour lui démontrer que Dupuis s'exposait aux plus grands dangers en remontant le fleuve.

Plus tard, quand l'expédition dut s'arrêter à Hanoï, par suite de la duplicité des mandarins et de leurs agissements, de nouvelles plaintes arrivèrent à Saïgon, sous prétexte que les lois avaient été violées et la ville traitée en pays conquis. Ces plaintes, formulées à ce seul point de vue, n'expliquaient nullement les causes de ces griefs ni les raisons ayant motivé les représailles des trafiquants.

Le contre-amiral Dupré, gouverneur de la Cochinchine, désirait l'annexion du Tonkin. Cependant il ajouta quelque foi aux calomnies des Annamites, lui représentant Dupuis comme un allié des pirates et réclamant en même temps l'intervention des Anglais de Hong-Kong et celle de l'empereur de Chine.

Il invita Dupuis à se retirer du Tonkin, sous le prétexte qu'il ne se conformait pas aux clauses du traité de 1862 ; bien plus, le contre-amiral laissa aux Annamites la faculté d'employer les moyens qu'ils croiraient devoir prendre pour chasser le personnel de la flotille.

Cette dépêche du gouverneur fut remise, ouverte, aux mandarins et produisit un effet désastreux. Les Annamites crièrent partout qu'ils étaient les maîtres à Saïgon. Dans l'intervalle, Dupuis avait envoyé M. Millot à Saïgon avec la mission d'informer le gouverneur de l'attitude coupable des Annamites et de lui assurer qu'il se chargeait, seul ou avec le concours de la colonie, de rétablir l'ancienne dynastie de Lê, et de placer le Tonkin sous notre protectorat, sans qu'il en coûtât à la France ni un homme ni un centime.

Le gouverneur reçut en audience M. Millot et le mandarin Ly-Yu-Tché, qui l'avait accompagné; il écouta ses explications et le récit de l'exploration de Dupuis avec un grand intérêt et reconnut qu'il était en droit, comme mandataire des autorités de l'empire chinois, d'exiger une indemnité de l'Annam pour les retards injustifiables que lui avaient causés ses fonctionnaires. Il se chargea, à titre officieux, d'en réclamer le montant à la cour de Hué.

« Bien plus, ajoute M. Romanet du Caillaud du livre de qui nous extrayons ces quelques détails préliminaires, s'adressant au mandarin Li-Yù-Tché, l'amiral après l'avoir remercié du concours qu'il avait prêté à l'entreprise de M. Dupuis, il ajouta qu'il avait l'intention d'envoyer au mois d'octobre suivant, un officier pour arranger les affaires du Tonkin et ouvrir ce pays au commerce. Il parut, il est vrai, désagréablement surpris d'apprendre que M. Dupuis, n'ayant pas vu les capitaux français répondre à son appel, allait être obligé de s'associer avec des maisons étrangères. C'est pourquoi, afin d'empêcher l'ingérence des étrangers dans les affaires de M. Dupuis, et de permettre ainsi à la politique française de dominer complètement la situation, il fit prêter à M. Millot, pour le compte de M. Dupuis, une somme de trente mille piastres. Ce prêt, qui fut fait par la succursale saïgonnaise de la *Hong-Kong and Shang-Haï banking Corporation*, fut garanti par la « Colonie de la Cochinchine française »; et cette dernière, pour se couvrir, prit inscription « sur le montant de l'indemnité due à M. Dupuis par le gouvernement d'Annam », indemnité approximativement évaluée au chiffre de deux cent cinquante mille piastres.

« M. Millot avait également entretenu l'amiral de l'état des esprits au Tonkin : les partisans de l'ancienne dynastie des Lê se préparaient à tenter un nouveau mouvement, et leur attitude ne laissait pas de causer aux mandarins annamites les inquiétudes les plus vives. Ces insurgés avaient fait demander à M. Dupuis de s'allier avec eux contre le gouvernement de Hué ; mais M. Dupuis avait refusé formellement : il ne s'occupait pas de politique, avait-il répondu. Ces propositions d'alliance, M. Millot ne les cacha point à l'amiral Dupré. Sans doute alors l'amiral, quand il eut fait faire à M. Dupuis une avance de 30,000 piastres, pensa-t-il avoir trouvé cette maison de commerce dont parlait le projet de M. Senez *qui, sous la garantie financière occulte de la France, pourrait fournir des armes aux insurgés*.

Le contre-amiral Dupré avait reçu M. Millot avec une extrême bienveillance. Il considérait, en effet notre établissement au Tonkin comme une question de vie ou de mort pour l'avenir de notre domination dans l'Extrême Orient. Tel était aussi l'avis de M. Senez, qui croyait indispensable de lier le plus tôt possible l'Annam à notre politique, et, pour arriver à ce résultat, d'occuper le delta du Song-Koï, d'où nous commanderions souverainement la cour de Hué. Il redoutait de voir les Anglais de Hong-Kong nous empêcher par leurs intrigues de réussir dans cette entreprise si nous attendions trop. Enfin, il conseillait de provoquer au Tonkin une révolution politique, dont les auteurs recevraient leurs armes d'une maison de Saïgon, qui se fût chargée de cette fourniture sous notre garantie financière occulte.

Le commandant du *Bourayne* remit aussi un projet d'occupation au contre-amiral Dupré, qui l'approuva et accepta son auteur pour l'exécuter.

Puis, comme le commandant Senez revenait en France, il le chargea d'entretenir le ministre de la marine du plan qu'il avait conçu.

L'emprunt Dupuis contracté, le gouverneur de la Cochinchine télégraphia immédiatement au ministre de lui renvoyer M. Senez dont les services lui étaient indispensables. Mais, le ministre informa le gouverneur que l'état de santé de cet officier le retenait en France, et, en même temps, lui demanda quelques explications complémentaires.

Un télégramme chiffré informa le gouvernement de ce qui se passait :

« *Le Tonkin est ouvert de fait par le succès de l'entreprise Dupuis, dont les bateaux ont remonté le fleuve du Song-Koï jusqu'aux frontières de l'Yunnan. Effet immense dans le commerce anglais, allemand, américain ; nécessité absolue d'occuper Tonkin avant la double invasion dont le pays est menacé par les Européens et les Chinois, et assurer à la France cette route unique. Demande aucun secours, ferai avec propres moyens. Succès assuré.* »

Puis, dans un rapport circonstancié, en date du 28 juillet, le gouverneur de la Cochinchine concluait ainsi, après avoir déclaré endosser toutes les conséquences de son intervention, dut-il s'exposer à un désaveu en cas d'insuccès ou à la perte de son grade :

« Ou la cour de Hué, disait-il en substance, forte de mon assentiment, va expulser M. Dupuis, et dans ce cas, les dépositions contradictoires des demandeurs et des défendeurs seront censées m'obliger à une enquête sur les lieux ; ou bien les Annamites seront trop faibles pour faire eux-mêmes la police chez eux, et alors je représenterai que, M. Dupuis ayant résisté à mon invitation, je ne puis l'y contraindre que par l'envoi au Tonkin d'une force capable de faire respecter ma décision. »

Ce fut un officier, dont le nom est devenu célèbre, Francis Garnier, que choisit le contre-amiral Dupré, en remplacement de M. Senez.

Et d'abord, étrange opposition de sentiments, Francis Garnier qui devait devenir l'apôtre du Tonkin, et son premier martyr, ne montra pas grand empressement à adopter les idées de Jean Dupuis. Il s'y montra même peu sympathique comme on en peut juger par l'extrait suivant d'une lettre qu'il adressait à son frère, le 8 septembre 1873 :

« J'ai vu l'amiral et je retourne en ce moment à Shang-Haï pour revenir dans trois semaines à Saïgon. L'amiral m'a appelé pour me consulter sur les affaires du Tonkin. *Il était en train de s'engager dans une voie bien dangereuse, celle d'une expédition armée et j'ai été assez heureux pour l'en détourner.* Je ne l'ai pu qu'en acceptant la mission d'aller, en marchant autant que possible d'accord avec le gouvernement annamite, dénouer moi-même, sur les lieux, *les complications créées par M. Dupuis. Celui-ci s'est fait entourer à Hanoï, la capitale du Tonkin, des soldats du Yunnan et des Frères de la côte, et s'est créé une situation indépendante qui lui permet de passer sur la tête des douanes annamites et de faire un commerce aussi illicite qu'avantageux.* D'un autre côté, les Anglais poussent la Chine à la conquête du Tonkin. »

Beaucoup de personnes ne connaissent qu'imparfaitement le rôle joué par cet officier, d'autres ont sur lui des idées absolument fausses. Aussi nous a-t-il paru indispensable de faire lire cette lettre, écrite par Francis Garnier le 20 septembre 1873, à M. E. Levasseur, professeur de géographie économique au collège de France. Le point qui nous occupe y est abordé et parfois discuté; c'est, en outre, un long exposé des incidents qui l'avaient appelé en Cochinchine.

« Les affaires du Tonkin traversent, en ce moment, une sorte de crise et réclament une action immédiate. M. Dupré avait bien voulu penser à moi pour cette action.

« Vous connaissez sans doute la tentative faite par M. Dupuis, en partie sur mes indications, pour ouvrir au Yunnan une route commerciale vers le sud. Agent du vice-roi de cette province, il a pénétré par le fleuve du Tonkin, soutenu à la fois par le gouvernement français et par les autorités chinoises, et il a expédié vers le Yunnan les munitions et les armes qu'on lui avait donné mission sion d'acheter en Europe.

« Malheureusement, les résistances du gouvernement annamite, son refus de reconnaître la solidité des pouvoirs donnés à M. Dupuis par le vice-roi du Yunnan, ont amené notre compatriote à une sorte de prise de possession, au nom du gouvernement chinois, du cours du fleuve du Tonkin. Il se maintient à Hanoï, dans une position indépendante depuis plusieurs mois, malgré les plaintes de la cour de Hué, qui réclame l'exécution des traités d'après lesquels un Français peut commercer, transiter, mais non résider au Tonkin.

« Cet état de choses est plein de dangers : d'un côté, l'impuissance où se trouvent les autorités annamites de forcer à la retraite une poignée d'Européens et de soldats chinois peut encourager

VUE D'UN VILLAGE TONKINOIS

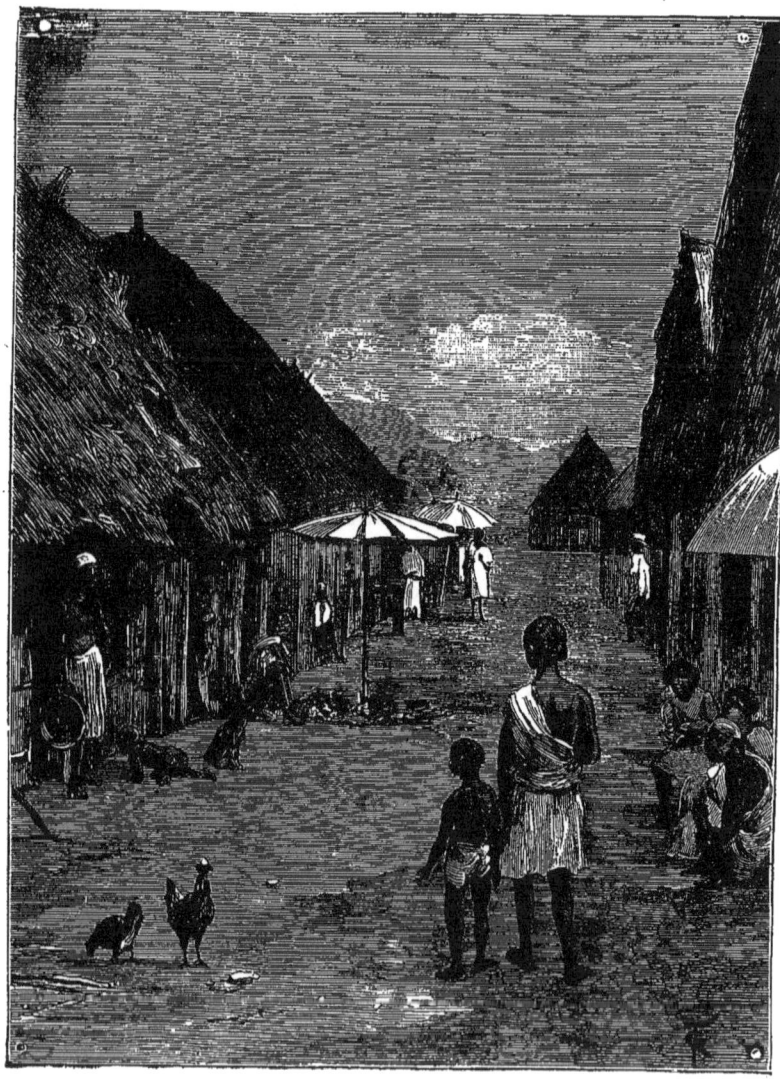

Types des habitants du Delta

d'autres aventuriers à aller s'établir dans un pays aux dépens duquel il est si facile de vivre.

« De l'autre, les autorités de Yunnan, disposant d'un effectif militaire considérable et bien armé, que la répression de la rébellion mahométane laisse sans emploi, peuvent être tentées de prolonger et de rendre définitive l'occupation du cours du Song-Koï qui leur assure des avantages commerciaux d'autant plus considérables que, dans la situation prise par M. Dupuis, il ne peut être question d'acquitter au gouvernement annamite les droits de douane qui lui sont dus.

« *Dans le premier cas, une intervention anglaise deviendra imminente;* l'expédition Dupuis est partie de Hong-Kong, les aventuriers qui l'imiteraient en partiraient aussi et seraient Anglais pour la plupart; au besoin, le gouvernement de cette colonie en susciterait s'il était nécessaire. La cour de Hué ayant déjà adressé des plaintes à sir Kennedy, gouverneur du Hong-Kong, celui-ci, qui a des instructions dans ce sens, interviendra dès qu'il aura le plus léger prétexte pour le faire.

« *Dans le second cas, le Tonkin devient chinois, l'influence anglaise fait ouvrir le port de Hanoï, y place un commissaire de douanes anglais, et c'est Hong-Kong qui bénéficie des avantages commerciaux que nous devons nous efforcer d'assurer à Saïgon.* Vous savez que le chef des douanes chinoises est un Anglais, M. Hart.

« Le Tonkin est dans une situation déplorable, qui explique la faiblesse du gouvernement annamite. Des bandes chinoises ont envahi le pays, dont les populations, accablées d'impôts et d'exactions, n'obéissent qu'à regret à une des parties qu'elles considèrent comme illégitime. La première pensée de l'amiral avait été de profiter de cet état de choses pour s'emparer du pays par un hardi coup de main.

« Je n'ai pas eu de peine à lui démontrer les inconvénients, les dangers même de cette tentative. Les troupes du Yunnan sont armées de fusils à tir rapide et comptent des instructeurs européens; un conflit avec elles serait à craindre. Diplomatiquement, nous serions dans notre tort, et un échec serait d'autant plus grave. Enfin, nous achèverions, par une lutte, la ruine de ce malheureux pays, qui, de longtemps, ne pourrait nous offrir une compensation aux sacrifices que nous aurions faits.

« Notre politique doit donc consister à dénouer peu à peu tous les fils de cette situation trop tendue : agir auprès du gouvernement de Pékin pour obtenir le retrait des troupes chinoises déjà envoyées, ou sur le point de l'être, dans le Tonkin, garantir la libre circulation du fleuve, que le gouvernement annamite ne peut plus aujourd'hui s'obstiner à fermer ; faire comprendre à la cour de Hué qu'elle perd le Tonkin si elle n'accepte pas cette clause, qu'elle s'enrichit au contraire si, au lieu de laisser ce courant commercial lui échapper, elle en bénéficie par l'organisation d'un système douanier analogue à celui de la Chine et placé entre nos mains. Enfin, pour donner satisfaction à ces plaintes contre M. Dupuis et enlever tout prétexte à une intervention officieuse ou officielle d'une autre puissance, envoyer à Hanoï un officier chargé de faire une enquête et de régulariser la situation de M. Depuis.

« Cet appui moral donné au gouvernement annamite nous donnerait le droit d'exiger et la sauvegarde complète des intérêts commerciaux engagés et la réglementation, sous notre surveillance exclusive, de la circulation sur le Song-Koï. Aux yeux des populations, nous deviendrons les bienfaiteurs d'un pays où nous aurons ramené le calme et la prospérité, et quand le temps aura parfait cette démonstration, quand, grâce à la nouvelle organisation de l'administration en Cochinchine, nous disposerons d'un nombre suffisant de gens rompus à la langue et aux lois de l'Annam, nous pourrons choisir notre heure pour recueillir, sans une goutte de sang versé, l'héritage du gouvernement annamite qui s'éteindra doucement entre nos bras.

« L'amiral a adopté cette manière de voir et j'ai accepté la mission délicate d'aller au Tonkin chercher à apaiser les conflits entre M. Dupuis et le vice-roi du Yunnan, d'un côté, et les mandarins annamites de l'autre ; étudier les dispositions des populations et m'en servir au besoin comme d'une arme pour vaincre les dernières résistances des lettrés annamites, négocier avec eux et les autorités du Yunnan un tarif douanier donnant satisfaction à toutes les parties ; essayer enfin d'obtenir pour notre industrie et nos nationaux l'exploitation des mines du Yunnan qu'un décret impérial vient de rouvrir et auxquelles les Anglais voudraient de leur côté obtenir un accès exclusif.

« ... Du Tonkin, si je réussis dans la question, très pressante et très actuelle que je viens d'exposer, je pousserai sans doute jusqu'au Yunnan pour assurer ce premier succès et combattre sur les lieux mêmes l'influence anglaise. Je rentrerai alors dans le cadre de la mission politico-scientifique que je vous ai soumise dans ma lettre précédente.

« Si j'échoue ou si je ne suis pas suivi, c'est-à-dire si, en cas d'intervention étrangère où j'aurais soutenu nos droits de façon à provoquer un conflit, on me désavoue — et j'ai prié instamment l'amiral Dupré de ne pas hésiter à le faire, si l'intérêt du pays et le sien le demandent, — il n'y aura évidemment plus rien à faire au Yunnan au point de vue politique. Nous aurons été battus par nos adversaires et la revanche ne se présentera pas de longtemps... »

o • • o • o • • o • • o • • • • • o

Ce fut le 11 octobre 1873 que partit l'expédition, composée de l'aviso le d'Estrées, remorquant la canonnière l'Arc; cinquante-six hommes d'équipage, neuf Asiatiques, trente hommes d'infanterie de marine formant l'ensemble de l'expédition ainsi commandée : Francis Garnier « envoyé politique et commandant militaire au Tonkin »; Edgar de Trentinian, sous-lieutenant; Esmez, enseigne de vaisseau; Chédan, docteur; Lassère, commis aux écritures. A cet état-major étaient joints deux interprètes annamites. L'armement consistait en trois pièces de 4 et un canon de 16.

Il fut néanmoins convenu que la canonnière l'Espingole, remorquée par le Decrès, prendrait la mer sous quelques jours amenant une compagnie de débarquement de soixante hommes sous les ordres de l'enseigne Bain de la Coquerie et des aspirants Hautefeuille et Perrin. L'enseigne Balny d'Avricourt commanderait l'Espingole et ses vingt-cinq hommes d'équipage. L'ingénieur hydrographe Bouillet, les docteurs Dubut et Harmand seraient joints à cette seconde escorte composée, au total, de quatre-vingt-douze hommes.

Le 15, après avoir perdu la canonnière l'Arc, on mouilla dans la baie de Tourane, pour faire remettre à Tu-Duc la lettre du contre-amiral Dupré annonçant l'arrivée de Garnier, et demandant l'envoi d'un plénipotentiaire à Hanoï pour régler avec lui les points en litige. La lettre informait en outre le souverain de l'Annam que le corps expéditionnaire resterait à Hanoï jusqu'à ce que la question de navigation du fleuve Rouge fût résolue.

Tu-Duc fit répondre quatre jours après qu'il approuvait la décision du gouverneur de la Cochinchine, et, par son ordre, deux mandarins montèrent à bord du *d'Estrées*.

Le 23, l'expédition arriva à Cuâ-Cam; le surlendemain, Garnier se rendit avec quelques hommes à la mission espagnole des dominicains, dont il tenait à se ménager l'influence. C'est de là qu'il écrivit à Dupuis la lettre suivante :

« Mission des Dominicains, 26 octobre 1873.

« Mon cher monsieur Dupuis,

« Je suis arrivé, vous le savez déjà peut-être, par le *d'Estrées*, avec la mission officielle de faire une enquête sur vos réclamations contre le gouvernement annamite et sur les plaintes de celui-ci à votre endroit. Ma mission ne se borne pas là. L'amiral désire mettre un terme à la situation équivoque du commerce étranger au Tonkin et contribuer, autant qu'il est en lui, à la pacification de cette contrée. Je compte beaucoup sur votre expérience du pays pour m'éclairer sur la meilleure solution de ce difficile problème.

« *Il est bon cependant — et vous comprendrez aisément pourquoi — que nos relations n'aient, au début, qu'un caractère officiel. A un certain point de vue, je suis un juge qui ne doit paraître se laisser prévenir par aucune des deux parties.* Mais je puis au moins vous prémunir contre les bruits exagérés que les Annamites ne manqueront pas de faire courir sur les motifs de ma venue et vous affirmer, de la façon la plus positive, que *l'amiral n'entend abandonner aucun des intérêts commerciaux engagés. Il vous a, d'ailleurs, donné des preuves non équivoques de la vive sympathie qu'il porte à votre entreprise.*

« Francis GARNIER ».

Le 2 novembre, tout le personnel, réuni sur une seule jonque, remorquée par un canot à vapeur, commença à remonter le Thaï-Binh. Le 3, le silence du soir fut troublé par le sifflet d'un vapeur, une embarcation accosta le bord : c'était Dupuis, venant se mettre à la disposition du chef de l'expédition.

Dupuis avait reçu le 28 octobre la lettre de Francis Garnier; il répondit immédiatement en mettant à sa disposition ses navires, son personnel, et en lui envoyant des croquis du Delta. Le 3 novembre, il partait pour aller au-devant des Français et les rencontrait dans le canal de Song-Ki.

Ce fut le 5 qu'arriva devant Hanoï la jonque de Francis Garnier, remorquée par le vapeur Dupuis.

Le lendemain de son arrivée, il ouvrit les conférences avec l'envoyé de la cour de Hué, mais bientôt il s'aperçut, qu'on tendait à deux choses : qu'il chassât M. Dupuis et qu'il s'en allât ensuite. Dans une lettre qu'il écrivait à son frère, le 10 novembre, on lit :

« ..... *M. Dupuis se montre plein de bon sens et de patriotisme et défère à toutes mes indications*. Mais il n'y a qu'un coup d'éclat qui puisse contre balancer l'effet des menées annamites, redonner confiance en moi, rétablir l'autorité et le prestige dont je suis arrivé entouré. *Ce coup d'éclat, j'y suis décidé. Le 15 novembre j'attaquerai avec mes 80 hommes la citadelle, j'arrêterai le maréchal et je l'enverrai à Saïgon* sur un des bateaux Dupuis, que je requerrai à cette occasion, Je déclarerai officiellement à Hong-Kong, et sur toute la côte de la Chine, le pays ouvert au commerce, et les douanes me donneront de quoi subsister comme gouvernement. J'espère que peu après, malgré la frayeur qu'on a de l'Angleterre, on reconnaîtra que j'ai rendu service à mon pays. »

Dès son arrivée, le commandant en chef avait rédigé et fait afficher deux proclamations, l'une adressée à ses compagnons d'armes, l'autre, à la population.

Voici les parties intéressantes de la première :

« Marins et soldats,

« En vous envoyant au Tonkin sauvegarder les intérêts de la civilisation et de la France, l'amiral gouverneur vous a fait une faveur et donné une preuve de confiance. Vous méritez l'une, vous justifierez l'autre.

« Vous vous rappellerez que vous êtes au milieu de populations inoffensives et malheureuses, que votre séjour au milieu d'elles ne doit pas être une charge ajoutée à toutes celles qui pèsent déjà sur elles, qu'il doit inaugurer au contraire une ère de soulagement et de paix. Vous vous abstiendrez donc de tout acte de brutalité : vous vous efforcerez de faire aimer et respecter le drapeau qui vous abrite, en ne négligeant aucune occasion de vous rendre utiles, en vous montrant en toute circonstance justes et bienfaisants.

. . . . . . . . . . . . . . . . .

« Je me montrerai inflexible à réprimer tout acte de violence, d'intempérance ou d'indiscipline. »

La seconde proclamation avait pour objet d'expliquer aux habitants le but de l'expédition française et de les assurer des dispositions pacifiques de son chef.

« Le représentant du noble « royaume » de France, Garnier, fait savoir à tous les habitants que, les mandarins du noble royaume annamite étant venus à Saïgon demander assistance, l'amiral nous a envoyés au Tonkin pour voir comment les choses s'y passaient. De plus ici, au Tonkin, les côtes sont désolées par de nombreux pirates qui font beaucoup de ravages ; nous avons l'intention de poursuivre ces bandits afin que les habitants de ces lieux puissent vivre en paix et vaquer à leurs affaires.

. . . . . . . . . . . . . . . . .

« Populations du Tonkin, il faut bien vous convaincre d'une chose : c'est que les mandarins et soldats français sont unis avec les mandarins et soldats annamites comme des frères entre eux. En conséquence, nous désirons procurer au Tonkin la facilité de faire le commerce et par là lui apporter la richesse et la paix. »

Des individus, soudoyés par les mandarins, empoisonnèrent l'eau et lancèrent sur les logements de Dupuis des fusées incendiaires. Garnier, exaspéré, voulut immédiatement s'emparer de la citadelle, mais, sur les conseils de M. Puginier, vicaire apostolique du Tonkin, il différa de quelques jours l'exécution de ses projets et reprit, d'ailleurs inutilement les négociations.

Il posa ensuite aux Annamites, un ultimatum sur l'ouverture du Tonkin au commerce, et, le 14, n'ayant reçu aucune réponse, il proclama la liberté de navigation sur le fleuve Rouge pour le commerce français, espagnol et chinois, depuis la mer jusqu'au Yunnan; Haïphong et Thaï-Binh furent déclarés ports ouverts, les droits à percevoir rigoureusement fixés, les douanes annamites supprimées, et les commerçants appartenant aux trois nations ayant des traités avec l'Annam, placés sous la protection du pavillon français. Enfin, les négociants de toute nationalité reçurent le droit d'acheter des terrains et des maisons à Hanoï pour leurs établissements.

En réponse à cette proclamation le gouvernement de Hué écrivit à Garnier deux lettres insolentes pour lui dire qu'il se mêlait de ce qui ne le regardait pas et qu'il allait en appeler aux pays voisins, c'est-à-dire aux Anglais de Hong-Kong.

L'officier posa alors un ultimatum : le désarmement de la citadelle, l'ordre donné par le maréchal à tous les gouverneurs de province de se conformer aux arrêtés français, enfin, la liberté pour Dupuis de rentrer librement au Yunnan.

« J'attends la réponse avant six heures du soir, écrivait-il à Saïgon. Si elle ne vient pas, j'attaquerai la citadelle au point du jour. J'ai fait assez d'efforts pour éviter l'effusion du sang. Mes ordres sont donnés; mes deux navires sont embossés en rade. Le délai que j'ai pris avant d'en arriver à l'action n'a pas été perdu. J'ai commencé à organiser secrètement le pays et à nommer des préfets et des sous-préfets pour remplacer ceux qui feront cause commune avec Hué; j'ai également formé les cadres d'une milice, établi des courriers pour correspondre avec les diverses provinces. Somme toute, en regardant en arrière, en quinze jours, j'ai abattu beaucoup de besogne. Il est vrai que j'y ai passé mes nuits ! »

On ne répondit pas à cette dernière note. L'attaque de la citadelle fut décidée pour le lendemain, 20 novembre 1873.

Hanoï, qui affecte la forme d'un triangle, a huit kilomètres de circonférence; les pères des missions étrangères y ont une maison.

Prise d'Hanoï par les Français

Des portes monumentales, à double et triple toit gondolé, forment l'entrée et la sortie des principales rues dont elles portent le nom, inscrit en caractères chinois, sur leur fronton. Les rues n'étant pas pavées sont absolument impraticables après les pluies.

La citadelle était un vaste carré, de tracé bastionné, immense construction, résidence des autorités annamites, élevée à la fin du xviiie siècle, fortifiée d'après le système Vauban et entourée d'un fossé. On y pénétrait par cinq portes, dont deux à la face sud, portes défendues par des redans. Elle abritait toute une ville administrative.

Elle renfermait, au moment de l'attaque, une garnison de six à sept mille hommes armés de lances, de sabres et de fusils défectueux dont ils savaient mal se servir. Quelques pièces de 25 millimètres de calibre sur les courtines, et, des canons aux bastions, formaient tout l'armement. Le commandant du corps expéditionnaire n'ignorait point la situation de la place ni le nombre de ceux qui la défendaient, ou plutôt qui étaient chargés de la défendre; mais il connaissait aussi la valeur de ses adversaires. Si la disproportion considérable qui existait entre l'effectif de sa petite troupe et celui de la garnison annamite ne l'arrêta pas une minute, c'est qu'il avait de bonnes raisons pour ne pas craindre ceux avec lesquels il allait se mesurer. Néanmoins, il lui fallut un véritable courage pour se lancer, à la tête d'une poignée de braves, à l'assaut d'une citadelle immense, sans songer un seul instant qu'il pourrait essuyer un échec.

Et le nombre des marins et soldats, formant l'expédition qui *allait conquérir tout le delta du fleuve Rouge, s'élevait à deux cent douze, dont dix-neuf Annamites et cinq Chinois!*

Le 20 novembre 1873, eut lieu l'attaque de la citadelle; en moins d'une heure elle tombait en notre pouvoir!

Le vieux maréchal Nguyen, blessé au bas-ventre, n'avait pu, malgré sa présence sur les remparts, exciter le courage de ses soldats, qui s'enfuirent sans chercher à se défendre.

Nos marins et nos soldats, au contraire, dirigés par un chef habile, firent preuve d'une intrépidité merveilleuse. Nguyen montra un tel désespoir de la prise de sa citadelle qu'il mourut de chagrin plutôt que des suites de sa blessure, un mois après

Aussitôt après ce fait d'armes, Garnier adressa au corps expéditionnaire la proclamation suivante :

« Marins et soldats,

« Je suis heureux d'avoir à vous adresser les éloges que mérite le courage que vous avez montré à l'attaque de la citadelle de Hanoï. Grâce à l'activité et au dévouement de tous, en peu de jours et avec peu de moyens, de grands résultats ont été obtenus. Vous avez le droit d'en être fiers.

« Le feu de la rade, dirigé avec une grande précision et servi avec un zèle remarquable, malgré des effectifs très réduits, a puissamment contribué au succès commun.

« Mes remerciements s'adressent donc aux équipages comme aux troupes débarquées.

« Je vous félicite de la modération que vous avez montrée vis-à-vis des vaincus, de l'humanité que vous avez témoignée aux blessés.

« Continuez à honorer le pavillon en respectant scrupuleusement les propriétés privées, en vous abstenant de toute destruction inutile, en protégeant les habitants inoffensifs ; vous mériterez ainsi les récompenses que je compte demander pour vous à l'amiral-gouverneur. »

Cet événement était considérable par ses conséquences ; il imposait une crainte salutaire à la cour de Hué et, certainement, dès ce moment, il eût suffi de quelques hommes pour établir notre protectorat au Tonkin.

Malheusement, l'œuvre de Garnier allait être détruite en quelques jours par un lieutenant de vaisseau, M. Philastre, chef du service de la justice coloniale en Cochinchine, qui, par une honnêteté spécieuse et une sympathie incontestable pour la race annamite, allait être la cause inconsciente des événements si cruels qui ont fait suite à cette première expédition.

La lettre suivante qu'écrivit M. Philastre, le 6 décembre, à Garnier, et qui, malheusement, n'arriva qu'après la mort du destinataire, doit être lue avec soin.

« Mon cher Garnier,

« Quand j'ai reçu votre lettre, elle m'a jeté dans la plus profonde stupéfaction. Je croyais encore que c'étaient là de vaines menaces.

« Avez-vous donc songé à la honte qui va rejaillir sur vous et sur nous quand on saura qu'envoyé pour chasser un baratier quelconque et pour tâcher de vous entendre avec les fonctionnaires annamites, vous vous êtes allié à cet aventurier pour mitrailler sans avis des gens qui ne vous attaquaient pas et qui ne se sont pas défendus?

« Le mal sera irréparable et pour vous et pour le but que l'on se propose en France.

« Vous vous êtes donc laissé séduire, tromper et mener par ce Dupuis?

« Vos instructions ne vous prescrivaient pas cela ; je vous avais prévenu que les Annamites ne voudraient jamais accepter de traiter avec vous, vous en étiez convenu avec moi.

« L'amiral ne voit pas encore toute la gravité, tout l'odieux de votre agression ; il suit une voie bien étrange. Cette affaire va soulever un tollé contre lui et contre vous.

« Que fera le gouvernement annamite? Je n'en sais rien encore. Les ambassadeurs sont désolés et indignés ; ils veulent la paix, parce qu'ils sentent très bien que c'est un coup de Jarnac amené par l'amiral, et que celui-ci est décidé à la guerre, s'il le faut. Mais je ne sais si leur gouvernement, dont l'orgueil est considérable, se résignera à supporter cet affront et à en passer par les fourches caudines du gouverneur.

« Je m'attends à être mal reçu ; en tout cas, j'aurai bien à souffrir, car ils ont beau jeu.

« Pour moi, j'ai voulu cesser toute participation à des affaires de négociations si étrangement conduites. Je n'ai pas pu refuser la mission qu'il me donne. Mais je suis désolé de tout ça et je n'attends rien de bon ni dans le présent ni dans l'avenir.

« Puissiez-vous, de votre côté, vous en tirer sans trop de mal.

« Votre bien dévoué,

« Philastre ».

D'autre part, le gouvernement de la Cochinchine était toujours dans les mêmes dispositions et pensait que le succès de Garnier allait contribuer, pour une large part, à la conclusion d'un traité favorable.

Mais, avant de faire connaître la suite des événements, racontons comment fut continuée la conquête du Delta.

Dès le jour même de la prise de la citadelle d'Hanoï, Bain de la Coquerie, prenant avec lui quarante hommes et une pièce de canon, alla prendre possession du fort de Phu-Hoaï-Duc, situé à six kilomètres de la ville ; il s'y installa sans difficulté, y resta jusqu'au 23 et fut alors relevé par un détachement d'Annamites qui s'était déclaré pour nous.

Cette précaution prise, Garnier, à qui aucun parti d'ennemis n'était signalé, songea à organiser sa conquête.

Il débuta par une proclamation aux habitants :

« Il était envoyé par le gouverneur de la Cochinchine pour ouvrir une voie au commerce, dans l'intérêt et pour la richesse des habitants de ce pays. Mais les mandarins, sans nul souci du bonheur des populations, n'avaient cessé de tendre des embûches, des pièges, et d'agir à l'égard des Français avec déloyauté sur une foule de points. Après mûr examen et épuisement complet de tous moyens de conciliation, le grand mandarin Garnier, représentant le noble royaume de France, avait dû s'emparer de la citadelle et en chasser tous ces mandarins qui n'ont « aucun « amour du peuple » et ne songent qu'à lui ravir ses biens « en le « saignant jusqu'à la moelle des os » ; le châtiment infligé était bien au-dessous de leurs crimes. Les Français n'avaient eu d'autre but que de tirer les Tonkinois de l'état d'isolement où ils végétaient ; ils ne voulaient ni changer leurs usages ni porter atteinte au droit de propriété, car ils les considéraient comme des frères. Ils tenaient aussi à assurer la tranquillité des trafiquants au moyen d'un traité de commerce. Pour ces motifs, ils faisaient appel « aux « gens capables de gouverner honnêtement » les habitants ; ils s'engageaient à leur donner des postes, mais aussi à laisser en place tous les mandarins qui feraient leur soumission : les fonctionnaires prudents et bons, ceux qui « traiteraient le peuple

« comme un père traite ses enfants », ne manqueraient pas de recevoir la juste récompense de leurs services. »

Cette proclamation entraîna un mouvement très sensible en faveur de notre intervention. Des Annamites sollicitèrent des emplois publics. Le chef des partisans des Lê accepta un commandement dans la nouvelle milice dont Garnier avait formé les cadres; des volontaires vinrent offrir leurs services au chef de l'expédition; toutes les mesures furent prises pour substituer une administration régulière à la tyrannie des mandarins.

Cependant, il faut remarquer que le Tonkin ne fut pas déclaré indépendant de la suzeraineté de Tu-Duc.

Pendant ce temps, les officiers de Garnier achevaient la conquête du Delta. Balny d'Avricourt soumettait Hung-Yen, Phu-Li et Haï-Dzuong; Hautefeuille prenait Ninh-Binh; Garnier lui-même s'emparait de Nam-Binh.

Le 23 novembre, *l'Espingole*, commandée par Balny d'Avricourt, reçut l'ordre de se rendre à Hung-Yen pour demander aux mandarins d'adhérer aux réformes. Le gouverneur, affolé par la prise d'Hanoï, ne songea même pas à résister, il vint à bord de *l'Espingole* déclarer qu'il s'était déjà conformé aux ordres du commandant en chef et faire à Balny une reconnaissance authentique de son adhésion. Il déclara, dans cette reconnaissance, qu'il était tout disposé à observer les traités de commerce, à supprimer les barrages établis dans sa province, et à payer désormais les impôts non aux Annamites, mais aux Français.

Avant de se rendre à Phu-Ly, Balny, voulant être agréable à un prêtre annamite et au chef de la congrégation chinoise, chargea de Trentinian d'aller, avec huit hommes, donner la chasse à une bande de brigands infestant la campagne.

Phu-Ly commande la route de Ninh-Binh à Son-Tay, ce qui lui donne une grande importance stratégique.

Balny se présenta devant cette forteresse le 26 novembre.

Après que la troupe eut pris quelque nourriture, il se rendit à terre avec ses deux officiers, l'infanterie de marine et un détachement de douze marins. En quelques instants, il se trouva dans une rue perpendiculaire au fleuve et conduisant en ligne droite à la citadelle, et fit marcher sa troupe à droite et à gauche pour lui éviter les coups de feu d'un pierrier, tenant la rue en enfilade, au cas où les Annamites auraient tiré. Il arriva ainsi, en bon ordre, jusqu'à la porte du fort. Elle était fermée et barricadée ; les remparts étaient garnis de soldats en armes. Balny fit sommation d'ouvrir la porte : il était dix heures du matin.

La surprise avait était complète : les mandarins déjeunaient au moment de l'attaque. Sans même prendre la peine de répondre à la sommation, ils s'enfuirent avec une vélocité extraordinaire, suivis de la garnison dont on ne put faire que quelques prisonniers.

Trente-deux Français venaient de s'emparer d'une forteresse, de deux kilomètres de développement, défendue par mille hommes !

De Trentinian reçut le commandement de la place et administra la ville avec un lettré annamite, ami des Français, nommé préfet par Garnier.

Toute la province d'Hanoï était conquise en dix jours ; on s'occupa alors à marcher sur Haï-Dzuong. Ce fut Balny d'Avricourt, rappelé de Phu-Ly, qui fut chargé de s'emparer de cette place devant laquelle il arriva le 3 décembre. Trentinian fut envoyé par lui, avec une escorte de quatre hommes, remettre au gouverneur une lettre de Garnier et l'informer des intentions du commandant en chef.

Ce gouverneur, haut mandarin, chercha à gagner du temps, évitant surtout de rendre visite au commandant de l'*Espingole*. Balny devina les intentions de son adversaire, et, ne voulant pas attendre que l'Annamite eût réuni tous ses moyens de défense, le dernier délai étant écoulé, il fit commencer les hostilités.

A huit heures et demie, le premier coup de fusil partait ; quelques heures plus tard, le pavillon français flottait sur la tour de la citadelle.

La prise de cette citadelle par vingt-huit hommes est un des coups de main les plus audacieux. Maître de la ville, Balny rendit responsable de tout désordre les autorités municipales et fit afficher une proclamation rappelant les termes de celle de Garnier.

Pendant ce temps, l'aspirant Hautefeuille s'emparait de Ninh-

Binh avec *sept hommes et un chauffeur annamite*, Ninh-Binh, ville fortifiée, défendue par dix-sept cents hommes !

Comme Balny, Hautefeuille fit afficher une proclamation.

Cependant Francis Garnier, confiant à Bain de la Coquerie le commandement de la garnison de Hanoï, appareillait pour Ninh-Binh sur le *Scorpion*. Il arriva devant cette ville le 9 décembre, et fut bien étonné de voir le pavillon français s'élever dans les airs, en même temps qu'une salve saluait son approche. Il félicita Hautefeuille de son hardi coup de main, le maintint à la tête de la province et partit le lendemain pour Nam-Dinh. Il enleva sans difficultés les trois forts qui défendaient l'entrée de l'arroyo, mais la citadelle ouvrit le feu sur le *Scorpion* : Garnier débarque avec quinze marins vers la porte de l'Est, et il est rejoint bientôt par M. Bouillet. On s'empare du redan ; puis, après quelques difficultés, F. Garnier avise des chevaux de frise à l'aide desquels il escalade le parapet. A la vue des Français, les Annamites évacuent précipitamment la place. De notre côté, plusieurs blessés, dont un officier. Nam-Dinh était pris. Garnier y installa M. Harmand comme gouverneur, après lui avoir donné seulement quelques conseils de vive voix : il devait chercher à organiser la province et former une milice. Pour surveiller une province d'environ deux millions d'âmes, M. Harmand disposait d'un détachement de vingt-cinq hommes.

Par une proclamation où il exposait les raisons qui l'avaient amené à employer la force, Garnier ordonna aux notables annamites et aux commerçants chinois de se rendre à la citadelle pour y recevoir ses ordres. Les préfets et les sous-préfets de la province eurent un délai de trois jours pour se soumettre et livrer leurs sceaux, ou démissionner. Passé ce temps, ceux qui n'auraient pas répondu devraient être traités en belligérants.

Il enjoignit aux chefs de canton et aux maires d'administrer en paix, jusqu'à ce qu'ils eussent reçu de nouveaux sceaux ; il les menaça d'un jugement en conseil de guerre s'ils continuaient, comme autrefois, à « vexer le peuple ».

Quant aux bandes armées, elles furent sommées de livrer immédiatement leurs armes, tout malfaiteur ou perturbateur de la paix publique devant être saisi et fusillé immédiatement.

Mort héroïque de Francis Garnier

Le Delta était pacifié presque en entier. Il ne restait plus qu'à soumettre la région supérieure s'étendant depuis les alentours de Son-Tay jusqu'aux postes des Pavillons-Noirs. La ville de Son-Tay, capitale de la province de ce nom, était occupée par un général annamite, qui y avait réuni des forces importantes. Dupuis avait vivement engagé Garnier à s'emparer de cette ville, qui commandait le cours du fleuve, et à se rendre maître du général, le seul homme capable de rallier les forces ennemies et d'opposer une résistance sérieuse.

Mais le commandant était resté sourd à ce conseil, et avait préféré porter tous ses efforts d'abord dans le Delta, où le réclamaient les missionnaires menacés dans leur sécurité. Pendant qu'il opérait dans les provinces, le détachement laissé à Hanoï pour la protection de la contrée avait tous les jours des escarmouches avec les soldats de Son-Tay. L'audace de ceux-ci s'accrut avec leur impunité. Leur nombre grossissant tous les jours, ils réussirent à s'emparer du fort de Phu-Hoaï, occupé par une poignée de Français, et qui était le seul obstacle s'opposant à une attaque contre la garnison de Hanoï. Leurs bandes ravagèrent tout sur leur passage, promenant l'incendie et le meurtre dans les villages suspects de sympathie pour les Français, devant la garnison de Hanoï, insuffisante pour parer à ce nouveau danger, et exposée à succomber sous le nombre, si Dupuis n'avait mis à la disposition de M. Bain, le chef du détachement, son bras, ses hommes, ses navires et ses munitions.

Le 6 décembre, M. Perrin, aspirant de marine, traversa le fleuve avec quatre marins, et quelques miliciens armés de lances et de fusils à mèche, pour chasser des bandes de pirates qui, retranchées hors la ville de Bac-Ninh, faisaient aux alentours des incursions quotidiennes et venaient de s'emparer d'un poste établi sur la rive gauche du fleuve, en face de Hanoï. Mais ces bandes avaient repoussé la petite troupe et l'avaient refoulée sur les rives du fleuve qu'elle ne pouvait franchir, faute de barques, lorsque le capitaine Georges commandant le navire le *Hong-Kiang*, mouillé dans la rade, voyant le danger, ouvrit le feu sur les bandits. Il était temps : les ennemis cernaient déjà M. Perrin qui, ayant épuisé presque toutes ses munitions, ne répondait plus que de temps à autre par quelques coups de fusil. Les en obus éclatant au milieu des Annamites, leur firent lâcher prise, et ils coururent se réfugier derrière un pli de terrain.

C'est alors que Dupuis, accompagné de M. Lasserre, secrétaire de Garnier, et de trois Chinois, passa l'eau en même temps que quelques marins, accourus de la citadelle avec un canon. Réunis à M. Perrin et à ses quatre hommes, les nouveaux venus commencèrent à donner la chasse aux pillards qui étaient au nombre de quatre cents environ, avec deux éléphants armés en guerre et dont tous les efforts pour couper la retraite aux nôtres restèrent absolument vains.

Garnier, de retour à Hanoï, le 18 décembre, résolut de livrer le combat, au plus tôt, à l'armée défendant Son-Tay. Le plan d'attaque du commandant en chef était des mieux conçu et eût parfaitement réussi, sans la catastrophe qui allait occasionner la mort de Garnier.

Cinquante soldats ou marins, des militaires indigènes ralliés à notre cause devaient attaquer de front les lignes ennemies, sous les ordres mêmes de Garnier et de Bain de la Coquerie, pendant que l'*Espingole* aurait arrêté les fuyards cherchant à se réfugier dans la citadelle de Son-Tay. Enfin, le *Mang-Hao*, le vapeur de Dupuis embusqué dans le *Song-Hât* devait prendre l'ennemi à revers.

Cette action, si bien combinée, ne put même pas être tentée à la suite des circonstances que nous allons raconter.

La cour de Hué, avait écrit au commandant pour lui annoncer qu'elle consentait à l'ouverture du fleuve Rouge au commerce et pour se plaindre très humblement du rôle conquérant de nos soldats. Garnier avait répondu à Tu-Duc que l'attitude hostile des mandarins l'avait seule conduit à recourir à la force, mais qu'il s'empresserait de remettre les citadelles aux gouverneurs et l'administration des deniers publics, dès qu'une convention commerciale serait signée.

Le 19 décembre, les ambassadeurs annamites arrivèrent à Hanoï où ils furent reçus avec les honneurs d'usage. Garnier, assuré que les négociations allaient amener tôt le résultat désiré, renonça momentanément à tout projet de guerre et déclara les hostilités suspendues. A cet effet, il fit afficher une proclamation de paix et d'assurances amicales.

Malheureusement, si Garnier était de bonne foi, les ambassadeurs annamites arrivaient à Hanoï avec les intentions les plus perfides.

Jusqu'ici notre intervention s'était produite dans les conditions les plus favorables, quand soudain, au moment où la cour d'Annam paraît disposée à traiter, alors que Song-Koï va être livré au commerce, que notre pavillon flotte sur toutes les tours du Delta, les ambassadeurs annamites excitent, en secret, contre nous, les lettrés et leurs séides et préparent la traîtreuse attaque dans laquelle Garnier va succomber.

Le 21 décembre 1873, vers dix heures, Garnier se rendit chez les ambassadeurs annamites. La discussion du traité commençait à peine qu'un indigène chrétien vint prévenir l'évêque Puginier de l'approche de l'armée de Son-Tay, et de son intention d'attaquer la citadelle.

Garnier, immédiatement prévenu chargea Bain de la Coquerie, avec trente hommes, de veiller du côté de la face nord, pendant que lui-même défendrait la face ouest. Une pièce de canon, amenée par l'aspirant Perrin, fut installée sur le mirador de la porte sud-ouest, et mit en déroute deux mille Annamites et les bandes de Pavillons-Noirs. Mais, Garnier ne se contenta pas de les faire déguerpir; il voulut leur donner la chasse, et, emporté par son désir de donner une leçon aux pillards, il fut enveloppé, tué et décapité.

Ainsi le sabre ignorant de ces bandits avait, par un véritable assassinat, séparé cette tête si pleine de pensées de ce cœur si plein de bravoure. Le hasard, un accident, un faux pas, une surprise de ces mercenaires en fuite, avait détruit, en plein succès, notre expédition dans celui qui en était l'âme, avait tranché une existence des plus nobles, riche d'avenir, avait anéanti une intelligence des plus vastes et des plus complètes, un monde d'idées, de connaissances acquises, de projets inédits, le génie d'un savant doublé d'un vaillant, l'explorateur du Mé-Kong et du fleuve Bleu, le futur explorateur du Thibet, le voyageur qui observait comme Livingstone, qui racontait comme Jacquemont, le littérateur vif, clair, précis, qui, peu de mois avant, écrivit ce chef-d'œuvre : *De Paris au Thibet*, qui, peu de jours avant, traçait encore, dernières lignes de sa main, cet appel à la France : *la Question du Tonkin*; le colonisateur, enfin, qui apportait à ces contrées ce qui fait la vie des peuples : libre commerce et libre travail ! Tout brisé en une seconde, par l'arme inconsciente, profane et lâche d'un routier chinois aux gages de l'Annam, au moment où l'Annam envoyait des ambassadeurs proposer la paix !

Pendant ce temps, Balny, avec le même nombre d'hommes suivait une autre ligne le conduisant plus à l'ouest, dans la direction des retranchements des Pavillons-Noirs. Dès le début, Balny ne voyant plus de bandits, procéda comme Garnier et divisa ses hommes pour accomplir une battue dans les bambous.

Soudain, on le prévint que son fourrier venait de disparaître ; il s'élança alors, espérant arracher son sous-officier aux Pavillons-Noirs, et parvint jusqu'aux retranchements devant lesquels il fut tué à bout portant avec un de ses matelots.

Le 22 décembre, après le déjeuner, M. Jean Dupuis se rendit à la citadelle avec le capitaine Georges. En passant devant le ya-men du maréchal, il entra pour voir le corps de M. Garnier, étendu au milieu de deux marins. Rien d'horrible comme ces cadavres sans tête ! Ils étaient sur la paille, tels qu'ils avaient été apportés. M. Garnier avait le bras droit écarté, celui de gauche ramené le long du corps ; le pied droit était chaussé d'une bottine, l'autre n'avait qu'une chaussette blanche. Ses vêtements étaient en lambeaux, le corps couvert de blessures faites par les sabres et les lances ; la poitrine ouverte, le cœur arraché... et la peau du bas-ventre enlevée... Les deux mains crispées... M. Dupuis lui serra pour la dernière fois, et bien fortement, sa pauvre main droite glacée, en lui jurant qu'il serait vengé !

Ainsi mourut Francis Garnier. Il est vrai, qu'en avril 1874, le gouvernement refusa au conseil municipal de Saint-Etienne, patrie du vaillant marin, l'autorisation d'élever un monument à son compatriote !

Garnier mort, le commandement échut à Bain de la Coquerie, comme étant le plus ancien. Averti de la prochaine arrivée de renforts, il résolut de se retrancher dans la citadelle, et chargea

Dupuis de la garde de la porte de l'ouest et de la police de la ville marchande ; il distribua des postes indigènes, et, en cas d'attaque, il fixa le palais du roi comme rendez-vous général. Un espion, domicilié à Hanoï depuis deux ans et convaincu d'avoir fourni des renseignements sur nos opérations, fut immédiatement fusillé.

Conformément au désir de Francis Garnier, ce fut M. Esmez qui prit la direction de l'administration politique ; ce fut donc lui qui reprit les négociations interrompues avec les ambassadeurs annamites.

Il adressa aux populations tonkinoises la proclamation suivante :

« Si les Français et les Chinois faisaient le commerce au Tonkin, tous les habitants du pays en retireraient un profit des plus considérables. Le noble royaume d'Annam l'a bien compris ; c'est pourquoi il a envoyé à Hanoï des ambassadeurs munis de pleins pouvoirs, afin qu'ils s'entendent avec nous pour signer une paix durable. De concert avec eux, nous exhortons les Tonkinois, étudiants ou laboureurs, artisans ou commerçants, à se tenir tranquilles chacun chez soi, pour que les effets de cette paix ne soient pas éphémères. La convention, une fois signée, sera une source de richesse pour le pays ; tous vivront dans l'abondance et jouiront d'un bonheur véritable ; n'est-ce pas ce que l'on peut désirer de mieux ? »

La convention dont parle M. Esmez existe à l'état original, on en a conservé le texte. D'après ses termes, le Tonkin était ouvert aux commerces chinois, annamite, français et espagnol ; la libre circulation des navires demeurait garantie par les mandarins. Dans l'intérêt du service administratif, on devait seulement conserver les milices indigènes, et confirmer les nominations de fonctionnaires faites pendant la conquête. Les citadelles conserveraient leurs garnisons françaises jusqu'à la ratification définitive du traité. Enfin les têtes et corps des cinq Français tués pendant l'attaque d'Hanoï devraient être rapportées dans le plus bref délai.

Les ambassadeurs avaient acquiescé ; mais, au moment d'apposer leur signature au bas de la convention, ils reçurent de la cour de

Hué une lettre leur annonçant la venue d'un nouveau plénipotentiaire.

De son côté, M. Esnez fut prié d'interrompre les négociations, et, l'aspirant Hautefeuille, gouverneur de Ninh-Binh, reçut l'ordre d'évacuer cette citadelle.

Ce nouveau plénipotentiaire, « envoyé d'urgence », n'était autre que le lieutenant Philastre, dont nous avons parlé plus haut, le fonctionnaire qui, marié à une Annamite, était devenu franchement l'ami de ceux-ci. Nous allons voir comment il comprit son rôle.

Ce lieutenant de vaisseau, si sympathique aux Annamites, et venu pour obtenir à tout prix la paix, débuta de la façon la plus maladroite. Le *d'Estrées* qui le portait avait rencontré auprès de Haï-Phong un grand nombre de jonques chinoises, accourues chargées de riz à la nouvelle que le pays allait être ouvert au commerce. Le *d'Estrées* portait un ambassadeur annamite, accompagnant le lieutenant Philastre. Cet ambassadeur obtint du lieutenant que son navire donnât la chasse aux barques chinoises sous le prétexte de piraterie. Vingt-quatre jonques furent coulées et trente-six Chinois exécutés.

Ce singulier officier ne s'en tint pas là. Dans sa rage de démolir l'œuvre de Garnier, il ordonna d'évacuer Haï-Dzuong, malgré les justes observations de M. de Trentinian, et laissa interner les chefs militaires et les fonctionnaires qui avaient servi sous notre drapeau, dans cette même province. Chose plus grave, stupéfiante même, il félicita les missionnaires espagnols du zèle qu'ils avaient apporté à empêcher tout mouvement des populations en faveur de la France.

Le 2 janvier, lorsque le gouverneur annamite vint prendre possession de Haï-Dzuong, une centaine de miliciens se répandirent sur les remparts de la citadelle. Les Français sortirent, conduits en tête par M. Philastre, le lieutenant Balezeaux et l'ambassadeur. Venait ensuite M. de Trentinian, au milieu de sa troupe, marchant avec affectation à une certaine distance du cortège, comme pour protester nettement contre une telle évacuation, si funeste à l'influence française.

Ninh-Binh et Nam Dinh furent également évacuées. Les mandarins de cette dernière province écrivirent à M. Philastre une lettre suppliante qui eût dû l'éclairer immédiatement sur la vérité de la situation et lui démontrer combien il se trompait.

Après avoir protesté de leurs intentions les plus amicales et s'être mis entièrement à la disposition du commandant en chef, ils terminèrent leur lettre par cette phrase significative :

« Si cependant l'on doit vraiment faire une paix définitive, nous prions M. le commandant de vouloir bien nous faire passer à Saïgon, où nous serons en pays français; car, *si nous restons ici, nous serons tous poursuivis, puis mis à mort.* »

Cette requête, signée de plusieurs mandarins élus et chefs de miliciens, montre combien les populations prévoyaient le sort que leur réservait les Annamites, au départ des Français.

Leurs prévisions furent justifiées au-delà de toute proportion. Les lettrés, excités par les mandarins et les émissaires de Tu-Duc, massacrèrent odieusement les Tonkinois, les chrétiens, tous ceux, en un mot, ayant manifesté en faveur des Français.

Et c'est à un Français, M. le lieutenant de vaisseau Philastre, que revient tout « l'honneur » de pareilles vengeances ! Quelques détails feront encore connaître les bénéfices de cette « conduite de paix » du franco-annamite Philastre.

« Dix jours durant, dit M. Romanet du Caillaud, le flot destructeur se répandit au loin, portant en tout lieu la terreur et la mort: les femmes, les enfants eux-mêmes n'étaient point épargnés. Traqués comme des bêtes fauves, les chrétiens cherchaient en vain un refuge dans la fuite; le carnage et l'incendie les poursuivaient de village en village. Les lettrés ne devaient s'arrêter qu'après avoir détruit les plus belles chrétientés, massacré un grand nombre de fidèles et dispersé les autres, sans abri, sans ressources dans les montagnes.

« C'est principalement sur les chrétientés évangélisées par les missionnaires français qu'ils s'étaient jetés avec le plus d'acharnement. A vrai dire, les missions espagnoles de la province n'avaient pas non plus été épargnées; vingt de leurs églises avaient été brûlées, et les villages y attenant détruits et mis à sac. Les mis-

**Les Pavillons Noirs**

sionnaires eux-mêmes avaient vu leurs propres résidences menacées. »

D'après l'abbé Durand, 20,000 indigènes furent massacrés, 300 villages brûlés, 70,000 individus expropriés brutalement.

Cela ne pouvait suffire au lieutenant Philastre. Dans son amour effréné de la paix, il signa une nouvelle convention le 6 février 1874, relative à l'évacuation de la citadelle d'Hanoï.

Nos soldats devaient se retirer dans le fort de Haï-Phong, jusqu'à la conclusion du traité définitif.

Voici les principales dispositions de cette convention qui restera à l'actif de la mémoire du lieutenant de vaisseau Philastre et qui fut signée le 6 février 1874 : elle était relative à l'évacuation de la citadelle de Hanoï.

« 1° Les soldats français évacueront la citadelle de Hanoï, la remettront au pouvoir des mandarins annamites et se retireront à Cua-Câm, dans le fort de Haï-Phong. Les Français s'établiront à Haï-Phong afin de protéger le royaume annamite contre ceux qui voudraient pénétrer dans l'intérieur du pays, contrairement aux lois du royaume, et pour forcer les navires du nommé Dupuis à demeurer au port jusqu'à la conclusion du traité, au cas qu'il y ait une stipulation autorisant les Européens à venir faire le commerce au Tonkin;

« 2° Le noble souverain du royaume d'Annam publiera un édit accordant grâce à tous ceux qui ont pris le parti de la France;

« 3° Les sépultures des Français morts au Tonkin seront respectées;

« 4° Le gouvernement annamite concédera un terrain, sur le bord du fleuve, pour construire une habitation au résident français et aux soldats de son escorte; ce terrain sera près du lieu où, après la conclusion du traité, on permettra aux négociants français de s'établir;

« 5° Le nommé Dupuis, ainsi que les Français et les Chinois qui l'accompagnent, quitteront la ville de Hanoï avant les troupes françaises et se rendront à Haï-Phong, conduits par un officier français; ils attendront là que le fleuve soit ouvert au commerce.

« Si Dupuis veut quitter le Tonkin et se rendre en Yunnan en remontant le fleuve par Hung-Hoa, il priera le résident de demander pour lui l'autorisation aux mandarins de Hanoï, déclarant au préalable le nombre de ses navires et des personnes qui les montent. Ces gens, tant Européens que Chinois, ne devront pas être plus de soixante-cinq, sans compter les Annamites qui seraient employés à ramer ; le nombre des bateaux ne pourra pas dépasser dix. Dans ces conditions, les mandarins de Hanoï délivreront un passeport pour le pays soumis à l'Annam : dans les lieux occupés par les rebelles, où il n'y a pas de troupes annamites, Dupuis se tirera d'affaire comme il pourra. Il n'aura de munitions de guerre que pour sa défense personnelle, et ne devra pas en vendre ou en donner à qui que ce soit sur le territoire annamite. La quantité de ces munitions sera fixée par le résident, de concert avec les mandarins de Hanoï. Une fois en Yunnan, Dupuis ne reviendra plus au Tonkin avant l'ouverture du fleuve au commerce. Si, au lieu d'aller en Yunnan, il se fixait en quelque endroit appartenant au royaume annamite sans en avoir l'autorisation, les Français s'engagent à aller l'en chasser et, si c'est nécessaire, ils requerront le gouvernement annamite qui enverra aussi des soldats de son côté. »

Pendant que Lu-Vinh-Phuoc, *chef des Pavillons-Noirs*, était créé mandarin à quatre parasols, Philastre *recevait la croix de la Légion d'honneur !* Aussi le traité politique, bientôt suivi d'un traité de commerce, que la France et la cour de Hué conclurent dans les premiers mois de 1874, était-il destiné à ne produire aucun des bons résultats qu'on en attendait.

Voilà comment Garnier était vengé !

Voilà à quoi avait servi la mort du vaillant marin et les efforts de ses soldats !

Quand la nouvelle de la ratification de ces traités fut parvenue en France, notre ministre des affaires étrangères fit approuver par l'Assemblée nationale la convention additionnelle fixant les conditions auxquelles le commerce pourrait être exercé au Tonkin. Aux termes de cette convention, en date du 31 août 1874, le roi d'Annam s'engageait à ouvrir au trafic étranger, sans distinction de pavillon ou de nationalité, ses ports de Thin-Naï dans la province de Binh-Dinh, de Ninh-Laï dans la province de Haï-Dzuong, la ville de Hanoï et le fleuve de Nhi-Hà depuis la mer jusqu'à la frontière chinoise. Dans les ports ouverts, le commerce serait libre après l'acquittement d'une taxe de 5 p. 100 (10 p. 100 sur le sel) de la valeur des marchandises à leur entrée ou à leur sortie. Les marchandises expédiées de Saïgon pour un des ports ouverts de l'Annam ou à destination de la province du Yunnan en transit par le Nhi-Hà, et celles qui seraient expédiées de l'un de ces ports ou de la province du Yunnan pour Saïgon, ne seraient soumises qu'à la moitié des droits frappant les marchandises de toute autre provenance ou ayant une autre destination. Pour assurer la perception des droits et afin d'éviter les conflits qui pourraient naître entre les étrangers et les autorités annamites, le gouvernement français mettrait à la disposition du gouvernement annamite les fonctionnaires nécessaires pour diriger le service des douanes, sous la surveillance et l'autorité du ministre chargé de cette partie du service public; il aiderait également le gouvernement annamite à organiser sur les côtes un service de surveillance efficace pour protéger le commerce. Les douanes des ports ouverts au commerce étranger seraient dirigées conjointement par un fonctionnaire annamite et un fonctionnaire français portant le titre de chef du service européen. Toutes les contestations entre le personnel des douanes et les étrangers, au sujet de l'application des règlements douaniers seraient jugées par le consul et un magistrat annamite. Un bâtiment français aurait la facilité d'engager tel pilote qui lui conviendrait pour se faire conduire immédiatement dans le port. Quand, après avoir acquitté toutes les charges légales, il serait prêt à mettre à la voile, on ne pourrait pas lui refuser des pilotes pour le sortir du port sans retard ni délai ; tout individu qui voudrait exercer la profession de pilote pour les bâtiments étrangers pourrait, sur la présentation de trois certificats de capitaines de navires, être commissionné par le consul de France et le capitaine de port. Toutes les fois qu'un négociant étranger aurait des marchandises à embarquer ou à débarquer, il devrait d'abord remettre la note détaillée au consul ou agent consulaire, qui en donnerait communication au chef de la douane. Celui-ci délivrerait sur le champ un permis d'embarquement ou de débarquement.

Il serait alors procédé à la vérification des marchandises dans la forme la plus convenable pour qu'il n'y ait chance de perte pour aucune des parties. Dans chacun des ports ouverts au commerce étranger le chef de la douane recevrait pour lui même et déposerait au consulat français des balances légales pour les marchandises et pour l'argent, ainsi que des poids et mesures exactement conformes aux poids et mesures en usage dans l'Annam, et revêtus d'une estampille et d'un cachet constatant cette conformité. Ces étalons seraient la base de toutes les liquidations de droits et de tous les payements à faire. On y aurait recours en cas de contestations sur le poids et la mesure des marchandises, et il serait statué d'après les résultats qu'ils auraient donnés. Le président de la République française aurait le droit de faire stationner un bâtiment de guerre dans les ports ouverts de l'empire où sa présence serait jugée nécessaire pour maintenir le bon ordre et la discipline parmi les équipages des navires marchands et faciliter l'exercice de l'autorité consulaire. Toutes les mesures nécessaires seraient prises pour que la présence de ces navires de guerre n'entraînât aucun inconvénient. Les bâtiments de guerre ne seraient assujettis à aucun droit. Tout bâtiment de guerre français croisant pour la protection du commerce serait reçu en ami et traité comme tel dans tous les ports de l'Annam où il se présenterait. Ces bâtiments pourraient s'y procurer les divers objets de rechange et de ravitaillement dont ils auraient besoin, et, en cas d'avaries, les réparer et acheter dans ce but les matériaux nécessaires, le tout sans la moindre opposition.

Le port de Thuân-An, à cause de sa situation dans une rivière qui conduit à la capitale et de sa proximité de cette capitale, ferait exception, et aucun bâtiment étranger de guerre ou de commerce ne pourrait y pénétrer. Cependant, si un bâtiment de guerre français était chargé d'une mission pressée par le gouvernement de Hué ou pour le résident français, il pourrait franchir la barre, après en avoir demandé et obtenu l'autorisation expresse du gouvernement annamite. Enfin, le gouvernement français renouvelait la promesse, faite au gouvernement annamite à l'article 2 du traité du 15 mars, de s'efforcer de détruire la piraterie sur terre et sur mer, particulièrement dans le voisinage des villes et ports ouverts, de façon à rendre les opérations du commerce européen aussi sûres que possible. — Cette convention, approuvée par l'Assemblée nationale, fut ensuite présentée à la ratification de l'Annam par notre résident près la cour de Hué (26 août), et le 15 septembre 1875 le Tonkin était ouvert au commerce.

« En signant les traités, la France, dit M. Paul Deschanel, avait voulu évidemment établir son protectorat sur le Tonkin ; mais, ne pouvant assumer les charges d'une occupation au lendemain de la guerre de 1870, elle n'y avait pas inséré le mot. Il y manquait donc une chose essentielle : une définition. Si nous avions conclu avant d'évacuer les provinces conquises par Francis Garnier, nous eussions pu sans doute stipuler notre protectorat en termes précis ; mais, après notre retraite, il fallait nous borner à le sous-entendre et nous ne pouvions plus parler que de protection... La première conséquence de la suppression du mot « protectorat » fut que nous dûmes envoyer nos agents aux trois ports nouvellement ouverts dans le Delta du Tonkin, non avec le titre de *résidents*, mais avec celui de *consuls*. Dès lors, nous n'étions plus dans une situation privilégiée, et il était facile de prévoir que d'autres puissances réclameraient les mêmes bénéfices. En effet, l'Angleterre présenta plusieurs observations, notamment sur l'obligation où seraient les négociants étrangers de recourir à l'intervention et de se soumettre au contrôle de nos agents. On répondit — pouvait-on faire autrement ? — qu'il n'était nullement question d'imposer aux Européens notre juridiction consulaire, que rien ne s'opposerait à ce que les autres puissances fissent des traités de commerce avec l'Annam et y nommassent des consuls ; que ces consuls, aussitôt installés, pourraient y pourvoir à la protection de leurs nationaux. Les traités ne nous donnaient aucun moyen de résister aux prétentions de nos voisins. Mais que devenait, dès lors, la clause interdite au gouvernement annamite de rien changer à l'état de ses relations avec les puissances ? Le protectorat, posé en principe dans le traité, disparaissait en fait, presque aussitôt. Notre position prépondérante n'était pas entièrement définie, nous avions assumé toutes les charges de la protection, et nous en laissions tous les avantages aux étrangers... Il résulta de cette situation indécise que, dès 1876, M. l'amiral Duperré, gouverneur de la Cochinchine,

posait la question de la manière suivante : « Où la conquête, ou
« la retraite, et, dans ce second cas, la suppression de la garde des
« consuls, l'abolition de l'article 16 du traité relatif à la juridiction
« consulaire, la concession faite à l'Angleterre entraînant l'exten-
« sion aux autres puissances de l'exception consentie. » En effet,
après le cabinet de Londres, ceux de Berlin et de Madrid récla-
mèrent aussi le droit d'envoyer des consuls en Annam. »

Jean Dupuis ne reçut ni par le traité politique du 15 mars 1874,
ni par le traité de commerce du 31 août, la réparation à laquelle
il pouvait prétendre, et cela est malheureusement vrai, notre
compatriote, si dévoué à la cause de France, fut récompensé de
ses efforts par la plus noire ingratitude.

De pareils faits ne se produiront plus, maintenant que l'administration coloniale va être détachée du ministère de la marine
pour devenir une dépendance du ministère du commerce ou pour
former un département spécial. Les intérêts de la marine marchande cesseront d'être, en tout temps, subordonnés à ceux de la
marine de guerre ; les marins du commerce seront bientôt délivrés
du joug vexatoire autant qu'inutile qui pèse sur eux depuis plus
de deux siècles.

Le 17 janvier 1874, Dupuis avait été voir M. Philastre, qui lui
avait déclaré qu'il ne pouvait rien faire pour protéger son voyage
en Yunnan, que ses *amis* les mandarins annamites s'opposaient
à ce que la petite expédition remontât en Chine, et que lui, Dupuis,
n'avait aucun droit d'être au Tonkin dès l'instant où les mandarins
ne le voulaient pas.

« — Mais, reprit notre compatriote, est-ce bien le rôle d'un
représentant de la France de venir défendre la barbarie contre la
civilisation. Et de quel droit les mandarins annamites sont-ils
maîtres des destinées de plus de 10 millions d'individus qui repoussent leur tyrannie ? Mes droits ! ils sont indiscutables. J'ai autant
de droit d'être au Tonkin que les mandarins, en vertu des pouvoirs
que j'ai reçus des autorités du Yunnan et du vice-roi de Canton.
Ce n'est pas, d'ailleurs, à des Français qu'il appartient de discuter
ce droit. Les traités sont rompus entre la France et l'Annam, et
la France n'a aucun pouvoir d'intervenir au Tonkin avant qu'un
traité ait été signé à cet effet. Vous ne pouvez donc prendre fait et

cause pour vos amis les Annamites, ennemis de la France, sans être responsable du préjudice que vous me causez. »

— « Les Français, répondit Philastre avec emportement, se sont conduits au Tonkin comme des *brigands* et des *voleurs!...* Et Garnier serait passé au conseil de guerre, s'il n'était pas mort. »

Dupuis, prenant un parti énergique, partit aussitôt pour Saïgon, afin de faire comprendre au gouverneur que la politique de M. Philastre ruinait notre influence, et que les Annamites pourchassaient comme des bêtes fauves nos partisans tonkinois. L'amiral le reçut très bien, mais il lui déclara que tout était fini maintenant et qu'il ne pouvait qu'approuver l'évacuation ; cependant il lui promit de faire son possible pour obtenir des compensations au préjudice « que lui causaient les mesures prises par M. Philastre en vue d'amener la signature d'un traité ». Sur ces entrefaites, Dupuis reçut une lettre de son fondé de pouvoirs lui annonçant que toute son expédition était séquestrée à Hanoï sous la surveillance des troupes françaises. Et le 16 mars, le lendemain de la signature du traité, l'amiral Dupré partait pour la France, après avoir recommandé à son successeur, l'amiral Krantz, l'infortuné Dupuis.

« Celui-ci se crut joué, dit M. Hippolyte Gautier. Il demandait ou de l'argent ou sa liberté d'action, *la liberté de porter lui-même et de faire accepter de gré ou de force, à ses risques et périls, ses réclamations à la cour de Hué.* » En désespoir de cause, il télégraphia au ministre de la marine :

« Position désespérée. — Faillite inévitable par créanciers étran-
« gers sans deux cent mille dollars immédiatement. Puis emprunter
« Banques avec garantie gouvernement. La donner de Paris —
« ou donner ordre gouverneur Cochinchine la donner ici. Rem-
« boursement sur indemnité annamite. »

En vertu de la convention Philastre, l'expédition de M. Dupuis avait dû abandonner les maisons qu'elle occupait à Hanoï ; ses effets, ses bagages, ses papiers, laissés là sous scellés, y furent mis au pillage. Ses navires et leurs équipages, relégués au port de Haïphong, et là condamnés à l'inaction, lui coûtaient en pure perte un entretien dispendieux. C'étaient cinq bâtiments et un

HUÉ. — L'Empereur Tu-Duc, donnant audience à l'Ambassadeur Français

personnel de deux cents hommes tenus inutilement prisonniers. C'était une période de neuf mois arrachée à son activité. Encore, quand les ressources lui manquèrent pour nourrir ce personnel inoccupé, le gouvernement colonial y avait-il en partie suppléé par des avances; mais cette subvention fut retirée brusquement le jour même de la promulgation des traités, le 15 septembre 1875. M. Dupuis, non indemnisé pour le passé, était considéré comme trop heureux que l'ouverture nominale du fleuve semblât lui rendre la faculté de continuer son entreprise interrompue et ruinée. On commença par démunir ses navires de leurs canons, après quoi on se crut quitte en lui disant : « — Ainsi désarmé, vous êtes libre de remonter au Yunnan; passez, si vous le pouvez, devant les Pavillons-Noirs. »

Tout ce que M. Dupuis tenta de démarches auprès de l'amiral Duperré, pour obtenir une réponse plus équitable, échoua. Le nouveau gouverneur ne voulait pas entendre parler d'enquête, ni se renseigner autrement que par des pièces officielles, ni tenir aucun compte de ce qui aurait pu être dit ou promis au négociant français. Il le mettait au défi d'exhumer un document officiel qui rendît le gouvernement responsable du séquestre de ses bateaux et de ses gens à Haï-Phong. L'impression de M. Dupuis était que ce langage avait pour but, ou de lui faire peur, pour arracher à sa misère quelque concession, ou de se débarrasser de lui par le découragement. Il avait été rapporté qu'une dépêche du ministère de la marine à l'amiral Krantz était ainsi conçue :

« Faites donc votre possible pour endormir et faire traîner l'affaire Dupuis; elle s'éteindra d'elle-même avec le temps. »

Telle semblait être, dans les cas, l'inspiration de ceux qui tenaient en leurs mains, soit à Paris, soit à Saïgon, les destinées de la colonie.

Mais, alors, ils se méprenaient grandement sur le caractère de l'homme qu'ils pensaient abattre. Ils ne savaient pas à quelle volonté ferme et tenace ils allaient se heurter.

Dès que le Tonkin fut ouvert au commerce, Dupuis, remis d'une grave maladie, partit pour Haï-Phong, par la voie de Hong-Kong. Il y arriva le 20 octobre 1875. Son navire et son matériel avaient été saisis, hypothéqués et vendus pour nourrir son personnel et, pendant ce temps, le tribunal de commerce de Saïgon le déclarait en faillite. Il est vrai que ce jugement était rapporté quatre mois après.

Dupuis, ruiné, vint alors en France, et adressa à la Chambre des députés une pétition exposant les faits ci-dessus relatés.

Le 14 mars 1881, l'Académie des sciences, dans sa séance publique annuelle, décerna à l'explorateur du fleuve Rouge le prix Delalande-Guérineau, institué pour le savant ou le voyageur qui a rendu à la France ou à la science les plus grands services. L'amiral Mouchez, directeur de l'Observatoire, termina son rapport par ces mots :

« En accordant à M. Dupuis le prix Delalande-Guérineau, l'Académie ne préjuge, d'ailleurs, en rien la décision qu'aura à prendre l'autorité compétente, relativement à ses réclamations au point de vue des intérêts privés ou politiques. Elle récompensera seulement l'énergique et hardi explorateur qui a parcouru, à l'aide de ses propres ressources, tant de milliers de kilomètres à travers des contrées inexplorées par les Européens, qui a ouvert au commerce et à la science un grand et riche pays, où il y aurait un intérêt de premier ordre, aussi bien pour les misérables populations tonkinoises que pour le commerce européen, à établir notre protectorat et notre bienfaisante influence. Elle encouragera parmi nous cette qualité si féconde de l'initiative privée, à laquelle les deux grandes nations maritimes doivent presque uniquement leur énorme développement, et qui a le plus contribué à cette subite extension de la civilisation européenne sur toute la surface du globe, merveilleuse transformation à laquelle vient d'assister la génération qui s'éteint et dont le xix° siècle recevra un éclat sans égal.

« L'Académie ne peut d'ailleurs oublier que c'est précisément à cette qualité de l'initiative personnelle, si remarquablement développée chez un de ses plus illustres membres, que la France devra peut-être de léguer aux âges futurs, profondément gravé à Suez et à Panama, le souvenir le plus impérissable de sa grandeur, de son génie et de sa civilisation.

« Les considérations qui précèdent ont décidé votre commission à vous proposer de décerner le prix Delalande-Guérineau à M. Jean Dupuis. »

La décision de l'Académie fut ratifiée par l'opinion publique et *le Temps*, sous la signature de M. Edmond Planchut, faisait paraître un article se terminant ainsi :

« ..... Qu'on se rappelle que, pendant six ans, cet homme, qui avait été en possession d'une grande fortune, qui avait découvert la route commerciale du sud de la Chine, vainement cherchée par les Anglais, qui avait eu assez d'influence pour que des mandarins chinois lui proposassent de mettre une armée de 10.000 hommes à sa disposition, qui, avec Francis Garnier et une poignée de Français, avait conquis le Tonkin, un pays de 10.000.000 d'âmes ; qui, au milieu de ces aventures surprenantes, tout en s'occupant de ses intérêts personnels, n'avait pas cessé de les subordonner aux intérêts généraux de la France ; qu'on se rappelle que, pendant six ans, cet homme, qui pouvait se croire des titres exceptionnels aux sympathies de son pays, est resté à Paris, méconnu, suspect, complètement ruiné par l'acharnement d'un gouverneur qui avait essayé d'étouffer en lui le principal témoin de ses erreurs, vivant d'emprunts faits auprès de parents et d'amis dévoués, allant de porte en porte pour demander justice, se heurtant à l'ignorance des uns, à l'indifférence des autres, attendant et attendant toujours ; six ans d'une existence où, après avoir pu se croire un grand homme, il lui a fallu passer son temps à démontrer qu'il n'avait été ni un malhonnête homme ni un fou ! »

La pétition Dupuis, renvoyée au gouvernement, dormait dans les cartons depuis le 24 février 1881.

Dans la séance du 30 novembre 1882, M. Emile Bouchet se décida à demander au ministre pourquoi les conclusions du rapport « tendant à relever Dupuis de la ruine à laquelle il s'était patriotiquement exposé » n'avaient pas reçu d'exécution.

L'amiral Jauréguiberry répondit qu'il préparait un projet de loi ayant pour but d'affirmer et d'organiser notre protectorat au Tonkin.

« Si nous atteignons le but que nous poursuivons, fit-il en terminant, il nous sera loisible de disposer des nombreuses richesses minières qui existent dans ce pays en faveur des personnes qui nous offriront des garanties. Par conséquent, lorsque le moment sera venu, si M. Dupuis, dont je ne méconnais ni le mérite, ni le courage, ni les services rendus, veut faire une demande de concession de mines, il peut être certain, si sa demande est entourée de toutes les conditions légales voulues, et de la garantie que cette concession ne passera pas en des mains étrangères, que nous nous empresserons d'user de nos droits et de notre influence pour la lui faire accorder.

« J'ajouterai que M. Dupuis m'a été signalé comme pouvant rendre des services sérieux dans le Tonkin, pays qu'il connaît très bien et où il a conservé un grand nombre d'amis. Lorsque nous arriverons au moment de l'exécution de nos projets, exécution qui ne sera pas sans difficultés, nous serons très heureux de profiter de l'expérience de cet explorateur. »

Le pétitionnaire ne bénificia en aucune façon de ces belles paroles; mais il eut la satisfaction de se voir féliciter à l'Institut et à la Chambre des députés. Le rapport de M. Bouchet, dont nous donnons quelques extraits, est une véritable réhabilitation.

. . . . . . . . . . . . . . . . . . . . . . . .
. . . . . . . . . . . . . . . . . . . . . . . .

« La population entière de notre colonie est favorable à M. Dupuis, dont le gouvernement *a interdit la publication du Mémoire dans l' « Indépendant de Saïgon »*.

« On conçoit fort bien que, raisonnant avec une aussi grande ampleur de nos droits commerciaux, l'honorable amiral Duperré fasse répondre aux réclamations parfaitement convenables de M. Dupuis une lettre que l'on peut résumer ainsi :

« Taisez-vous, ou je vous fais empoigner. »

« C'est le langage qu'entendait un peu partout l'infortuné M. Dupuis. Lorsqu'il réclamait, en vertu du traité (non encore interprété, il est vrai, par l'amirel Duperré), ses bateaux, ses canons et ses équipages armés au consul de Haïphong, celui-ci lui répondait :

« Vous me demandez les moyens à employer pour donner à vos
« hommes les garanties qu'ils vous réclament : il n'en est qu'un
« seul, monsieur, c'est de faire immédiatement entre mes mains
« le dépôt de vos livres, de vos navires et de VOTRE PERSONNE, afin
« que je puisse saisir les tribunaux compétents de la liquidation
« de votre position. Dans ce cas, je mettrai des gardiens sur vos
« navires et aviserai à prendre tout moyen que de droit pour
« réserver les privilèges des hommes embarqués et de tous autres
« créanciers. »

« C'est ce même consul qui, faisant à quelque temps de là un rapport sur le mouvement commercial des ports du Tonkin ouverts par le traité, constate avec angoisse que les bateaux français *sont en très infime minorité*.

« Oh! assurément, on ne doit point y voir les navires de M. Dupuis pas plus que ceux des négociants français soucieux de n'avoir pas à *déposer leurs personnes* entre les mains paternelles de M. Turc. Notre administration est admirable comme génie de colonisation. Un Français ouvre une route des plus importantes, on le traque, on le ruine, on le brise, on lui offre la prison pour refuge, puis on se lamente de voir à sa place le commerce étranger prospérer, s'étendre, envahir... »

. . . . . . . . . . . . . . . . . .

Il faut examiner maintenant l'état des affaires au Tonkin depuis les conclusions des traités jusqu'à l'expédition Rivière, c'est-à-dire de 1874 à 1882.

M. Rheinart, administrateur des affaires indigènes, vint s'installer à Hanoï, le lendemain de l'évacuation de la citadelle ; il avait le titre de résident.

A peine arrivé, il reçut des plaintes nombreuses : nos partisans étaient emprisonnés ou tués ; les chrétiens mouraient, brûlés vifs ou noyés, plus de cent villages avaient été détruits par les flammes, et les lettrés employaient les chiens pour chasser les fugitifs.

M. Rheinart eut beau protester, les Annamites n'écoutèrent pas ses doléances ; la politique de M. Philastre avait tué notre prestige. Bien plus, le nouveau commissaire royal, Nguyen-Cauh, envoyé par la cour de Hué pour rétablir l'autorité du roi dans tout le

Delta, ne cacha pas ses intentions malveillantes à l'égard de notre résident, qui, n'ayant pour toute garde que quatre-vingts hommes, noyés au milieu de dix mille soldats de Nguyen-Cauh, dut se retirer à Haïphong.

Au nord, Pavillons-Noirs et Pavillons-Jaunes luttaient entre eux ; au sud, les lettrés tuaient les chrétiens ; à l'est, les partisans de Lê commençaient à remuer

Le 24 mai 1875, le comte de Rochecnouart, chargé d'affaires en Chine, adressa une copie du traité politique au prince Kong, personnifiant les idées modérées dans les conseils de l'empire :

« Votre Altesse Impériale, lui disait-il, verra que le gouvernement français est décidé à remplir les engagements qu'il a contractés vis-à-vis du roi Tu-Duc et à assurer la tranquillité dans les Etats de ce souverain. Son premier soin sera donc de disperser et de détruire ces bandes, qui entretiennent le trouble de la guerre civile, et il serait à désirer que Votre Altesse Impériale prît les mesures nécessaires pour faciliter cette tâche, dont la province du Yunnan, si troublée elle aussi, ne peut que profiter. Il est un second point sur lequel je désire également appeler l'attention de Votre Altesse Impériale : je veux parler de l'ouverture à la navigation du fleuve Rouge au Song-Koï, depuis son embouchure jusqu'aux frontières de la Chine. Il n'existe dans les traités de Tien-Tsin et de Pékin aucune clause relative à cette éventualité, qu'on ne pouvait pas prévoir à l'époque où ils furent conclus ; mais aujourd'hui qu'elle se présente, elle doit être réglée, et il faut le faire tout de suite, afin d'empêcher les complications qui ne manqueraient pas de se produire dès le début. Le gouvernement français a longtemps réfléchi avant de conclure ce traité et s'est parfaitement rendu compte et de ses charges et de ses avantages, et il est aussi décidé à remplir ses engagements qu'à user de ses privilèges. Aussi ai-je été chargé de m'entendre avec Votre Altesse Impériale sur ces deux questions : 1° la suppression des bandes chinoises qui désolent l'Annam ; 2° l'ouverture d'un point du Yunnan où nos bâtiments puissent atterrir et se livrer aux transactions commerciales régulières. »

Le prince Kong, dans sa réponse, ne refusa pas absolument l'ouverture d'un point du Yunnan au commerce étranger : il promit d'ordonner, dans cette province, une enquête à la suite de laquelle il s'empresserait de délibérer. Quant à la dispersion des bandes chinoises, il déclara péremptoirement qu'elles avaient été envoyées sur la demande du roi d'Annam.

Le 25 juillet 1875, M. Rheinart arriva à Hué, où, à peine arrivé, il eut à se plaindre de manifestations hostiles. Au mois de septembre, le roi rendit un traité contraire à l'article 9 du traité par lequel il s'engageait à respecter la liberté religieuse des chrétiens, et il laissa sur le fleuve Rouge des douanes intérieures que nous ne pouvions contrôler.

En 1880, les commerçants européens établis à Haïphong, y compris les Allemands, envoyèrent au gouverneur de la Cochinchine une pétition pour demander l'occupation effectuée du pays par nos troupes ; à la même époque, le Parlement reçut une pétition analogue de deux cent soixante-sept Français, établis en Cochinchine. C'est là l'indice le plus éclatant que les vexations des mandarins étaient devenues insupportables, et que les traités étaient restés à l'état de lettre morte à Hué.

Le contre-amiral Lafont, qui avait succédé, en juillet 1877, à l'amiral Duperré, ne tarda pas à avoir à se plaindre de la cour de Hué, qui, à tout instant, lui donnait des preuves de la mauvaise volonté la plus évidente. A la fin de 1878, il apprit par notre consul d'Haï-Phong que sept mille rebelles chinois avaient envahi la frontière du Tonkin, sous le prétexte de remplacer les Lê. Ces bandes étaient commandées par un certain Li-Yong-Choï, qui s'empara de la province de Lang-Son.

Le Tsong-Li-Yamen prit des dispositions pour combattre l'insurrection et chargea les généraux Thong-Ti-Taï et Ten-Tre-Tsaï des opérations militaires.

En effet, les troupes chinoises passèrent la frontière pour se joindre aux troupes de Tu-Duc, battues plusieurs fois par les rebelles. Pendant ce temps, les notables des provinces de Nghê-An et Than-Hoa vinrent proposer à notre consul d'Haï-Phong de lever l'étendard de la révolte. La patience des habitants était, en effet, à bout ; ceux-ci n'attendaient qu'une occasion pour se soule-

Le commandant Henri Rivière

ver contre leurs oppresseurs. Le parti lettré, très puissant, ennemi des Français, mais détestant davantage les fonctionnaires de Tu-Duc, aurait peut-être accepté notre domination de bonne grâce, avec certaines concessions. Mais, le traité bizarre signé par le lieutenant Philastre nous liait les mains ; nous étions obligé de soutenir le parti de Hué sans retour de sa part.

A la fin de 1879, l'invasion n'avait pas encore pris fin ; pour comble de misère, le choléra apparut. Enfin, en 1880, Li-Yong-Choï ayant été pris, l'invasion fut enrayée. Mais, cette défaite du général rebelle ne nous servait pas ; au contraire, on pouvait prévoir dès ce jour que nous aurions la guerre avec la Chine, car, dès cet instant, la prise de Li-Yong-Choï servit de prétexte au Tsong-Li-Yamen pour la publication de documents officiels destinés à rappeler la suzeraineté de la Chine sur le Tonkin.

Cet état de choses dura jusqu'en 1882 ; enfin, le 3 avril, le commandant Rivière débarquait à Hanoï, où l'envoyait le gouverneur de la Cochinchine.

Le cabinet de Paris avait cru, en 1874 et croyait encore à ce moment, que le traité politique excluait toute intervention de la Chine au Tonkin, sous quelque prétexte que ce fût.

A la suite de l'envahissement des provinces du nord par les rebelles, M. Waddington, ministre des affaires étrangères, crut devoir informer notre chargé d'affaires à Pékin, M. de Montmorand, des réflexions que lui inspirait la conduite de Tu-Duc, demandant également des secours au gouverneur de la Cochinchine et au Tsong-Li-Yamen. Le traité de 1874 ayant consacré l'indépendance de l'Annam, nous ne pouvions laisser la Chine intervenir au Tonkin.

Le fleuve Rouge continuait à être fermé au commerce, quand M. de Freycinet remplaça M. Waddington ; nos nationaux et nos partisans étaient soumis à toutes les vexations, les chrétiens toujours massacrés. Le nouveau ministre, d'accord avec l'amiral Jauréguiberry, se déclara partisan d'une prompte action.

Malheureusement, il eut pour successeur M. Barthélemy Saint-Hilaire, imbu des mêmes idées, mais qui se trouva en désaccord avec le nouveau ministre de la marine, l'amiral Cloué.

Au mois de novembre 1880, le marquis Tseng, ambassadeur de

Chine à Paris, lui fit remettre une communiaction par laquelle le Tsong-Li-Yamen, faisant allusion aux bruits qui couraient d'un envoi de troupes au Tonkin, nous informait qu'il ne saurait regarder avec indifférence des opérations tendant à changer la situation politique d'un pays limitrophe dont le prince avait jusqu'alors reçu l'investiture de l'empereur de Chine.

M. Barthélemy Saint-Hilaire répondit qu'il comprenait tout l'intérêt attaché par la cour de Pékin au maintien du bon ordre dans une contrée voisine de ses frontières, mais que, d'autre part, la France était résolue à poursuivre l'exécution des traités.

Le marquis répliqua :

— « J'ai à informer votre Excellence que le gouvernement impérial ne peut pas reconnaître le traité de 1874. »

M. Gambetta, devenu président du conseil, répondit à cette prétention en faisant observer que ce traité, qui règle précisément nos rapports avec l'Annam, avait été officiellement communiqué au gouvernement chinois, le 25 mai 1875, par le comte de Rochechouart, à Pékin. Or, dans la réponse du prince Kong, aucune objection n'avait été soulevée contre la conclusion du traité, pas plus que contre une de ses clauses. L'Annam est mentionnée simplement comme ayant été autrefois un pays tributaire de la Chine.

Des mesures avaient été prises pour remédier aux difficultés de la situation, dans le Delta, pendant qu'une correspondance s'échangeait au sujet du Tonkin, avec l'ambassadeur de Chine à Paris.

On avait adopté un système mixte consistant à augmenter nos forces navales au Tonkin, et sans entreprendre d'expédition proprement dite, à faire disparaître les pirates et les rebelles et à assurer la libre navigation du Song-Koï.

Il s'agissait donc d'exiger de l'Annam une exécution scrupuleuse des traités et d'appuyer nos revendications d'un certain déploiement de forces, sans d'ailleurs engager celles-ci autrement que pour faire la police du Song-Koï, ouvert en droit aux Européens, fermé en réalité par les pirates et les bandes indépendantes établies sur ses bords.

La situation en était à ce point quand le gouverneur de la

Cochinchine envoya Henri Rivière à Hanoï avec les instructions que nous venons de faire connaître.

Le commandant partit de Saïgon avec deux navires de la station, le *Drac* et le *Parceval*; à Haïphong il put réunir quatre petits navires à vapeur sur lesquels il s'embarquait avec toutes ses troupes.

Le jour même de son débarquement à Hanoï, les mandarins envoyaient demander au consul les motifs de ce renfort.

Le lendemain, 3 avril, le gouverneur de la citadelle rendit une visite au commandant, lui dit que le Tong-Doc, très effrayé, n'avait point osé venir, et demanda quelques renseignements sur son arrivée à Hanoï. Le commandant après lui avoir exposé les motifs de sa présence, lui en donna acte, sur sa demande, en lui promettant de voir le Tong-Doc.

Le 4, en effet, un mandarin étant venu prévenir Rivière que le Thong-Doc l'attendait et lui envoyait une escorte d'honneur, Rivière accepta l'invitation; l'entrevue fut très courtoise.

Mais, quelques jours après, le commandant put se convaincre de l'impossibilité qu'il y avait à se maintenir dans une situation de conciliation et d'attente avec les Annamites. La citadelle se remplissait chaque jour de soldats, et, dans les provinces, il se faisait de nombreux préparatifs et de grandes levées d'hommes.

De plus, on pouvait craindre, à tout instant, une attaque des troupes annamites de Son-Tay, renforcées de dix mille Chinois environ.

Dans ces conditions, le commandant se trouva dans l'obligation de démontrer, par un coup d'éclat, qu'il était capable d'imposer silence aux Annamites. Le 25 avril, il envoya au gouverneur un ultimatum, le mettant en demeure de livrer sa citadelle en trois heures, et à se remettre entre ses mains.

A huit heures, le Tong-Doc n'ayant point paru, les préparatifs d'attaque furent faits.

Rivière disposait de quatre cent cinquante soldats d'infanterie de marine, de vingt artilleurs de la marine, de vingt tirailleurs indigènes, et de cent trente marins; il possédait six canons de 4 centimètres, et un de 12 centimètres.

De 9 heures à 10 heures 15 minutes, le tir des canonnières devait se faire sur les principaux établissements de la citadelle, et, quelque peu au-delà de la porte du nord, afin de ne pas atteindre nos troupes, qui, vers neuf heures et demie devaient être toutes rendues à leurs positions d'attaque.

A 8 heures précises, le commandant partit avec le consul, M. de Kergaradec, son adjudant de division de Marolles et quarante marins, commandés par le second de l'*Hamelin*, le lieutenant de vaisseau Fiaschi, attaquer de vive force la porte du nord.

A neuf heures, toutes les troupes étaient à leur poste ; le bombardement commença. Il cessa à 10 heures 45 minutes.

La porte de la demi-lune, fut la première abordée par les escaladeurs qui la firent sauter au moyen d'un pétard ; les troupes entrèrent dans la citadelle qui fut prise en quelques instants.

Nous avions quatre blessés : le chef de bataillon de Villers, atteint dès le commencement de l'action d'une contusion grave au genou par un biscaïen perdu ; le soldat Homeyer et le soldat Lanore, atteints de balles à la tête, mais non grièvement et le caporal Grosjean, atteint d'une balle à la cuisse. Quarante morts furent comptés parmi les Annamites, et vingt blessés furent recueillis par nos ambulances. Le nombre des blessés avait dû être beaucoup plus considérable, mais tous ceux qui pouvaient s'enfuir l'avaient fait.

Après un repos de deux heures, pendant lequel on déjeuna, Rivière commença immédiatement à mettre la citadelle hors d'état de défense.

Le 26 avril au matin, on apprit que le Tong-Doc s'était pendu. C'était un homme flegmatique et résolu, et il fut heureux pour nous qu'il se fût tué. Son courage et son influence auraient pu nous susciter des embarras, surtout s'il se fût concerté avec le prince Hoang, qui se tenait à la forteresse de Son-Tay, à quelques lieues de Hanoï, et qui, de l'aveu du gouvernement annamite, avait ouvertement à sa solde les Pavillons-Noirs.

Rivière fit saisir, dès le 25, l'administration des douanes, et du 25 au 30, on procéda aux travaux de démentellement de la citadelle.

Le 29 avril, le commandant adressa au Quan-An d'Hanoï une lettre pour l'assurer qu'il n'était pas venu dans des intentions hostiles, et lui rappeler les moyens de conciliation qu'il avait tentés inutilement auprès du Tong-Doc. Quant à Hué, on apprit la prise de la citadelle d'Hanoï, les conseillers de Tu-Duc l'engagèrent à la guerre et, celui-ci, tout en envoyant au Tonkin une prétendue mission conciliatrice, écrivit secrètement à Canton pour obtenir des secours du vice-roi. Le 30 juin (la réponse, quoique indirecte, ne se fit pas attendre), le gouverneur du Kouang-Si fit annoncer aux Tonkinois que des troupes chinoises allaient pénétrer dans leur pays, y réprimer la piraterie.

La cour de Hué, enchantée, écrivit à nouveau à Canton, demanda un secours de vingt mille hommes pour nous anéantir et reçut une réponse satisfaisante, à la suite de laquelle les hauts mandarins inondèrent le Tonkin d'émissaires, chargés de préparer le soulèvement du Delta. Pendant ce temps, à Paris, le marquis Tseng réclamait, inutilement il est vrai, mais sans cesse, la reconnaissance de la suzeraineté de la Chine sur l'Annam.

Les dispositions hostiles de Tu-Duc et l'intention bien arrêtée du Tsong-Li-Yamen d'intervenir dans la vallée du Song-Koï étaient flagrantes. Les réguliers chinois étaient déjà les maîtres d'un grand nombre de villes et de points importants; à Son-Tay, des rassemblements particuliers étaient signalés, et, sur ces entrefaites, des détachements chinois vinrent s'établir dans l'enceinte même d'Hanoï.

Les mandarins, interrogés par Rivière sur ces agissements firent une réponse évasive. L'un des généraux chinois poussa même l'insolence jusqu'à faire afficher sur les murs d'Hanoï une proclamation conçue en des termes tels que Rivière enjoignit au gouvernement annamite de la faire immédiatement enlever, ce qui eut lieu.

Ses premières instructions ne lui permettaient pas d'agir. Il prit néanmoins toutes ses dispositions pour résister victorieusement à une attaque qui semblait probable.

Bientôt de nouvelles instructions, venues de Cochinchine, prescrivirent à ce moment au commandant Rivière de ne souffrir aucune immixtion des impériaux dans nos affaires, d'arrêter tous ceux qui porteraient le costume chinois, de les diriger sur Saïgon et de traiter avec rigueur les Pavillons-Noirs qui se plaçaient eux-mêmes hors le droit des gens.

Rivière recommanda aussitôt aux autorités annamites d'avertir les chefs militaires chinois et de leur dire que nos résolutions, exécutoires dès maintenant, seraient obligatoires dans un délai de vingt-quatre heures.

Le gouvernement, informé de cet état de choses avait seulement prescrit l'envoi d'un renfort de sept cent cinquante hommes d'infanterie de marine ; toutefois, un point demeurait acquis : les intrigues de Tu-Duc, lassant enfin notre patience, allaient être réprimées sévèrement.

Le 29 décembre, M. Bourée, ministre de France en Chine, envoya la dépêche suivante :

« Le prochain courrier portera un projet de convention combiné avec le vice-roi du Pe-Tché-Li et agréé par le Tsong-Li-Yamen : ouverture du Yunnan, reconnaissance de la protection française au Tonkin, *sauf une zone à délimiter suivant la frontière chinoise ;* garantie réciproque de cet état de choses contre toute entreprise extérieure... »

Au premier abord, ce projet de convention se présentait dans des conditions acceptables, mais les explications transmises postérieurement par M. Bourée montrèrent qu'il était incompatible avec les vues que nous avions à faire prévaloir. La prétention de la Chine de n'avoir aucune frontière mitoyenne avec une puissance européenne et sa demande de constituer une zone neutre entre le Tonkin et le Céleste-Empire étaient absolument ridicules ; car il suffit de regarder une carte pour constater que la Chine confine à la Russie sur plusieurs centaines de kilomètres et qu'elle touche aux possessions anglaises de l'Inde. En réalité, le Tsong-Li-Yamen voulait mettre la main sur la région minière la plus riche du Tonkin, comprise dans le territoire accepté comme neutre par le négociateur. Il ne s'agissait plus seulement de reconnaître notre protectorat sur le Tonkin ; il s'agissait de le partager.

Dans ces conditions, les négociations de notre ministre furent désavouées et celui-ci reçut ses lettres de rappel.

Dans l'intervalle de ces négociations, Rivière ne pouvant se laisser bloquer, avait dû s'emparer de Nam-Dinh, et, pendant qu'il procédait à cette opération, quatre mille Annamites et Pavillons-Noirs, que commandaient les gouverneurs de Son-Tay et de Bac-Ninh, attaquaient Hanoï ; Villers les avait repoussés, non sans une vive résistance.

De son côté, M. Rheinart, notre résident à Hué, avait dû abandonner son poste, en présence du mauvais vouloir des mandarins.

En présence de ces faits, quelle ligne de conduite convenait-il de suivre? Les uns se déclaraient partisans de l'annexion pure et simple. Les autres conseillaient de donner au Tonkin une administration autonome et de le débarrasser des mandarins annamites qui le pressuraient. D'autres objectaient que Hué tirait jadis tous ses revenus de la Cochinchine, que nous lui avions prise, et aujourd'hui du Tonkin, que nous voulions lui prendre : dès lors, l'Annam, privé de ses greniers d'abondance, ne saurait plus vivre, et nous serions fatalement obligés de nous substituer à l'administration annamite. Enfin, la Chine, derrière laquelle plusieurs voyaient l'influence anglaise, pourrait lancer chaque automne cinquante mille hommes dans la vallée du fleuve Rouge ; elle nous fermerait cette voie, pendant qu'elle ouvrirait à l'Angleterre celle de la Birmanie, et que nous aurions la guerre en permanence sur la frontière du Tonkin.

Les choses en étaient là quand le gouvernement déposa sur le bureau de la Chambre un projet de loi portant ouverture d'un crédit supplémentaire pour le service du Tonkin. Lors de la discussion, le gouvernement, interrogé sur la portée des mesures qu'il allait prendre, déclara nettement qu'il s'agissait d'une occupation définitive du Tonkin par nos troupes, occupation que compléterait la main-mise sur les impôts et la substitution de fonctionnaires à nos ordres aux fonctionnaires annamites.

Enfin, à la majorité de 358 voix contre 50 sur 408 votants, l'ensemble du projet de loi fut voté par la Chambre, et, le 17 mai 1883, le ministre de la marine déposait le projet sur le bureau du Sénat, en demandant l'urgence, qui fut accordée.

Le projet, adopté par la Chambre haute le 24 mai, avec des modifications, dut retourner à la Chambre.

Pendant ce temps, les affaires s'étaient maintenues en assez bon état au Tonkin, jusqu'au 8 mai.

Mais, à cette date, les Pavillons-Noirs, ne gardant plus aucune

Mort du Commandant Rivière

mesure, pillèrent les villages annamites et ouvrirent le feu sur la concession française d'Haïphong. Ils eurent l'audace, le lendemain, de venir devant la citadelle y faire une démonstration menaçante, et, le 11, Lu-Vinh-Phuoc, leur chef, dont nos soldats allaient bientôt sentir les atteintes, fit afficher sur la porte sud-est le placard suivant :

*Traduction d'un placard de Lu-Vinh-Phuoc, chef des Pavillons-Noirs*

« Le guerrier robuste Lu fait la déclaration suivante aux Français :

« Vous n'êtes que des brigands hors la loi ; les autres nations ne font pas le moindre cas de vous.

« Partout où vous allez, vous dites venir enseigner la vraie religion. C'est un mensonge pour chercher à vous attirer les vrais habitants ; vous mentez encore lorsque vous prétendez venir faire du commerce, car vous ne venez que pour voler des terres.

« Vous avez le cœur d'un vil animal et votre conduite est celle des bêtes féroces.

« Depuis votre arrivée dans le royaume d'Annam, vous ne faites que prendre des citadelles et assassiner des mandarins.

« Vos crimes sont aussi nombreux que les cheveux de vos têtes.

« Vous vous emparez des douanes et faites main basse sur leurs produits. Ce forfait mérite la mort.

« Vous êtes la cause de la misère du peuple, et le pays est à la veille de sa ruine.

« Toute la population est irritée et le Ciel crie vengeance.

« Aujourd'hui, moi, j'ai des ordres pour faire la guerre. J'ai conduit mes troupes à Phu-Hoaï-Duc ; mes drapeaux et mes lances obscurcissent le ciel ; mes fusils et mes sabres sont aussi nombreux que les arbres d'une forêt ; tout cela dans le but d'aller vous tuer et de saper votre infernal repaire (la Concession).

« Mais l'intérêt public est à considérer avant tout. Je ne veux pas me permettre de prendre pour lieu de combat le territoire de la ville de Hanoï par crainte de causer du préjudice aux habitants.

« C'est pourquoi je vous fais savoir que, si vous êtes assez forts, vous n'avez qu'à conduire vos troupes de bandits à Phu-Hoaï pour qu'elles se mesurent avec moi. Si vous avez peur, si vous n'avez pas assez de courage pour y venir, eh bien ! coupez et prenez les têtes du consul, du commandant en chef, du chef de bataillon et des capitaines et envoyez-les-moi à ma résidence. Rendez ensuite les citadelles, retournez en Europe, et j'aurai alors assez de pitié pour ne pas vous poursuivre et vous massacrer !

« Si vous tardez trop à venir ou si vous ne venez pas, je ferai descendre mon armée et viendrai vous tuer jusqu'au dernier.

« En conséquence, réfléchissez bien !

« Le quatre du quatrième mois de la trente-sixième année de Teu-Duc (10 mai 1883).

« Cachet de Lu-Vinh-Phuoc. »

Le 12 mai, le commandant Rivière reçut, paraît-il, une autorisation officielle lui permettant de s'emparer de Son-Tay, de Bac-Ninh et de Ninh-Binh, importante position stratégique.

Le 14 mai, les compagnies de débarquement de *la Victorieuse*, du *Villars* et de *l'Hamelin* étaient débarquées ; Rivière, qui voulait absolument se dégager, opéra avec eux plusieurs sorties.

Le 19 mai, une nouvelle sortie eut lieu à la suite de laquelle on marcha sur Phu-Hoaï, servant de refuge à l'ennemi.

A la suite des reconnaissances faites dans Tien-Thong, dès le début de l'attaque, nous nous étions peu garnis sur la droite, et cependant la bande ennemie s'avançait en grossissant, dessinant un mouvement tournant, afin de nous couper toute retraite.

Alors, de part et d'autre, commence un feu rapide. Malheureusement, le nombre des ennemis augmente dans des proportions considérables, de longues files de Pavillons-Noirs et de drapeaux rouges apparaissent du côté de Phu-Hoaï, et marchent sur nous.

La fusillade ennemie redouble, devenue des plus meurtrières.

Rivière cherche à ranimer chacun par son courageux sang-froid et de bonnes paroles. Le canon du *Villars* est là, il le fait charger à mitraille ; mais la pièce, venant au recul, tombe à la rizière. Il faut la remettre sur la route. La situation devient de plus en plus critique. Les ennemis arrivent de tous les côtés. Il est évident que nous devons battre en retraite et essayer d'arrêter les Chinois avant qu'il ne soit trop tard. Le commandant donne l'ordre d'atteler la pièce de canon, mais un des deux chevaux est blessé et devenu inutile. Il faut couper ses traits. Les hommes tombent ou se troublent dans le vacarme du combat. Rivière se met à pousser à la roue pour donner l'exemple, et, voyant qu'une panique va s'emparer des jeunes soldats qui luttent sur la route, il envoie M. de Marolles au Pont-de-Papier, en lui disant : « Eta-« blissez un échelon de retraite à la digue, et faites-le solide pour « arrêter l'ennemi coûte que coûte et nous recueillir. » Cet officier s'élance vers le pont, se frayant un chemin parmi les cadavres qui bosselaient le sol avec de larges taches rouges autour d'eux. Les balles pleuvent sur ses pas ; cependant il parvient à la digue, où il a beaucoup de peine à former cet échelon.

Rivière, lui, continue de pousser le canon avec l'aide de quelques officiers et soldats. L'aspirant Moulun, un jeune homme de vingt ans, qui poussait la roue gauche, est tué raide, le crâne fracassé par une balle.

A peine ont-ils franchi quelques mètres que M. Ducorps s'affaisse, un pied traversé, et que Rivière tombe, à son tour, l'épaule gauche trouée par une balle ! Cependant la blessure n'est pas mortelle ; il se relève, et retombe quelques pas plus loin pour ne plus se relever. Le capitaine Jacquin est tué presque sur lui. Lorsque Rivière tomba, les Chinois accoururent. Sa tête étant mise à prix, chacun voulait la prendre. Il y eut bousculade ; ils luttèrent entre eux, se disputant ses dépouilles. Si le pauvre commandant respirait encore, il n'a pas dû longtemps souffrir, les ennemis, dans leur sinistre âpreté du gain, se précipitant à qui lui trancherait la tête pour en faire un trophée ! Les mains furent coupées, et tous ces débris du glorieux mort promenés au bout de piques à travers l'Annam, qui se félicitait d'une victoire. Il était huit heures, et nos troupes n'entrèrent dans Hanoï que vers neuf heures et demie. La fatigue avait succédé à l'élan du combat, et tous avançaient, traînant la jambe, sous la chaleur pesante du soleil qui embrasait le ciel.

La nouvelle de la mort du malheureux Rivière arriva à Paris le matin même du jour où la Chambre des députés devait discuter le projet modifié par le Sénat. M. Georges Périn monta à la tribune dès que le ministre de la marine eût donné lecture aux députés de la triste dépêche, et prononça ces courtes paroles, peignant bien l'émotion de tous :

« Les tristes nouvelles que vient de nous donner M. le ministre de la marine modifient la situation de ceux d'entre nous qui avaient cru devoir refuser le vote des crédits, il y a quelques jours. (Applaudissements.) Notre liberté d'action n'est plus entière. (Très bien.) Il ne s'agit plus de savoir si nous devons occuper le Tonkin. Un devoir strict s'impose à nous, celui d'aller au secours des Français qui sont exposés au Tonkin et qui seraient perdus si des secours n'arrivaient pas. (Nouvelle approbation.) Je crois donc qu'il faut voter immédiatement le projet et faire toute diligence pour qu'il soit mis promptement à exécution. Nous devons venger la mort du commandant Rivière, officier distingué entre tous, et de ceux qui sont tombés vaillamment à ses côtés. » (Applaudissements prolongés.)

A l'unanimité de 507 votants, la Chambre vota les crédits.

La guerre franco-chinoise allait commencer.

## III

## LA GUERRE

### PREMIÈRE PARTIE

#### LES FORTS DE HUÉ

Après la mort de Rivière, il s'agissait avant tout de pourvoir aux nécessités du moment et de ne pas laisser croire à l'ennemi que nous ne pouvions venger l'honneur de nos armes. Aussi, le *Journal officiel* publia-t-il de nombreuses nominations dans le corps de l'infanterie de marine ; le gouvernement donna des ordres pour augmenter l'effectif de nos forces et nomma, le 30 mai, le général de brigade Bouet, commandant de toutes les troupes en Cochinchine, commandant supérieur du corps expéditionnaire.

Un premier moment de confusion avait suivi la catastrophe, à Hanoï. Cependant, le lieutenant de vaisseau Capeter prit le commandement et envoya la *Carabine* à Haïphong où elle trouva le capitaine de frégate Morel-Beaulieu. Celui-ci commandait le *Parceval;* il se concerta avec M. Forestier, notre consul, et décida, d'accord avec lui, que le steamer danois *Actif* (en ce moment sur lest dans le port) serait réquisitionné pour aller informer de ce qui se passait le contre-amiral Meyer, stationné dans la baie d'Alung avec la division navale de la Chine. La canonnière le *Yatagan* appareilla quelques instants après pour la même destination, mais en passant par les cours d'eau intérieurs et par les arroyos. L'amiral Meyer, mettant son pavillon sur le *Kersaint*, se dirigea en toute hâte sur Haïphong, d'où il fit partir pour Hanoï le capitaine Morel-

Beaulieu, qui prit dès son arrivée le commandement supérieur des troupes de la flottille. Le 25 mai, le *Drac* arriva de Saïgon avec une compagnie d'infanterie de marine et une compagnie de tirailleurs annamites ; il fut suivi de près par le *Volta* et par le *Saïgon*, de sorte que nous eûmes bientôt dans la capitale du Tonkin dix compagnies d'infanterie de marine, les compagnies de débarquement du *Villars*, de la *Victorieuse*, du *Hamelin*, du *Kersaint* et une batterie d'artillerie.

Le général Bouët, en arrivant, trouva une situation qui, sans être compromise, ne lui permit pas de prendre immédiatement l'offensive. Débarqué le 7 juin, le général prit le commandement le 8 et commença par mettre Haïphong en état de défense ; il relia la concession à la citadelle par une fortification continue et donna l'ordre qu'on protégeât les missions par des détachements. Les travaux de défenses eurent lieu également à Hanoï et furent poursuivis avec une grande rapidité. Enfin, comme ses prédécesseurs, il adressa une proclamation aux populations, avant de commencer les opérations.

Le premier fait d'armes important qui signala cette nouvelle reprise des hostilités au Tonkin fut la brillante sortie du 19 juillet 1883, conduite par le colonel Badens, contre les Annamites entourant Nam-Dinh. Dès le 26 juin, une première sortie avait été dirigée contre la partie des lignes ennemies située en face du front occidental de la citadelle. Cette opération avait pleinement réussi : la pagode des mandarins et le retranchement de Cau-Gia avait été enlevé, et trois des quatre pièces qui armaient ces ouvrages ramenées par nos soldats. Dans la nuit du 11 au 12 juillet, l'ennemi s'était approché du fossé du front occidental, mais notre feu lui avait fait éprouver des pertes sensibles. Le 18, une violente canonnade fut ouverte sur la citadelle à six heures du soir, et, vers deux heures du matin, le poste de la place de la Marine et de la Pagode du Grand Marché furent attaqués par nos adversaires. Le colonel Badens, qui avait reçu dans la matinée un renfort de six officiers et de quatre-vingt-onze hommes, résolut de faire une sortie sur la partie occidentale de la position ennemie et d'enlever les canons qui tiraient chaque nuit sur la garnison.

Elle eut lieu de la façon la plus brillante, et, en quelques heures,

**Le général Bouët**
COMMANDANT SUPÉRIEUR DES TROUPES FRANÇAISES AU TONKIN
(D'après la photographie de M. Apport)

les troupes s'étaient emparées de tous les canons et tous les ouvrages qu'elles avaient mission d'enlever.

Cette glorieuse journée, qui avait eu pour résultat de relever le prestige de notre drapeau, nous avait coûté trois hommes tués et huit blessés. Les Annamites perdaient, au contraire, un millier des leurs, parmi lesquels plusieurs hauts mandarins. L'un des chefs de partisans, battu par le colonel Badens, avait fait afficher, un mois auparavant, une curieuse proclamation par laquelle il promettait dix mille ligatures pour la prise d'un grand bateau à vapeur ; cinq mille pour un bateau de moyenne grandeur ; trois mille pour un petit bâtiment ; deux mille pour une chaloupe et cinquante taels par tête coupée pendant la bataille.

Du côté d'Hanoï, une série de reconnaissances avait élargi le cercle enserrant la place. A Haïphong, le capitaine Morel-Beaulieu, avait eu aussi l'occasion d'infliger une sévère leçon aux bandes de Chinois et d'Annamites qu'il avait rejetés au-delà du Cua-Cam. En réalité, au moment où les renforts envoyés de Toulon et de Nouméa allaient permettre d'agir vigoureusement, la situation était intacte.

Vers la même époque, M. Harmand, consul de France à Bangkok, nommé par décret du 8 juin commissaire général civil de la République française, arrivait au Tonkin. Il avait mission d'empêcher que l'action militaire ne s'étendît pas au delà d'un certain rayon, de ramener à nous le gouvernement annamite, de rompre les intelligences entre Hué et Pékin, de gagner, s'il y avait lieu, les Pavillons-Noirs à la solde de l'Annam. Il devait organiser l'administration dans les territoires occupés, assurer le recouvrement de l'impôt à notre profit, choisir le moment favorable pour entrer en pourparlers et pour régulariser la situation, soit par des modifications au traité de 1874, soit par une nouvelle convention entre la France et l'Annam. Comme il importait qu'aucun conflit d'attributions ne pût naître, et que le commandement militaire, tout en s'inspirant de la pensée du gouvernement, conservât sous sa responsabilité l'entière direction des mouvements de troupes et des opérations de guerre, le général Bouët aurait tout pouvoir de statuer, quant au plan de campagne, à l'organisation et à la répartition de nos forces. Toutefois, en cas de désaccord avec le commissaire civil, il agirait sous sa seule responsabilité.

C'est dans ces conditions, qu'à la fin de juillet, il se rencontra avec le général Bouët et l'amiral Courbet, commandant la division navale dans le golfe du Tonkin. Tous trois, réunis en un conseil de guerre, décidèrent que l'effort principal devait se porter à Hanoï, le point le plus important du Delta, pour désorganiser les bandes de Pavillons-Noirs, Annamites et Chinois. Sur Nam-Dinh, les opérations devaient être bornées à celles qui seraient nécessaires pour élargir progressivement le cercle d'occupation. On mit ensuite un autre point en discussion.

Tu-Duc venait de mourir subitement, la nouvelle en arrivait avec celle des difficultés auxquelles avait donné lieu le choix de son successeur. Or, depuis longtemps, les hommes compétents émettaient l'avis que la question du Tonkin ne pouvait se régler qu'à Hué d'où partaient les ordres donnés aux mandarins, pour la résistance, les subsides et les encouragements aux Pavillons-Noirs.

Ne convenait-il pas de profiter des troubles résultant de la mort du roi et de la transmission des pouvoirs pour se porter rapidement sur la rivière de Hué, enlever les forts qui commandent la passe, et de là dicter des conditions? Les avantages de cette opération furent reconnus à l'unanimité, et le gouvernement, avisé aussitôt, y donna son assentiment. Le 15 août, l'escadre du Tonkin et les bâtiments envoyés de Saïgon devaient se trouver dans la baie de Tourane.

Pendant que la flotte opérait à Hué, les troupes du général Bouët partaient d'Hanoï, ce même 15 août, à trois heures du matin, divisées en trois colonnes.

Celle de droite, commandant Bichot, s'avança le long du fleuve Rouge, appuyée par cinq canonnières. Elle rencontra, après une marche de huit kilomètres, à l'entrée du village de Trem, une barricade qu'elle enleva d'assaut, après une résistance opiniâtre. A deux cents mètres plus loin, elle fut arrêtée par une seconde barricade qu'elle prit après une lutte acharnée. A ce moment, la flottille des canonnières dirigea un feu des mieux nourris sur une troisième barricade et sur la pagode des Quatre-Colonnes, mais, les Pavillons-Noirs résistant toujours, il fut impossible aux assaillants, malgré leur valeur, de mener à bien leurs tentatives d'assaut. Le commandant prescrivit alors de bombarder, puis de brûler le village.

Vers trois heures, on canonna la pagode de gauche, une redoute l'avoisinant, et des bois fortifiés. Ceci fait, la 26ᵉ compagnie et la 1ʳᵉ de tirailleurs, soutenues par la 25ᵉ, enlevèrent la pagode et les lignes de défense ennemies. Pendant la nuit, les Pavillons-Noirs évacuèrent leurs retranchements que nos troupes occupèrent au jour.

La colonne du centre du commandant Coronas s'établit à Yé-Noï sans résistance et planta le pavillon français sur Phu Hoaï.

La colonne de gauche, commandant Revillon, suivit la route de Son-Tay, enleva le village de Vong, au sortir duquel elle rencontra, non pas des Annamites, mais huit mille réguliers chinois, retranchés derrière des lignes de quatre mètres de hauteur et de trois kilomètres d'étendue. Cette position étant inabordable, on dut battre en retraite.

Enfin, la crue subite des eaux empêcha le général Bouet de poursuivre les opérations le lendemain ; les troupes rentrèrent dans leurs cantonnements. Nos pertes, dans cette reconnaissance, fut de 12 tués, dont 2 officiers et de 49 blessés, dont 2 officiers ; les Annamites eurent 300 morts et un millier de blessés.

L'armée ennemie se replia sur Son-Tay.

Du 15 août au 1ᵉʳ septembre, les canonnières, sur l'ordre du général Bouet, poussèrent des reconnaissances jusque sous les murs de la citadelle de Son-Tay.

Pendant ce temps, nos troupes faisaient de rapides progrès du côté d'Haïphong et s'emparaient de Haï-Dzuong et de Quang-Yen.

Le 29, le commandant Coronas remonta le fleuve Rouge et s'assura qu'il était libre jusqu'à une certaine distance ; en même temps une colonne, aux ordres de M. Berger, escortée sur sa droite par la *Hâche* et la *Fanfare*, atteignit Gia sans résistance et rentra aux Quatre-colonnes pendant que les canonnières montaient jusqu'à Palan. Le 30, un bataillon fut concentré aux Quatre-Colonnes ; le 31, un second bataillon partit de Hanoï sur la flottille, tandis que le *Rumimaru* remontait le Song-Koï et escortait jusqu'à Palan le premier bataillon, suivant la digue de défense du fleuve Rouge. Le jour même, tout le petit corps expéditionnaire était installé à Palan ; les canonnières se dirigèrent vers l'embouchure du Song-Hat.

A la suite de l'affaire du 15 août, l'ennemi s'était retiré dans les villages, sur la droite du Day ou Sông-Hat ; de Palan, on l'apercevait décrivant un mouvement vers l'est.

La digue suivie par les Français décrivait une sorte de demi-cercle ; les rizières étaient noyées, non seulement entre les digues et les rives du fleuve, mais encore dans l'espace compris entre les digues. Le centre de l'ennemi était à Phong ; la gauche aux villages de Thanh-Teunh et d'Amo. Sa droite débordait sur la lisière de Phong, et donnait la main à des forces annamites qu'on apercevait dans le lointain. En suivant la digue, nos troupes avaient d'abord enlevé, par des terrains difficiles, le village de Tanh-Teunh, et au-delà du village, et avant celui de Phong, la position d'Amo, défendue par un fortin. Le 1ᵉʳ septembre, à sept heures du matin, les troupes se mirent en marche sur deux colonnes, celle de gauche suivit un sentier dans la rizière, celle de droite suivit la digue. A huit heures et demie, l'avant-garde engagea le feu ; il fallait d'abord déloger les Pavillons-Noirs au centre et à droite pour pouvoir cheminer.

La 2ᵉ compagnie de tirailleurs se porta, à cet effet, à la hauteur d'Amo, pendant que l'artillerie dirigeait un feu nourri sur le centre et envoyait quelques projectiles sur la droite.

Il importait de faire un effort sur cette droite, afin de permettre aux troupes engagées dans la plaine d'avancer, sans être prises en écharpe par le feu de Tanh-Teunh.

L'officier Berger reçut l'ordre de gagner rapidement la pagode placée au centre de la digue, de manière à dégager cette dernière dans la partie perpendiculaire à la direction que suivait le gros des troupes.

La colonne se mit en marche. A mesure qu'elle gagnait un peu de terrain, la section d'artillerie avançait, suivie de près par quatre pièces de gros calibre. Les Pavillons-Noirs ne tardèrent pas à évacuer le centre de la digue pour se porter à la lisière de Phong, et, à l'extrême gauche, les Annamites étaient refoulés.

La retraite de l'ennemi se dessinait nettement dans la plaine ; mais les rizières étaient inondées à ce point que nos soldats avaient de l'eau jusqu'aux aisselles et devaient tenir leur fusil en l'air pour que la culasse pût fonctionner. De plus, la chaleur était accablante.

Pendant que la droite était arrêtée sur la lizière de Tanh-Teunh, d'où l'ennemi tirait à couvert, Berger demandait des renforts pour donner l'assaut de ce village et le général Bouët lui envoyait la 26ᵉ compagnie, en même temps qu'il faisait avancer des pièces jusqu'au coude formé par la digue.

Toute la droite se précipita alors, à la baïonnette, sur les retranchements. L'ennemi, étonné de cette furieuse attaque, s'enfuit dans la direction de Phong, abandonnant sept étendards et des fusils. Les nôtres les poursuivirent; mais, au débouché de Tanh-Teunh, ils furent arrêtés par un feu violent parti du village d'Amo et d'un fortin placé à quelque distance de la digue. Le général, ne croyant pas devoir s'engager plus à fond avant d'avoir fait reposer ses hommes, donna l'ordre de se maintenir et de se mettre à l'abri dans le village qu'on venait d'enlever.

La nuit se passa sans incident. Le commandant Berger, qui en avait profité pour faire construire des épaulements, ouvrit le feu sur l'ennemi dès le lendemain à la première heure (2 septembre). La colonne s'avança, appuyée par les canonnières, lesquelles criblaient de projectiles le village de Phong et obligeaient les Pavillons-Noirs à se débander de tous les côtés. Le soir, on poussa par la gauche une grande reconnaissance jusqu'à l'entrée de Phong : on constata que l'ennemi avait évacué ses positions; seulement le manque de cavalerie et la hauteur des eaux ne permirent pas de le poursuivre.

Il n'entrait pas dans le plan du général Bouët d'étendre la ligne occupée et d'immobiliser sur le Day une partie de ses effectifs; le succès étant bien établi, il donna l'ordre de revenir à Palan, d'y laisser une garnison qui serait le point d'appui des opérations futures et de faire rentrer le restant de la colonne aux Quatre-Colonnes et à Hanoï. On arriva à Palan le 3 septembre, à neuf heures du matin, sans être inquiété : on y laissa une compagnie et demie, une section d'artillerie, une section du génie et deux canonnières mouillèrent à côté.

Ainsi, cinq compagnies françaises, quarante-quatre artilleurs et quelques indigènes avaient enlevé une position très forte, tué et blessé plus de mille Chinois et cinq ou six cents Annamites. Le fleuve Rouge se trouvait libre jusqu'à l'entrée du Day. Malheureusement, un dixième de l'effectif européen avait été mis hors de combat, car l'ennemi s'était fait tuer sur ses positions et avait été abordé à la baïonnette.

Dans l'intervalle, les opérations convenues avaient été dirigées contre Hué, la capitale de l'Annam.

La citadelle de Hué, élevée au commencement du siècle, sous la direction d'officiers français, renfermait les casernes, les arsenaux, les parcs d'artillerie, les greniers, les prisons; c'était la cité administrative et militaire du royaume.

Hué s'élève, entourée sur trois de ses côtés par des canaux circulaires, larges de quarante mètres et profonds d'un à deux mètres; sur le quatrième côté, faisant face à la rivière, se trouve la façade principale, devant laquelle s'étend une immense place.

Quand on pénètre dans l'intérieur de cette enceinte, on en rencontre une seconde, traversée par un canal intérieur qui divise la ville en parties distinctes, reliées par sept ponts en pierre. Enfin, derrière tous ces bâtiments, une troisième enceinte coupe la seconde dans toute sa largeur; elle renferme la demeure personnelle du souverain, et on ne la franchit que tête baissée et parasol fermé.

On estime à soixante mille habitants la population de Hué et, à trois millions de francs la valeur des importations et des exportations, abstraction faite des lingots et des sapèques.

On sait que le conseil tenu à Haïphong, le 30 juillet, par le commissaire général civil, par le général Bouët et par l'amiral Courbet avait décidé la prise des forts de Hué. Rendez-vous avait été pris à Tourane où devaient se rencontrer, le 15 août, l'escadre du Tonkin et les bâtiments envoyés de Saïgon.

Le 18 août, la flotte parut à l'entrée de la rivière de Hué. Les Annamites, qui s'attendaient à une attaque, avaient, dès le mois de juin, tendu des chaînes pour arrêter les navires, mis les ouvrages en état de défense et réuni de nombreux soldats dans leur capitale; mais forts et batteries furent bombardés par mer et occupés après une brillante attaque par terre. Les opérations, conduites avec habileté et décision, ne nous coûtèrent que quelques blessés. Elles eurent lieu les 18, 19, et 20 août. Le débarquement, au nord, fut effectué le 20, malgré la résistance des ennemis, embusqués derrière les dunes. Les forts et les batteries du sud furent occupés sans combat.

Le *Bayard*, l'*Atalante*, le *Château-Renaud*, le *Drac*, la *Vipère*, le *Lynx* avaient pris part au bombardement : trois projectiles traversèrent la muraille du *Bayard* et la *Vipère* reçut plusieurs boulets, mais, sans que ces bâtiments fussent gravement avariés.

L'impression produite fut telle que la cour de Hué sollicita une suspension d'armes. Le 23, M. Harmand se rendit à Hué avec les pleins pouvoirs dont il était muni et s'installa à la légation de France. De là, il adressa au gouvernement annamite un ultimatum, où, après avoir rappelé les nombreux griefs que nous avions à faire valoir, il indiquait les conditions d'une paix acceptable. Le 25 août, après une longue discussion, le traité dont il avait posé les bases était accepté et signé.

Il portait :

1° reconnaissance par l'Annam de notre protectorat avec les conséquences de ce mode de rapport au point de vue du droit des gens, c'est-à-dire que la France présiderait aux relations de toutes les puissances étrangères, *y compris la Chine*, avec le gouvernement annamite, qui ne pourrait communiquer diplomatiquement avec lesdites puissances que par l'intermédiaire de la France seulement ; 2° annexion de la province de Binh-Thuan à la Cochinchine française ; 3° occupation par les troupes françaises des forts de Thuan-An et de la ligne de Vung-Kiua, qui commande les communications entre l'Annam et le Tonkin ; 4° rappel immédiat des troupes annamites envoyées au Tonkin, dont les effectifs seraient remis sur le pied de paix ; 5° ordre donné aux mandarins de reprendre leurs postes ; 6° confirmation des nominations faites par l'autorité française ; 7° soin laissé à la France de chasser les Pavillons-Noirs et d'assurer la liberté du commerce ; 8° droit d'établissement, pour les résidents français et les troupes nécessaires à leur protection, dans toutes les provinces du Tonkin ; 9° ouverture des ports annamites de Tourane et de Xuan-Day ; 10° administration des douanes annamites par la France et prélèvement d'une somme annuelle de deux millions et demi pour la liste civile du roi ; 11° privilège des audiences personnelles auprès du souverain pour le résident français.

**Jules Ferry**

MINISTRE DES AFFAIRES ÉTRANGÈRES

(D'après la photographie de M. Appert)

La Constitution porte que le Président de la République ne peut déclarer la guerre sans l'assentiment des deux Chambres. D'autre part, aux termes du droit des gens, l'état de guerre a pour conséquence d'imposer des devoirs et de donner des droits aux belligérants, non seulement les uns envers les autres, mais encore envers les puissances neutres : les belligérants peuvent visiter les bâtiments des neutres pour y saisir la contrebande de guerre, établir un blocus sur les côtes du pays ennemi, etc., etc., seulement ces droits n'existent que si l'état de guerre a été notifié officiellement aux puissances.

Le bombardement des forts de Tourane donna lieu à une interpellation au Sénat, et tel fut le sens de la question posée le 21 juillet, par le duc de Broglie, au ministre des affaires étrangères qui répondit : « Nous ne sommes pas en guerre déclarée avec l'Annam, le gouvernement de ce pays n'a jamais fait aucune déclaration de guerre il n'a jamais publié dans son royaume un de ces manifestes qui peut en tenir lieu. »

Et, le ministre ajoutait :

« Il n'est pas si facile qu'il paraît de croire, de savoir si, avec les Annamites et même avec les Chinois, on est en paix ou en guerre. Ces populations ne sont pas si instruites ni si rigoureuses dans l'observation des règles du droit des gens à l'usage des peuples civilisés de l'Occident, et il serait très possible que nous fussions en guerre avec quelques-unes des populations sur un point, tandis que nous aurions le droit de nous croire en paix avec elles sur tous les autres et nous flatter de négocier à l'amiable. C'est précisément ce qui s'est passé avec la Chine en 1860. Quoi qu'il en soit, non seulement le roi d'Annam n'a point fait de déclaration de guerre, mais il a constamment protesté de son respect pour les traités que nous avons avec lui, et de sa fidélité à en observer toutes les dispositions... De notre côté, nous ne sommes pas en guerre déclarée avec l'Annam, nous ne voulons ni la destruction de cet empire ni le renversement de sa dynastie. Nous ne poursuivons au Tonkin que l'établissement d'un ordre de choses régulier et le maintien des droits que nous y avons en vertu des traités.

« Et cependant, encore une fois, je craindrais de vous abuser et je mentirais à moi-même si je ne vous disais que l'ensemble des faits, des indices multiples et concordants, la conduite, le langage de l'Annam, l'attitude du gouvernement chinois et de ses ambassadeurs, tout nous autorise, ou plutôt nous oblige à croire qu'en réalité nous sommes en guerre avec l'Annam.

« Il n'y a point de guerre déclarée, point de guerre ouverte, mais, il n'est que trop établi par les déclarations et les affirmations réitérées du gouvernement chinois et de ses diplomates, il n'est que trop vraisemblable, par les aveux échappés au gouvernement de Hué, lui-même, que les bandes chinoises et annamites, Pavillons Noirs ou Pavillons Jaunes sont effectivement à la solde de l'Annam.

« Nous sommes aujourd'hui au Tonkin pour venger une cruelle injure faite à nos armes, nous y sommes pour châtier des bandes qui, après avoir tué nos soldats ont mutilé et outragé leurs cadavres.

« Qu'importe aujourd'hui, en présence d'une pareille tâche, que nous soyons en guerre avec des bandes d'aventuriers sans aveu et des gens perdus, ou avec un gouvernement qui soudoie ces bandes et s'en sert en se cachant ? En vérité, je ne pense pas qu'à l'heure qu'il est, ce qui intéresse le Sénat, ce qui intéresse nos soldats, ce qui intéresse l'opinion publique, ce soit une pareille question. »

Le duc de Broglie répondit que :

« La propriété des mots et la précision du langage même, à la tribune, et surtout de la part d'un ministre, étaient préférables à l'éloquence, aux expressions oratoires ; que, pour sa part, il comprenait mal cette situation, qui consistait à être en guerre avec un gouvernement sur un point sans avoir le droit de l'être sur un autre ; en un mot, qu'il ne voyait rien de clair ni de précis dans les explications du gouvernement. »

Les Chambres se séparèrent le 2 août.

Au Tonkin, la situation ne manquait pas que d'être étrange : tandis qu'on négociait tantôt à Shang-Haï, tantôt à Pékin, tantôt à Paris avec la Chine, tandis que l'on avait conclu avec l'Annam un traité d'alliance et de protectorat, le corps expéditionnaire luttait et contre de simples brigands, et contre des Annamites, et contre des réguliers chinois. Il y avait là de quoi désespérer tous les théoriciens du droit des gens.

Le mois de septembre se passa en quelque sorte l'arme au pied : aucun fait militaire ne fut signalé, mais l'on apprit avec étonne- que le général Bouët, en vertu d'une décision du commissaire général, allait « se rendre en mission en France, vu l'urgence de mettre le gouvernement au courant des négociations ».

On vit dans le retour du général le signe de dissentiments survenus entre les autorités civiles et militaires. A Paris, on savait que des négociations ou plûtôt des pourparlers étaient engagés entre le cabinet et l'ambassadeur de Chine, le marquis Tseng ; mais rien ne transpirait des entretiens qui avaient lieu au quai d'Orsay.

On racontait pourtant que des froissements personnels avaient décidé M. Challemel-Lacour à prendre un congé et à laisser M. Jules Ferry suivre les négociations. On parlait des prétentions exorbitantes de la Chine. On interprétait diversement le remplacement de M. Tricou, envoyé extraordinaire de France en Chine, par M. Patenôtre, ministre plénipotentiaire près le roi de Suède et de Norvège.

Les feuilles anglaises, voyant que l'opinion publique n'était éclairée par aucune communication officielle ni même officieuse, s'empressèrent de nous témoigner la bienveillance dont elles sont coutumières. Les unes conseillaient au cabinet britannique de proposer leur médiation à la France et à l'empire du Milieu, les autres encourageaient carrément les Annamites à la **résistance** et nous reprochaient notre attitude agressive.

De son côté la presse d'opposition ne tarda pas à présenter comme imminente la guerre avec la Chine et à accuser le ministère de violer la constitution.

Le 20 septembre, les membres de l'extrême gauche, présents à Paris, votèrent même une résolution tendant à demander au président du conseil la convocation immédiate des Chambres. Mais tout à coup, on annonça que l'application du traité du 25 août avait, momentanément du moins, produit au Tonkin d'excellents effets, et, que les Pavillons-Noirs s'étaient retirés sur Lao-Kaï.

Le Parlement se réunit le 23 octobre.

Le gouvernement fit distribuer à ses membres un exposé de la situation au Tonkin; la première partie était consacrée aux opérations militaires, la seconde aux négociations diplomatiques. L'opération sur Hué était expliquée par la nécessité de profiter sans retard de l'émotion causée à la cour d'Annam par la mort de l'empereur Tu-Duc; le gouvernement ne déposait pas encore le traité du 25 août sur le bureau de la Chambre, parce qu'il examinait les modifications qu'il conviendrait peut-être de faire subir à quelques-unes de ses clauses. Quant au départ du général Bouet, on rappelait que cet officier avait précédemment demandé son rappel, pour raisons de santé, et, on rappelait que le contre-amiral Courbet avait désormais le commandement supérieur des forces de terre et de mer.

A Paris, le marquis Tseng niait qu'aucun appui officiel fût prêté par la Chine aux rebelles du Tonkin, mais, réclamait, à la date du 18 août, l'évacuation du Tonkin par la France, la Chine se chargeant d'y établir l'ordre et promettant d'ouvrir certaines villes au commerce étranger.

A quoi M. Challemel-Lacour répondait le 27, qu'il n'avait pas à traiter avec la Chine, de notre situation dans l'Annam et au Tonkin, mais seulement à s'entendre avec elle au sujet de la sécurité des frontières et du commerce chinois.

Et, le 15 septembre, il indiquait dans un mémorandum à quelles conditions on pouvait traiter : constitutions d'une zone neutre entre la frontière chinoise et une ligne tracée entre le 21° et le 22° degré de latitude; ouverture de la ville chinoise de Mang-Hao au commerce étranger. Le 18, le marquis Tseng, dans une conversation, déclarait la combinaison d'une zone neutre peu acceptable et se prononçait pour une rectification de frontières.

Le 16 octobre, enfin, l'ambassadeur de Chine remettait au quai d'Orsay une note demandant soit le *statu quo* d'avant 1873, soit le droit exclusif, pour la Chine, d'agir sur le fleuve Rouge avec une zone neutre dont la limite serait prise entre la limite méridionale du Tonkin et le 20° degré de latitude, et l'ouverture au commerce non pas de Mang-Hao, ni même de Lao-Kaï, mais de Thouang-Ho-Khouang, en face de Son-Tay. En un mot, la Chine n'exigeait rien moins que l'abandon des traités de 1874 et du 25 août, et l'évacuation du Tonkin : en échange elle nous concédait tacitement l'Annam méridional. La publicité officielle donnée à ces négociations montrait toute la duplicité et l'outrecuidance de la Chine l'impossibilité de faire droit à ses prétentions.

Le Parlement ayant été convoqué en session extraordinaire pour le 23 octobre 1884, dès le 25 M. Granet demanda au président, au nom de l'extrême gauche, si le gouvernement avait l'intention de déposer un projet de crédits complémentaires, ce qui lui fournirait l'occasion de donner à la Chambre des explications sur nos affaires en Indo-Chine. M. Ferry répondit qu'il ne savait point au juste quand de nouveaux crédits seraient soumis par le gouvernement à la sanction du Parlement, mais qu'il s'étonnait de n'avoir pas été interpellé dès la distribution de l'*Exposé* dont on a lu plus haut l'analyse. L'interpellation de M. Granet fut discutée les 30 et 31. Dans l'intervalle, le marquis Tseng, prétendant que l'*Exposé* avait travesti le rôle de la Chine dans les négociations, livra à la presse anglaise toute la correspondance officielle avec le quai d'Orsay depuis 1880.

M. Granet reprocha alors au gouvernement sa persistance à nier toute intervention de la Chine.

« Il est malheureusement vrai de dire, fit-il, que la Chambre n'a pas connu toute la vérité; que si on ne l'a pas systématiquement dissimulée, du moins, on n'a pas cru prudent de la lui révéler tout entière.

« C'est ici qu'il faut dénoncer (et ce n'est pas, hélas! la première occasion) — ce système, cette politique qui consiste à engager le pays sur des équivoques, sur des malentendus, pour lui demander ensuite la ratification de faits accomplis sans son consentement. C'est là une méthode indigne: elle n'est compatible ni avec nos mœurs républicaines ni avec la sincérité du régime parlementaire... Lorsque le président du conseil affirmait que la Chine n'interviendrait pas, il avait entre les mains des documents qui disaient le contraire. »

Pendant le mois de novembre 1883, le gouvernement déposa une demande de crédit s'élevant à neuf millions, et la commission chargée de l'examen du projet se livra sur la conduite des négociations à une enquête qui ne se termina qu'en décembre.

Dans l'intervalle, on apprit que le marquis Tseng avait remis au quai d'Orsay une note signifiant officiellement la présence des Chinois à Son-Tay et à Bac-Ninh et déclarant que la Chine considérait l'attaque de ces villes comme un *casus belli*.

M. Jules Ferry, président du conseil, nommé ministre des affaires étrangères, par décret du 20 novembre, répondit que les intentions de la France n'ayant pas changé, son plan d'action resterait le même, et M. Clémenceau ayant demandé à interpeller le cabinet sur les négociations en cours, la Chambre décida de joindre la discussion de l'interpellation, à celle des crédits. La commission, par 9 voix contre 2 adopta le projet.

Les débats qui eurent lieu à la Chambre ne manquèrent pas d'intérêts. La politique du gouvernement fut attaquée par MM. Rivière, Delafosse, Pelletan, Andrieux, Clémenceau, et défendue par MM. Léon Renault, Antonin Proust, Jules Ferry lui-même. Quant à MM. Charmes et Ribot, il approuvèrent l'avenir tout en critiquant les fautes commises dans le passé.

« — Vous savez tous qu'en votant un ordre du jour de confiance c'est la guerre que vous votez! s'écria M. Clémenceau.

— Ce n'est pas de la conquête, mais de la conservation, répondit M. Jules Ferry : sans la Tunisie, l'Algérie était compromise; sans le Tonkin, la Cochinchine le sera. »

Les crédits furent votés par 373 voix contre 139; puis, par 308 voix contre 211, la Chambre adopta un ordre du jour présenté par MM. Paul Bert et Philippoteaux, et exprimant la conviction que le gouvernement déploierait toute l'énergie nécessaire pour défendre au Tonkin les droits et l'honneur de la France. Peu de jours après, le président du conseil déposa un nouveau projet de vingt millions destiné à faire face aux dépenses de 1884 et portant le corps expéditionnaire à cinq mille hommes.

Ce projet fut critiqué par MM. Lockroy, Granet et Périn, mais adopté par 327 voix contre 154. M. Freppel, évêque d'Angers, déclara que « les divergences politiques devaient s'effacer devant l'intérêt national : le drapeau national étant engagé comme il l'était par un vote régulier du Parlement, personne n'avait plus à se demander quelles étaient les mains qui le tenaient ».

Une seule séance suffit au Sénat pour discuter et adopter les deux projets. Seul de l'opposition, M. le duc de Broglie monta à la tribune pour dire que, contrairement à l'opinion de M. Freppel, « c'est précisément quand le drapeau est engagé qu'il importe d'avoir confiance dans les mains qui le tiennent ». 207 voix contre 6 se prononcèrent pour l'adoption.

## SON-TAY

La nouvelle de la prise de Son-Tay arriva à Paris deux jours après le vote des crédits par le Sénat.

M. Harmand, désireux de mener à bien l'œuvre de pacification qu'il était chargé d'entreprendre, était revenu au Tonkin dès la signature du traité, emmenant avec lui des commissaires royaux ; la tâche était difficile à accomplir.

Le nombre de ceux qui ravageaient le pays : Chinois, pirates, insoumis était considérable, si considérable, même que l'état de siège dut être proclamé. Le commandement des troupes fut concentré entre les mains de l'amiral Courbet et l'institution du commissariat civil supprimée, au moins momentanément.

Le 17 novembre, malgré la présence de la *Carabine*, des partis ennemis qui avaient déjà pillé la ville d'Haï-Dzuong, le 12, sans que la petite garnison pût s'y opposer, y revinrent en force, la nuit.

Un grand nombre de ces partisans entra dans les bastions inoccupés de la citadelle, tirant des coups de fusils et réveillant ainsi les hommes mal abrités dans leur réduit.

Les Français, en petit nombre, avons-nous dit, étaient commandés par le sergent Geschwind, ils ripostèrent énergiquement ; mais, après quelques heures, ils manquèrent de munitions. Du fortin, on chercha à leur porter secours, sans pouvoir y parvenir, le renfort accouru s'étant heurté à une barricade infranchissable que les Chinois avaient eu le temps de construire.

De son côté, la *Carabine* vint en aide aux assiégés ; mais, assaillie par un feu violent, criblée de balles, fort maltraitée, en danger de couler et ayant, en peu de temps, huit hommes hors de combat, elle dut se retirer.

Le marquis de Tseng

MINISTRE DE CHINE A PARIS

Dans la citadelle, les assiégés étaient réduits au silence, sans qu'on sût ce qu'ils étaient devenus; aussi, le capitaine résolut-il d'arriver jusqu'à eux, à quelque prix que ce fût. Il dut mettre le feu à la ville occupée par l'ennemi pour pouvoir avancer.

Néanmoins, sans l'arrivée de la canonnière le *Lynx*, se trouvant par hasard à quelque distance, et accourue au bruit du canon, on ne sait comment l'événement aurait tourné. La canonnière rétablit le combat qui durait depuis neuf heures; les bandes purent être dispersées.

Leurs complices, qui n'étaient autres que le sous-gouverneur de Haï-Dzuong et le gouverneur de Quang-Yen, furent arrêtés et envoyés à Saïgon pour y être mis en jugement; le gouverneur de Hung-Yen fut fusillé, en vertu de l'état de siège.

L'amiral Courbet, à peine investi du commandement général, n'eut d'autre pensée que de s'emparer de Son-Tay et de Bac-Ninh. A Son-Tay, le prince Hoang était le chef reconnu de l'ennemi; il bravait audacieusement les instructions de la cour d'Annam; aussi fut-il choisi comme premier objectif.

La grande citadelle de Son-Tay, le principal repaire des Pavillons Noirs, se composait d'une forteresse, entourée de murailles, construite par des ingénieurs français, d'après le système Vauban; habitée par quelques fonctionnaires, elle renfermait l'arsenal, le trésor et tous les services publics. En son milieu s'élevait une grande pagode, et autour d'elle s'étend la ville, que les Pavillons-Noirs avaient bordée d'une enceinte très développée.

Ces Pavillons-Noirs, qui ont tant préoccupé l'esprit français, pendant deux ans, nous allons les faire connaître, d'après les renseignements qu'a fournis l'aide de camp de l'amiral Courbet, M. de Jonquières :

« Les Pavillons-Noirs sont une bande de brigands qui a pris naissance dans la grande guerre de Chine, il y a vingt ans. Cette armée, forte de 2,000 hommes environ, a été expulsée de Chine à la suite de la pacification, et est venue s'établir à Lao-Kaï, dans le haut du fleuve Rouge. De là, elle prélevait des impôts sur toutes les marchandises circulant du Yunnan au Tonkin et faisait des razzias de tous les côtés. Recrutés avec soin parmi les gredins des provinces voisines, hommes superbes et énergiques, passant leur temps à se battre, armés de fusils des modèles les plus perfectionnés, les Pavillons-Noirs sont des guerriers redoutables. Comme infanterie, ils sont au moins égaux à presque toutes les troupes européennes. Ils tirent avec un calme et un sang-froid remarquables, au lieu d'user sans profit, comme le font de jeunes troupes, une quantité énorme de munitions. En revanche bien qu'ils aient à leur tête un homme évidemment supérieur, il n'y a pas de comparaison à établir entre l'instruction de leurs officiers et celle des nôtres, et leur artillerie, dont ils se servent assez bien d'ailleurs, est médiocre; enfin, n'étant soutenus ni par l'idée de patrie ni par le sentiment religieux, ils n'ont pas la force morale qui donne l'énergie nécessaire pour résister aux revers. Leur chef, Lu-Vinh-Phuoc, homme du peuple du Kuang-Si (comme il s'intitule lui-même), n'est pas le premier venu. Sorti de rien, il est arrivé à créer de toutes pièces une puissance qui a pu lutter avec la France, et lui infliger, par surprise, il est vrai, un échec pénible. Lors de l'immixtion des Français dans les affaires du Tonkin, les mandarins annamites, n'ayant pas d'armée organisée, appelèrent à leur aide les Pavillons-Noirs. Ceux-ci en profitèrent pour s'établir à Son-Tay, dont ils firent une place de guerre aussi forte que le leur permettaient les moyens dont ils disposaient. C'est de là qu'ils se sont peu à peu rapprochés de Hanoï, au point de venir brûler la ville et assiéger la citadelle après la mort du commandant Rivière Après les combats du 15 août et du 2 septembre, dans lesquels on n'avait pu les battre, ils se sont retirés à Son-Tay, où ils nous ont attendus. »

L'ennemi, s'attendant à nous voir débarquer en face de la ville, avait fortifié les digues établies devant Son-Tay, et les avait armées de trente canons. C'était une fortification abritée par des casemates et garnie de banquettes pour la mousqueterie.

Outre les Pavillons-Noirs, au nombre de deux mille, la place était défendue par six ou sept mille défenseurs, soit un total de huit à neuf mille hommes.

L'effectif du corps expéditionnaire, au moment de la prise de Son-Tay, comprenait : 3,740 hommes d'infanterie de marine;

610 fusiliers marins; 500 hommes des compagnies de débarquement; 1,200 tirailleurs annamites; 1,240 turcos; 620 hommes de la légion étrangère; 120 chasseurs d'Afrique; 100 hommes du génie ; soit 8,130 hommes, sans compter 3,000 tirailleurs tonkinois, ni la flotte composée de 3 cuirassés, 6 croiseurs et 2 avisos.

Le départ de Hanoï eut lieu le 11 décembre au matin, par deux voies différentes : une première colonne, celle de gauche, commandée par le colonel Belin, des tirailleurs algériens, prit la route de terre et traversa Phu-Hoaï, Palan et Phong. Elle devait franchir le Day et opérer sa jonction avec la colonne de droite, en amont du confluent de ce cours avec le Song-Koï.

La colonne de droite, composée de 3,000 hommes, commandée par le colonel Bichot, prit passage sur la flottille et une flotte de vapeurs et de jonques réunies le long de la berge. C'était un spectacle des plus imposants que celui du départ de cette flottille, remontant lentement le fleuve Rouge; l'amiral Courbet avait mis son pavillon sur le *Pluvier*.

Le commandant en chef n'avait pas dirigé cette deuxième colonne par voie fluviale, simplement pour accélérer le mouvement, mais surtout pour donner un vigoureux appui à la première colonne, au cas où le passage du Day lui serait disputé, et, en deux heures de marche, prendre à revers l'ennemi.

La flottille remonta le fleuve sans autre incident que quelques coups de hotchkiss tirés à grande distance sur des Pavillons-Noirs, aperçus auprès d'une pagode de la rive gauche, aux environs de Palan.

Enfin, le débarquement s'effectua; commencé à trois heures, il était terminé à six heures. La colonne établit sa gauche à la grande digue, occupa les villages et appuya sa droite au fleuve.

La colonne Belin s'avança sans résistance jusqu'au Day, dont elle trouva le pont coupé; aussi la traversée du cours d'eau ne se fit-elle pas sans difficultés, par le moyen d'un va-et-vient de jonques, ce qui occasionna une grande perte de temps. Le 13 seulement, la colonne Belin opéra sa jonction et prit position à l'extrême gauche du corps expéditionnaire, à cinq ou six kilomètres des ouvrages avancés de Son-Tay.

Le 14 au matin, l'armée se mit en marche sur deux colonnes;

l'une, commandée par l'amiral, suivait le fleuve à côté de la flottille, l'autre, dirigée par le colonel Belin, suivait la grande digue intérieure. Les deux colonnes arrivèrent presque en même temps, sans rencontrer de résistance, jusqu'au village de Coc.

« Le corps expéditionnaire, dit M. de Jonquières, se composait de troupes d'origine bien différente : infanterie et artillerie de marine, fusiliers et canonniers marins, turcos en costume arabe, légion étrangère en pantalons rouges, bref presque toutes les armes connues en France. Il faut y ajouter les auxiliaires tonkinois, récemment recrutés, mais marchant déjà très bien, et enfin les tirailleurs annamites de Cochinchine, au peigne en écaille, portant un large pantalon qui a l'air d'un jupon court, coiffés d'un petit chapeau tout à fait semblable aux chapeaux ronds et pointus des paysannes de Nice et est attaché au chignon par deux longs rubans rouges pendant sur le dos, et ayant absolument l'air d'un bataillon de jeunes demoiselles. Mais ces « jeunes demoiselles » sont des soldats qui, comme courage, discipline et science de la guerre, ne le cèdent à aucune des troupes européennes ou africaines. Leur attitude dans les journées de Son-Tay fait le plus grand honneur aux officiers qui les commandent et qui les ont formés. »

L'amiral fit attaquer les deux digues, immédiatement après l'arrivée du colonel Belin.

La position était défendue par une série de retranchements en terre garnis d'artillerie, de barricades, batteries casematées, tout cela obstrué par des bambous et précédé de fossés qu'enfilaient les feux de l'artillerie et de la fusillade. Plus de cent pièces de canon composaient l'armement des forts extérieurs de la citadelle.

L'attaque commença sérieusement vers une heure ; elle fut précédée d'un combat d'artillerie auquel prit part la flottille. On était à 500 ou 600 mètres des ouvrages de Phu-Xa d'où partait un feu des plus nourris sur l'avant-garde.

Ce fut le bataillon d'infanterie de marine, commandant Dulieu, qui mena l'attaque, en tête de colonne, précédé de la compagnie de tirailleurs annamites, capitaine Doucet, et flanqué d'auxiliaires tonkinois. Une autre partie du bataillon Dulieu, les bataillons

Roux et Chevalier, de l'infanterie de marine, le bataillon Jouneau, des tirailleurs algériens participaient à cette attaque.

Pendant ce temps, l'ennemi opérait à gauche une diversion et faisait sortir une nombreuse troupe qui se développa dans la plaine, mais fut maintenue par la légion étrangère, le bataillon Reygasse et une partie du bataillon Dulieu.

A deux heures et demie, le bataillon Jouneau reçut l'ordre de se porter en avant et vint prendre position derrière une haie de bambous, entre la digue nord et le fleuve, à 400 mètres environ de Phu-Xa.

Nous ne saurions mieux décrire cette prise de Son-Tay qu'en transcrivant le rapport même de Courbet, plus éloquent par sa concision que tout autre description plus colorée peut-être.

« A sa gauche (du commandant Jouneau), le bataillon Chevallier et une partie du bataillon Roux, soutenus par deux batteries, étaient déployés dans l'espace compris entre les deux branches et se reliaient au bataillon Dulieu, dont deux compagnies, soutenues par deux pièces de 4, formaient la tête de colonne sur la digue Sud.

« Vers quatre heures, le colonel Belin, jugeant que le feu de l'ennemi se ralentissait sensiblement, demanda l'autorisation de donner l'assaut.

« La flottille reçoit l'ordre de cesser le feu, et, au signal du colonel Belin, nos troupes s'élancent avec un élan admirable. Le bataillon Jouneau, son commandant et la compagnie Godinet en tête, file presque homme par homme, en dedans de la branche Nord, en dessous et en arrière des casemates ennemies, tandis que les bataillons Chevallier et Roux traversent, non sans difficulté, la plaine marécageuse qui précède le retranchement crénelé. Sur la branche Sud, les compagnies Cuny (infanterie de marine) et Doucet (tirailleurs annamites), du bataillon Dulieu, soutenues par une partie du bataillon Reygasse, enlèvent à la baïonnette la partie qui défend le passage; le capitaine Doucet trouve dans cette attaque une mort glorieuse. Ces compagnies, gagnant au pas de course le point de jonction des deux branches, y rallient le bataillon Jouneau, qui s'en est emparé quelques instants avant. Mais l'ennemi, repoussé, fait une résistance intrépide ; solidement établi derrière la barricade élevée en travers à 100 mètres au delà du point de jonction, embusqué dans le village qui borde la digue Sud à notre gauche, il dirige sur nos troupes un feu meurtrier ; deux fois la compagnie Godinet, soutenue par la compagnie Cuny, se précipite à l'assaut de la barricade, deux fois son élan vient se briser contre un obstacle infranchissable.

« Le capitaine Godinet et son adjudant sont tués, le commandant Jouneau reçoit une balle dans la cuisse, le capitaine Cuny est blessé au bras ; le lieutenant Clavet, qui le remplace, tombe frappé d'une balle quelques instants après. L'incendie des maisons voisines, allumé par l'ennemi, offre un nouvel obstacle. La nuit approche. Le colonel Belin et le colonel de Maussion, préoccupés de défendre les positions conquises avant de pousser plus loin, font commencer un retranchement en avant du point de jonction des digues. L'ordre est donné d'établir solidement nos troupes à l'angle de Phu-Xa, d'y compléter le retranchement commencé, d'abattre les maisons qui l'encombrent et d'y envoyer quatre pièces de 4 ; l'amiral fait occuper d'un bout à l'autre la branche Sud, déployer le bataillon Le Tellier au sud de Thien-Loc pour protéger nos derrières, et garde en réserve le bataillon des fusiliers marins. C'est dans cette forte position que le corps expéditionnaire dut attendre le jour, au contact de l'ennemi, qui, refoulé, mais pas encore vaincu, comptait sur la nuit pour prendre sa revanche.

« Cette nuit du 14 au 15 fut un combat continuel. Enhardis par l'obscurité, furieux de leur défaite, les Pavillons-Noirs ne cessèrent de harceler nos lignes, dirigeant sur Phu-Xa leurs plus violentes attaques et nous infligeant des pertes cruelles. Toutefois, ils ne purent entamer nos positions. Un dernier mouvement offensif, tenté sur toute la ligne vers quatre heures du matin, fut repoussé comme les autres. Alors ils profitèrent des dernières heures de la nuit pour évacuer tous les ouvrages du bord du fleuve et se renfermer dans l'enceinte extérieure de Son-Tay.

« Ainsi, l'échec des attaques de nuit achevant la défaite de l'ennemi, nous livrait sans combat une série de positions dont la prise de vive force nous eût coûté sans doute de très grands sacrifices.

« Après avoir montré un entrain admirable dans l'assaut de

Phu-Xa et retrouvé une fois de plus cet élan qui les a illustrés dans tant de batailles, nos troupes, tirailleurs algériens et infanterie de marine, déployèrent au milieu de l'obscurité, durant ces longues heures de lutte, une bravoure, un sang-froid et une énergie dignes des plus glorieuses journées de leur histoire.

« Derrière la terrible barricade contre laquelle les efforts des tirailleurs avaient été impuissants, on trouva les corps mutilés de plusieurs de nos soldats, ainsi que les cadavres d'un certain nombre de Chinois que l'ennemi avait abandonnés dans sa fuite.

« Le fort de Phu-Xa étant dans des mains, il restait une dernière partie à jouer : enlever le mur extérieur de la citadelle où l'ennemi avait accumulé les défenses.

« Dans la journée du 15, le corps expéditionnaire continua son mouvement en avant, se dirigeant vers l'ouest, afin d'aborder la porte ouest de la citadelle.

« Cette dernière, en effet, quoique défendue par une batterie de quatre pièces, offre à l'attaque des conditions particulièrement favorables. Située à l'extrémité d'un saillant très allongé de la fortification, elle est percée au milieu d'un front en pan coupé de peu d'étendue, trente mètres environ. Tous les projectiles dirigés sur le retranchement se concentrent dans le quartier ouest de la ville et contribuent à le rendre inhabitable pour les défenseurs. De plus, l'aile droite de l'assaillant se trouve couverte par l'Arroyo, sur lequel les pagodes nous donnent une tête de pont.

« Enfin, le terrain bas près de l'Arroyo et près de la digue, où il est de même marécageux, se relève peu à peu, en approchant de la porte ouest. Les pagodes voisines sont placées sur de petites hauteurs.

« Un tertre isolé est situé près de la route à 150 mètres de la porte. Le terrain entre ces mamelons est taillé en gradins horizontaux et forment des parapets naturels derrière lesquels l'infanterie et l'artillerie de marine peuvent s'abriter et faire feu sans travaux préparatoires.

« Le 16, vers une heure, le corps expéditionnaire dessina son mouvement sur la citadelle. On enleva tout d'abord les pagodes et, les prenant pour point d'appui, la colonne d'attaque, légion étrangère et marins en tête, appuyée par trois batteries d'artillerie, se

Vue générale de la citadelle de SON-TAY

massa à quarante-cinq mètres environ de la citadelle, laissant ses tirailleurs à moins de cent mètres de l'enceinte extérieure.

« L'ennemi résista avec vigueur et tenta sur la droite un mouvement tournant qui fut aisément arrêté par les tirailleurs algériens et les hotchkiss du *Pluvier*.

« *L'Éclair* et *la Trombe* exécutaient un bombardement lent et précis de la citadelle intérieure, dont la base et les abords portent la trace de leurs obus. Ce bombardement, quoique ayant seulement une action indirecte dans la lutte qui se poursuivait, ébranlait puissamment le moral de l'ennemi en rendant presque intenable son seul refuge en cas de défaite. Le bataillon Chevallier rencontrait, à la porte nord, une résistance énergique et combattait avec une persévérance et une bravoure remarquables, sans avancer sensiblement.

« Cependant nos troupes, la légion étrangère en tête, gagnent du terrain de minute en minute; vers 5 heures, les premières lignes de tirailleurs ne sont plus qu'à 100 mètres du fossé. L'ennemi, ébranlé par un feu étourdissant, répond avec moins de vigueur. Le soleil baisse : le moment est venu de donner l'assaut. L'artillerie cesse son feu; l'amiral commande : « En avant! » Les clairons sonnent la charge; nos vaillants soldats se précipitent aux cris de : « Vive la France ! » La légion étrangère, ayant à sa tête le commandant Donnier, court vers la porte murée; le bataillon des marins, guidé par le commandant Laguerre vers la poterne de droite, où s'élance également la compagnie Bauche, du bataillon Dulieu. Les troupes désignées pour rester en réserve trépignent d'impatience ; le colonel Bichot est obligé de se multiplier pour les empêcher de suivre leurs camarades.

« L'ennemi dirige sur nos braves un feu intense ; plusieurs tombent, mais rien n'arrête leur élan. La tête de la colonne de la légion étrangère, ne pouvant franchir la porte murée, file vers la droite le long de la fortification et réussit à se frayer un passage à travers le fouillis inextricable de bambous et d'obstacles de toutes sortes qu'y ont accumulés les défenseurs; le capitaine adjudant-major Mehl tombe frappé d'une balle au milieu de ses hommes; une partie des marins déblaye la poterne, tandis que d'autres traversent directement le fossé avec l'infanterie et rejoignent la légion étrangère sur le talus extérieur du rempart; ceux que l'encombrement retient en dehors couvrent le parapet de feux. Après des efforts inouïs, la haie de bambous cède. Le soldat Minnaert, de la légion étrangère ; le quartier-maître Le Guirizèc, des fusiliers marins, et le caporal Mouriaux, de l'infanterie de marine, entrés les premiers dans l'intérieur de la place, sont immédiatement suivis par des masses nombreuses. La batterie de la porte murée est tournée et envahie, les grands étendards noirs tombent et sont remplacés par le drapeau français, les ennemis fuient en désordre vers la citadelle, nos troupes les poursuivent à travers les rues. A 5 heures 45, j'entre dans la place, accompagné de mon état-major général; la nuit se fait rapidement, couvrant la retraite de l'ennemi, qu'il serait téméraire de poursuivre au milieu de l'obscurité dans une ville inconnue. Il faut s'arrêter au milieu de ce brillant triomphe et s'organiser contre un retour offensif.

« Toutes les dispositions prises, l'amiral rentra à huit heures du soir au quartier général, après avoir vu arriver le premier convoi de vivres et de munitions.

« La nuit se passa dans un calme profond et, au jour, on reconnut que la citadelle était évacuée. »

A neuf heures du matin, Courbet y entra, accompagné du colonel Bichot et des officiers de l'état-major général, aux acclamations de nos vaillants soldats; un drapeau tricolore, formé de trois lambeaux de pavillons ennemis noués ensemble, flottait sur la tour de Son-Tay.

On a su depuis que l'ennemi avait quitté la ville en désordre aussitôt après l'assaut de la porte ouest. Tout, en effet, indiquait une fuite précipitée : canons, argent, munitions, vivres, vêtements, les défenseurs avaient tout abandonné, tout, même leurs morts, malgré le respect légendaire que les Pavillons-Noirs eux-mêmes professent pour les victimes du feu de l'ennemi.

L'amiral envoya immédiatement *l'Eclair* pour couper la retraite par la rivière Noire, mais la baisse des eaux ne permit pas à ce bâtiment, qui ne cale cependant que 80 à 90 centimètres, d'atteindre le confluent de cette rivière.

L'ennemi avait 900 tués et un plus grand nombre de blessés;

Lu-Vinh-Phuoc et son lieutenant blessés, plusieurs mandarins chinois tués.

De notre côté, 68 tués et 249 blessés le 14 ;. 15 tués et 70 blessés le 16. Dans ce nombre, 4 officiers tués et 22 blessés.

Si cruelles que soient ces pertes, les journées du 14 et du 16 resteront à jamais mémorables. Phu-Xa et Son-Tay ont leur place marquée dans nos plus glorieux souvenirs. Ce corps expéditionnaire du Tonkin, composé d'éléments divers, mais animé du même souffle, a accompli là des prodiges de valeur.

Il ne fallait pas moins qu'un patriotisme ardent pour surmonter tant d'obstacles accumulés depuis plusieurs années, pour vaincre un ennemi aguerri, supérieur en nombre, bien armé, solidement retranché derrière ses palissades; certes, l'honneur de ses armes ne pouvait être confié à de plus vaillants soldats.

Les marins étaient entrés dans Son-Tay le fusil sur l'épaule, mais la veille, avec la légion étrangère, ils avaient fait un terrible massacre dans la grande pagode où ils avaient réussi à cerner l'ennemi auquel ils n'ont point fait de quartier, pour venger les blessés mutilés par ces sauvages.

L'amiral Courbet félicita aussitôt les troupes de leur belle conduite.

« Soldats et marins,

Les forts de Phu-Xa et la citadelle de Son-Tay sont désormais illustrés par votre vaillance. Vous avez vaincu un ennemi redoutable et montré une fois de plus au monde entier que la France peut toujours compter sur ses enfants. Soyez fiers de vos succès, ils annoncent la pacification du Tonkin.

Au quartier général de Son-Tay, le 17 décembre 1883.

« Courbet. »

M. Paul Bourde, envoyé quelques mois après par le *Temps*, pour suivre les opérations militaires, a vu, malgré le temps écoulé, la ville de Son-Tay comme au lendemain de la prise d'assaut, et en a fait la description suivante :

« La citadelle est aujourd'hui pleine du bruit et du mouvement de la garnison ; mais la ville proprement dite, ces quartiers où les balafres de la guerre sont encore toutes fraîches restent aussi mornes qu'au lendemain de l'assaut ; nous y avons erré quelques heures à respirer la tristesse des ruines. Les toits défoncés par les boulets et éventrés bâillent par de béants trous noirs ; les maisons, que personne n'a ouvertes à l'étranger, ferment leurs portes avec une obstination farouche ; un silence de mort pèse dans les rues ; il semble qu'on y sent encore l'hostilité de ceux qui la peuplaient. La partie du village nord, entre la seconde enceinte et le fleuve, a été complètement détruite. Les bassins cimentés où l'on recueillait l'eau du ciel témoignent seuls de l'emplacement où furent les habitations ; les briques mêmes ont été enlevées pour construire deux blockaus, dont les tours rouges dominent cette plaine si bien rasée qu'on pourrait, suivant l'usage antique, y semer du sel.

« La grande pagode de Phu-Gni, qui s'élevait près de là, n'est plus qu'un monceau de décombres ; les tables des offrandes, laquées de rouge et réchampies d'or, les panneaux couverts d'inscriptions, les boiseries ouvragées, broyées sous le talon des soldats, gisent mêlés aux briques des murailles. Une sorte de charnier de dieux était amoncelé dans une cour où les débris de statues de bois de la pagode avaient été jetés. Au milieu des membres rompus et des troncs mutilés, nous retrouvâmes intacte la tête de Bouddha, éclairée de cet ineffable sourire de détachement que les sculpteurs indous ont inventé ; et cette vue nous fit faire un retour sur ces doctrines qu'on nous avait enseignées à Ceylan. Quelle chose chétive et insignifiante dans la mâchoire du néant que l'individu au milieu de ces grandes catastrophes ! Notre établissement au Tonkin sera certainement marqué comme un progrès au bilan de l'humanité, et le malheur des pauvres gens dont nous inspections les demeures à demi détruites est le prix de cette transformation. Mais qui leur tiendra compte de leurs souffrances ? Ils ont passé obscurément sous la meule du destin et personne ne les a même entendus crier. »

Si l'amiral Courbet fit une proclamation à ses soldats, pour les féliciter au lendemain de la victoire, le chef des Pavillons-Noirs,

Lu-Vinh-Phuoc, en avait adressé une, également, aux siens, quelques jours avant l'attaque. Elle est trop curieuse pour n'en point donner certains extraits :

### Proclamation du chef des Pavillons-Noirs.

« Les Français s'appuient sur leurs forces et leurs canons perfectionnés ; c'est par la violence qu'ils ont pris Saïgon et la basse Cochinchine, et, sous le fallacieux prétexte de protectorat, ils s'emparent aujourd'hui du Tonkin, accaparant les douanes et les trésors du pays.

« Leur avidité n'a plus de bornes ; ils sont cruels et tyranniques à tel point que les génies se révoltent à la vue de tant de méfaits ; leur colère, de même que celle des hommes, ne peut plus se contenir.

« L'empereur de Chine m'a donné pleins pouvoirs d'agir afin d'arriver à détruire totalement ces Français, dont le sang servira à nous désaltérer, la chair à nous rassasier et la peau à nous couvrir.

« Napoléon I$^{er}$ jouissait de la réputation de grand conquérant. Son nom figurait parmi ceux des divinités. Malgré son génie, cela ne l'a pas empêché, à la honte de la France, d'être pris par les Anglais, qui l'ont envoyé en exil.

« Depuis cette époque, la France a reçu de tels affronts qu'aucune nation européenne ne veut plus avoir de relations avec elle.

« Malgré ces affronts réitérés, les Français ne sont pas encore corrigés. Les voilà qui viennent, sans vergogne, spolier l'Annam ; leur conduite en cela ne diffère en rien de celle des bêtes féroces.

« Moi, votre chef, revêtu du titre de dé-doc, ai, dans un dernier combat, tranché la tête de Rivière. Dans une autre rencontre, j'ai battu Bouët, qui a été obligé de prendre la fuite. Harmand n'aboutira à rien.

« Depuis leur échec, les Français se sont retirés à Haïphong et à Hanoï, d'où il n'osent plus sortir. Ils ont maintenant avec eux des hommes noirs et des déserteurs de vos rangs.

« Les Français sont des ambitieux. Leur seul but est de s'emparer de tout l'Annam. C'est pourquoi il nous faut faire obstacle à leurs desseins. Jurons que nous nous batterons jusqu'au dernier et que nous ne reculerons pas.

« Chaque tête de soldat français sera payée 50 taëls (environ 400 francs). Cette somme sera doublée par tête d'officier. La récompense à accorder pour la capture d'un navire sera déterminée d'après le prix d'estimation dudit navire.

« La récompense, en cas d'incendie d'un cuirassé sera le double du prix d'évaluation dudit cuirassé.

« Qu'on suive mon exemple en se couvrant de gloire ! Mort à celui qui agirait autrement. »

### BAC-NINH, HONG-HOA, TUYEN-QUAN

La cour de Hué, sous sa facile soumission, avait presque ouvertement favorisé et encouragé la résistance à nos troupes ; Lu-Vinh-Phuoc était son homme de confiance. Elle agit si bien en ces termes que le 2 décembre, le parti anti-français de cette cour empoisonnait le nouveau roi, Hiep-Hoa, et donnait le trône à un enfant de quinze ans, Taï-Phu. Mais la nouvelle de la prise de Son-Tay vint arrêter ce bel élan, et l'annonce que les Français allaient recevoir prochainement des renforts considérables calma les plus mutins, qui, pour devenir plus humbles, n'en réservèrent pas moins leur mauvaise foi.

La première place dont l'occupation s'imposait était Hong-Hoa, située au-dessus de Son-Tay, aux confluents mêmes de la rivière Noire et du Song-Koï ; malheureusement, les reconnaissances démontrèrent qu'en certains endroits il n'y avait pas plus de 80 centimètres d'eau, et, comme il eût été peu prudent de tenter cette opération sans le concours de la flotille, il fallut attendre un moment favorable.

On se borna, en conséquence, à rayonner dans toutes les directions, autour de Son-Tay. Le commandant Coronat, avec deux bataillons, reconnut le pays vers la rivière Noire, jusqu'au pied des montagnes. Il suivit des digues étroites, par un temps pluvieux, s'avançant à travers les rizières, sur un sol boueux et glissant.

A notre approche, les habitants, redoutant d'être rançonnés par nous comme par les soldats de Lu-Vinh-Phuoc, venaient en tremblant s'agenouiller devant les officiers. Les tirailleurs annamites, dont le représentant du *Temps* a donné le portrait suivant, marchaient toujours en tête :

« Les tirailleurs ont la tournure correcte d'une troupe depuis longtemps formée.

« Leur uniforme ne laisse pas d'être inattendu dans notre armée. Ils conservent leur coiffure nationale, les cheveux longs roulés en chignon sur le sommet de la tête et retenu par un peigne d'écaille. Ils mettent par là-dessus un petit chapeau rond, presque plat, fait de bambou verni et orné à la mandarine d'un bouton de cuivre ils en nouent les brides rouges sous leur chignon, de sorte que les bouts leur pendent dans le dos.

« De leur veste bleu marine s'échappe, par devant, l'extrémité d'une large ceinture rouge, et leur pantalon de soie noire est ample comme une jupe, à la mode annamite. Le sac est remplacé par une musette très longue passée en sautoir par-dessus la couverture roulée. Leur coiffure, leur visage glabre, leurs membres grêles, leur petite taille, cette ceinture et ce semblant de jupon font hésiter un moment un œil occidental sur leur sexe : « Ça pas soldats, ça femmes ! » disaient les turcos avant de les avoir vus aller à l'assaut de Son-Tay. »

Pendant ce temps, le lieutenant-colonel Brionval, avec un bataillon d'infanterie de marine et trois cents auxiliaires tonkinois, faisant une sérieuse campagne dans les provinces de Nam-Dinh et le Nin-Binh, contre les rebelles, au nombre de quatre à cinq mille et occupant deux villages. Il les poursuivit à outrance, jusqu'à Bien-Hoa, au pied des montagnes, les mit en déroute, et rentra Nam-Dinh. Il en repartit le 6 janvier, pour la citadelle de Phu-Tien, située sur la rive droite du Cua-Traly, à 30 kilomètres de la mer.

La colonne venue par eau débarqua sur la rive droite du Song-

COSTUMES DE L'ARMÉE FRANÇAISE AU TONKIN

Fusiliers Marins     Infanterie     Turco     Artillerie.

Koï, attaqua la citadelle et battit complètement les rebelles qui eurent quatre-vingt-dix morts et laissèrent en nos mains six canons de bronze. Nous eûmes deux blessés : un soldat d'infanterie de marine et un auxiliaire.

Depuis la prise de Son-Tay, la population du Delta nous aidait à reprimer la piraterie. Les villages faisaient eux-mêmes la police, et les habitants, soutenus par les miliciens, avaient fait subir des échecs aux pirates, dans plus d'une circonstance. C'est ainsi que le 5 janvier, dans les environs de Phu-Hoaï, une bande de pirates fut cernée par les habitants, qui décapitèrent un certain nombre de vaincus et amenèrent quinze prisonniers devant Hanoï. Le Quan-An de cette dernière ville alla, le surlendemin, surprendre une autre bande, signalée du côté de Than-Tri, la mit en déroute et lui tua quinze hommes.

Tous ces mouvements de pirates, survenus dans la première quinzaine de janvier, coïncidèrent avec des massacres de chrétiens dans le Nghé-An et le Than-Hoa; ils faisaient partie du plan de soulèvement général élaboré à Hué.

Les 10 et 11 janvier, le colonel Belin partait avec un bataillon de tirailleurs et une section d'artillerie pour faire une reconnaissance sur Bac-Ninh. Il débarqua à Palan, se dirigea sur le canal des Rapides et coucha dans le village de Gia-Quoï, entre le fleuve Rouge et le canal. Les avant-postes signalèrent, le lendemain matin, des réguliers chinois qui avaient traversé nuitamment le canal. On les canonna à distance, puis on rentra à Hanoï; la reconnaissance, en vertu des ordres reçus, ne devait pas pousser plus loin.

Courbet faisait une reconnaissance sur Bac-Ninh, par un autre côté, quand il reçut de France une dépêche lui annonçant, en même temps que l'envoi de puissants renforts, la nomitation d'un général de division, chargé de lui succéder dans le commandement général. Il rentra à Hanoï profondément blessé dans sa dignité de soldat, et, bien à tort à notre avis, puisque le gouvernement voulait rétablir les choses dans leur situation exacte, en donnant à l'amiral commandement de la flotte et, au général, celui de l'armée de terre, désormais composée de troupes appartenant presque toutes au ministère de la guerre.

Courbet, qui fut un grand marin et le prouva dans la dernière partie de la campagne, avait des faiblesses de caractère qui lui faisaient entrevoir les actes de son gouvernement sous un jour différent de leur sens exact quand ils ne concordaient pas avec ses idées propres. Cette faiblesse, qu'il faut pardonner au marin, a été quelque peu préjudiciable à la mémoire de l'homme qui, parfois, s'est montré injuste dans ses jugements et n'a pas craint de dire à un journaliste parisien venu lui faire part, à Hanoï, du regret unanime qu'inspirait son remplacement par un général :

— Ne me parlez plus jamais de cela; le devoir est parfois bien pénible !

Mais si l'homme s'est parfois oublié, l'amiral est resté grand et a montré à la vieille Europe combien la marine française savait opérer, quelle était sa valeur, et plus d'une nation ennemie a dû, sans doute, penser tout bas que sa flotte n'eût pas été capable de jouer là-bas le rôle des escadres françaises.

Après le vote des crédits du Tonkin, le ministre de la guerre avait résolu de remettre au général de division Millot le commandement des deux brigades destinées à opérer au Tonkin sous les ordres des généraux de Négrier et Brière de l'Isle. Courbet fut nommé vice-amiral.

A peine débarqué, le général Millot se prépara à marcher sur Bac-Ninh, défendu par des troupes chinoises, de l'aveu même du marquis Tseng.

On avait appris par les espions que la ville était défendue par des moyens très puissants : vingt-quatre forts détachés protégeaient la cité; sur la route de Hanoï, il y avait une série de redoutes et deux digues fortifiées; un barrage avec batteries étagées était établi en travers du Song-Cau; enfin, des ouvrages couvraient la route de Chine. Le gouverneur du Kouang-Si était venu visiter tous ces ouvrages, défendus par quinze mille impériaux.

Bac-Ninh est à 35 kilomètres de Hanoï; on y arrive par une route aisément praticable, seulement arrêtée par le canal des Rapides, qu'on peut facilement traverser en jonque avec chevaux et bagages.

La ville de Bac-Ninh, centre de la grande et magnifique province du même nom, n'est pas très importante par elle-même, mais c'est un point militaire bien choisi commandant les routes de Thaï-Nguyên, Lang-Son et Haï-Dzuong.

La citadelle formait un hexagone régulier, et était construite en briques, avec bastions, mais sans demi-lunes comme celle de Hanoï. Les crêtes des murailles étaient revêtues de chevaux de frise en bambous; elle possédait environ une quarantaine de canons, tous à âme lisse. Les habitations des soldats étaient à l'extérieur; il n'y avait que la garde dans les cases intérieures qui entourent les demeures du Tong-Doc (gouverneur général de Bac-Ninh, Lang-Son et Cao-Bang), du Quan-An (justice), et du Quan-Bô (administrateur). En outre de l'administration civile, il y avait encore à Bac-Ninh un Dé-Doc (général commandant en chef les troupes de la province) et un Lan-Bînh (commandant des troupes).

La citadelle était entourée d'une route circulaire comprenant une grande quantité de maisons servant exclusivement de demeures aux soldats et à leurs familles. Tous ces soldats étaient indigènes. Il n'y avait pas un seul Chinois.

En face de la porte Est se trouvait une construction en briques, couverte en tuiles, et servant de demeure aux mandarins de passage. C'est là que résidaient les étrangers et qu'étaient reçus les mandarins de Hué quand ils allaient en Chine porter le tribut triennal que l'Annam payait à son suzerain du Céleste-Empire.

La principale rue de Bac-Ninh, qui est, comme à Phu-Tu-Son, la grande route, est occupée par des négociants, en grande partie chinois. Ce sont surtout des marchands de médecines, de cotonnades, résine et menus objets. Une branche importante du commerce local est la fabrication des grandes jarres pour l'eau et les huiles, et les petits cercueils en terre destinés à renfermer les ossements après exhumation. Ces jarres sont juxtaposées et remplies de terre; au-dessus sont superposés des petits cercueils jusqu'à une hauteur de deux mètres. Le tout est recouvert d'une toiture en feuilles de latanier (paillottes) superposée par des pieux en bambous. Ce faubourg ainsi construit présente un aspect absolument bizarre, d'autant plus que ces cercueils sont percés sur chaque paroi des deux trous.

La Chine avait pris des précautions pour protéger, dès l'été de 1882, les frontières du Kouang-Si et du Yunnan, contre l'éventualité d'une occupation du Tonkin. Deux mandarins, qui s'étaient distingués dans la guerre civile, avaient été envoyés dans ces régions en qualité de trésoriers sous-gouverneurs. Chacun d'eux était autorisé à correspondre directement avec la cour de Pékin.

La Chine avait espéré que les Français se décourageraient et renonceraient d'eux-mêmes à s'annexer le Tonkin. Mais la prise de Son-Tay lui fit comprendre qu'elle s'était trompée; aussi organisa-t-elle deux armées puissantes sur les frontières du Yunnan et du Kouang-Si, qui bientôt firent entrer une partie des effectifs, car les Chinois ne tardèrent pas à avoir au Tonkin 32.000 hommes.

Le général Millot divisa son armée en deux corps : la brigade Négrier, devant opérer le long du Song-Cau, pour couper la ligne de retraite de l'ennemi; la brigade Brière de l'Isle, devant tourner la grande route, ou sortir d'Hanoï, et marcher sur Bac-Ninh par les digues.

Chaque brigade, forte de 5,500 hommes, était escortée de 6,000 coolies portant le convoi.

La brigade Brière de l'Isle s'ébranla le 8 mars. Le passage du fleuve se fit sur des jonques, remorquées trois par trois, par des petits vapeurs. Les compagnies se formèrent aussitôt débarquées, et on partit, marchant sur les digues, à la file indienne, rarement deux par deux, pendant des heures, avec de courtes haltes, pour permettre aux canons qui s'embourbaient de reprendre la route, leur chemin une fois rétabli. La colonne s'allongeait ainsi, en serpentinant, tournant et retournant sur elle-même, sans cesse, au gré des digues étroites, simples sentiers à peine surélevés, véritables amas de boue sèche, délimitant les champs.

Elle avança ainsi, à travers la rizière, aux flaques boueuses, sous un soleil de plomb, sur une route glissante, coupée de ravines, et s'arrêta à Cau-Bay, vers midi, pour déjeuner. Puis elle reprit sa marche, suivie de deux ballons tout gonflés, fermant le convoi.

A la nuit, l'avant-garde était arrivée à Gia, mais le gros de la brigade dut coucher sur la terre humide, après un repas sommaire, sans pouvoir allumer de feu, par suite du manque de bois.

Le matin, la pluie se mit à tomber abondante, transformant les chemins en ornières. Souvent officiers et soldats devaient barboter dans la boue pour dégager les pièces enlisées ; d'autres fois, le chemin n'étant pas assez large, il fallait descendre dans la rizière et porter une roue pendant que l'autre roulait sur la digue.

A ce tableau bizarre de la marche des troupes, il faut joindre celui des coolies, tel que le décrit M. Paul Bonnetain :

« L'inoubliable armée ! Hâves, jaunes, efflanqués, loqueteux, les jambes et les pieds nus, empestant la sueur, haletants et démoniaques, les mercenaires descendent deux par deux, incessamment. Sur les épaules de chaque couple, un bambou repose, moins jaune que la chair sur laquelle il s'appuie. Au milieu, suspendu par un ingénieux amarrage de cordes et de lianes, une caisse ou un tonneau ou une cantine ballottent avec des à-coups secs pour les arrêts et les descentes. Il y a des centaines et des centaines de centaines de ces couples, tous lamentablement pareils, hideusement semblables : coolies portant les bagages de chaque bataillon, coolies des ambulances portant les funèbres couches de toile qui, demain, charrieront nos blessés, coolies portant les munitions. Des soldats de l'arrière-garde les escortent, aussi fatigués qu'eux et pliés par le sac, essoufflés de leur rôle de chiens de berger, égosillés de crier depuis l'aube : *Maulen ! Maulen !* Vite ! Plus vite ! à ce troupeau de brutes, bêtes de somme volontaires... Le torrent se rue plus fort, sans jamais une chute, un accroc au fardeau. Quand une épaule se meurtrit sous le poids du bambou, le bambou passe sur l'autre, mais l'infernale marche ne s'arrête pas pour cela... A présent, ce sont les coolies du grand convoi, le convoi du service administratif, la foule innombrable et sauvage des esclaves promenant la farine, le biscuit, l'eau-de-vie, le vin de l'armée. Les caisses suivent les caisses, les tonneaux les tonneaux, avec une monotonie infernale. Et tous ces hideux fantômes, tous ont au bras un brassard, un chiffre, une marque distinctive. »

On sortit de Dong-Hô le 10 mars, et on coucha à Mao-Dien. Le lendemain, on franchit le canal des Rapides. Le génie improvisa un pont de grosses jonques pour la cavalerie, l'artillerie et le convoi ; l'infanterie traversa sur les bateaux de la flottille ; là, en effet, se trouvaient la *Carabine*, le *Mousqueton*, la *Trombe* et l'*Eclair*, qui assuraient les communications avec Haï-Dzuong.

Les deux brigades s'étaient rencontrées ; le moment vint d'agir. Le général Négrier, parti des sept pagodes, au confluent du Song-Cau et du canal des Rapides, avait enlevé déjà deux ouvrages chinois à Naon et à Do-Son ; l'ordre de marche fut le suivant. La brigade Brière de l'Isle devait s'emparer des hauteurs fortifiées de Truong-Son, pendant que la brigade Négrier attaquerait le barrage de Lach-Buoï, et s'efforcerait de pousser jusqu'à Dap-Cau, pour couper la route de Chine.

La brigade Brière de l'Isle longea le canal, le 12, à six heures et demie au matin, et se trouva bientôt en face des collines cachant Bac-Ninh ; du pied à la tête elles étaient ornées d'étendards ennemis, aux flammes multicolores. Bientôt, sur leur droite, les soldats entendirent tonner le canon de Négrier.

On mit alors en batterie le ballon, un officier monta dans la nacelle, s'éleva à quelque hauteur, et, sans même descendre, cria de là-haut la description du terrain et les dispositions des Chinois.

La brigade déborda alors sur sa droite et prit son ordre de bataille. L'artillerie commença par canonner les pavillons plantés au bas de la première colline, qui s'abattirent comme par enchantement, pendant que sur la pente on apercevait des fuyards à la débandade, s'agitant comme des points noirs, et essayant de regagner le sommet.

Nos troupes entrèrent alors dans la rizière inondée. Le commandant Coronat, avec son bataillon d'infanterie de marine, était chargé de l'attaque de gauche, et, le capitaine Godon, avec le bataillon de turcos, si éprouvé à Phu-Xa, de l'attaque de droite.

Leurs échelons escaladèrent, comme s'ils étaient à la manœuvre, la pente que des bandes désordonnées parcouraient désespérément quelques instants auparavant ; à peine nos troupes d'attaque essuyèrent-elles plusieurs coups de feu.

Un instant, on se demanda, non sans inquiétude, si une persistance aussi faible ne cachait pas quelque piège, et, au moment où nos soldats, arrivés à la crête de la colline, se trouvaient à bout portant de la redoute, il y eut une seconde d'angoisse solennelle.

Le mur, en mottes de terre, destiné à abriter les tirailleurs ennemis et l'artillerie chinoises était vide de défenseurs.

Les autres positions de Truong-Son étant défendues dans les mêmes conditions, on s'en empara dans le temps nécessaire à les escalader. Les troupes chinoises filaient, hors de portée, sur une colline, dès que les Français apparaissaient sur celle la précédant.

Le lendemain, on apprit que Négrier venait de s'emparer de Bac-Ninh.

Parti le 12 de Do-Son, après une fausse attaque sur Lach-Tuoï, il avait marché sur le village de Ké-Roï, appuyé par la flottille, et pris à revers les sept redoutes fermant la bouche du Song-Cau, ainsi que les défenses gardant le barrage de Lac-Buoï. Ayant ensuite suivi la digue du Song-Cau, refoulé les Chinois au pont de Traï-Ruoï, pris Dap-Cau et le fort voisin, il était arrivé devant Bac-Ninh, l'avait canonnée, et y était entré peu après, ses défenseurs s'étant enfuis dans le plus grand désordre, sans prendre la peine de tenter la plus petite résistance.

A Bac-Ninh, où la dernière brigade vint le rejoindre, il trouva des munitions, plus de cent canons et des drapeaux qui furent envoyés aux Invalides. Ce fait d'armes si glorieux pour les troupes françaises, et qui, ne nous avait coûté que des pertes insignifiantes, au contraire de la prise de Son-Tay, plongea le parti de la guerre, en Chine dans une complète transformation.

Les gens sensés de la cour se rendaient un compte exact de la valeur de l'armée envahissante, et des dispositions fort habiles, prises dès le début par le général Millot et si bien exécutées par ses lieutenants.

Bac-Ninh prise, le général Millot procéda à l'occupation de Hong-Hoa, et chargea le général Négrier de diriger une attaque de front, pendant que le général Brière de l'Isle, passant la rivière Noire, à 10 kilomètres, exécuterait un mouvement tournant.

La citadelle de Hong-Hoa, presque aussi grande que celle de Son-Tay, n'était pas bastionnée, mais elle était environnée de redoutes et secondée par une autre citadelle, que le prince Hoang venait de faire élever près de Donh-Vang.

La saison ne permit pas aux canonnières de remonter le courant: l'*Eclair* et la *Trombe*, avec trois canots armés, purent seuls arriver en vue de Hong-Hoa, et ce fut avec de grandes difficultés que les

BACH-NINH. — Prise des ouvrages environnant la ville

canons de 80 et de 95 furent transportés sur des jonques. Les troupes eurent aussi beaucoup à souffrir, à ce point que le courant entraîna douze coolies. Deux batteries canonnèrent à distance pendant six heures les ouvrages ennemis, qui ne répondirent pas, et le lendemain, lorsque la petite armée se présenta devant la forteresse, elle n'y trouva plus d'adversaires. Elle y entra sans tirer un coup de fusil.

De là on marcha sur Dong-Vung, qu'on occupa, et les Pavillons-Noirs s'enfuirent dans les montagnes ou se replièrent sur Phu-Lang et Tuyen-Quan. Le fortin de Phu-Lang fut aussitôt rasé, et le 1$^{er}$ juin Tuyen-Quan était entre nos mains.

Cette ville était l'un des plus importants repaires des bandes de Lu-Vinh-Phuoc, et on pouvait espérer, grâce à la crue déjà assez forte des eaux, qu'il serait possible à la flottille d'aider puissamment une opération contre ce centre dangereux.

Le lieutenant Grosdesvaux, commandant le *Yatagan*, avait en effet, quelques jours avant la mise en marche de la colonne, opéré en canot à vapeur une reconnaissance jusqu'à trente-cinq milles du confluent du fleuve Rouge et de la rivière claire. Il avait même chassé devant lui une bande de Pavillons-Noirs, et lui avait infligé des pertes sérieuses. Le commandant du *Yatagan* constata que, malgré la force du courant, une montée d'eau de 60 centimètres serait suffisante pour permettre à la flottille de remonter jusqu'à Yan-Luong, point où son approvisionnement de charbon l'avait forcé à rétrograder. Ce fut après la lecture de son rapport que furent donnés les ordres de route. La colonne expéditionnaire se composait d'un bataillon de la légion étrangère tiré de Hong-Hoa, de deux compagnies de tirailleurs algériens, d'une batterie de 4 de montagne et d'un convoi de 60 jours de vivres pour le détachement qui devait tenir garnison à Tuyen-Quan et de quinze jours de vivres pour la colonne.

Les canonnières la *Trombe*, l'*Eclair*, le *Yatagan*, le *Mousqueton* et le *Révolver* devaient escorter la colonne pendant son trajet le long de la rivière. Le commandement supérieur était donné au lieutenant-colonel Duchesne (de la légion), et celui de la flottille au lieutenant Capter (de la *Trombe*).

Le 23 mai, les troupes tirées de Hong-Hoa traversèrent le fleuve

Rouge par une chaleur extrême. Leur marche fut très pénible, au milieu d'une région boisée et ravinée profondément. Elle parvint le même jour au village de Lintri, sur la rivière Claire, et y furent rejointes le lendemain par les tirailleurs algériens et la flottille venant de Hanoï.

Le 27, on reprit la marche, des plus fatigantes pour les soldats accablés de chaleur, et pleine de difficultés pour la flottille qui, traînant derrière elle un convoi de jonques, dut s'arrêter plusieurs fois, devant l'impétuosité du courant.

Sur tout le parcours, les Tonkinois firent le meilleur accueil à la colonne, mais partout où elle passa, elle constata les traces de dévastation laissées par les Pavillons-Jaunes.

Le 28, le général en chef arriva de Hanoï prendre en personne la direction des opérations, et amena un renfort d'une compagnie de tirailleurs algériens.

Ce jour, le chemin fut si rude que l'artillerie de montagne, traînée par les coolies, ne put avancer ; il fallut l'embarquer sur la flottille.

Le 29, les difficultés continuèrent, les sentiers devinrent plus étroits, la végétation trop abondante masquait toute vue. Le général ne voulant pas imposer à ses troupes d'inutiles fatigues, les fit embarquer. Ce fut à Phu-Doan-Hung, à 15 kilomètres de Tuyen-Quan, qu'elles reprirent la route ; à ce point, la rivière Claire se partage en deux branches.

Le 31, la concentration des troupes étant achevée, la marche en avant fut reprise, et le 1er juin, à l'aube, on arriva en vue de la citadelle, vaste carré dominant une plaine en forme de cuvette, position importante, commandant la vallée de la rivière Claire.

Les canonnières ouvrirent le feu contre la citadelle qui ne riposta pas. Quelques Pavillons-Noirs semblèrent battre en retraite dans la montagne.

Les embarcations de la flottille déposèrent à terre les compagnies de débarquement, qui se préparèrent à l'assaut, mais l'avant-garde de la colonne ne leur en donna pas le temps. Marchant vigoureusement vers la forteresse, elle s'en empara et un soldat de la légion étrangère y planta le drapeau français. Les ouvrages étaient évacués, les magasins vides; on ne trouva que quelques mauvais canons de petit calibre.

Le lendemain, 2 juin, le général retourna à Hanoï, laissant comme garnison dans la citadelle deux compagnies de la légion. Les Tonkinois, qui avaient pris la fuite tout d'abord, revinrent dans leur village et apportèrent au fort, en signe de soumission, les présents usités.

Un des lieutenants de Lu-Vinh-Phuoc, commandant à 300 hommes, se soumit quelques jours après avec sa bande, et demanda à être incorporé dans les tirailleurs tonkinois. Enfin, quelques jours après, 5 à 600 brigands découverts par le *Yatagan*, dans une reconnaissance faite sur le Song-Cao, affluent de la rivière Claire, firent leur soumission.

## LANG-SON

Notre chargé d'affaires à Pékin informa M. Jules-Ferry, dans les premiers jours de mai 1884, que le vice-roi de Tchéli était autorisé par décret à entamer des négociations avec le contre-amiral Lespès, et que le Tsong-Li-Yamen manifestait le désir de terminer à l'amiable le différend avec la France. Le contre-amiral Lespès, commandant la division navale des mers de Chine et du Japon, transmit quelques jours après au ministre de la marine le texte d'une convention que M. Fournier, commandant du Volta, avait amené le vice-roi à faire accepter par le gouvernement chinois, pour base de négociations à ouvrir. Dès le 11 mai, cette convention était signée et le 20 mai M. Jules Ferry, président du conseil, en donnait lecture au Parlement.

Cette convention était à peine signée que notre ministre en Chine, M. Patenôtre, envoyé en mission à Hué, concluait avec le roi d'Annam un nouveau traité de protectorat, révisant à notre avantage celui du 17 août 1883. En voici les dispositions principales :

« L'Empire était placé sous notre autorité, diplomatiquement, militairement et administrativement; de l'hôtel du résident général partiraient désormais les règles de gouvernement qui régiraient le pays. Une garnison française permanente serait établie dans la citadelle de Hué : le drapeau tricolore, flottant sur le palais royal à côté du pavillon annamite, dirait assez et aux habitants et aux mandarins, que nous agirions maintenant d'une manière directe sur l'administration indigène comme sur la distribution des emplois. L'Annam, abandonnant définitivement le Tonkin, s'engageait à former union douanière avec cette province et la Cochinchine ; il reprenait les provinces de Binh-Thuan et de Thanh-Hoa, mais se reconnaissait débiteur d'une somme déterminée envers la Cochinchine.

L'article 2 de la convention de Tien-Tsin exigeait le retrait immédiat des garnisons chinoises du Tonkin ; en vertu de cet article, le négociateur français déclara à son collègue chinois qu'après un délai de vingt jours, c'est-à-dire le 6 juin, les troupes françaises pourraient occuper Lang-Son, Kao-Bang et Chat-Ké. Le négociateur chinois accepta.

En conséquence, une petite colonne commandée par le lieutenant-colonel Dugenne fut envoyée sur ces trois points. Avant qu'il partît, le commandant de la colonne reçut du chef d'état-major Guerrier des instructions dont il devait se rapprocher autant que possible. Aux termes de ces instructions, la colonne chargée d'occuper Lang-Son, Kao-Bang et Chat-Ké, après s'être concentrée à Phu-Lang-Thuong, devait être composée des effectifs suivants :

1° D'un bataillon d'infanterie de marine et d'une compagnie du 2ᵉ bataillon d'Afrique ; 2° d'un demi-escadron de cavalerie ; 3° d'une section mixte de sapeurs du génie et de pontonniers, avec un parc d'outils ; 4° d'un détachement de 300 tirailleurs tonkinois ; 5° d'une section d'ambulance comprenant deux médecins ; quarante lits et des cantines ; 6° d'une section de télégraphie optique de 12 hommes ; 7° d'un service de la prévôté, de 4 gendarmes et un brigadier ; 8° d'une batterie de 4 montagne. On emporterait un convoi de trente-cinq jours de vivres.

La colonne devait se rendre en cinq jours de Phu-Lang à Lang-Son, et le convoi partir en deux fractions : l'une, comprenant deux cents mulets de bât, suivrait la colonne ; l'autre, composée de jonques et de coolies, remonterait le Song-Thuong jusqu'à Cau-Son ou Bac-Lé. A cet endroit, les vivres devraient être débarqués et tout le convoi monterait avec la colonne. Des garnisons permanentes tiendraient les points de Lang-Son, Cao-Bang et Chat-Ké.

Toutes ces dispositions prises, chaque homme reçut quatre jours de vivres et cent vingt cartouches. Le 13 juin, au matin, la colonne Dugenne partit de Phu-Lang-Thuong, avançant par détachements séparés, et éclairée par un pelotons de chasseurs d'Afrique.

Elle traversa successivement les villages de Kep et de Cau-Son; la route se rétrécissant à partir de ce dernier point, elle ne marcha plus qu'en file indienne, par des sentiers défoncés, avançant silencieusement.

Le pays se développait devant les troupes avec ses mamelons déchiquetés, ses bois épais, ses gorges étroites et ses défilés sombres, dans lesquels une poignée d'hommes eût pu arrêter une armée.

Le 22 juin, on arriva à Song-Thuong, en aval de Bac-Lé, après des marches rendues très pénibles par les pluies torrentielles, les chaleurs excessives et la difficulté des chemins. Le lieutenant-colonel Dugenne, après avoir installé ses troupes et placé ses avant-postes, alla reconnaître le gué que sa colonne devait passer le lendemain. Il constata que sa marche était épiée par des individus embusqués sur la rive droite du fleuve, et que les cavaliers l'accompagnant lui affirmèrent être des Chinois. Ces espions étaient armés.

Le lendemain matin, à quatre heures, un détachement composé d'une section composée de tirailleurs tonkinois, de six chasseurs d'Afrique et d'une compagnie d'infanterie de marine, quitta le camp pour aller prendre position sur la rive droite du fleuve et couvrir le passage du convoi; ce détachement était commandé par le capitaine Lecomte, officier énergique et habile. Les pontonniers suivirent le mouvement; ils avaient pour mission d'adoucir la rampe conduisant au fleuve et de prendre toutes mesures propres à empêcher un accident pendant le passage. Enfin, la 2ᵉ compagnie du 2ᵉ bataillon d'Afrique devait prendre position sur la rive droite et appuyer, au besoin, le capitaine Lecomte.

Les pontonniers se mirent à la besogne à cinq heures. La compagnie Maillard était en position sur la rive gauche du Song-Thuong, et les Tonkinois, suivis de près par les chasseurs d'Afrique et la compagnie Lombard, se jetaient à l'eau et passaient sur la rive droite où des coups de feu les accueillirent, partis à deux cents mètres d'un mamelon boisé. La compagnie Lombard, vigoureusement menée et couverte sur son flanc gauche du côté de Nuy-Dong-Naï par une section du bataillon d'Afrique, délogea l'ennemi qui disparut dans les broussailles. Ce combat, qui avait duré une heure environ, nous coûta trois blessés.

Pendant cette escarmouche, le passage de la rivière s'était effectué : le convoi et la colonne se trouvaient réunis pour la halte de la journée.

A huit heures, un parlementaire, porteur d'une lettre du commandant des forces chinoises, se présenta aux avant-postes et fut amené au lieutenant-colonel, en même temps que trois individus se disant déserteurs de l'armée chinoise et demandant à servir dans l'armée française.

Le commandant ennemi, informé de la convention de Tien-Tsin, exprimait le désir d'obtenir un délai de dix jours pour se replier avec ses troupes, qu'il évaluait à dix mille hommes, au-delà de la frontière. Les trois déserteurs, interrogés séparément, affirmaient qu'entre le Song-Thuong et Lang-Son il y avait de vingt à vingt-quatre compagnies de trois cent soixante hommes environ.

Un nouvel émissaire se présenta à dix heures, se disant envoyé par le vice-roi du Kouang-Si pour faire connaître aux chefs militaires, qui pourraient l'ignorer, la signature de la paix, empêcher toute collision entre les Français et les Chinois et hâter la retraite de ces derniers.

« Cet individu, dit le lieutenant-colonel Dugenne dans son rapport, avait évidemment connaissance de la lettre apportée par le premier parlementaire. Il me demanda, sans insister toutefois, de laisser aux colonnes chinoises, dont la marche était très lente dans ce pays de montagnes, le temps de s'écouler. Je lui demandai si, en sa qualité d'envoyé du vice-roi du Kouang-Si, il avait autorité sur les chefs militaires. Sur sa réponse affirmative, je lui dis que, pour couper court à toute difficulté, il n'avait qu'à inviter le commandant des troupes chinoises à commencer immédiatement son mouvement de retraite. Il me répondit, après un moment de réflexion, qu'il donnerait cet ordre et en assurerait l'exécution. Je lui exprimai mon indignation d'avoir été reçu à coups de fusil par des soldats qui savaient que leur nation était en paix avec la nôtre. Il m'assura que l'avant-garde n'avait pas été attaquée par des soldats chinois, mais simplement par des bandits du Nuy-Dong-Naï. Je lui exprimai le désir de voir le chef militaire. Il me répondit que ce chef ne ferait aucune difficulté pour venir à mon camp, qu'il l'y conduirait lui-même. Puis il prit congé de moi.

« A deux heures trente du soir, je fus informé que l'envoyé du vice-roi du Kouang-Si et le commandant des troupes chinoises, suivis d'une escorte nombreuse, étaient arrivés aux avant-postes, où ils s'étaient arrêtés, déclarant ne pas vouloir aller plus loin. Je chargeai le commandant Cretin d'aller les recevoir. Cet officier supérieur les engagea à l'accompagner au camp. L'envoyé du gouverneur de Kouang-Si parut disposé à l'y suivre; quant au chef militaire, il déclara tout d'abord qu'il ne dépasserait pas la limite des provinces de Bac-Ninh et de Lang-Son; puis, sur les instances de son collègue, il dit qu'il viendrait jusqu'au camp, mais qu'il voulait avant tout changer de vêtement. Il se retira avec son escorte, l'envoyé du vice-roi se retira à son tour; ni l'un ni l'autre ne reparurent. A trois heures, je renvoyai aux avant-postes chinois le parlementaire que j'avais reçu dans la matinée. Je lui remis pour le commandant des troupes chinoises une lettre ainsi conçue: « Dans une heure, les troupes françaises reprendront leur marche. »

A quatre heures, la colonne se mit en mouvement, mais avec l'ordre formel à l'avant-garde de ne pas ouvrir le feu la première sur les Chinois. La route avait une largeur de 1 ou 2 mètres; bordée d'arbres touffus, reliés par des lianes et formant d'impénétrables fourrés, elle était dominée à gauche, à moins de 50 mètres, par le Nuy-Dong-Naï, muraille à pic, dont la crête est haute de plus de 100 mètres.

A quelques minutes de marche, l'avant-garde déboucha dans une clairière, la traversa et, comme elle arrivait à la hauteur d'une échancrure boisée dans laquelle les Chinois avaient organisé trois petits ouvrages, elle fut criblée de coups de feu.

Le lieutenant-colonel Dugenne crut d'abord à une méprise,

**Le Général MILLOT**

(D'après la photographie de M. Appert)

mais le doute ne devint plus possible, les Chinois tirant également sur la droite. Aux premiers coups de feu, les tirailleurs tonkinois parurent un peu troublés, mais ce léger flottement ne dura qu'un instant. Le lieutenant-colonel fit masser le gros de la colonne, pendant que l'avant-garde résistait avec peine au feu intense qu'elle recevait de front et sur son flanc gauche.

Le lieutenant-colonel la fit renforcer par la compagnie Jeannin ; en même temps, il donna l'ordre au lieutenant Génin, du bataillon d'Afrique, de se porter sur le flanc droit pour arrêter le mouvement tournant que l'ennemi exécutait de ce côté, sans doute pour se jeter sur le convoi. Le lieutenant Génin jeta à l'eau quelques groupes d'éclaireurs qui avaient déjà passé la rivière et prit position sur la rive.

Là surtout, l'ennemi paraissait nombreux. Bientôt, M. Génin fut atteint de deux coups de feu et plusieurs chasseurs tombèrent à ses côtés. Le lieutenant-colonel envoya le capitaine Maillard, avec les deux autres sections de sa compagnie, renforcer la défense de ce côté.

Le feu de la compagnie du bataillon d'Afrique éteignit celui des Chinois, vers six heures et demie ; ceux-ci durent éprouver des pertes sérieuses, car on se fusillait à moins de quarante mètres d'une rive du fleuve à l'autre.

A l'avant-garde, malgré l'envoi de renforts successifs de la compagnie Jeannin, d'un peloton de Tonkinois et l'énergie déployée par tous, il fut impossible d'avancer. De ce côté aussi les pertes furent sensibles, et le capitaine Jeannin tomba mortellement blessé.

A la tombée de la nuit, le feu cessa sur toute la ligne. Pendant le combat, le convoi s'était engagé dans la clairière et avait formé le parc sur un mamelon qui en occupait le centre. Le lieutenant-colonel établit le bivouac sur ce mamelon, autour des magasins d'administration ; la cavalerie et le train des équipages campèrent au milieu du carré.

Dès leur installation, les troupes construisirent en avant de leur front des tranchées-abris. Ce travail fut achevé pendant la nuit, qui se passa sans autre incident que quelques coups de feu tirés par les Chinois et qui atteignirent quelques hommes et quelques chevaux.

C'est alors que le chef de la colonne songea à rendre compte de ces événements au général en chef. Un télégramme lui fut expédié par les soins du lieutenant d'infanterie de marine Bailly, qui, au péril de sa vie, parvint à établir une transmission par la télégraphie optique avec le poste de Dan-Son. Le lieutenant-colonel Dugenne avisait le général Millot qu'il gardait ses positions en attendant ses ordres.

Les pertes de la journée avaient été sérieuses : 1 officier et 7 hommes tués ; 3 officiers et 43 hommes blessés. A partir de trois heures, la nuit fut absolument tranquille. Au jour, le campement fut rectifié. A sept heures et demie du matin, le feu reprit sur la face nord et la face ouest du camp. Les Chinois avaient profité de la nuit pour se porter dans les rochers du Nuy-Dong-Naï. Une heure plus tard, un mouvement de l'ennemi s'exécuta très nettement sur la rive gauche du Song-Thuong, vis-à-vis de la face est du camp. Les Chinois, très maltraités la veille dans cette position, s'y étaient portés en grand nombre en profitant des hautes herbes et des broussailles pour masquer leur mouvement. Ils ouvrirent le feu à 3 ou 400 mètres, et leurs projectiles (ils étaient presque tous armés de remingtons, quelques-uns de winchesters et de peabodys) ne tardèrent pas à causer des ravages parmi les hommes et surtout parmi les animaux que n'abritaient pas les tranchées-abris. La compagnie Maillard, très bien postée, répondit de son mieux à ces nouveaux assaillants. Tout ce qu'elle put faire fut de les maintenir à la distance où ils avaient commencé le feu.

Vers onze heures, la fusillade redoubla d'intensité. Le poste placé sur la route de Bac-Lé, entre le camp et le Song-Thuong, signala des groupes ennemis déjà parvenus sur les derrières de la colonne française. Au sud-ouest, dans la montagne, on entendait les troupes chinoises qui sonnaient des appels réitérés ; à tout instant un homme ou un mulet tombait. En quelques minutes, quatre blessés de l'ambulance furent frappés à mort. La colonne était entourée de toutes parts : le lieutenant-colonel Dugenne vit qu'en restant en place sa destruction totale n'était plus qu'une affaire de temps, et il ordonna de tout préparer pour la retraite. La compagnie Bugnet commença le mouvement et s'engagea sur la route de Bac-Lé. L'ambulance suivit ; les mulets du train des équipages emportaient les blessés qui pouvaient supporter ce moyen de transport, les autres furent placés sur des brancards. Le train des équipages se mit alors à son tour en mouvement. Il ne restait plus à enlever que les vivres de l'administration et les bagages des officiers.

Au moment où les coolies, conduits par l'aide-commissaire Rouzand, se disposaient à prendre leurs chargements habituels, les Chinois embusqués dans la montagne dirigèrent tous leurs feux sur eux. En un clin d'œil, dix coolies furent tués ; les autres prirent la fuite en poussant des cris de terreur. Il fallut se résoudre à abandonner leur chargement. Il était environ midi lorsque les compagnies d'infanterie de marine, restées en position pendant l'écoulement du convoi, se replièrent à leur tour en échelon. Enfin la compagnie du bataillon d'Afrique, à laquelle l'honneur était échu de former l'extrême arrière-garde, quitta les positions de combat qu'elle défendait depuis la veille et s'engagea dans le défilé. Malgré la pluie tombée pendant la nuit précédente, le Song-Thuong n'était pas, heureusement, sensiblement grossi. Le passage de ce cours d'eau s'effectua sans grande difficulté et en bon ordre, sous la protection de deux compagnies d'infanterie de marine et de la compagnie du bataillon d'Afrique qui, pendant toute la durée du passage, prirent position sur la rive, sous les ordres du commandant Reygasse. Les derniers coups de fusil furent tirés par ces compagnies. A cinq heures du soir, la colonne était cantonnée à Bac-Lé.

Cette deuxième journée nous avait coûté 1 officier et 13 hommes tués ; 2 officiers et 20 hommes blessés, 2 disparus, 2 morts d'insolation. Pendant ces deux jours, toutes les troupes avaient fait leur devoir, mais les chasseurs d'Afrique s'étaient particulièrement distingués. Ce furent eux qui empêchèrent les communications de la colonne d'être un instant interrompues, et c'est grâce à leur dévouement que les blessés purent être ramenés à Bac-Lé, échappant ainsi à une mort horrible.

# RUPTURE AVEC LA CHINE

### PREMIER BOMBARDEMENT DE KELUNG

M. Jules Ferry, en apprenant l'affaire de Lang-Son, télégraphia aussitôt à M. Patenôtre, ministre de France en Chine, alors à Hong-Kong, et au vicomte de Semallé, chargé d'affaires à Pékin, pour les informer du guet-apens dont nos soldats venaient d'être victimes. Il pria le premier de s'entendre avec l'amiral Courbet qui avait reçu l'ordre de prendre le commandement de nos forces navales dans les mers de Chine, et invita notre ministre à se rendre immédiatement à Pékin y exiger une réparation. Il chargea le second de protester, sans retard, contre la violation du traité.

Le Tsong-Li-Yamen prétendit que les Français avaient ouvert le feu les premiers contre les Chinois, et que la convention du 11 mai ne constituait qu'un engagement provisoire où la date du rappel des troupes n'était pas fixée. Les commandants militaires du Tonkin auraient reçu du gouvernement chinois l'ordre de ne pas livrer les places qu'ils occupaient, tout en s'efforçant d'éviter le moindre conflit; il estimait que nos soldats ne devaient point se porter en avant. La Chine, en réalité, niait les engagements pris par Li-Hong-Tchang, lequel était consterné de ce qui venait d'avoir lieu.

Celui-ci appartenait ou plutôt était le chef de l'un des deux partis se disputant le pouvoir à Pékin, celui de la paix et de la civilisation occidentale; l'autre, celui de la guerre, dirigé par les princes tartares, était hostile à toute réforme, avait préparé le guet-apens de Bac-Lé, auquel le marquis Tseng, l'ancien ambassadeur à Paris, avait largement coopéré.

On comprend combien fut atterré Li-Hong-Tchang en apprenant l'attaque de la colonne Dugenne. Le parti Tartare, tenu pour responsable par la cour du guet-apens et des conséquences qu'il allait entraîner, affirma que la rencontre de Bac-Lé n'aurait pas eu lieu si Li avait fait connaître à son gouvernement les dates fixées par le négociateur français. Le vice-roi, se sentant joué, écrivit à Pékin qu'il n'avait pas accepté de dates, et, deux mois après la signature du traité, interrogé formellement par l'impératrice et forcé de prouver matériellement le prétendu refus opposé par lui aux plénipotentiaires français, il produisit la note du 17 mai, *après l'avoir raturée*.

Cependant, M. Jules Ferry, en apprenant la réponse du Tsong-Li-Yamen, adressa la dépêche suivante à notre chargé d'affaires :

« Je reconnais que le traité de Tien-Tsin ne stipule pas de date pour l'évacuation du Tonkin, mais il fait mieux : il stipule, par l'article 2, le retrait *immédiat* de toutes les garnisons chinoises au-delà de la frontière de l'Empire. En conséquence de cet engagement, Li-Hong-Tchang et M. Fournier sont tombés d'accord pour fixer les délais après lesquels nous pourrions prendre possession des places fortes du Tonkin sans courir le risque d'y rencontrer des Chinois. Cet accord est spécifié dans la note remise à Li par M. Fournier, le 17 mai dernier. Bornez-vous à rectifier, à l'aide de ces renseignements, les assertions erronées du Tsong-Li-Yamen, et attendez l'arrivée de M. Patenôtre, actuellement à Shang-Haï, où la flotte se concentre.

« Jules FERRY. »

Le même jour, le Tsong-Li-Yamen informait le ministre de Chine à Paris, Li-Fong-Pao, de l'affaire de Bac-Lé, et insistait sur ce point qu'en maintenant leurs positions au Tonkin jusqu'à la conclusion d'un arrangement définitif, les troupes chinoises n'avaient pas fait contre la France un acte d'hostilité. Le président du Conseil, pour toute réponse, déclara à Li-Fong-Pao que le rapport du commandant en chef au Tonkin ayant établi la culpabilité des troupes chinoises, il avait chargé notre représentant en Chine de demander l'insertion, dans la *Gazette de Pékin*, d'un décret impérial ordonnant aux réguliers de repasser la frontière, et, en outre, de réclamer comme réparation une indemnité de 250.000.000 de francs; si le gouvernement chinois ne nous donnait pas satisfaction, nous nous verrions obligés de nous assurer directement les garanties et les réparations qui nous sont dues. Le Tsong-Li-Yamen, on devait s'y attendre, présenta le guet-apens de Bac-Lé comme le résultat d'un malentendu; mais, M. Jules Ferry maintenant ses affirmations, il se montra disposé à demander à la Cour le décret portant ordre aux troupes impériales d'évacuer le Tonkin. Quant à la question d'indemnité et à celle des gages, il persista à les considérer comme contraires à l'article 3 de la convention de Tien-Tsin.

Le décret ayant paru, en effet, le 16 juillet, le ministre des affaires étrangères ne demanda plus à la Chine de s'engager, dès à présent, à nous payer la somme indiquée, mais seulement à reconnaître le principe d'une réparation dont le montant serait discuté, sur ces deux bases :

1° secours aux familles des soldats tombés sur la route de Lang-Son ; — 2° dépenses extraordinaires imposées au gouvernement français, pour le maintien au Tonkin et dans les mers de Chine de forces de terre et de mer qu'une exécution loyale du traité aurait permis de rappeler en France.

En cas d'acceptation, M. Patenôtre devait immédiatement entrer en négociations.

Il répugnait au Tsong-Li-Yamen d'accepter *a priori*, ces conditions, qui constituaient un aveu de culpabilité, il manifesta le désir de réserver la discussion de cette question aux plénipotentiaires qui se réuniraient pour élaborer le traité définitif.

« J'accepte comme dernière preuve de conciliation, écrivit M. Ferry à M. Patenôtre, la combinaison proposée. Toutefois, il doit être absolument entendu, conformément aux termes mêmes de cette dépêche, que vos négociations avec le vice-roi de Nankin porteront exclusivement sur le second point de l'ultimatum, c'est-à-dire sur l'indemnité. *Le règlement e i devra être terminé le 1ᵉʳ août au plus tard.* Nos forces navales, gardant leurs positions actuelles, s'abstiendront de toute action jusqu'à cette date, à moins d'y être provoquées. Les négociations commerciales prévues par l'article 5 du traité du 4 mai ne seront entamées qu'après règlement définitif de la question d'indemnité. »

Le Tsong-Li-Yamen, tout en négociant, cherchait à donner le change sur l'incident de Bac-Lé, dans un mémoire adressé aux légations étrangères. Néanmoins la Chine ne se montrant pas rebelle à toute idée de réparations, M. Patenôtre reçut pleins pouvoirs du gouvernement de la République, le 27 juillet, pour conclure sur les arrangements nécessaires avec les plénipotentiaires chinois. Ce même jour, la Cour de Chine, par une coïncidence singulière, parut changer d'avis.

Le Tsong-Li-Yamen parut s'attendrir sur les dangers que nous allions courir, la ruine de notre commerce, la situation que nous allions nous faire à l'égard des étrangers, l'inimitié publique que nous pouvions encourir en déchirant un traité qui nous assurait des bénéfices indiscutables, et en nous lançant dans une guerre injuste, sans vouloir fournir réponse à notre plénipotentiaire sur l'indemnité.

M. Patenôtre n'en pouvant rien obtenir déclara qu'en présence des réponses ambigues et peu sérieuses de la Chine, il ne pouvait pas entendre plus longtemps les plénipotentiaires et leva la séance.

Cette action énergique ne demeura pas sans effet, car, deux jours après, le 30 juillet, les mêmes plénipotentiaires vinrent offrir cinq cent mille taels, soit trois millions et demi pour les victimes de Lang-Son.

Devant le chiffre d'indemnité fixé par M. Jules Ferry, cette réponse était dérisoire, non pas qu'on espérât obtenir 250 millions de la Chine, mais bien 80.

En présence de cette mauvaise volonté de la Cour de Pékin, ordre fut donné au contre-amiral Lespès de bombarder les forts de Kelung, pour bien montrer au Céleste-Empire que la réparation serait obtenue de gré ou de force.

L'opération eut lieu le 5 août.

Le cuirassé de croisière le *La Galissonnière* et la canonnière de mer le *Lutin*, commandés par l'amiral Lespès, quittèrent Matsou, entrée de la rivière Min, le 3 août, à cinq heures et demie de

**Le Commandant Fournier**

NÉGOCIATEUR DE LA CONVENTION DE TIEN-SIN

l'après-midi. Le *La Galissonnière* avait à son bord la compagnie de débarquement du *Bayard*, qui avait été mise à la disposition de l'amiral. Le lendemain matin, à onze heures, la division française rejoignait le croiseur le *Villars* dans les eaux de Ké-Lung, port formé par deux bassins séparés par un plateau rocheux.

A cause de son tirant d'eau, le *La Galissonnière* était contraint de prendre position dans le bassin extérieur ou de rester au large, à une grande distance des forts. L'amiral embossa son vaisseau à 900 mètres d'un fort appelé fort Neuf, armé de cinq pièces Krupp de gros calibre, abritées derrière une forte muraille blindée de plaques d'acier de 20 centimètres. Ainsi placé, le *La Galissonnière* avait à droite cette batterie Krupp, à gauche une batterie de quatre canons lisses de 18, et à l'arrière une autre batterie de trois pièces de 18 qui le prenait en enfilade. Le *Villars*, mouillé dans le bassin intérieur, n'avait que les feux de ce fortin à redouter, tandis qu'il prenait le grand fort en enfilade avec ses canons de tribord. Le *Lutin*, plus en dedans, se trouvait abrité et prenait en flanc les batteries chinoises.

Dès que ces dispositions furent prises, l'amiral Lespès envoya son aide de camp, le lieutenant de vaisseau Jacquemier, porter au général commandant la place sommation d'avoir à livrer ses défenses. En même temps, il prévint les étrangers et les bâtiments de commerce mouillés sur rade. La sommation étant restée sans réponse, le lendemain, 5 août, à sept heures trente, le branle-bas de combat fut fait sur les bâtiments, et, à huit heures, un feu violent fut ouvert. Les batteries chinoises répondirent immédiatement avec la même vivacité et une grande précision. Pendant quelques minutes, le feu resta aussi actif; mais bientôt l'amiral ayant remarqué que quelques coups heureux d'embrasure de ses pièces de 24 centimètres avaient ralenti celui de l'ennemi, il fit également ralentir le sien afin de le rendre plus précis; dès lors, les ravages produits par ses obus de 24 centimètres devinrent effrayants. Le *Villars*, de son côté, foudroyait le grand fort de sa bordée entière; mais les obus de 24 produisent peu d'effet sur des fortifications aussi bien construites que celles que nos bâtiments avaient devant eux. A huit heures quarante-cinq, un incendie se déclara dans la partie nord du fort et prit bientôt un grand développement, communiquant le feu au village voisin. L'amiral envoya alors à terre les compagnies de débarquement, sous le commandement supérieur du capitaine de frégate Martin, second du *La Galissonnière*.

Quelques instants après, le pavillon français flottait sur les deux forts de l'Est, mais le grand fort dut être abandonné à cause de l'incendie qui continuait à le dévorer. Bientôt les hauteurs qui dominent la rive commencèrent à se couvrir de troupes, et la nécessité d'occuper les crêtes s'imposa. L'amiral Lespès envoya au commandant Martin l'ordre de laisser la compagnie du *Villars* dans le fortin où flottait le drapeau français et de s'emparer du point culminant avec la compagnie du *Bayard*. Cette opération, appuyée par quelques obus heureux, fut menée avec entrain. Sur la hauteur on se trouva en présence de deux ou trois mille Chinois déjà en retraite, et fusillant de loin ; les balles de nos soldats, bien dirigées ne firent qu'accélérer le mouvement. Les troupes ennemies se retirèrent sur la route de Tamsui, et, au passage d'un défilé, reçurent encore de loin les obus du *Villars*. Le lendemain, la destruction des batteries ennemies étant achevée et les pièces mises hors de service, le petit corps de débarquement rentra à bord.

Les pertes de l'ennemi furent considérables ; quant à nous, nous eûmes 2 hommes tués et 10 blessés, dont 4 grièvement. Le *Villars* avait reçu quatre coups de mitraille, le *La Galissonnière* trois boulets qui percèrent sa cuirasse, et plusieurs dans le gréement.

Malheureusement cette démonstration fut sans résultat, l'amiral n'ayant qu'une compagnie de débarquement ; on dut se borner à détruire seulement les forts.

Les négociations furent reprises, sur ces entrefaites, et M. Patenôtre consentit à proroger le délai d'ultimatum, mais, dans sa lettre, il fit un dernier appel à la bonne volonté de la Chine.

Le maintien provisoire du *statu-quo* dans la rivière Min où notre escadre s'était concentrée, avait prouvé que si la France était résolue à poursuivre avec toute l'énergie nécessaire la réparation qui lui était dûe, elle voulait aussi fournir la preuve indubitable de sa patience et de sa modération. L'arsenal et les forts de Fou-Tchéou étaient depuis bientôt un mois sous les canons de nos vaisseaux. Il nous eût été facile de les détruire, dès l'expiration de l'ultimatum. Malgré les inconvénients de toute nature résultant pour nous de ces délais incessants, le gouvernement de la République avait cru devoir suspendre toute action militaire contre Fou-Tchéou dans l'espoir que le gouvernement impérial, éclairé enfin sur la situation, lui épargnerait la nécessité d'en venir à une mesure de rigueur qu'il préférait éviter.

Mais, le Tsong-Li-Yamen, se trompant sur le sentiment qui avait dicté ces concessions, persistait dans sa ligne de conduite, persistant à demander délais sur délais, et à éviter toute réponse satisfaisante.

Enfin, le 18 août, les plénipotentiaires chinois quittèrent Shangaï. M. Patenôtre adressa immédiatement au Tsong-Li-Yamen un dernier ultimatum, réclamant 80 millions, payables en dix ans, et donna quarante-huit heures de délai pour la réponse, en annonçant que l'amiral Courbet avait reçu l'ordre d'agir en cas de besoin.

Le 21, le délai expirait, la légation de France à Pékin amena son pavillon, le ministre de Chine à Paris demanda ses passeports ; les relations diplomatiques étaient rompues !

## LA CHINE

Le Céleste-Empire ayant refusé à la France les réparations qu'elle lui devait, l'amiral Courbet va l'obliger à mettre les pouces tandis que les généraux Brière de l'Isle et de Négrier complétèrent l'occupation définitive de notre nouvelle colonie. Avant d'aborder le récit de la campagne navale si brillamment dirigée par l'amiral Courbet, nous ferons un tableau concis de la situation sociale et politique de l'Empire du Milieu, particulièrement de son organisation militaire. Voisins de la Chine au Tonkin, nous devons connaître la Chine.

Les voyageurs qui ont visité ce pays ont tracé de ses habitants un portrait peu flatteur, et se sont appuyés, pour justifier leurs dires, sur des faits nombreux, indiscutables, dont il faut chercher la cause dans la corruption du gouvernement chinois et dans la triste idée que les Européens ont souvent et longtemps donnée d'eux-mêmes aux habitants du Céleste-Empire.

Ces derniers n'ont aucune estime pour l'autorité, leur pire ennemie, ils n'ont ni le respect des lois, ni le sentiment du devoir social. Leur philosophie les porte à se soumettre, en apparence, au régime établi ; la meilleure des politiques est, à leurs yeux, l'obéissance simulée.

D'autre part, le Chinois juge les étrangers par leurs actes, et, les seuls étrangers qu'ils aient connus pendant deux siècles, ont été des missionnaires ou des marchands.

« On peut bien croire, dit M. Philippe Daryl, que le corps des mercantis coloniaux, pris en général, ne présentait que très imparfaitement la fleur de l'honnêteté et de probité occidentales. Quel usage faisaient les jésuites de l'hospitalité si gracieusement accordéo par le Céleste-Empire ? Ils s'immisçaient dans ses affaires et dans ses mœurs, traitant son culte d'idolâtrie, baptisant ses enfants, à tort et à travers, en les détournant des traditions nationales, affichant hautement la prétention de détruire ses coutumes séculaires, de changer sa philosophie, de bouleverser sa morale. Les missionnaires, il est vrai, apportaient bien avec eux certains progrès scientifiques, des instruments d'astronomie, l'art de lever des plans, quelques autres notions nouvelles. Mais, après tout, la science d'Europe n'avait rien d'éblouissant, et n'imposait pas encore des prodiges comme ceux de la science moderne. Et puis, les missionnaires avaient une soif désordonnée de persécution et de martyre. Il fallait absolument qu'ils se missent en lutte avec les autorités locales ; ils n'étaient pas satisfaits qu'il ne finissent par se trouver à la cangue. Les Chinois ont, du reste, un profond mépris pour tous les systèmes religieux ; jamais un missionnaire européen n'a réellement converti un lettré chinois, et il n'existe pas un seul exemple d'une telle conversion. Les lettrés considèrent leur système philosophique et religieux comme préférable à tous ceux que les Occidentaux ont tenté d'importer en Chine. Ils accepteront bien quelques innovations de peu d'importance ; mais, quant à emprunter aux apôtres exotiques leur métaphysique ou leur morale, ils n'y ont jamais songé. »

De notre temps encore, certains prédicateurs ont pour les lois et les usages de la nation qu'ils veulent convertir une déférence des plus restreintes. Dans une circulaire adressée, en 1871, aux ministres accrédités à Pékin, le Tsong-Li-Yamen s'est plaint en termes amers de « la tendance qu'ont les chrétiens chinois à se grouper autour des missions et à se former en communautés qui ne reconnaissent plus aucune autorité, sinon celle de leur chef religieux ». Beaucoup de criminels indigènes se sont convertis pour avoir dans les missionnaires de puissants protecteurs, et s'assurer ainsi l'impunité.

Au zèle exagéré des prédicateurs et à l'avidité avec laquelle les trafiquants recherchent parfois les produits chinois, il faut ajouter certains actes, heureusement rares, qui contribuent, eux aussi, à donner aux fils de Han une triste idée des civilisations occidentales ; il nous suffira de rappeler le pillage du Palais d'Été par le général Cousin-Montauban et lord Elgin. Dans ces conditions, il n'est point surprenant que les Européens aient été longtemps désignés sous les noms peu flatteurs de Fan-Kouei (diables étrangers), de Aï (barbares), etc., noms dont l'usage dut être interdit par les traités.

Les Chinois sont plus fiers d'être Chinois que nous ne le sommes d'être Français. Ils ne se considèrent pas seulement, à l'exemple de tant d'autres nations, comme le premier peuple du monde, ils se considèrent comme le seul digne de ce nom. Notre avis n'est pas pour eux l'avis d'un supérieur, ainsi que notre vanité est disposée à l'imaginer, il est exactement le contraire ; il n'a des chances d'être écouté que s'il est appuyé par la crainte de notre force.

Les Chinois ne conçoivent point ce qu'est l'Europe ; ils nous jugent sur les faits qu'ils ont immédiatement sous les yeux. Une concession qui peut être considérée comme une faiblesse, va contre son but en les rendant moins pressés de conclure. D'autre part, les fonctionnaires chinois sont le produit d'une série d'examens ; ils ont l'infatuation propre aux hommes de tous les pays qui arrivent par les concours ; ils sont vains, suffisants, superbes, faciles à blesser. Il résulte de ces deux observations que, lorsqu'on traite avec eux, il faut être très ferme avec le gouvernement, et très poli, très câlin, s'il est possible, avec ses représentants.

L'orgueil chinois est justifié par beaucoup de bonnes raisons tirées des mœurs de l'empire et de sa situation intérieure. Il ne s'affaiblira point à notre contact ; les mandarins sachant une langue européenne et qui ont visité l'Europe ne reconnaissent nullement notre supériorité. Comment le peuple la sentirait-il ? « Plus j'apprendrai la civilisation moderne, plus ma passion pour nos vieilles institutions augmentera, car elles seules réalisent ce qu'elles promettent : la paix et l'égalité, » ainsi s'exprime le colonel Tcheng-Ki-Tong, qui écrit le français avec beaucoup d'esprit. L'idéal des Chinois est dans le passé ; la sagesse pour eux consiste à ne rien innover, à imiter aussi fidèlement que possible les ancêtres. Le code encore aujourd'hui en usage dans l'empire a été promulgué en l'an 253 avant J.-C. Notre conception du progrès, entendu comme une marche continue en avant à travers d'incessantes modifications, leur fait horreur. Les raisons par lesquelles nous l'expliquons et qui nous paraissent triomphantes leur semblent autant d'indignités.

Les Chinois se sont appliqués à limiter la production aux besoins de la consommation et à conserver au travail le caractère domestique. Ils méprisent profondément la grande industrie qui a engendré le prolétariat en Europe. Aussi les théories de développement industriel à outrance, la production pour l'exportation dont nos spéculateurs essayent de les éblouir, ou leur sont inintelligibles ou leur paraissent folles. L'idée d'un grand commerce extérieur serait une hérésie dans leurs principes économiques. Quand nos diplomates insistent sur les avantages que la Chine pourrait retirer de relations actives avec les autres puissances, leurs arguments sont plus propres à repousser qu'à attirer les hommes d'Etat chinois.

L'éducation en Europe est essentiellement intellectuelle ; elle vise à l'émancipation de l'individu. L'éducation en Chine est essentiellement morale : elle enseigne à l'individu à vivre raisonnablement dans une parfaite soumission à l'autorité familiale. Cette morale est toute pratique, elle considère « le moyen terme comme l'indice du meilleur ». Elle fait de la paix le principal élément du bonheur et l'offre aux hommes comme la récompense de la vertu ici-bas. Plusieurs milliers d'années de cette éducation ont donné à la Chine une aversion invincible et un mépris profond pour les choses de la guerre. Pour qu'elle devînt une nation militaire, il lui faudrait renier toutes ses doctrines et changer d'âme, c'est-à-dire l'impossible.

Le sentiment de l'honneur est né en Europe de la nécessité où l'homme féodal, n'ayant à compter que sur soi, se trouvait de se faire respecter à tout prix sous peine de périr. Dans le régime familial chinois, l'individu, toujours dépendant des siens, n'ayant point passé par cette épreuve, n'a point acquis ce genre d'orgueil. Dans l'infortune, le Chinois se fait petit ; dans la prospérité, il est insolent. L'homme d'Etat le plus distingué est capable de beaucoup de fourberies et de beaucoup de bassesses pour sauver sa tête, quitte à reprendre beaucoup de morgue quand l'orage est passé.

L'orgueil, voilà le grand défaut des Chinois qui considéraient naguère leur pays comme le grand et pur Empire, suzerain de toutes les nations du monde.

Armée Chinoise. — Artillerie. — Batterie des Turbans-Verts

Il est vrai que les premiers ambassadeurs européens ne firent rien pour leur ôter cette ridicule prétention ; en présence de l'empereur ils se plièrent sans mot dire à la cérémonie dégradante du Ko-Taon, consistant à s'agenouiller, à ramper en se traînant sur les mains et frapper neuf fois du front les marches du trône.

En 1816, le ministre britannique ayant refusé de se soumettre au Ko-Taon, ne fut pas reçu au palais. Quant à la France, dont les relations avec l'empire du milieu remontent à Louis XIV, elle ne s'abaissa jamais à cet humiliant cérémonial.

La forme du gouvernement est la monarchie absolue. La nation est une grande famille dont l'Empereur, représentant des dieux sur la terre, est à la fois le « Père et la Mère ». Ses sujets lui portent une double affection filiale et lui obéissent aveuglément : lui plaît-il d'enlever à l'un d'eux sa fortune ou sa vie ? le malheureux doit encore lui en être reconnaissant. On le croit, en général, en communication immédiate avec les dieux, et assez puissant pour donner des ordres à l'atmosphère, à la terre, aux eaux, ordres que les génies de la terre et de l'air se hâtent d'exécuter. On le nomme « très auguste et très élevé », « céleste », « sage », « infini en vertus et en science », « sacré », « fils du Ciel », souverain des « Quatre-Mers » et des « Dix-Mille peuples ». En sa qualité de souverain pontife et de chef de la grande famille chinoise, il a seul le droit de sacrifier au Ciel et à la Terre. Le respect qu'on lui porte est un véritable culte. Les plus hauts dignitaires se prosternent devant son trône vide et devant son paravent de soie jaune, que décorent l'image du dragon à cinq griffes, emblème du bonheur, et celle de la tortue, emblème de la puissance. Ce double symbole est brodé sur tous les vêtements du souverain, et il serait sacrilège de le reproduire ailleurs. Tout ce qui est à l'usage du Fils du Ciel est de couleur et de forme spéciales. Il prend toujours ses repas seul, et se nourrit de huit mets qui lui sont réservés. C'est seulement à pied que la porte extérieure de son palais peut être franchie. Partout des voies, des allées, des issues lui sont exclusivement destinées. Il ne se montre qu'à son entourage immédiat, et ce n'est que dans des circonstances solennelles qu'il accorde audience aux ambassadeurs étrangers. Dans les provinces, les mandarins encensent les dépêches de l'empereur qu'ils reçoivent, et se frappent le front contre la terre en s'orientant du côté de Pékin. Les caractères qui désignent son nom sacré ne peuvent plus être employés pour les autres mots et sont modifiés par un trait supplémentaire. Toutes ses proclamations sont terminées ainsi : « Qu'on tremble et qu'on obéisse! Respect à ceci. »

Le Fils du Ciel a neuf épouses légitimes et, en outre, un grand nombre de concubines dont le livre des cérémonies a restreint la quantité à cent trente. Toutes ces femmes, surveillées par des eunuques, habitent un harem. La mère du souverain et l'impératrice régnante reçoivent de tous les plus grands honneurs. L'empereur lui-même doit, tous les cinq jours, faire une visite officielle à l'impératrice et fléchir le genou devant elle. Les autres femmes légitimes lui doivent obéissance, ainsi que toutes les concubines. Elle a les sceaux d'or et la pierre de jade, insignes du pouvoir suprême. Elle semble ne jamais s'occuper des affaires de l'Etat, mais elle a en réalité une grande influence sur l'esprit du souverain. Si le monarque est considéré dans le « Royaume Fleuri » comme représentant le Ciel, l'impératrice y personnifie la Terre, elle passe, à ce titre, pour avoir une certaine puissance sur la nature ; le *fong*, dans lequel les Européens ont vu la production du phénix de la Fable, est l'animal fantastique qui lui est consacré. Elle a la surveillance des cérémonies relatives à la culture des mûriers et à l'élevage des vers à soie; elle préside également à la fabrication de certaines étoffes servant aux exercices du culte et confectionnées dans le harem.

Bien que gouvernant par lui-même, l'Empereur est assisté pour les affaires temporelles de cinq ministres d'Etat qui constituent le comité impérial, et se réunissent tous les matins, de quatre heures à six heures, sous sa présidence, dans la salle du palais Défendu, Ils ne s'assoient que sur des nattes ou des coussins, personne ne pouvant se servir d'une chaise en présence de l'empereur, ni même devant son trône vide. Le conseil impérial (Kioung-Kichou) date d'environ 1730; il est actuellement le corps prépondérant de l'Etat chinois. Ses membres, dont le nombre n'est pas limité et dont l'opinion est généralement dominante à la cour, sont choisis le plus souvent parmi les princes du sang, les chanceliers du Tsong-Li-Yamen ou les présidents et vice-présidents de l'un des six grands départements ministériels. Ils sont nommés par le monarque. Leur titre signifie « grands ministres conduisant la machine nationale »; les lois constitutionnelles leur attribuent la fonction « d'écrire les édits impériaux et d'étudier tout ce qui est d'importance à la nation et à l'armée, pour aider le souverain dans la conduite de la machine de l'Etat ». Ils sont eux-mêmes assistés d'un grand secrétariat et de six conseils spéciaux ou *Loupou*. Le grand secrétariat ou *nuikoh* siège au Tsong-Li-Yamen (d'où le nom que nous lui donnons, comme nous disons le quai d'Orsay) et se compose de quatre *tahiotzé* ou chanceliers, et de deux aides-chanceliers qui ont sous leurs ordres dix lettrés auxiliaires.

Le premier *Loupou* a le département de l'intérieur; il choisit et nomme tous les fonctionnaires de l'Empire; une de ses sections garde le sceau, une seconde les archives. Le deuxième, qui est le ministère des finances, recouvre et emploie les impôts. Le troisième a le département des cultes et des traditions; il s'occupe de l'entretien des temples, veille à la conservation des rites et à l'accomplissement des cérémonies, qui tiennent une si grande place dans la vie publique. Le quatrième a le département de la guerre et l'organisation de tout ce qui concerne les forces de terre et de mer. Le cinquième a le département de la justice et le sixième celui des travaux publics. Il n'y a point de ministère particulièrement chargé de l'instruction publique, car, dans son ensemble, le gouvernement chinois est censé n'avoir d'autre objectif que l'instruction du peuple. Ces conseils spéciaux ont chacun à leur tête un président responsable devant les premiers ministres. Avant d'être soumises au Fils du Ciel, les décisions d'un département sont discutées au conseil impérial, mais elles lui sont toujours présentées sous forme d'humble avis, et ne sont exécutoires que lorsque le monarque les a promulguées en encre rouge (vermillon impérial), et marquées de son sceau.

Il y a encore deux autres conseils spéciaux qui personnifient en quelque sorte « la conscience nationale et la continuité historique ». L'un est le bureau des censeurs (*touchayoun*); il est composé de commissaires généraux qui sont souvent envoyés dans les provinces pour faire l'inspection de tous les services et rédiger un rapport; l'autre (Tsong-Piu-Faou) tient le registre de l'état civil de la famille impériale : naissances, décès; il surveille en outre la conduite de chacun de ses membres et fait souvent aux différents conseils d'Etat des rapports longs et minutieux sur les défauts et qualités des fils du monarque régnant. Si cela est jugé nécessaire, ces rapports sont transmis à l'Empereur. Or, comme en Chine le souverain choisit lui-même son successeur, même en dehors de sa famille si bon lui semble, cet usage peut avoir certaines conséquences, et particulièrement faire évincer le fils aîné au profit de l'un de ses plus jeunes frères, lorsque les conseils ou l'Empereur le jugent utile au bien de l'Etat.

Indépendamment des *Loupou*, et placés au-dessous d'eux, se trouvent quatre autres comités secondaires : 1° *l'office colonial* (*Li-Fan-Huen*) s'occupe des provinces vassales : il fixe les appointements des fonctionnaires desdites provinces, ainsi que le nombre de visites que ces fonctionnaires doivent faire à la cour; 2° la *cour de transmission* (*Tung-Ching-Sz*), composée de six membres, a mission de recevoir, d'enregistrer et de soumettre à qui de droit les demandes des fonctionnaires provinciaux ou les appels de leurs justiciables; 3° la *Tali-Sz*, sorte de cour d'appel et de cassation de toutes les causes qui ne sont pas jugées en dernier ressort aux chefs-lieux provinciaux; 4° l'*Académie Impériale* (*Hanlin-Huen*) a pour fonctions de « libeller les documents officiels de l'empire, les annales et autres ouvrages »; elle se compose de professeurs et d'aspirants aux fonctions publiques. On y explique les livres sacrés; on y étudie la diplomatie, l'histoire et le droit. Elle est administrée par deux présidents, secondés par vingt dignitaires de quatre classes différentes et par un grand nombre de gradués : ces fonctionnaires sont divisés en collèges distincts et spéciaux et se partagent les travaux. Une des principales charges de l'Académie est de faire imprimer le *King-Pao* ou « *Bulletin métropolitain* », connu en Europe sous le nom de *Gazette officielle de Pékin*, seul journal de l'empire, unique source de renseignements sur les affaires politiques de la Chine. La *Gazette* est affichée chaque matin dans une des cours extérieures du palais; elle ne contient que des documents officiels : décrets impériaux, nominations, révocations mises à l'ordre du jour, extraits des rapports des censeurs, etc., etc. Des exemplaires sont emportés par des courriers dans les provinces et remis aux représentants de l'administration centrale. Quelques imprimeurs reproduisent, pour l'usage du peuple, une partie de la totalité du *Bulletin métropolitain*, mais il leur est expressément défendu d'y faire le plus petit changement ou d'y ajouter un commentaire quelconque. Malgré cela, le journal ne manque pas de lecteurs, surtout dans la classe des lettrés.

La Chine se divise en dix-huit provinces (dix-neuf en y ajoutant la Mandchourie méridionale). Quinze sont groupées en huit vice-royautés; les autres sont directement administrées par des gouverneurs. Chaque province est divisée en départements ou *fou*, partagés en arrondissements ou *tcheou*, qui se subdivisent en districts ou *hien*; chaque hien comprend environ de 50 à 70 communes (*pao* ou *tou*). Il y a en outre un certain nombre de tcheou, appelés *Tchili-Tchéou*, placés directement sous l'administration de la province. Les préfectures militaires, ou tings, sont en grand nombre dans les divisions de population mixte, elles se nomment Tchili-Ting, quand elles sont en rapport direct avec l'administration centrale. Il existe certaines tribus d'aborigènes soumis dont les communes autonomes se partagent en Tou-Fou, Tou-Tchéou, Tou-Sé. La ville de Pékin, elle, est sous un régime spécial d'administration militaire qui s'étend à plusieurs kilomètres aux environs. Le Trong-Tou a le commandement supérieur des vice-royautés; le Foutaï, celui des provinces, et, les Fout-Sun et Too-Taï celui des arrondissements et des groupes d'arrondissements. Les commissaires spéciaux se nomment Kint-Chaï.

Un certain nombre de villes chinoises sont ouvertes au commerce étranger, ce sont :

Tien-Tsin, Tchiang-Kia-Coou, Tchefou-Yeu, Tchingkian, Schanghaï-Hien, Wouhou-Hien, Kiukiang, Ningpo, Wentchéou, Taïwan, Yamen-Yen (Hamoï), Takan (Formose), Tamsui, Kélung, Stchang, Han-Kéou, Kouangtchéou, Chantoou, Hoïhoou.

Voici le tableau des dix-huit provinces proprement dites :

Province de Petchili..... dépendance directe du Nord.
— de Chantoung... est des montagnes.
— de Chansi.... ouest des montagnes.

Province de Honan......      sud du fleuve.
— de Kianhsou...   coulées du fleuve.
— de Nganhoeï..    bourgs pacifiques.
— de Kiangsi...    ouest du fleuve.
— de Tchekiang..   fleuve roulant.
— de Fokien....    région prospère.
— de Houpé.....    nord du lac.
— de Hounan...     sud du lac.
— de Kouangtoun.   est de l'étendue.
— de Kouangsi...   ouest de l'étendue.
— de Yunnan....    le midi nuageux ou sud des nuages.
— de Koeitchéou..  la région aimable.
— de Setchouen..   quatre rivières.
— de Chensi.....   ouest des cluses.
— de Kanson....    le pays de Kan et de Son.

Soit au total : 4,024,690 kilomètres carrés.
Population : 404,946,514 habitants.

Les vice-rois jouissent d'une grande indépendance. S'ils sont responsables du bon ordre dans l'étendue de leur juridiction, ils lèvent eux-mêmes les impôts, recrutent l'armée et la flotte, jugent très souvent en dernier ressort, font destituer les fonctionnaires subordonnés avec d'autant moins de scrupules qu'ils répondent de la bonne administration de leur vice-royauté.

En droit, tout le monde, en Chine, est admissible aux emplois publics; mais, en fait, comme en Annam, les riches seuls bénéficient de ce principe, soit parce qu'il est impossible de se préparer aux concours qui donnent seuls accès dans le mandarinat, lorsqu'on n'a pas de moyens d'existence, soit parce que les diplômes s'achètent, et d'une manière effrontée.

Le terme de mandarin, dont se servent les Européens pour désigner les fonctionnaires civils et militaires, est étranger à la langue du pays, et vient d'un mot portugais.

C'est à la suite d'examens portant sur les textes et leurs commentaires que l'on obtient le titre de mandarin.

A ce point de vue, la Chine réalise l'idéal de l'égalité parfaite; tous les postes y sont accordés à l'érudition littéraire. Parfois, des gens du peuple s'associent pour faire instruire le fils de l'un d'eux qui manifeste des grandes dispositions pour l'étude. Celui-ci peut aussi subir ses examens et s'élever aux plus hauts degrés de la hiérarchie officielle; il est alors en mesure de rembourser, au centuple, les frais de son éducation. Tous les mandarins ont, en effet, autour d'eux, une camarilla qui encombre perpétuellement leurs yamens et en est la véritable plaie. Mais ces élévations extraordinaires sont rares et la grande majorité des fonctionnaires se recrute habituellement dans la classe des lettrés. Le premier grade donne le titre de *joli talent* et s'acquiert à la suite d'un concours, qui a lieu tous les deux ans dans certaines villes. Le degré le plus élevé de la hiérarchie, auquel correspond le titre de han-lui ou académicien, est conféré à la suite d'examens qui se passent à Pékin tous les trois ans; les concurrents sont alors enfermés, pour composer, dans de petites baraques en bois, d'où il leur est impossible de communiquer avec l'extérieur : c'est absolument comme l'entrée en loge pour nos candidats au prix de Rome.

Les divers grades de la hiérarchie sont indiqués par la couleur du bouton, de trois centimètres de diamètre, placé au sommet de la coiffure. L'insigne du rang le plus élevé est le bouton rouge de corail; puis viennent le bouton bleu (en lapis-lazuli); le bouton bleu clair (en verre); le bouton blanc opaque (en porcelaine); le bouton de cristal; le bouton doré, etc., etc.

C'est à ce personnel que sont réservées les fonctions administratives, judiciaires, financières. Les mandarins sont craints comme le feu; la plus grande préoccupation de leurs administrés est de n'avoir aucun rapport avec eux. Eussiez-vous cent fois raison, si quelqu'un se plaint de vous, il vous en coûtera gros, ainsi qu'au plaignant du reste. Pour citer La Fontaine, les juges chinois appliquent souvent la formule du singe. « Toi, loup, tu s a pris ce qu'on te réclame, et toi, renard, tu te plains sans qu'on t'ai rien pris; je vous condamne tous les deux. » Ces procédés arbitraires et vexatoires sont, d'ailleurs, employés par les grands mandarins vis-à-vis des mandarins subalternes aussi bien qu'à l'égard des simples particuliers, et ils ne laissent pas d'avoir leur bon côté; ils contribuent notablement à modérer les exactions des magistrats inférieurs en leur faisant craindre des réclamations

MARINE CHINOISE. — Marins Chinois montant une canonnière de guerre.

dont leurs chefs hiérarchiques ne manqueraient pas de profiter pour exiger d'eux beaucoup d'argent et les ruiner au besoin.

Il y a en Chine une aristocratie héréditaire qui se divise en cinq ordres : *koung* ou ducs, *haon* ou marquis, *paak* ou comtes, *tzé* ou vicomtes, *nan* ou barons. Les ordres se subdivisent en classes, et cette division a pour base le nombre de générations pour lesquelles le titre a été accordé. Au dehors de ces cinq ordres, on trouve encore les *kitouvai*, dont le titre est donné pour trois générations, et les *vankivaï*, dont le titre ne peut être porté que par les héritiers immédiats du défunt. Viennent ensuite les *ching* et les *tsong*, dont le titre est viager, et enfin les *miyaplou* ou candidats, c'est-à-dire ceux qui n'ont pas encore de rang. On remarquera que tous ces titres peuvent s'acheter ; quand ils sont dus à la faveur impériale, le titulaire les fait précéder du signe *shaou*. Le père participe aux honneurs conférés à son fils et prend le même titre que lui, mais précédé du préfixe *foung*.

Le colonel chinois Tchang-Ki-Tong, dans son intéressant volume sur *les Chinois peints par eux-mêmes*, nous apprend que, dans l'Empire du Milieu, on distingue quatre catégories de citoyens : les lettrés, les agriculteurs, les manufacturiers et les commerçants. Tel est, nous dit-il, l'ordre de la hiérarchie sociale, et il ajoute : « Les lettrés occupent le premier rang, comme représentant la classe qui pense ; les agriculteurs ont la seconde place, comme représentant la classe qui nourrit ; les manufacturiers jouissent aussi d'une assez grande considération en rapport avec leur industrie ; mais la classe des commerçants est la dernière. A vrai dire, les deux classes estimées et honorées sont les deux premières ; elles constituent l'aristocratie de l'esprit et du travail. Nos gentilshommes ne pourraient inscrire dans leurs armes parlantes qu'une plume — je veux dire un pinceau — ou une charrue : dans l'une, le ciel pour horizon ; dans l'autre, la terre. Mais la préférence est accordée aux travaux de l'esprit, et elle n'est pas exclusive. L'agriculture est également honorée, *parce la terre est le principal objet des taxes*. Comparée à l'industrie et au commerce, l'agriculture est appelée la racine et ceux-ci les branches.

« La condition des classes laborieuses est, dans son ensemble, satisfaisante. L'ouvrier gagne vingt sous par jour, et vit avec quatre.

« L'ouvrier chinois est content s'il échappe aux angoisses de la faim, et s'il a une santé suffisante pour lui permettre simplement de vivre et de jouir de la vie dans un pays si parfait que le seul fait de l'habiter constitue le vrai bonheur. »

On croit généralement que la nation chinoise forme une race dégradée et immorale ; que les habitants sont absolument déshonnêtes, cruels, et en tous points dépravés ; que l'opium, un fléau plus terrible que le gin, exerce parmi eux d'effroyables ravages, dont les excès ne pourront être arrêtés que par le christianisme. C'est là une erreur trop longtemps accréditée en Europe ; les Chinois sont un peuple infatigable au travail, sobre et heureux... Le nombre des êtres humains, qui souffrent du froid et de la faim, est relativement bien moindre qu'en Angleterre, et, à ce point de vue, qui est d'une grande importance, il faut reconnaître aussi que la condition des femmes de basse classe est bien meilleure que celle de leurs sœurs européennes. La femme n'est jamais battue par son mari ; elle n'est sujette à aucun mauvais traitement, et même il est alors d'usage de lui parler avec cette langue grossière qu'il n'est pas rare d'entendre dans les régions européennes. Mais il est une ombre à ce tableau : l'esclavage.

Il n'est guère de famille riche ou simplement aisée qui ne possède une vingtaine d'esclaves, quoiqu'il soit très facile de se procurer d'excellents domestiques libres. Le prix d'un esclave varie, naturellement, suivant son âge, sa force, sa beauté. En temps de paix et de prospérité, ce prix monte de 500 à 600 fr. et au-dessus ; mais, en temps de guerre ou de famine, les familles surchargées d'enfants vendent leurs fils et leurs filles pour une poignée de riz. On a vu des maraudeurs vendre des jeunes filles à raison de 20 fr. par tête. A Canton, un père, qui s'était ruiné au jeu, vendit ses deux garçons 425 fr. En général, avant de consommer l'achat, on prend l'esclave à l'essai pendant un mois. Ce qu'on tient surtout à savoir avec certitude, c'est qu'il n'est pas atteint de la lèpre, et, dans ce but, on le soumet toujours à une épreuve particulière.

L'esclave est conduit dans une chambre noire, et une flamme bleue est promenée devant sa face ; si sa peau prend alors un reflet verdâtre, on en conclut que sa santé est bonne ; si le reflet est plutôt rouge, on estime qu'il est atteint de la terrible maladie. L'esclavage est perpétuel et héréditaire.

Les misérables, tombés dans cette affreuse condition, n'ont même pas le droit de décider du sort de leurs enfants, et c'est seulement à la seconde génération que l'affranchissement est de droit, si l'esclave a pu amasser de quoi racheter sa liberté. Ils ne peuvent non plus ester en justice. Enfin, le maître a sur eux droit de vie et de mort, on peut dire tous les droits, même celui de livrer son esclave à la prostitution.

L'esclave est hors la loi. Il arrive souvent qu'il prend la fuite. Il est alors signalé par des placards indiquant son âge, sa figure, son costume, l'adresse de son maître et la récompense promise à qui le ramènera au logis. Ces placards se voient à tout instant sur les murs des villes chinoises ou sur la poitrine des crieurs publics.

Quant à la justice, elle est déplorablement distribuée. Ce sont les anciens du village qui remplissent le rôle de nos juges de paix au-dessus desquels on rencontre successivement des juges de district, d'arrondissement, de préfecture et de province. Tous ces magistrats ne siègent qu'entre le lever du soleil et l'après-midi, bien qu'ils soient sensés constamment présents et accessibles. Il n'existe pas d'avocats, ou du moins ceux qui assistent les prévenus et qui les défendent par des plaidoiries écrites à l'avance ont plutôt une certaine analogie avec nos avoués.

On a souvent recours à des tortures atroces pour obtenir des accusés l'aveu de fautes que parfois ils n'ont pas commises.

Les supplices usités en Chine sont nombreux et variés. L'usage de tirer les oreilles du patient pendant un temps indéfini, l'arrachement des ongles, le broiement des chevilles et des mains, la suspension par les aisselles et les pouces, la mutilation des lèvres, telles sont paraît-il ces coutumes barbares.

Les pénalités ne sont pas moins sauvages. La flagellation par le fouet ou le rotin frappe généralement tous les coupables, sans même qu'il soit besoin d'un arrêt du juge. Le condamné pour vol est promené dans les rues pendant l'exécution, précédé d'un porteur de gong et d'un homme tenant un écriteau qui indique le nom du criminel, son rang et l'infraction qu'il a commise. La peine du bambou doit être prononcée par le juge qui fixe le nombre de coups, qui varie de dix à cent, et la grosseur de la baguette devant servir au bourreau.

Pour les délits ordinaires, le supplice de la cangue remplace souvent celui du fouet et du bambou. La cangue est une planche de bois pesant environ 20 ou 30 kilogrammes, et au milieu de laquelle est ménagée une ouverture où le condamné passe la tête. Le supplicié cherche un soulagement à cette situation en appuyant à terre le pesant collier. Des bandes de papier, collées de chaque côté de la face du coupable, portent, comme l'écriteau dont il est parlé ci-dessus, son nom et le rang qu'il occupe, ainsi que la faute pour laquelle il subit sa peine. Ses mains ne pouvant parvenir à sa bouche, ses parents doivent le faire manger comme un enfant. Exposé à toutes les inclémences de la température, le malheureux ne résiste pas longtemps à ses souffrances. Parfois on le force à se traîner dans les rues en mendiant sa nourriture ; parfois encore la cangue a deux trous et sert à deux délinquants, ce qui est une augmentation de peine. En donnant une certaine somme d'argent, le condamné peut obtenir du mandarin la permission de faire soutenir le collier par des portefaix, ce qui est pour lui un grand soulagement. On peut aussi racheter une partie des coups de rotin ou de bambou que l'on devait recevoir.

Les escrocs et les faussaires sont, en général, condamnés à la transportation et aux travaux forcés à perpétuité dans une province éloignée. Les vols de peu d'importance et le recel sont punis de la même peine, mais temporaire, et devant être subie dans une province centrale. Les forçats voyagent à pied par chaînes de cinq ou six, sous la surveillance de gardes-chiourmes. Ce trajet, durant lequel ils éprouvent toutes sortes de fatigues et de privations, cause souvent leur mort avant même qu'ils soient arrivés à destination. Quelquefois le coupable a la figure marquée de signes indicatifs de ses méfaits et est conduit hors du territoire chinois avec défense d'y rentrer sous peine de mort.

Les exécutions capitales se font par la décollation, la strangulation et le garrot. Les parricides, les fratricides, ceux qui ont assassiné leur oncle ou leur tante et les femmes qui ont tué leur mari peuvent être, sur décision du juge, condamnés à être coupés en morceaux. La dépouille des suppliciés est habituellement remise à leur famille, mais parfois la tête du coupable reste exposée dans une cage, sur le lieu du crime.

La justice chinoise admet le système de la substitution. Un malheureux, pour obtenir une amélioration de la position de sa famille, consent à supporter la torture et même la mort. Les prisons sont en Chine d'affreux taudis où les détenus meurent de faim, rongés par la vermine, sans qu'une goutte d'eau puisse leur permettre d'étancher leur soif.

La justice est moins rigoureuse à l'égard des femmes; elles ne font pas de prison préventive et sont laissées à la garde de leur famille qui demeure responsable de leur comparution devant le tribunal. Elles n'échappent cependant point aux punitions corporelles. Ainsi, lorsqu'elles sont condamnées à la flagellation, elles s'agenouillent devant le juge et le bourreau leur applique sur les joues un certain nombre de coups de lanière de cuir épais, ayant la forme d'une poire.

Il y a en Chine plusieurs catégories de croyances, que les mêmes individus pratiquent quelquefois simultanément et qui ne donnent lieu, par suite, à aucune de ces dissensions intestines dont des pays plus civilisés ont été trop souvent le théâtre. L'Empereur est à la fois bouddhiste, taoïste, disciple de Confucius, et il accomplit exactement les rites de ces trois religions.

A l'origine, les Célestes se contentaient d'adorer les forces de la nature qu'ils croyaient mises en action par des génies, bons ou mauvais, cachés dans les bois, dans les montagnes ou dans les fleuves. Ces génies, on cherchait à se les rendre favorables en leur adressant des prières, en leur faisant des sacrifices sanglants. A la mort de Hoang-Ti, deux siècles avant l'ère chrétienne, ses gardes et ses femmes le suivirent presque tous dans la tombe, et dix mille ouvriers furent ensevelis vivants autour du monticule funéraire. Ces sacrifices de propitiation n'existent heureusement plus qu'à l'état de souvenir, depuis que Confucius et ses disciples ont travaillé à les faire disparaître des mœurs.

Confucius, qu'on ne s'y trompe pas, ne chercha jamais le rôle de prophète ni même celui de législateur : il répétait sans cesse que ses préceptes étaient ceux des anciens sages, et il engageait ses compatriotes à observer par dessus tout la justice, la fraternité, les cérémonies et les usages, la vérité, la bonne foi. Il enseignait les devoirs de l'homme envers ses parents, ses semblables, ses gouvernants ; quant à la religion proprement dite, elle ne trouva place dans ses écrits que « comme partie d'un système de gouvernement ». Voilà pourquoi il gagna à travers les âges une autorité morale de plus en plus considérable, voilà pourquoi sa mémoire fut de plus en plus respectée, voilà pourquoi seize cents tombeaux symboliques furent bâtis en Chine en son honneur. On le regarde encore de nos jours, comme le vrai fondateur de cette religion nationale, si bien réglée par le livre des cérémonies.

Le bouddhisme compte pour adeptes la plupart des Chinois, mais le bouddhisme des Célestes est un bouddhisme singulièrement transformé, car aux incarnations du dieu sont venus s'ajouter les génies des eaux, des vents, les mânes des grands hommes, etc., sans parler d'une foule de cérémonies purement chinoises. Les pagodes qui couvrent le pays ont été élevées du vi$^e$ au xi$^e$ siècles, période de propagation de cette religion.

Enfin, le judaïsme et l'islamisme se sont également introduits dans l'Empire du Milieu, mais dans des proportions moindres. Les missionnaires catholiques ne s'y établirent que très difficilement, à la fin du xvi$^e$ siècle, et les missions protestantes n'ont commencé que depuis une quarantaine d'années.

Nous ne nous étendrons pas davantage sur la religion ou plutôt sur les religions de la Chine, et nous passerons à la famille.

La famille est, on peut le dire, la base de l'édifice social et gouvernemental. Tous ses membres doivent vivre en commun et se soutenir entre eux ; ils sont soumis à des règles fixant la destination des biens, les sommes destinées à des pensions pour les vieillards ou aux primes que l'on décerne aux jeunes gens après leurs examens. La dot des filles et les frais de l'éducation des enfants sont également notés dans l'emploi des revenus. Ces mêmes règlements indiquent aussi les devoirs que chacun doit remplir et les châtiments à infliger à celui qui pourrait porter atteinte à l'honneur de la famille.

Les bases primordiales de l'institution so tn : le respect de l'âge, l'obéissance filiale, le pouvoir à peu près illimité du chef, le culte des ancêtres.

Les gains de chacun sont mis en commun, et au cas où la bonne intelligence viendrait à cesser, la loi permet le partage entre tous les membres du sexe masculin. Les femmes sont exclues de ce partage et de l'hérédité, parce qu'elles pourraient compromettre l'existence de la famille, en portant à un autre foyer ce qui doit rester au leur; elles n'ont qu'une dot, lors de leur mariage. Le plus âgé de la famille a seul l'autorité; il signe les actes au nom de tous et décide des choses importantes.

Le système d'éducation repose sur la fidélité à l'empereur, le respect des parents, l'union entre époux, l'affection entre frères et la fidélité dans l'amitié. Cet assemblage constitue une véritable religion familiale. Nulle part, plus qu'en Chine, d'après le colonel Tchang-Ki-Tong, l'amour filial et l'amour fraternel ne se manifestent d'une manière plus sensible; l'amitié y est, en général, à l'abri de toute épreuve. Le riche, ami du pauvre, le secourt et ne rougit pas de le fréquenter; si un homme tombe dans la misère, tous ses amis se cotisent pour l'aider à vivre, élever ses enfants et assister, après son décès, la veuve qui ne pourrait, sans cela, subvenir à ses besoins.

La puissance paternelle est presque sans limites, bien qu'elle tende à s'adoucir avec les mœurs : les enfants peuvent être fiancés malgré eux, dès leur enfance. Le plus souvent, les mariages se font par l'intermédiaire d'agents matrimoniaux, dont l'unique métier consiste à indiquer aux familles les partis qui pourraient leur convenir. Dès que leur choix est décidé, les parents du jeune homme vont faire la demande officielle, non sans s'être assurés, par la comparaison des horoscopes, que l'union projetée réunit toutes les conditions désirables de bonheur. Comme cette union est généralement convenue d'avance, la réponse ne peut manquer d'être affirmative, mais les parents de la fiancée doivent donner dès ce moment une sorte de consentement écrit. Alors le futur époux envoie à sa fiancée des cadeaux en rapport avec sa fortune, et sa promise lui fait en retour don d'un costume qu'il revêtira lors de la célébration.

Le jour du mariage, dès le matin, quatre personnes choisies parmi les parents ou les amis du futur se rendent au domicile de la mariée et l'invitent à se rendre chez son fiancé. Elle monte dans

NOS AUXILIAIRES AU TONKIN. — Compagnie de Tirailleurs Annamites.

sa chaise, qui est portée par quatre ou huit hommes, selon le rang de sa famille ou de celle dans laquelle elle doit entrer. Sa chaise est précédée par celles des quatre envoyés, et le cortège, ainsi formé, se rend vers la maison où habite la famille de son fiancé. Son arrivée est annoncée par des fanfares joyeuses et des détonations de boîtes d'artifices. Aussitôt après, la chaise est portée dans le salon où sont rangés les membres de la famille, les amis, les dames d'honneur et les garçons d'honneur.

Un de ceux-ci, portant devant sa poitrine un miroir métallique, se présente devant la chaise, dont le rideau est encore baissé, et salue trois fois. Ensuite, une des dames d'honneur, entr'ouvrant le rideau, invite la mariée (elle est encore voilée), à descendre de sa chaise et à se rendre dans sa chambre, où l'attend son fiancé en costume de cérémonie. C'est à ce moment que les époux se voient pour la première fois. Après cette entrevue, ils sont introduits dans le salon, conduits par des personnes déjà mariées depuis longtemps et ayant eu des enfants du sexe masculin. Ce sont les anciens du mariage et nous les appelons le couple heureux. Au milieu du salon, se trouve une table sur laquelle on a disposé un brûle-parfums, des fruits et du vin. Dans notre esprit, cette table est placée à la vue du ciel. Les mariés se prosternent alors devant la table pour remercier l'Être Suprême de les avoir créés, la terre de les avoir nourris, l'Empereur de les avoir protégés, et les parents de les avoir élevés. Puis le marié présente sa femme aux membres de sa famille et à ses amis présents... Le lendemain du mariage, c'est au tour de la mariée à conduire son époux dans sa famille, où les mêmes cérémonies s'accomplissent.

Ce qu'il faut retenir de tout cela, c'est que le mariage chinois a un caractère tout privé, en ce sens que ni prêtres ni fonctionnaires n'interviennent pour le célébrer.

La parenté la plus éloignée est une cause de nullité, à ce point qu'on ne peut épouser une femme qui porte le même nom de famille ou simplement le même nom de clan. Des peines sévères, entre autres la strangulation, punissent le mariage entre cousin et cousine.

Le sort de la femme chinoise n'est point tel qu'on l'a représenté bien souvent; si elle n'a pas la liberté d'allures qu'ont les Européennes, elle est entourée du respect de tous, maîtresse absolue en son logis et disposant, dans beaucoup de ménages, des revenus, dont elle règle l'emploi. Contrairement aux femmes d'Europe, elle peut remplacer son mari en toutes circonstances, sauf dans les cérémonies du culte; elle peut acheter ou aliéner les biens de la communauté, signer des effets de commerce, marier et doter ses enfants. Lorsqu'elle est devenue mère de plusieurs fils, elle jouit d'une grande considération. Quand elle est stérile, les enfants qu'a son mari de ses concubines ont la qualité d'enfants légitimes. Quand la femme légitime a des enfants, ceux de la concubine ne sont reconnus que comme naturels. Quel que soit le nombre de femmes qu'ait un Chinois, la première a toujours le pas sur les autres, qui doivent lui obéir et qui n'ont même pas le droit de s'asseoir en sa présence. Même dans le cas où la véritable épouse viendrait à mourir, elle ne pourrait être remplacée par l'une des concubines, lesquelles restent toujours dans leur condition inférieure. D'ailleurs l'épouse légitime consent toujours à l'introduction des concubines dans son ménage : elle conseille même le choix de son mari en faveur de telle ou telle femme à qui elle reconnaît de grandes qualités. Il est à peine besoin d'ajouter que la concubine abuse quelquefois de l'influence qu'elle a sur l'esprit du chef de famille, et c'est pourquoi certains ménages chinois préfèrent adopter un fils pour continuer le culte des ancêtres.

La femme chinoise ne peut demander la dissolution de mariage contre son époux; mais, à l'égard de cette dernière, la législation admet sept causes de divorce : l'inconduite, la stérilité, le vol, l'insubordination, la lèpre, le bavardage exagéré, la jalousie persistante. La femme bigame est condamnée à mort et étranglée. Celle qui est surprise par son mari en flagrant délit d'adultère peut être tuée par lui, pourvu que son complice le soit également. L'époux s'exposerait à une accusation de meurtre s'il ne faisait porter sa vengeance que sur l'un des deux amants, et il en serait de même s'il ne procédait pas seul à cette exécution sommaire. Souvent, il se montre moins féroce et moins chatouilleux : il se borne à mettre sous clef les deux coupables et à demander à la famille du Don Juan une rançon qu'il n'obtient pas toujours. En ce cas, il coupe la natte de cheveux du séducteur, — ce qui constitue l'humiliation suprême, — et il le remet, parfois en compagnie de son infidèle compagne, aux mains du magistrat, lequel le fait fustiger publiquement.

Lorsque le divorce est prononcé, c'est-à-dire lorsque le mari ne s'est pas contenté de rançonner son rival, la femme retourne chez ses parents, si ceux-ci veulent la recevoir, sinon elle est vendue comme esclave. Il est entendu que le divorce, prononcé pour une cause indépendante de la volonté de la femme ou ne supposant aucune immoralité, laisse subsister pour le mari l'obligation alimentaire.

Chaque famille a une chapelle consacrée aux ancêtres; elle est plus ou moins luxueuse, suivant le degré de fortune de la communauté. C'est là que sont déposées les tablettes généalogiques, devant lesquelles on brûle chaque jour de l'encens. Les cérémonies du culte des ancêtres ont lieu deux fois par an, au printemps et à l'automne. Tous les parents se réunissent pour célébrer les vertus des aïeux. Dans les maisons riches, ces chapelles sont quelquefois très vastes; c'est là qu'ont lieu les fêtes, réunions et mariages, et les morts se trouvent associés de la sorte aux réjouissances des vivants.

On distingue, en chinois, le kou-ven ou langue ancienne, le kouan-hoa ou langue mandarine et le ven-tchang ou langue intermédiaire et les dialectes, particulièrement ceux de Canton et du Fo-Kieu.

Les Chinois n'ont pas d'alphabet; ils emploient deux cent quatorze radicaux ou clefs, autour desquels viennent se grouper des traits plus ou moins nombreux.

Ils débutèrent dans l'art d'écrire, comme les anciens Egyptiens, par le mode figuratif, tout au plus suffisant pour représenter les objets matériels, mais impropres à l'expression des idées abstraites.

Pour écrire, on se sert d'un pinceau, on trace perpendiculairement des lignes de caractère, en allant de haut en bas, et on juxtaposant ces lignes de droite à gauche. Chaque monosyllabe peut changer de valeur grammaticale en changeant de position dans la phrase, et devenir selon les exigences de la pensée, substantif, adjectif ou verbe.

La littérature se compose de livres philosophiques, historiques, instructifs et purement récréatifs. Les cinq livres canoniques ou classiques (Kings) contiennent les plus anciens monuments de la poésie, de l'histoire, de la philosophie et de la législation : ils ont donc un grand intérêt ; mais le groupe le plus important de la littérature de l'empire du Milieu est sans contredit celui des ouvrages historiques, bien que les Chinois ne se soient jamais élevés, jusqu'à un point de vue large et général. Les relations de voyage, très nombreuses, mériteraient, dit-on, d'être traduites et connues : elles ont presque toutes une origine bouddhique.

La poésie lyrique a eu son âge d'or au VIII$^e$ et au IX$^e$ siècles. Elle occupe, parmi les œuvres de pure imagination, une bien moins grande place que le roman, qui présente une peinture exacte des sentiments, des mœurs, de la vie publique intime d'un peuple que nous connaissons mal et dont les voyageurs les plus renommés pour leur finesse d'observation sont loin d'avoir pénétré les secrets. Quant à la littérature dramatique, elle est cultivée par les Célestes avec une prédilection marquée : nous essayerons d'en donner un tableau exact.

Les Chinois ont véritablement la passion du théâtre, et les représentations dramatiques appelées par les historiens indigènes les *joies de la paix et de la prospérité*, sont en Chine plus populaires et plus répandues qu'en aucun autre pays.

A Pékin, lorsque la cour y réside, on ne compte pas moins de sept cents troupes d'acteurs. Chaque fois qu'un ambassadeur européen est reçu par l'empereur, des représentations ont lieu sur le théâtre impérial, et les riches Chinois, imitant en cela les Romains des derniers temps de l'empire, se donnent souvent le plaisir d'un spectacle pendant ou après leurs repas. Un mandarin prend-il possession d'une nouvelle place? Un négociant a-t-il fait de bonnes affaires ou entreprend-il une opération importante? Un moribond parvient-il à vaincre la maladie qui a failli l'emporter? Dans tous ces cas les Chinois satisfont leur amour pour les plaisirs de la scène. Enfin, dans chaque quartier, on se cotise pour avoir deux fois par an une sorte de théâtre commun.

Plus souvent encore, à l'instigation de prêtres avides, on fait circuler une liste de souscription ayant en tête des phrases ronflantes sur les dieux, sur les sorts, etc. Cette liste passe de mains en mains : elle annonce que pour plaire à telle ou telle divinité, il doit y avoir une représentation théâtrale. Si le produit de la souscription, déduction faite de la part des prêtres, permet de s'assurer d'artistes de talent, on rédige une pancarte portant le nom des souscripteurs et un programme de la fête. Des sortes de représentation ont lieu le jour, rarement le soir, et le public y est admis. Il n'est pas rare de voir la population du voisinage tout en l'air et négligeant ses travaux pour prendre sa part de l'aubaine. Les gens qui en tirent du profit, après les acteurs, sont les loueurs de bancs, les marchands de sucreries, ou ceux qui tiennent des tables pour jouer.

Dans quelques grandes villes, dans le palais de l'empereur et dans beaucoup de pagodes, un emplacement spécial est réservé aux acteurs ; mais en général les représentations ont lieu sur les places publiques : des planches supportées par des piliers de bambou, et des rideaux de coton jouant le rôle de coulisses, constituent en ce cas tout l'appareil scénique. Les artistes s'habillent dans une loge ménagée derrière le théâtre, et les musiciens se placent sur la scène, à droite et à gauche. Quant au public, il écoute debout, à moins toutefois que la troupe ne soit assez riche pour posséder des sièges, qu'elle loue d'ailleurs à des prix très modiques.

A l'exception de la capitale et de quelques grandes villes, les comédiens chinois sont ambulants, courent les provinces et vont jouer dans les maisons particulières, où on les appelle lorsqu'on veut joindre l'amusement de la comédie aux délices d'un festin ; il en est peu de complets sans cette sorte de spectacle. Au moment où l'on se met à table, on voit entrer dans la salle quatre ou cinq acteurs, richement vêtus : ils s'inclinent tous ensemble, et si profondément que leur front touche quatre fois la terre ; ensuite, l'un d'eux présente au principale convive un livre dans lequel sont inscrit, en lettres dorées, les noms de cinquante à soixante comédies qu'ils savent par cœur et qu'ils sont en état de représenter sur-le-champ. Le principal convive ne désigne celle qu'il adopte qu'après avoir fait circuler cette liste, qui lui est renvoyée en dernier ressort. La représentation commence au bruit des tambours de peau de buffle, des flûtes, des fifres et des trompettes.

Il y a en Chine deux sortes de théâtres : l'un qu'on pourrait appeler *aristocratique*, l'autre auquel l'épithète de *populaire* ou de *démocratique* convient à merveille.

Le répertoire aristocratique est sentimental; la musique des pièces qui le compose est douce, tendre, mélancolique. Les pièces populaires sont grossières, mêlées d'airs discordants et bruyants, et accompagnées de pantomimes, de tours d'adresse et d'autres divertissements du même genre.

Dans ces sortes de représentations, qui ont certains rapports avec nos féeries, l'art dramatique est tout simplement remplacé par l'art du machiniste.

Les lettrés qui composent les pièces de théâtre, se gardent bien d'en confesser la paternité : l'histoire, la philosophie, l'agriculture, la médecine sont, pour les chinois, les seules sciences dignes d'être étudiées, et, on ne trouverait pas une seule pièce de théâtre dans les bibliothèques.

La profession de comédien n'est pas beaucoup plus estimée; les acteurs ne sont pas admis à remplir les fonctions publiques, et la condition des actrices est assimilée à celle des courtisanes. Il est bon de dire que l'empereur Kian-Long ayant pris pour épouse du second rang une comédienne, les rôles de femmes furent remplis par des adolescents. Pour qu'une Chinoise se décide à paraître sur la scène, il faut la couvrir d'or, tandis que des jeunes gens imberbes se contentent d'une rétribution fort minime.

Il est facile d'expliquer la défaveur qui s'attache à la profession d'artiste. Les pièces qui se jouent devant un public choisi, sont convenables et décentes de tout point ; mais le répertoire populaire n'est qu'un composé de bouffonneries obscènes, incohérentes. M. de Guignes vit jouer une comédie où une femme devient mère sur la scène, aux applaudissements frénétiques de l'auditoire.

C'est peut-être ce genre de représentations que les lettrés et l'aristocratie chinoise ont en dégoût. Nous savons, en effet, à n'en pas douter, que certains personnages ont prodigué à l'art dramatique leurs plus vifs encouragements. Ainsi sous la dynastie des Tcheou (112-249), un ministre prononça dans un discours les paroles suivantes : « L'empereur sait gouverner quand il laisse aux poètes la liberté de faire des vers, *quand il permet à la populace de jouer des pièces*, etc. » Donc, ce nouveau Mécène ne dédaignait même pas le répertoire populaire.

L'art dramatique chinois ne date pas d'hier, mais il est resté stationnaire et très peu savant. En mettant de côté les exagérations avancées par certains historiens indigènes, il est permis de croire que le VIIIe siècle de notre ère fut l'âge d'or de la littérature dramatique en Chine. « En fait de spectacles, il n'y avait auparavant que des jeux publics (tir, exercices militaires, poésie, musique, danse et pantomime). En 720, l'empereur Hiouen-Tsong, de la dynastie de Thang, qui avait des connaissances musicales étendues, qui jouait de la flûte et qui prisait fort les sons mélodieux du tambour, établit dans son palais une académie de musique, composée de trois cents élèves, auxquels il donna lui-même des leçons. Vingt-deux ans plus tard, des musiciens étrangers représentaient devant lui des pièces mêlées de musique appelées *Yio-Khio* : l'empereur fut ravi, et, dès ce moment, les jeux publics furent relégués au second plan.

Lorsque les acteurs paraissent sur la scène, ils commencent par décliner leur nom et leur profession : « *Je m'appelle un tel;* » « *je suis lettré ou mandarin* », etc. De plus, le même artiste peut remplir plusieurs rôles dans la même pièce. La mise en scène est un mélange de raffinement et de naïveté; autant les costumes sont riches et appropriés, autant l'art du machiniste est insignifiant. L'unité de temps est infailliblement violée; l'unité de lieu l'est presque toujours. Les pièces se composent en général, d'un prologue et de quatre actes; elles sont écrites, moitié en prose, moitié en vers; ces morceaux versifiés et chantés, qui s'entremêlent avec le dialogue, sont pleins de métaphores, d'allusions et de tirades ronflantes; ils sont comme disent les Chinois, écrits en *style orné* (men-tchang), et forment, au dire des critiques indigènes, la partie la plus belle de la pièce. Enfin, la musique fait partie intégrante.

Le grand art de la statuaire manque aux Chinois. La statue vraiment chinoise, c'est le magot, le magot ventru et bouffi, aux yeux obliques, au double menton, aux petites jambes cagneuses,

Les Turcos au Tonkin

au regard béat ou féroce. Les idoles présentent aussi des formes grotesques, monstrueuses. Mais si les Célestes sont peu habiles à représenter des animaux ou des hommes, ils sont d'une habileté consommée dans la sculpture d'ornement. Ils taillent avec un goût exquis une pierre d'une dureté extrême, le jade, dont ils tirent un parti merveilleux.

La peinture n'a jamais acquis une supériorité véritable que dans la représentation des ornements, des fleurs, des fruits, des oiseaux. Les Chinois n'ont aucune idée du clair-obscur ni des effets de lumière ; ils ne comprennent rien au modelé des figures ni à la dégradation des tons suivant les lois de la perspective, seulement ils emploient des couleurs d'une vivacité et d'une pureté surprenantes, et ils font preuve d'imagination dans toutes leurs conceptions. La peinture à fresques a eu sa période de splendeur au v$^e$ et au vi$^e$ siècles, à l'époque même où l'industrie de la porcelaine prenait son plus grand essor.

Les petits objets de luxe et de fantaisie, venus de Chine ou exécutés dans le goût chinois, sont généralement connus sous le nom de *chinoiseries*. En réalité, on devrait désigner sous ce vocable non seulement les potiches, les statuettes, les lanternes, les boîtes de laque, les menus meubles, mais tous les ouvrages, quelle que soit leur dimension, qui présentent le même goût, le même art, la même bizarrerie.

Les maisons n'ont rien de grandiose, mais elles plaisent à l'œil. « Elles tendent le plus souvent, dit M. Batissier, vers la forme pyramidale, et se composent pour la plupart de plusieurs étages de toits dont les angles sont relevés et ornés de cloches ou de figures fantastiques. Leurs colonnes sont de bois, presque toujours, et appuient sur une base de pierre ; leur extrémité supérieure, au lieu d'avoir un chapiteau, est traversée par des poutres. Les murs sont revêtus de briques séchées ou cuites et vernissées. Les tuiles des toits sont demi-cylindriques.

Quant à l'appareil dont les Chinois se servent, c'est, à proprement parler, l'emplecton des Grecs ; ils n'emploient que des matériaux de petites dimensions. En général, tous les édifices sont peints et produisent un effet charmant. » La résidence impériale est une vaste agglomération de palais, surtout remarquable par le nombre considérable des appartements qu'ils présentent et le luxe excessif de leur décoration intérieure : partout des objets d'un luxe inouï, des trésors « de l'antiquaillerie la plus réjouissante », des entassements de porcelaines du beau temps de Nankin, des vases de hauteur d'homme en argent et en or massif, des émaux cloisonnés des XVI° et XVII° siècles, des boîtes, des meubles, des cassettes en laque rouge de Pékin, des jades verts et blancs et des agates, des festons de Santal, des bronzes, des perles de Ceylan et de Jolo.

Les palais des mandarins sont plus grands, plus somptueux que les autres habitations : ils sont souvent précédés de mâts vénitiens d'une grande hauteur, auxquels flottent des banderolles à fond jaune, figures de la puissance impériale ; souvent aussi la cour d'honneur est décorée de figures de lions, de dragons et autres bêtes symboliques. Enfin tout le monde a entendu parler de ces édifices, si nombreux en Chine comme au Tonkin, que nous connaissons sous le nom de *pagodes* et que les indigènes appellent *taas* : ce sont des tours polygonales, très élancées, divisées en étages dont le nombre mystique est toujours impair, et qui vont en diminuant de diamètre ; elles sont munies d'une galerie extérieure avec balustrade à jour et d'une corniche sur laquelle s'appuie un toit concave. Le plus célèbre de ces édifices était le taa de Nankin, la *Tour de Porcelaine*, qui eut malheureusement beaucoup à souffrir de l'insurrection des Taï-Pings. « Cette tour, qui avait neuf étages, nombre correspondant à celui des incarnations de Wichnou, mesurait à sa base près de trente mètres de diamètre et avait cent sept mètres de hauteur, y compris une espèce d'aiguille de vingt-sept mètres qui la dominait.

Ce serait une erreur de croire que la tour de Nankin eût ses murs entièrement formés de porcelaines : le corps de l'édifice était composé d'épaisses briques d'argile très cuites, colorées à l'extérieur en vert, en jaune, en rouge, en blanc ; le vert était la couleur dominante, non seulement sur la surface extérieure des murs, mais sur les tuiles vernies qui couvrent les toits. Du sommet de la tour descendaient des chaînes de suspension auxquelles étaient fixées soixante-douze cloches ; quatre-vingt autres cloches étaient attachées à l'angle des toits des divers étages. Pour peu que le vent agitât l'atmosphère, ces cloches faisaient entendre des sons multipliés, dont la bizarre harmonie s'emparait vivement des imaginations dans le silence des nuits. Lors des solennités de la ville, on illuminait l'édifice avec cent quarante-quatre fanaux suspendus aux ouvertures des balcons de chaque étage, ainsi qu'aux angles des toits.

En Chine, on compte soit en *piastres* valant 5 francs 37, soit en *taëls* valant 7 francs 20. Le taël vaut 10 *mace* ou *tsien* = 100 *fen* ou *condorine* = 1,000 *li* ou cash. La plupart des maisons étrangères tiennent leurs comptes en dollars et en cents. Les piastres mexicaines sont cotées à Sanghaï sur le pied de 1,000 piastres = 720 taëls, ce qui donne pour la valeur du taël de Sanghaï 7 francs 46; mais on ne prend quelquefois 1,000 piastres que pour 717 taëls et même 715 taëls.

La monnaie chinoise est le *sapèque* : 1,600 sapèques forment un taël. En général, les sapèques circulent enfilés par 100 ou par 1,000 ; l'enfilade de 100 s'appelle *mace*, l'enfilade de 1,000 *kouan* ou *tiao*. C'est ce que les résidents français appellent une ligature.

A Shanghaï, deux espèces de poids servent en même temps d'unités monétaires : 1° le taël de Canton = 37 58 grammes = 8 fr. 28 ; 2° le taël de Shanghaï = 36 66 grammes = 8 fr. 08. Il y a en outre le taël du gouvernement ou haikwantaël, employé par la douane : il pèse 38 246 grammes en argent fin.

La valeur du *picul*, unité de poids, est estimée à 60 479 kilogrammes. Le picul contient 1,600 taëls.

Enfin, l'unité de mesures linéaires est le *covid*, appelée aussi par les Chinois *cobre* ou *chi*, par les étrangers *pied*, et qui vaut 355 millimètres.

D'après les états dressés par les douanes chinoises, le revenu public de l'empire s'élève à 79,500,000 taëls.

Le budget des recettes est régulièrement en déficit chaque année ; mais, pour remédier au mal, on altère le titre des monnaies, on pratique la vénalité des charges et on pressure le contribuable.

Le régime qui prévaut est celui de la petite propriété, quoique il y ait encore beaucoup de grands domaines exploités par des métayers ou par des fermiers. L'agriculture est d'autant plus florissante qu'elle nourrit la majeure partie de la population et qu'elle est la source la plus importante de revenus. L'agriculteur chinois est un agronome inconscient ; il connaît par tradition l'ordre de succession des cultures, l'emploi des engrais, le moyen d'irriguer le sol, de le débarrasser des mauvaises herbes, de restituer aux terres les éléments que lui enlèvent les récoltes.

L'assolement est réglé de façon à subvenir aux besoins de l'immense agglomération humaine qui vit en Chine.

Un huitième du sol est défriché en rizières, mais les céréales ne font point défaut, et chaque famille de laboureurs entretient soigneusement un jardin potager où abondent les espèces les plus variées.

Les forêts ont été coupées, pour faire place aux cultures, et les prairies sont d'autant moins nombreuses que l'indigène éprouve souvent une sorte de répugnance pour la viande de boucherie. Cependant, si le riz forme la base de la nourriture dans les provinces du centre et du midi, il est certain que les volailles, les chiens, les rats, les sauterelles, les vers à soie et les serpents entrent dans l'alimentation de certaines classes. Les riches ont une prédilection marquée pour les ailerons de requins et les nids d'hirondelle ; enfin la pisciculture n'est point négligée.

Les bonnes terres valent environ deux mille francs l'hectare.

Naturellement, les Chinois ont institué des fêtes en l'honneur de l'agriculture : les principales sont celles du Printemps, du Labourage et des Moissons.

La première se célèbre au commencement de février. Le premier magistrat de chaque département sort le matin de son palais, couronné de fleurs et porté dans sa chaise, au bruit de plusieurs instruments et précédé d'une nombreuse troupe. Plusieurs brancards richement dorés, et supportant les statues de divinités mythologiques entourent sa chaise. Les rues sont tapissées et garnies de lanternes ; des arcs de triomphe s'y dressent en maints endroits.

On promène, dans cette circonstance, un grand buffle de terre cuite, aux cornes dorées, que quarante hommes ont peine à porter. Il est suivi de tous les laboureurs portant leurs intruments aratoires. Les comédiens et les masques terminent le cortège et donnent à la foule des spectacles plus ou moins grotesques. Le gouverneur se dirige vers la porte orientale de la ville comme s'il voulait aller à la rencontre du Printemps, et retourne ensuite à son palais. Lorsqu'il y est arrivé, on enlève au buffle tous ses ornements, on retire de son ventre une quantité innombrable de petits buffles d'argiles qui sont distribués au peuple. Le grand buffle est brisé et ses morceaux également distribués. Un discours du gouverneur sur les bienfaits de l'agriculture termine cette solennité.

La fête du Labourage a lieu au mois d'avril. Après un jeûne de trois jours, l'empereur sacrifie au Chang-Ti, le conjure de donner à son peuple une heureuse année, et trace lui-même trois sillons. Les statuts commandent, afin de montrer plus de respect et de vénération dans cette cérémonie, que la charrue et le fouet dont se sert le souverain soient peints en jaune couleur impériale. Le coffre à semence est vert. La charrue impériale est suivie par trois princes et neuf grands dignitaires menant chacun une charrue peinte en rouge et armés d'un fouet également rouge. La charrue de l'empereur est traînée par un bœuf jaune, les autres par un bœuf noir. Trente-cinq laboureurs vieux et honorables prennent part à la cérémonie, et quarante-deux autres sont chargés de diriger et d'accomplir exactement les rites prescrits. Lorsque le monarque s'approche de la charrue pour tracer les sillons, le maire de Pékin lui remet l'aiguillon et le fouet et l'accompagne jusqu'au bout du champ. La cérémonie terminée, le même magistrat, à la tête des employés qu'il a sous son autorité et accompagné des vieillards et autres laboureurs, se range devant « la Contemplation du Labourage, » sur le côté occidental et la face tournée vers le nord. A un signal donné, toute l'assistance se prosterne neuf fois.

Toutes ces formalités terminées, les laboureurs achèvent de labourer la pièce de terre. Ce champ sera, à partir de la germination des grains jusqu'à la maturité de la moisson, l'objet des soins les plus assidus et des observations les plus minutieuses, car, suivant que la semence souveraine trompe ou réalise les espérances, on en déduit la richesse ou la pauvreté de la récolte pour tout l'empire. Le produit de ce champ est réservé pour les sacrifices de l'année suivante.

Au mois de septembre, on célèbre la fête des Moissons. Elle a lieu après toutes les récoltes et a pour but d'exalter, par des actions de grâces et de réjouissances publiques, la constante fécondité de la terre. Elle dure plus de quinze jours, pendant lesquels on fréquente les temples et on se divertit de toutes façons. Dans les villes et dans les campagnes, le peuple se rend aux représentations théâtrales et célèbre par des festins la fin des travaux de l'année.

L'industrie chinoise est proverbiale. Les Célestes ont su, dès les temps antiques, fabriquer des soieries qui ont attiré chez eux les marchands de toutes les parties du monde. La fabrication de la porcelaine a été portée par eux à un tel degré de perfection qu'il n'a jamais été dépassé : la vivacité, la solidité de certaines de leurs couleurs font encore le désespoir de nos fabricants, et l'encre de Chine ne se fabrique bien que dans le pays dont elle garde le nom. Qui ne connaît la beauté des vernis et des laques de l'empire du Milieu ? Qui ne connaît ce magnifique papier, si prisé des bibliophiles ? Et, dans un autre ordre d'idées, la toile de coton, dite *nankin*, n'est-elle pas exportée dans le monde entier ? Remarquons toutefois que les industries qui occupent le plus grand nombre d'ouvriers sont celles des métaux, de la soie, des meubles de bambou, des poteries et du papier. Enfin, les bassins houillers couvrent une superficie cinquante fois plus grande que celle des bassins anglais.

Les ports chinois sont au nombre de 22, sans compter Hong-Kong, qui est aux Anglais, et Macao, qui est aux Portugais. Un des plus importants est celui de It-Chang, sur le haut Yang-Tsé-Kiang ou fleuve Bleu, qui a un parcours de 4.800 kilomètres, dont 3.200 sont navigables, en y comprenant le principal affluent, le Min. Sur le Yang-Tsé proprement dit, c'est 2.840 kilomètres (trois fois la distance du Havre à Marseille) qu'on peut parcourir sur un navire.

It-Chang est à 1.600 kilomètres de l'embouchure, et ce port marque la limite de la navigation à vapeur. On remonte beaucoup plus haut avec les jonques, dont It-Chang reçoit, pour sa part, 13.000 à la montée ou à la descente, jaugeant chacune de 75 à 150 tonneaux, et montées, suivant les cas, par 40 à 50, ou 60 à 80 matelots. D'It-Chang à Han-Kéou, on met 30 à 40 jours en jonques. — Han-Kéou, avec 600.000 habitants, est le port principal des thés. — Sanghaï a une population de 350.000 habitants, et c'est le plus important, c'est celui de tous les ports de la Chine qui fait le plus grand commerce. — Fou-Tchéou, peuple de 650.000 habitants et Amoy, sont dans le Fo-Kien. — Ké-Lung, Tam-Sui, Taï-Wan, sont dans l'île Formose, qui est un arrondissement de Fou-Kien. — Canton est le port le plus peuplé, le plus remuant, le plus agité de la Chine, et compte 1.600.000 habitants.

Sanghaï fait pour 530 millions de francs d'affaires, principalement en soie ; Canton, 133 millions ; Amoy, 75 ; Fou-Tchéou, 72 ; Swatéou, 55 ; Han-Kéou, 50 ; Tien-Tsin, 35, etc.

Le nombre des résidents étrangers a été, en 1883, de 5.297 dans tous les ports, ou 403 de plus qu'en 1882, et le nombre des maisons de commerce de 354, ou 96 de moins qu'en 1882.

Les maisons anglaises sont au nombre de 220, avec 2.463 résidents. Les maisons allemandes sont 62, avec 522 résidents. Les maisons japonaises, 11, avec 525 résidents ; les maisons américaines, 18, avec 423 résidents ; enfin les maisons françaises, 12, avec 323 résidents. Ensuite viennent les Danois, les Espagnols, les Russes, les Austro-Hongrois, les Italiens.

L'armée du Céleste-Empire se compose de deux grandes fractions :

La première, connue sous le nom des Huit-Bannières, la seconde appelée Milice nationale. En fait, l'armée chinoise compte aujourd'hui vingt-quatre bannières, dans chacune desquelles toutes les armes sont représentées ; une bannière correspond à peu près à la division, dans l'armée française.

Les soldats sont réunis, par corps, dans les villes. Les hommes appartenant à une bannière reçoivent une solde régulière et restent au service durant leur vie entière. On paye le soldat chinois tous les mois. La veille du payement de la solde, le capitaine de la compagnie et son état-major se rendent chez un officier supérieur, qui remet en lingots d'argent ce qui revient à la compagnie. C'est une véritable opération, plus compliquée que la stratégie des généraux chinois que celle de la répartition. Pendant toute la nuit, le capitaine, ses officiers et sous-officiers sont occupés à la besogne du pesage et fractionnement. Comme la chose se passe très régulièrement, il faut couper en deux un morceau d'argent gros comme la tête d'une épingle. Chaque lot est enveloppé dans un papier portant le nom du soldat. Le lendemain, les hommes sont sur les rangs, on dis-

ALGER. — Embarquement des Zouaves partant pour le Tonkin

tribue à chacun ce qui lui revient; puis le sergent-major crie : « Y a-t-il des réclamations? » Et on rompt les rangs. Mais ce n'est pas tout : on voit les soldats se disperser rapidement et courir chez les changeurs, qui leur passent pour chaque taël 1.600 pièces de monnaie passées à une ficelle ; c'est chargés comme des baudets qu'ils rentrent au quartier. Ajoutons qu'ils se nourrissent eux-mêmes, l'administration ne s'occupant pas des subsistances ; c'est chose facile, d'ailleurs, car ils ne vivent que de riz bouilli. Ils affectent un tiers de la solde mensuelle à leur entretien, le reste à leur habillement, à leur équipement et à leurs menus plaisirs.

Les fils des soldats héritent de leurs droits et de leurs devoirs ; pendant le temps qu'ils ne sont pas appelés au service actif de guerre, il leur est permis de se livrer au commerce et aux occupations des autres citoyens ; néanmoins, ils ne peuvent quitter le lieu de leur garnison sans autorisation. Leurs habitudes, depuis plusieurs générations, tournées vers les occupations civiles, rarement interrompues par la guerre, font que l'esprit militaire est à peu près perdu chez eux.

A la tête de chaque bannière sont placés un Tu-Ting ou général et deux lieutenants généraux ou Tu-Tu-Tangs. La subdivision qui vient immédiatement après la première porte le nom de tscha-leu et correspond à peu près à la brigade.

Chaque bannière, soit mandchoue, soit chinoise, comprend cinq tscha-leu : une bannière du Mongol ne comprend que deux tscha-leu.

La nomination et l'avancement des officiers ont pour base l'examen comme pour les fonctionnaires civils. Leur solde n'est que médiocrement supérieure à celle des hommes de troupes. Les grades les plus élevés sont la plupart du temps occupés non par des officiers de mérite, mais par des fonctionnaires qui se sont distingués dans des emplois civils.

Le triste usage de l'opium n'est, dans aucune classe, aussi répandu que chez les officiers, même pour ceux qui résident dans l'intérieur de la Chine, dans la Mongolie ou la province d'Ili.

De tous les peuples de la terre, le peuple chinois est bien celui qui a le moins de dispositions pour le métier militaire ; la gloire des armes n'entre pas dans son esprit, qui préfère les sciences ou les arts.

Néanmoins, on ne peut refuser aux soldats chinois un certain courage. Non seulement dans les guerres civiles, mais encore dans les luttes contre l'Angleterre ou la France, ils se sont fait tuer jusqu'au dernier homme, mais ce courage est purement passif.

Bien que la Chine ne prête, en somme, que difficilement à la reconstitution de son armée, il faut reconnaître que des efforts sérieux ont été tentés en ce sens par Li-Hong-Tchang, vice-roi du Petchili, et par Tso-Tsung-Tang, gouverneur de Kan-Sou, mort aujourd'hui.

En 1880, un plan de réorganisation générale a été adopté, et des instructeurs allemands ont tenté d'initier les Célestes à la discipline qu'ils ne possédaient pas ; l'essai a complètement raté.

Quant aux forces navales, elles se composaient, en août 1884, de 49 navires à vapeur, portant 286 pièces, sans compter un grand nombre de jonques de guerre.

# DEUXIÈME PARTIE

## LA GUERRE AU TONKIN ET EN CHINE

### FOU-TCHÉOU

L'amiral Courbet avait reçu, le 12 juillet 1884, l'ordre d'aller mouiller sa flotte devant l'arsenal de Fou-Tchéou.

Fou-Tchéou, la « cité heureuse », la ville aux trois collines, est le principal port de la côte sud de la Chine, entre Canton et Shang-Haï. Capitale du Fo-Kien, et l'une des plus grandes cités de l'empire du Milieu, elle ne possède pas moins de six cent mille habitants. Admirablement située dans une plaine fertile, entourée de montagnes, à dix kilomètres de distance, elle s'étend sur la rive gauche de la rivière Min, à soixante-six kilomètres de son embouchure, et a été ouverte au commerce étranger par le traité de Nankin, en 1842. La ville murée est à trois kilomètres de la rivière.

L'animation et la circulation sont très actives dans cette cité, qui a été très longtemps le marché le marché le plus important du thé. Le commerce des Européens était très prospère autrefois ; il est plus difficile aujourd'hui et moins lucratif.

Courbet, conformément à ses instructions, vint mouiller en vue de l'arsenal, bien que l'escadre chinoise fût déjà réunie à la Pagode ; le 22 août, un télégramme du gouvernement français ordonna l'ouverture des hostilités.

Le 22, nous avions à la Pagode le *Volta* (pavillon amiral), le *Duguay-Trouin*, le *Villars*, le *d'Estaing*, le *Lynx*, la *Vipère*, l'*Aspic* et les torpilleurs 45 et 46. Les Chinois y avaient rassemblés : le croiseur *Yang-Ou;* cinq transports avisos : *Tchen-Hang, Yong-Pao, Fou-Po, Fey-Yûne, Tsi-Ngan;* un aviso de flottille, *I.-Sing;* une canonnière-aviso, *Kchen-Oueï;* trois canonnières : *Fou-Sing, Fou-Sheng, Tien-Sheng* (ces deux derniers du type alphabétique) ; douze grandes jonques de guerre; sept canots-torpilles à vapeur, trois ou quatre à l'aviron et un certain nombre de brûlots.

Le *Château-Renaud* et la *Saône*, détachés au mouillage de Kouantao, en amont de la passe Kimpaï, avaient pour mission de s'opposer à ce que les Chinois obstruassent cette passe, soit en coulant une trentaine de jonques chargées de pierres et réunies aux environs, soit en mouillant des torpilles.

Il y avait sur la rade, en aval de la Pagode, trois bâtiments de guerre anglais, une corvette américaine et quelques bâtiments de commerce.

Le vice-consul de France, que l'amiral avait invité à venir à son bord, se rendit sur le *Volta* et apprit les décisions du gouvernement français. Il revint au plus vite à Fou-Tchéou, amena son pavillon et prévint le vice-roi et les consuls que l'amiral comptait ouvrir le feu le lendemain. De son côté, Courbet informa l'amiral anglais, le commandant de la corvette américaine, et prévint le vice-consul anglais d'avertir les bâtiments marchands que l'action allait se passer.

Au surplus, personne n'ignorait, dès le 22, que le feu serait ouvert le 23.

En règle vis-à-vis de tout le monde, le commandant en chef n'avait plus qu'à choisir le moment favorable pour détruire la flotte ennemie. En vue de ce premier objectif, le commencement du jusant était tout indiqué par les positions respectives des forces navales, sur une rade étroite, où l'espace et la violence des courants rendaient les évolutions difficiles.

Le 23 août, dès le matin, les bâtiments des deux escadres étaient tous sous les feux, prêts à filer les chaînes et à marcher.

Pendant toute la durée du flot, de neuf heures et demie à une heure et demie, les Chinois firent ostensiblement leurs préparatifs d'appareillage ; plusieurs de leurs canots-torpilles vinrent même rôder autour du *Volta*, se retirant dès qu'ils apercevaient un canon ou un hotschkiss braqué sur eux.

A une heure quarante-cinq, on donna le signal de lever l'ancre et de se tenir prêt à l'attaque.

Dès le début, les torpilleurs 45 et 46 devaient s'élancer respectivement sur le *Fou-Po* et et le *Yang-Ou*, soutenus par la mousqueterie et l'artillerie de babord du *Volta* dont les feux de tribord devaient avoir pour but les jonques de guerre.

En même temps, les trois canonnières l'*Aspic*, la *Vipère*, le *Lynx*, laissant sur tribord le *Volta*, les torpilleurs le *Fou-Po* et le *Yang-Ou* devaient se porter rapidement à la hauteur de l'arsenal et livrer combat aux trois canonnières et aux transports-avisos qui s'y trouvaient. Quatre canots à vapeur armés en guerre, sous les ordres du lieutenant de vaisseau de Lapeyrère, devaient protéger le *Volta*, la *Vipère*, le *Lynx* et l'*Aspic* contre les canots-torpilles chinois. Le *Duguay-Trouin*, le *Villars*, le *d'Estaing* devaient réduire les trois bâtiments mouillés auprès d'eux avec leur artillerie d'un bord, battre les jonques de guerre en enfilade avec l'autre bord, plus une batterie de Krupp de 3, voisine de la Pagode et les trois batteries, de Krupp également, qui dominaient l'arsenal. Leurs canots à vapeur armés en guerre devaient parer aux attaques des canots-torpilles ennemis. Aussitôt après que les trois bâtiments seraient hors de combat, le *d'Estaing* devait se placer à l'ouvert de l'arroyo de la Douane, afin d'y couler un certain nombre de jonques que l'on disait armées pour l'abordage.

Ce plan fut exécuté avec un ensemble parfait. Tous les bâtiments ouvrirent le feu pendant que les torpilleurs attaquaient; les Chinois répondirent immédiatement. Il faisait presque calme ; pendant quelques minutes, un nuage de fumée enveloppa les combattants, une grêle de projectiles siffla autour d'eux. A la première éclaircie, on aperçut le *Yang-Ou* qui se jetait à la côte après avoir été crevé par le torpilleur 46, capitaine Douzans, plusieurs jonques de guerre en parties coulées ; le *Fou-Po*, atteint par le torpilleur 45, capitaine Latour, mais d'une façon moins désastreuse, continuait de résister ; les bâtiments en amont paraissaient avoir déjà de graves avaries. Le *Fey-Yune*, le *Tsi-Ngan* et le *Tchen-Ouei*, désemparés et incendiés par les obus du *Duguay-Trouin*, du *Villars* et du *d'Estaing*, étant emportés par le courant, s'échouèrent, puis coulèrent à quelques milles en aval. Ce fut, un peu plus tard, le sort des deux canonnières du type alphabétique. Après le premier choc, le feu se ralentit sensiblement; nos coups, très bien dirigés, achevèrent la destruction de toute la flottille chinoise. Le *Yong-Pao* et le *I.-Sing*, grâce à leur faible tirant d'eau, gagnèrent le haut de la rivière, où nos canonnières ne purent les poursuivre, mais leurs avaries étaient telles que tous deux s'échouèrent d'abord, puis coulèrent. Les efforts de nos canonnières se concentrèrent ensuite sur le matériel flottant qui se trouvait devant l'arsenal lui-même, pendant que les autres bâtiments éteignaient le feu des batteries de l'arsenal et de la Pagode de l'île Losing.

La *Triomphante*, arrivée un peu avant deux heures et mouillée en aval de la Pagode, ouvrit le feu sur les objectifs à portée de ses canons, et notamment sur ces batteries. C'est à l'une de ces dernières que partit un obus dont les éclats tuèrent deux hommes du *Volta* et blessèrent M. Ravel, aide de camp de l'amiral, et trois matelots.

Les canots-torpilles ennemis qui paradaient les jours précédents, et qui, le matin même essayaient de menacer les nôtres, disparurent comme par enchantement, avant l'action, et cherchèrent un refuge dans l'arroyo de la douane.

M. de Lapeyrère essaya vainement d'atteindre les premiers, mais il dirigea les efforts de ses canots contre le *Fou-Po*, qui aurait peut-être réussi à s'échapper dans le haut de la rivière, le prit à l'abordage et réussit à l'échouer et à le couler.

Vers la fin de la journée, nos canots de guerre allèrent relancer les canots-torpilles réfugiés dans l'arroyo de la douane, et les mirent hors de service; en même temps ils commencèrent la destruction des sampans et des jonques qui paraissaient avoir été préparés comme brûlots.

En prévision des surprises que les Chinois pouvaient nous ménager, la nuit suivante, avec ceux des brûlots restant à leur disposition, l'amiral fit prendre, le soir, à ses bâtiments, un mouillage d'où ils devaient les apercevoir à distance, et pouvoir s'en préserver en appareillant immédiatement.

Cependant le coup d'essai des Chinois n'avait pas été heureux.

Vers neuf heures du soir, à la fin du jusant, le *Tchen-Hang*, mis en feu par nos obus, était poussé vers notre mouillage par deux grandes jonques que montaient une trentaine de matelots ; quelques coups de canon du d'*Estaing*, mouillé en vedette, coulèrent les jonques et leurs équipages, mais le transport continua à dériver au courant et menaça successivement plusieurs bâtiments.

Le 24, le premier soin de l'amiral fut de continuer la destruction des jonques et des brûlots préparés soit dans l'arroyo de la douane, soit en amont de l'arsenal. Deux séries de canots en guerre, commandées l'une par M. Peyronnet, l'autre par M. de Lapeyrère, en furent chargées. Courbet appareilla avec le *Volta* et les trois canonnières pour appuyer le mouvement de la seconde série et en même temps pour poursuivre le bombardement de l'arsenal. Pendant l'après-midi, nos obus de 28 kilogrammes démolirent tout ce qui n'était pas au-dessus de leurs forces ; le tir, dirigé sur les ateliers et magasins ou sur un croiseur en achèvement, y produisit de grands dégâts, aussi grands qu'il était possible d'en produire avec du 14 centimètres. La fonderie, l'ajustage, l'atelier de dessin, la coque du croiseur furent criblés de trous ; mais, pour détruire l'arsenal, il n'eût pas suffi d'y lancer un grand nombre d'obus du même calibre, il eût fallu du 24 centimètres, tout au moins du 19 centimètres.

L'amiral se borna à faire enlever le 25 au matin, par les compagnies de débarquement du *Duguay-Trouin* et de *la Triomphante*, la batterie de Krupp de la Pagode.

A dix heures du matin, embarcations et compagnies rentraient à bord, rapportant les trois canons. Il ne restait plus rien à faire à la Pagode. L'amiral, quittant le *Volta* mit son pavillon sur le *Duguay-Trouin*. Tous les bâtiments appareillèrent, après le dîner des équipages, pour entreprendre la destruction des forts de la Rivière.

A une heure trente, mouillage en amont de l'île Couding. On coupa tout d'abord le fil télégraphique qui reliait les forts entre eux et à l'arsenal, puis on procéda à la démolition d'une batterie casematée. Grâce aux canons du *Duguay-Trouin* et de la *Triomphante*, en moins d'une heure, la batterie, prise à revers, fut grièvement endommagée : les canons de l'île Couding, qui auraient pu nous battre,

**Le Vice-Amiral COURBET**

COMMANDANT EN CHEF DE LA DIVISION NAVALE AU TONKIN ET EN CHINE

se turent, et l'on acquit bientôt la certitude qu'elle était abandonnée. Les compagnies de débarquement du *Villars* et du *d'Estaing* furent mises à terre sous les ordres du commandant Sango.

Le lendemain, 26, les autres batteries de la passe Mingan furent attaquées. Le *Duguay-Trouin* et la *Triomphante* furent principalement chargés de cinq batteries casematées; ils envoyèrent, chemin faisant quelques bordées très efficaces sur les autres.

La batterie Mingan fit un semblant de résistance; les obus du *Villars* et du *d'Estaing* achevèrent de la désemparer, après quoi une escouade de torpilleurs, soutenue par une compagnie de débarquement, sous les ordres du commandant Le Pontois, alla briser les pièces.

Pendant ce temps, le *Volta* et les trois canonnières, mouillés près des forts de l'île Couding, soutinrent une autre escouade de torpilleurs et une autre compagnie de débarquement, placées sous les ordres du lieutenant de vaisseau Fontaine, pour brûler les logements et briser les canons du fort. Elles ne furent pas plus inquiétées que celles de la veille. De leur côté, le *Duguay-Trouin* et la *Triomphante* démolirent toutes les autres batteries, notamment une de celles casematées de la rive droite; les défenseurs de ces batteries les abandonnèrent.

Avant la fin du jour, nos torpilleurs brisèrent les six pièces des casemates de la rive gauche et deux de celles de la rive droite. La matinée du lendemain fut employée à détruire le reste. Vers deux heures et demie, tous les bâtiments rallièrent le *Château-Renaud*, et la *Saône*, en amont de la passe Kimpaï. Ceux-ci firent bonne garde. La surveillance, assez facile le jour, ne laissait pas de présenter, la nuit, de très sérieuses difficultés. Les jonques de pierres étaient alignées sur la rive gauche. Le commandant **Boulineau prépara** tout pour détruire les jonques; ses embarcations, soutenues par la *Vipère* et l'*Aspic*, se mirent à l'œuvre; une vive fusillade partit du camp retranché de Kimpaï, mais ne les força point à suspendre l'opération; à six heures du soir, toutes les jonques étaient coulées ou incendiées. C'est là que le lieutenant de vaisseau Bouët-Villaumez a été tué et, auprès de lui, l'enseigne de vaisseau Charlier et quelques hommes de la *Vipère* blessés. Durant cette opération, les croiseurs canonnèrent les camps en vue, et le *Duguay-Trouin* et la *Triomphante* s'avancèrent en aval du banc du milieu pour reconnaître les ouvrages de la passe et commencer l'attaque. A leur approche, deux batteries de 14 centimètres, récemment établies pour enfiler la rivière, ouvrirent le feu. En moins d'une demi-heure, ces batteries ne donnèrent plus signe de vie ; cependant, elles n'étaient point démontées ; force fut de remettre cela au lendemain, car il fallait remonter en amont du banc, au milieu, pour trouver un mouillage de nuit convenable. A l'ouverture de la passe, nous étions très près de la rive gauche dominée par des collines boisées d'où, sans courir le moindre risque, des tirailleurs pouvaient nous causer des pertes très sérieuses.

Le 28, dès 4 heures du matin, le *Duguay-Trouin* et la *Triomphante* appareillèrent et, au petit jour ils ouvrirent le feu sur deux batteries déjà attaquées la veille. Celles-ci répondirent d'abord avec une certaine vigueur, mais cela ne dura pas. C'était par la fusillade que les Chinois voulaient surtout nous combattre. Nos canons de 14 centimètres les délogèrent peu à peu ; un obus heureux produisit l'explosion du magasin à cartouches, ce qui compléta le désarroi.

Les points de débarquement de la rive gauche étaient garnis de torpilles dont on voyait les fils ; la *Triomphante* en fit éclater trois à coups de hotschkiss.

Durant la nuit du 28 au 29 nos embarcations draguèrent la passe, sans y trouver rien qui fût de nature dangereuse. Le 29, dès le commencement du flot, le *Duguay-Trouin* alla mouiller dans l'est des radeaux, en bonne position pour canonner la batterie 6, le fort 2 et le fort 1 ; en même temps les autres bâtiments de l'escadre sortirent de la rivière et gagnèrent le mouillage de Matsou. Lorsque tous eurent franchi la passe Kimpaï, la *Triompante* appareilla à son tour et vint se placer à petite distance du *Duguay-Trouin* ; deux heures plus tard, il n'y avait plus une seule pièce ennemie capable de servir.

Sur ces entrefaites arriva le *La Galissonnière* qui, retenue à Kélung par un violent coup de vent n'avait pu rallier à temps l'escadre. Le 25, aussitôt qu'il put avoir un pilote, l'amiral Lespès vint prendre le mouillage de Woga d'où il espérait battre les ouvrages de la passe Kimpaï ; mais réduit, grâce à l'étroitesse du chenal et à la violence du courant, à n'employer que le canon de tourelle de tribord, pendant que plusieurs des batteries de la passe le menaçaient, il jugea nécessaire, après quelques coups de canon, de prendre une position moins défavorable. Le *La Galissonnière* changeait de mouillage, quand un obus de 21 centimètres, lancé par le canon barbette du Fort-Blanc, l'atteignit à tribord devant, fit un trou dans la muraille en tôle, tua un homme et en blessa plusieurs.

Le 30, le *Duguay-Trouin*, le *La Galissonnière* et la *Triomphante* mouillèrent à Matsou vers la fin de l'après-midi.

Tel est le récit sommaire des combats de la rivière Min, qui coûtèrent 3,000 hommes blessés ou tués aux Chinois, et aux Français 10 tués, dont un officier, et 48 blessés, dont 6 officiers.

En rendant compte de ces glorieuses journées au ministre de la marine, l'amiral Courbet termina ainsi son rapport : « Je suis heureux de vous dire que jamais états-majors et équipages ne seront mieux à la hauteur d'une semblable situation. »

## FORMOSE

Après les opérations de la rivière Min, le gouvernement ordonna aux commandants militaires de Cochinchine et du Tonkin d'envoyer à l'amiral Courbet des troupes de débarquement.

C'est en attendant leur arrivée que l'escadre mouilla à Matsou. Elle quitta ce mouillage en septembre pour aller s'emparer de Formose, conformément aux décisions du cabinet, qui avait résolu de se servir d'un gage, jusqu'à l'acceptation par la Chine de la Convention de Tien-Tsin.

Formose, l'île de Taïvan comme l'appelle les Chinois, fut découverte par les Portugais en 1480.

Il est impossible de donner un chiffre approximatif de la population de cette île, composée d'indigènes du nom Peï-Po-Hwans, d'Hakkas, d'origine asiatique très ancienne, de diverses tribus sauvages, sans cesse errantes dans les montagnes et de Chinois émigrants.

Dans le voisinage des tribus guerrières, tout le monde marche armé, car tout voyageur surpris par des membres d'une tribu sauvage est attaqué et tué.

La longueur de l'île est de 100 lieues, sa largeur est de 34 lieues, et sa superficie de 38,803 kilomètres. Le climat, très chaud en été sur le littoral, est supportable à 800 mètres d'altitude.

Parmi les productions de Formose, on cite le charbon, le pétrole, le soufre, le fer, le cuivre, l'ardoise, la magnésie, et peut-être l'or, le camphre, le pavot à opium, la canne à sucre, les arachides, le sésame, le quinquina, le thé, le mûrier, l'indigo, le riz, le bambou, etc.

Les mines de charbon sont situées à 4 kilomètres environ au sud-est de Kélung, dans une baie ouverte, et sont creusées horizontalement dans la montagne. L'entrée des mines est à 18 mètres au-dessus de la mer et à 60 mètres au-dessous du sommet de la montagne; les couches de charbon gisent horizontalement entre deux lits de grès mou et leur épaisseur est de 10 mètres environ.

Pris à la mine, le charbon revient, à raison du bas prix de la main-d'œuvre, à une somme insignifiante. Avec un outillage perfectionné, le coût d'exploitation serait très minime. Les frais de transport dans l'intérieur de la mine et de la mine au port d'embarquement sont en réalité les seuls frais de l'exploitation; néanmoins, en 1847, et même deux années après, on pouvait se procurer du charbon à un prix variant de 4 fr. 20 à 6 fr. 48 la tonne. Depuis, le prix en a sensiblement augmenté; il revenait, en 1858, à 20 fr. 60, rendu à bord, et coûte actuellement 20 fr. le tonneau dans les mêmes conditions.

On estime à deux millions le revenu net de ces mines.

Les villes les plus importantes de Formose sont: Kélung, Tamsui, Taïvan-Fou et Takau, situées sur le versant occidental.

Le 1<sup>er</sup> octobre, l'amiral Courbet, avec huit bâtiments de guerre et les deux transports la *Nive* et le *Tarn*, mouilla en rade de Kélung, dont les fortifications avaient été détruites au mois d'août par l'amiral Lespès. Jetant aussitôt à terre le corps de débarquement, il commença les opérations par l'occupation du morne Saint-Clément, qui est la clef de la route de Tamsui, après une affaire assez chaude, dans la nuit du 1<sup>er</sup> au 2.

Le 2, les troupes chinoises ayant évacué les ouvrages à l'ouest du morne, nos troupes les occupèrent et les mirent en état de défense.

Le 5, les compagnies de débarquement du *Bayard*, du *Duguay-Trouin*, du *Château-Renaud*, sous la direction du lieutenant de vaisseau Gourdon, occupèrent sans difficulté les ouvrages du sud-est de la rade. Avant d'aller plus loin, Courbet jugea indispensable de fortifier les positions conquises, afin que nous pussions les défendre avec un petit nombre d'hommes.

Nous avions déjà quatre tués, un disparu et treize blessés, dont cinq grièvement.

Pendant ce temps, l'amiral Lespès se présentait devant Tamsui avec le *La Galissonnière*, la *Triomphante*, le *Château-Renaud* et le canonnière la *Vipère*. Il ne s'agissait en réalité que d'un coup de main ; on voulait détruire le poste d'inflammation des torpilles, qui barrait la passe, et dégager le chenal. Cela fait, la *Vipère* devait entrer dans la rivière et canonner les ouvrages chinois. On espérait que ceux-ci, déjà fortement détériorés par un récent bombardement (3 octobre), seraient évacués et aisément occupés.

Les défenses ennemies se développaient en arc de cercle, du bord de la rivière au ravin de gauche, sur une étendue de 1,500 mètres. Protégé par le feu des grands bâtiments, le débarquement fut effectué sans coup férir, le 8 octobre, vers neuf heures et demie, sur la plage du côté du large. Appuyés par les canons-revolvers des embarcations, moins de 600 hommes — soit cinq compagnies de débarquement — se formèrent à terre sans trop de difficultés. La colonne était commandée par le capitaine Boulineau du *Château-Renaud*.

On arriva ainsi jusqu'au bord du ravin ; là, le terrain devenait détestable : des rizières, des bois de mûriers, où chaque arbre cachait un ennemi, des buissons de cactus, des fossés à franchir, des haies à escalader. Le ravin s'étendait en profondeur. En consultant les cartes incomplètes de la région, on avait été trompé sur la véritable distance du fort : elle était en réalité plus grande qu'on ne le croyait.

Les marins furent reçus par un feu des plus violents ; ils abordèrent le bois, gagnèrent de l'avant, refoulèrent un instant les Chinois, mais leurs efforts furent impuissants. Les deux capitaines des compagnies de tête furent mis hors de combat. Ce fut alors une série d'engagements corps à corps. Les Chinois s'élancèrent de tous côtés avec une vigueur inouïe, entourant parfois nos hommes et menaçant leur ligne de retraite. La lutte fut acharnée, les munitions s'épuisaient; on combattit à la baïonnette. Le succès était impossible. Il fallut se retirer en abandonnant les morts. Les Chinois poussèrent des cris de triomphe, leur coupèrent la tête et les emportèrent en trophée à Hubei, la ville qui se trouve près de l'embouchure de la rivière de Tamsui. C'est le général Soon qui commandait nos adversaires; la plupart d'entre eux étaient des montagnards, ceux que les Chinois appellent les hommes des bois. En voyant nos bâtiments se préparer à débarquer, le général — qui est un grand admirateur de la civilisation européenne — avait pris d'habiles dispositions; le bois par lequel nos hommes devaient s'avancer avait été garni d'obstacles, et ordre donné de ne commencer le feu, que lorsque les marins seraient engagés dans les rizières et de les fusiller alors des collines boisées qui dominent les pentes du ravin. C'est ce qui fut fait avec beaucoup de discipline. Le général, dès la première alerte, avait dirigé des renforts considérables sur le théâtre du combat, et on peut estimer à plus de 3,000 le nombre des Chinois qui furent engagés en première ligne. Ils perdirent plus de 200 hommes, chiffres relevés par les médecins anglais qui leur donnèrent des soins. Rien que pendant le combat, on ramena 120 montagnards tués et blessés dans les bâtiments de la mission anglicane transformée en hôpital; les autres furent relevés plus tard.

Vers deux heures, le rembarquement des marins fut terminé; mais, avant de se diriger vers leurs navires respectifs, ils tirèrent plusieurs salves de mousqueterie sur les Chinois qui avaient la hardiesse de vouloir encore inquiéter le mouvement. Pendant toute l'action, les navires de l'escadre, mouillés sur une ligne parallèle à la côte, ne cessèrent de lancer des projectiles sur le fort, et quelques-uns d'entre eux atteignirent les maisons des concessions.

Dans l'après-midi, le marché de Hubei fut le théâtre d'une scène horrible : six têtes de Français, du type le plus pur, étaient exhibées devant une foule immense, et celle-ci fut sur le point de faire un mauvais parti à des Européens qui n'avaient pu contenir leur indignation à la vue de ce trophée de barbarie. Au camp, on montrait également huit têtes des malheureux tombés sur le champ de bataille, et parmi elles, disaient les montagnards, celle d'un officier à deux galons. Dans la soirée, le capitaine anglais Boteler, du navire de guerre le *Cockshafer*, et le consul anglais, M. Pruter, se rendirent auprès du général Soon et lui firent des remontrances énergiques au sujet de cette mutilation de soldats tués les armes à la main, et de cette atroce exhibition. Le général leur promit solennellement de donner des ordres pour prévenir le retour de tels faits, et il lança une proclamation offrant une forte récompense pour tout Français qui lui serait amené vivant.

L'amiral Courbet, en présence de cet insuccès, renonçant momentanément aux opérations de terre, notifia aux puissances, le blocus de Formose, dont l'objet principal était d'interdire tout commerce par mer avec ce lieu.

# FORMOSE

**Prise des ouvrages du Sud-Ouest de la rade**

(D'après une photographie)

## KEP, CHU, TUYEN-QUAN, NIN-BOP

Pendant que l'amiral Courbet, pour exercer sur la Chine une pression dont espérait beaucoup le cabinet, procédait à Fou-Tchéou comme nous l'avons vu, le corps expéditionnaire était demeuré sur la défensive.

A la fin d'août, le général Millot, à qui on devait le beau plan de campagne qui avait fait tomber tout le haut Tonkin entre ses mains, sans grandes pertes d'hommes, demanda à rentrer en France et y fut autorisé; il eut pour successeur le général Brière de l'Isle, qui, appelé au mois de décembre 1883 au commandement d'une des brigades du corps expéditionnaire, avait été promu grand-officier de la Légion d'honneur.

La prise de possession du commandement en chef par le général Brière de l'Isle coïncida avec le renouvellement des munitions affectées à l'artillerie de montagne et avec le changement d'armement d'un certain nombre de bataillons du corps expéditionnaire.

Il commença par observer les mouvements de renforts que les Chinois jetaient sur le Tonkin et apprit que des contingents importants étaient embarqués à Pa-Koï, le port chinois le plus voisin du Kouang-Yen, se dirigeant vers le Thaï-Binh, traversant la province de Kouang-Yen, évitant de se heurter contre nos positions fortifiées et préparant, de concert avec les troupes qui commandaient la route de Chine, un mouvement destiné à menacer la rive droite du Thaï-Binh. En conséquence, le général massa ses troupes à Haïphong, renforça les garnisons de Bac-Ninh et de Haï-Dzuong, et fit surveiller par les canonnières le Thaï-Binh et ses affluents.

La *Hache*, commandée par le capitaine Manceron, en station dans la rivière du Loch-Nan, depuis août, avait reconnu ces parages et donna la main à plusieurs petites opérations parties de Bac-Ninh. Du 5 au 9 août, elle arrivait au village de Lam, point extrême atteint par l'*Aspic* dans sa campagne hydrographique de 1876; du 20 au 25, profitant d'une crue, elle réussissait à monter jusqu'à Chu, en appuyant une reconnaissance faite par le chef d'escadron d'artillerie Palle, résidant à Bac-Ninh, et participait à la prise et à la destruction de ce fortin. Revenue au mouillage de Loch-Nan, sa mission consistait à empêcher les jonques de remonter la rivière pour porter des approvisionnements aux bandes signalées dans la haute vallée. Elle avait l'occasion de débander, de son canon-revolver, un parti de 300 Chinois; le lendemain, ses embarcations armées en guerre reconnaissaient l'arroyo de Dong-Trien.

De toutes ces reconnaissances et de sa situation sur la face du Delta la plus immédiatement en contact avec les bandes chinoises, le lieutenant de vaisseau Manceron tirait des renseignements très intelligents sur la présence de l'ennemi dans le haut Loch-Nan, et apportait une aide et une protection sérieuses aux villages menacés ou attaqués. Ce rôle le désignait aux premières tentatives offensives de l'ennemi, aussi, dans la nuit du 8 au 9 septembre, une bande de Chinois attaquait la canonnière; une vive fusillade révélait brusquement la présence de l'assaillant, qui ouvrait son feu à 400 mètres en amont et 150 en aval. En quelques secondes, la *Hache* ripostait de sa fusillade et de son canon-revolver, et, après une courte résistance, qui permit cependant à l'ennemi d'incendier en partie le village, la bande était mise en déroute avec des pertes sensibles. A la suite de renseignements obtenus par une nouvelle reconnaissance poussée jusqu'à Lam (18 septembre) et faisant prévoir que cette attaque ne demeurerait pas un fait isolé, mais que l'offensive ennemie allait se dessiner, la *Hache* fut renforcée de la *Massue*, capitaine Challier.

Le mois s'écoula sans nouvelle agression, les canonnières continuant leur rôle de protection des villages riverains, de police de la rivière et de transmission de renseignements. D'après ceux-ci, le commandant faisait préparer une colonne composée de deux compagnies de légion étrangère, deux du 143° d'infanterie, une de tirailleurs tonkinois et de deux pièces de 80<sup>mm</sup> de montagne, qui devait sous le commandement du colonel Donnier, refouler les bandes chinoises répandues dans la vallée de Loch-Nan et dont le but paraissait être, en donnant la main à l'agglomération signalée à Bao-Loc, de s'emparer au profit de l'armée de Lang-Son, de la récolte de riz de cette riche vallée. Pendant cette période, une colonne, composée d'une compagnie d'infanterie légère d'Afrique et une de Tonkinois, sortit, le 29, de Haï-Dzuong, sous les ordres du chef de bataillon Tonnot, du 2° tirailleur tonkinois, et, avec le concours des canonnières le *Mousqueton*, capitaine Fortin, et la *Rafale*, capitaine Babeau, poursuivit des bandes tenant la campagne au nord de Haï-Dzuong et dans la vallée du Song-Kinh-Thaï. Cette colonne rentra le surlendemain, ayant eu, sur la rive gauche du fleuve, le contact presque permanent avec des vedettes ennemies, mais sans pouvoir les atteindre. Une petite garnison fut laissée à Lac-Son pour surveiller le pays (rive droite de Song-Kinh-Thaï, entre les Sept-Pagodes de Dong-Trieu, à environ 3,000 mètres dans l'intérieur); elle se composait de cinquante hommes du bataillon d'Afrique et de la compagnie de tirailleurs tonkinois; elle était sous les ordres du capitaine Canivet, commandant cette compagnie.

Telle était la situation, le 2 octobre, lorsque les canonnières la *Hache* et la *Massue*, en reconnaissance dans le Loch-Nan, furent l'objet d'une attaque furieuse (près du village du même nom) de la part de quatre mille Chinois. Le *Mousqueton*, en route sur le Song-Thuong, appelé par l'intensité de la canonnade, prit aussi part à ce combat, dans lequel nos canonnières, fusillées par un ennemi caché derrière les bambous et dans les hautes berges très fourrées à une distance parfois de trente mètres à peine, durent tourner à deux reprises les positions des assaillants en les mitraillant du feu de leurs pièces et de leurs canons revolvers. Mais, nos pertes furent sensibles: la *Massue* perdit son commandant, le lieutenant de vaisseau Challier, qui, frappé le matin, à la montée, d'une balle à la gorge, mourut dans l'après-midi; cinq hommes furent blessés; la *Hache* eut six hommes blessés, dont **deux grièvement**.

Enfin, le *Mousqueton* eut, dans son équipage, dix blessés, dont cinq grièvement, et parmi le détachement du bataillon d'Afrique, d'escorte à son bord, dix blessés dont trois grièvement. Après la mise hors de combat du capitaine Challier, le capitaine Fortin prit le commandement de la petite flottille, et c'est sous sa direction qu'eut lieu la deuxième partie du combat à la descente.

Ce jour avait été fixé pour la réunion de la colonne Donnier aux Sept-Pagodes, où la trouvèrent les trois canonnières après leur engagement. Le même jour également, une colonne, sous les ordres du commandant Servière, du bataillon d'Afrique, quitta Haï-Dzuong, avec mission de prendre au passage la garnison de Lac-Son et de se porter sur Dong-Trieu, important débouché de routes venant du Nord. Le commandant amenait avec lui une compagnie du bataillon d'Afrique et une de Tonkinois, et devait être appuyé par le *Mousqueton*. Le 3, à trois heures du matin, avant la jonction, Lac-Son, attaqué par cinq cents réguliers chinois, repoussa brillamment l'ennemi sans faire aucune perte. Rejointe par le commandant Servière, sa garnison entra dans la composition de cette colonne qui, dans la nuit du 4 au 5, livra un brillant combat à un fort parti ennemi qu'elle chassa du village de Thinh-Ngaï, où il s'était retranché. Devant ces diverses attaques, révélant nettement l'invasion, il devint nécessaire d'augmenter les forces agissant vers la face nord du Delta. Aussi, tandis que le lieutenant-colonel Donnier remontait le Loch-Nam avec Lam pour objectif, le lieutenant-colonel Defoy quittait Hanoï, le 3 au soir pour Phu-Lang-Thuong, avec trois compagnies du 23$^e$ de ligne (la quatrième n'était pas encore rentrée de My-Luong), le bataillon du 111$^e$, deux sections de 80$^{mm}$ de montagne, la 3$^e$ batterie *bis* de 4$^{mm}$ de montagne. De plus, une colonne mobile fut préparée à Phu-Lang-Thuong, sous le commandement du chef de bataillon Mibielle; elle comprenait un peloton de tirailleurs tonkinois, un bataillon de tirailleurs algériens, deux sections d'artillerie et quelques cavaliers.

Le 3, le général de Négrier quitta Hanoï pour aller prendre la direction générale de toutes ces forces; il se rendit à Phu-Lang-Thuong pour marcher avec la colonne Defoy.

Le 5 octobre les troupes étaient ainsi réparties :

1° Vallée du Loch-Nam.

Colonne du lieutenant-colonel Donnier : deux compagnies du 143° (capitaines Freyssinaud et Cuvelier) ; deux compagnies de la légion (capitaines Beynet et Bolgert), ces deux compagnies augmentées du renfort destiné au 2° bataillon, 186 légionnaires avec les capitaines Bérard et Isambart ; un peloton de tirailleurs tonkinois (sous-lieutenant Bataille), une section de 80$^{mm}$ de montagne (lieutenant Largouët); un détachement d'ambulance, les canonnières la *Hache*, la *Massue* et l'*Eclair*.

Le 5, à midi, le lieutenant-colonel Donnier se trouvait au village de Loch-Nam, qui venait d'être brûlé par les Chinois, et il remontait lentement le fleuve, cherchant un point de débarquement, le plus près possible de son objectif Chu. Les canonnières avaient pris contact.

2° Vallée du Thuong-Gian.

Général de Négrier : bataillon Godard, du 23° (compagnies Gignous, Gaillon, Pécoul); bataillon Chapuis, du 114° (compagnies Planté, Venturini, Mailhat, Verdin); bataillon Farret, du 143°(compagnies Barbier et Dantelle). Artillerie, sous les ordres du commandant de Douvres : deux sections de la batterie de Saxcé, 80$^{mm}$ de montagne; 3° batterie *bis* d'artillerie de marine (batterie Roussel); détachement d'ambulance (médecin principal Challan); détachement du génie; section télégraphique de campagne (lieutenant Bailly); demi-peloton de cavalerie (sous-lieutenant Dumez).

3° Phu-Lang-Thuong :

Colonne Mibielle : troupes de sortie de la garnison, un peloton de tirailleurs tonkinois (sous-lieutenant Robard); 3° bataillon du 3° tirailleurs algériens (commandant Mibielle); deux sections de 80$^{mm}$ de montagne (11° batterie du 12°, compagnie Jourdy); un détachement du génie avec deux mulets d'outils; un détachement léger d'ambulance. Au commandant de Mibielle se trouvait momentanément détaché le demi-peloton de cavalerie, moins quatre cavaliers gardés par le général.

Les renseignements disaient que l'ennemi était partagé en deux groupes principaux : l'un sur Loch-Nam, vers Chu, fort d'environ

4,800 réguliers chinois; l'autre vers Kep, estimé à environ 3,000 réguliers. Ces deux groupes paraissaient reliés par un fort détachement, signalé à Bao-Loc, en conséquence le général se résolut : 1° à pousser le lieutenant-colonel Donnier dans la vallée du Loch-Nam, en lui donnant Chu pour objectif ; 2° à le faire appuyer par le commandant de Mibielle qui reçut l'ordre de se trouver le 6, au soir, à Hoa-Phu, en refoulant sur Bao-Loc, sans les presser, les partis ennemis qui s'opposeraient à sa marche ; 3° à chasser l'ennemi de Bao-Loc, pour le rejeter d'un côté sur le colonel Donnier, de l'autre sur Kep. Cette attaque sur Bao-Loc avait en outre pour but de permettre ultérieurement une attaque sur Kep.

Dans ces conditions, le 6, au soir, la colonne principale se porta à la pagode de Thoman, tandis que le commandant de Mibielle rompait de Phu-Long-Thuong, à 5 heures 30 du matin, pour se porter sur Hoa-Phu. Le même jour, le lieutenant-colonel Donnier, débarquant près de Lam (rivière de Loch-Nan), fut vivement attaqué par l'ennemi, qui s'opposa à son débarquement. Il en résulta un brillant combat, auquel participèrent les canonnières la *Hache*, la *Massue*, la *Carabine*, l'*Eclair*. L'ennemi, complètement battu, se retira vers Chu ; il montra environ quatre mille hommes, et le colonel Donnier vit, à cinq kilomètres dans le nord-est, cinq camps chinois qui lui parurent retranchés. Il devint donc nécessaire d'appeler le commandant de Mibielle.

Sa colonne, laissant ses trains à la pagode Thoman, se porta sur Bao-Loc par un chemin difficile ; les ponts avaient été rompus par l'ennemi. L'avant-garde arriva à Bao-Loc à 9 heures 20 ; au delà de ce village elle heurta un détachement chinois, qui, au premier coup de canon, s'enfuit en abandonnant son matériel. D'après les habitants, le parti ennemi se dirigeait par une route de montagne sur Kep. A 4 heures 30 du soir, le général reçut un cavalier du commandant de Mibielle, qui lui faisait connaître qu'il avait éprouvé dans sa marche les plus grandes difficultés, qu'il était en relation avec le colonel Donnier et comptait le rejoindre le 8.

La jonction de ces deux colonnes assurée et le pays de Bao-Loc vidé par l'ennemi, le général se décida à marcher immédiatement sur Kep. A cet effet, l'artillerie et deux compagnies d'infanterie, les malades de la journée et le quartier général se mirent en mouvement, à 5 heures 30, pour bivouaquer, à 8 heures 30, à la pagode Thomann. Le reste de l'infanterie, cantonné à Bao-Loc, eut l'ordre d'opérer sa jonction avec les troupes de la pagode Thoman, le 8 au matin. Les pertes de cette journée furent nulles : quelques hommes atteints de coups de chaleur furent amenés à la pagode Thoman, où ils furent gardés pendant la matinée du 8 par deux sections du 143°, chargées de les escorter à Phu-Lang-Thuong, dès l'arrivée des coolies de transport envoyés par cette place.

Le 8 au matin, le commandant n'avait que des renseignements vagues et contradictoires sur l'occupation de Kep par l'ennemi.

Sous la protection de l'avant-garde, placé à 1,500 mètres en avant du carrefour des routes de Bao-Loc et de Kep, le gros avait pris la position du rassemblement. La cavalerie dont disposait la colonne (1 brigadier et 3 cavaliers) battit le terrain en avant et sur les flancs, et ne tarda pas à signaler un groupe de Pavillons très serrés sur les hauteurs à l'ouest de Kep. La marche fut alors reprise. En se portant d'une hauteur à une autre, le pays paraissait vide, et l'avant-garde était arrivée à 1,500 mètres de Kep sans que l'ennemi se fût montré. Le général et l'état-major se tenaient à la pointe d'avant-garde pour être éclairés aussi vite que possible sur la situation, lorsqu'à 500 mètres de Kep le capitaine Fortoul, chef d'état-major, aperçut la route barricadée et des groupes poussant précipitamment des animaux dans la direction du village. L'avant-garde, enlevée par cet officier, arriva pêle-mêle avec les Chinois sur cette barricade. Comprenant immédiatement la situation, cet officier porta immédiatement un second groupe de l'avant-garde à la sortie nord du village. Le poste chinois qui l'occupait, entièrement surpris, fut presque totalement détruit, et le général jeta en appui de la pointe la seconde compagnie d'avant-garde. Le combat commença donc pour les Chinois par une surprise ; leurs clairons sonnèrent de tous côtés et une violente fusillade s'engagea immédiatement entre les deux compagnies d'avant-garde (capitaines Planté et Venturini) et les défenseurs du village, dont l'intérieur était fortement organisé. Une position pour l'artillerie fut reconnue par le général, à gauche de la route, et la section d'artillerie d'avant-garde y fut immédiate-

COMBAT AUX ENVIRONS DE KEP.

ment amenée. Pendant ce temps, le gros de la colonne se forma, au sud de Kep, en ordre préparatoire de combat sur deux lignes à intervalles serrés. Le feu commença à dix heures et prit immédiatement une grande intensité. Les troupes chinoises paraissaient être nombreuses. Elles occupaient dans le fond du tableau une ligne de hauteurs; la gauche s'appuyait à la route de Chine, qui était défendue par une pagode fortifiée avec parapet et prolongée par une lisière de bois organisée défensivement; la droite s'appuyait au village de Cham, situé un peu en avant de la ligne principale.

Toute l'artillerie fut réunie en un seul groupe sur un mamelon qui domine Kep et deux compagnies du 23°, reçurent l'ordre de contourner Kep par l'est. Cette troupe dut traverser des fourrés difficiles, enchevêtrés, couverts d'herbes à hauteur d'homme. Le village de Kep ne fut enveloppé qu'à onze heures et demie, et, dans cette situation, aucun de ses défenseurs ne pouvait plus sortir, sans tomber sous le feu des troupes d'attaque; mais l'ennemi avait mis ce temps à profit.

A onze heures. il dressa une attaque enveloppante sur les deux ailes, principalement sur notre gauche; cette attaque fut presque anéantie.

Cependant, Kep tenait toujours. Un premier assaut, quoique préparé par le tir de l'artillerie, dominant le village à trois cents mètres, fut repoussé. Le capitaine Planté y fut tué à la tête de sa compagnie. Il était nécessaire de ne pas donner à l'ennemi le temps de se reconnaître; le général se décida à ne pas tenir compte de Kep, à le dépasser et à le couper de la route de Chine en s'emparant de la redoute de la pagode qui fut enlevée du premier coup; tous ses défenseurs furent tués sur place. De là, les compagnies se jetèrent sur le fort du nord par la gauche et s'y installèrent. Le principal point d'appui des Chinois était enlevé; nous tenions la route de Chine et leurs communications par Cham. Dès lors, la déroute commença. Des bandes désorganisées s'enfuirent vers le Song-Thuong, auquel l'armée chinoise était adossée le matin. Un régiment de cavalerie aurait pu les jeter dans le fleuve, mais, à cause de la chaleur excessive, elle ne furent poursuivies que par des feux. Il était une heure, l'ennemi avait disparu de tous les côtés. Il ne restait au centre du terrain de l'action que le village de Kep, se défendant vigoureusement. Un second assaut fut repoussé. L'artillerie donna de nouveau tout entière sur le village. Le général fit alors descendre une pièce de 4 de montagne, qui fut amenée à bras à cinquante mètres du réduit, où elle fit brèche. L'ennemi tenta par cette brèche une sortie désespérée qui ne put réussir, l'ouverture se trouvant presque instantanément bouchée par un encombrement de morts et de mourants. Les troupes se jetèrent de nouveau sur le réduit et durent, une troisième fois, reprendre leurs positions. Un retour offensif de l'ennemi n'était plus à craindre, et le général renforça l'attaque par la compagnie Barbier. Il fut ordonné à l'artillerie de reprendre le feu rapide sur le réduit jusqu'à la sonnerie de la charge.

A ce signal, donné à deux heures dix minutes, la compagnie Barbier, formée en colonne d'assaut se jeta contre la face nord du réduit. Les autres fractions de troupes qui entouraient le village suivirent le mouvement à la baïonnette. Un combat corps à corps eut lieu dans le réduit; le capitaine Gignous fut blessé d'un coup de sabre, le capitaine Kerdrain fut blessé de deux coups de sabre et de deux coups de lance. Les débris de la garnison se firent tuer à leur poste de combat. La garnison de Kep et de son réduit était forte d'environ deux bataillons. Les cadavres de plus de six cents Chinois restèrent dans le village ou dans le réduit, formant des amoncellements aux points de passage. Tous les bagages de l'ennemi, ses approvisionnements, ses chevaux et ses mulets tombèrent entre nos mains, ainsi qu'une grande quantité de munitions, de fusils Mauser, modèle 1871, et Winchester, grand modèle. Les cartouches de Mauser étaient de 1881.

Dans les prises, où des objets appartenant aux officiers de la colonne Dugenne furent retrouvés, figuraient des approvisionnements de tentes et d'effets de toutes sortes, qui donnèrent lieu de croire que ces forces étaient un corps d'avant-garde formé par des hommes résolus à préparer l'invasion du Delta.

Pendant toute la nuit et une partie de la matinée du 9, les troupes, en fouillant les localités, tuèrent des Chinois blottis dans les rizières ou dans les fourrés. Les pertes de l'ennemi durent être d'un millier d'hommes.

Le 6, à neuf heures du matin, la colonne, encore embarquée sur la flottille, quitta le mouillage de Fong-Linh pour continuer à remonter le fleuve et choisir son point de débarquement aussi haut que le permettrait l'état de la navigation du haut Loch-Nan et le voisinage de l'ennemi. Un détachement comprenant une compagnie de la légion étrangère (capitaine Beynet) et un peloton de tirailleurs tonkinois (lieutenant Bataille), protégea le mouvement de la flottille en cheminant à terre à sa hauteur, et suivit la route de Fong-Linh à Chu. Ce détachement atteignit la berge de Laï-Tam en même temps que la flottille, et rendit compte qu'il n'avait vu aucun ennemi pendant la marche. En conséquence, ordre fut donné de continuer le mouvement et d'essayer de pousser jusqu'à Lam. La flottille y arriva vers dix heures du matin, et mouilla en aval du banc de sable, qui marque la limite de la navigation pour les canonnières et chaloupes d'un tirant d'eau supérieur à un mètre cinquante.

Comme l'élévation et la raideur des berges, à la hauteur de la flottille, menaçait de rendre le débarquement très difficile, le lieutenant-colonel Donnier alla, avec l'*Eclair*, à qui son faible tirant d'eau permit de franchir le dos d'âne, reconnaître en amont un lieu de débarquement plus favorable, le trouva et envoya ordre aux jonques et aux chalands de venir successivement accoster l'*Eclair* devant servir de ponton de débarquement.

Vers midi, cet ordre recevait un commencement d'exécution, quand un projectile creux et quelques balles, tirés du coude du fleuve, à neuf cents mètres, vinrent blesser quelques hommes sur la canonnière et signalèrent la présence de l'ennemi dans les bambous du tournant.

Celui-ci, en effet, tirait des fourrés de la rive, après avoir détourné l'attention du capitaine Beynet. Pendant que l'*Eclair* ripostait immédiatement avec ses canons-revolvers, le lieutenant-colonel Donnier porta la compagnie Bolgert à mille mètres en avant du point de débarquement, pour prendre à revers la bouche du fleuve. Cette compagnie prit position dans un ancien retranchement annamite et ouvrit le feu sur les tirailleurs ennemis dispersés dans les bambous de la berge.

La fusillade et les feux de l'*Eclair* ne tardèrent pas à les en chasser ; mais, après avoir menacé de tourner la gauche de la compagnie Beynet, il essayèrent la même manœuvre contre la compagnie Bolgert, qui parut à ce moment et reçut l'ennemi par des feux de salve bien ajustés. Les groupes ennemis accueillis de la sorte durent rebrousser chemin.

Vers une heure, la compagnie Fraissynaud du 143e arriva sur le lieu du combat et se plaça en réserve dans un pli de terrain ; la compagnie Cuvellier, du même corps, arriva peu après et se plaça en réserve générale dans le retranchement annamite.

Tout à coup, vers deux heures, une vive fusillade éclata autour de nos positions. L'ennemi déboucha en force, dans nos directions d'attaque et marcha résolument à l'attaque de nos positions. A gauche, les tirailleurs tonkinois, dont le chef, M. Bataille, venait d'être blessé, eurent un moment d'hésitation ; mais la compagnie Freissynaud était à proximité. Elle se lança en avant et l'ennemi fut rejeté, poursuivi à la baïonnette pendant huit cents mètres environ, semant de cadavres, sa ligne de retraite. A droite, les Chinois dessinèrent un mouvement offensif que la compagnie Bolgert, portée tout entière sur la ligne, arrêta vigoureusement.

La compagnie Beynet arrivée à son tour, le capitaine enleva rapidement ses sections et les porta à la gauche de la compagnie Bolgert ; puis ces deux compagnies passant à l'offensive, se précipitèrent à la baïonnette sur l'ennemi qui essaya de leur tenir tête. Mais il ne tarda pas à plier devant la vigueur de l'attaque. A ce moment, le capitaine Beynet fut tué raide.

Les deux points de l'attaque ainsi dégagés, les troupes poussèrent de l'avant, et la section d'artillerie ayant achevé son débarquement, ses pièces furent rapidement pointées sur les troupes chinoises sorties des forts pour recueillir les fuyards.

Le feu cessa vers cinq heures et demie. A la nuit, les grandes gardes furent seules laissées sur les positions conquises ; le gros se replia sur le fortin annamite et y bivouaqua.

La nuit se passa sans incidents. Nos pertes avaient été de onze tués et de trente blessés.

Le 9, la colonne fut renforcée par l'arrivée de la colonne Mibielle, forte de 500 tirailleurs algériens et d'une batterie de 4 de montagne.

Le lieutenant-colonel Donnier résolut d'occuper, le 10 au matin, les hauteurs dominant les défenses extérieures de Chine, et constituant pour le cheminement de l'attaque un point de départ très avantageux.

L'ennemi n'avait, pendant les deux jours précédents, montré que quelques sentinelles sur la hauteur de gauche, sur celle de droite, au contraire, un poste chinois était établi sur la crête et observait nos mouvements.

Les dispositions suivantes furent prises, le 10 au matin, pour reconnaître offensivement ces positions avancées et les occuper. Dès le réveil, une forte reconnaissance, sous les ordres du commandant de Mibielle, fut poussée dans la direction des forts de la route de Lang-Son, afin de détourner l'attention de l'ennemi et de le retenir dans ses forts.

A six heures du matin, une compagnie de la légion étrangère, capitaine Bolgert, fut chargée d'aller occuper la hauteur de gauche, après quoi un détachement du 143e, commandé par le capitaine Frayssinaud, et comprenant la 3e compagnie et un peloton de la 4e, se posta en avant pour aller reconnaître et occuper la hauteur de droite. Il lui fut indiqué d'aborder la position par les pentes sud, de façon à prendre les défenseurs à revers. Le capitaine Cuvellier, qui, à titre de chef d'état-major, avait fait l'avant-veille la reconnaissance sommaire de ces positions, fut chargé de donner la direction. Derrière chaque compagnie, portée en avant, une compagnie se tint en réserve, prête à la soutenir : la compagnie Bérard, de la légion, derrière la compagie Bolgert ; la compagnie Polère, du 3e tirailleurs algériens, derrière le détachement du 143e.

Arrivant la première en position, la compagnie Bolgert fut accueillie, en abordant la crête, par un feu très vif, partant de face des retranchements ennemis, et de flanc, du poste chinois établi sur la hauteur de droite. Elle y répondit par des salves bien dirigées et bien ajustées, et s'établit sur la crête, non sans éprouver des pertes assez sérieuses. A droite, le détachement du 143e, brillamment entraîné par son chef, le capitaine Frayssinaud, gravit les pentes et atteignit la crête en refoulant vigoureusement devant lui les tirailleurs chinois ; il les débusqua d'une tranchée où était établi le poste les jours précédents et les rejeta vers une hauteur voisine (la butte des Pins). Au moment où il couronnait la position qui lui avait été indiquée comme but de l'opération, le capitaine Frayssinaud tomba frappé d'une balle à la tête. Le capitaine Cuvellier prit, après lui, la direction du combat, mais son élan l'entraîna au delà du but marqué ; il se jeta à la poursuite des Chinois, qui se replièrent à 300 mètres à peine sur la hauteur des Pins et en garnirent les tranchées. Pendant qu'il descendait la pente pour se porter à l'attaque de ces tranchées, le détachement, accueilli par une fusillade des plus nourries, subit des pertes considérables ; le capitaine Cuvellier tomba frappé de trois balles, et autour de lui tombèrent un grand nombre de militaires du 143e, que son entrain avait électrisés.

Le lieutenant-colonel Donnier fit relever le détachement du 143e de ligne par deux compagnies du 3e tirailleurs algériens (capitaines Polère et Valet), et le capitaine adjudant-major Mercier, du même corps, fut envoyé pour prendre le commandement. Il plaça également une section de la 11e batterie, sous les ordres du capitaine Jourdy, sur la crête de la hauteur occupée par la compagnie Bolgert, de la légion, et près de l'aile gauche. Cette position, qui assurait d'ailleurs dans la direction de Chu un champ de tir bien dégagé, permit de prendre à revers et d'écharpe les tranchées de la hauteur des Pins, d'où partait une fusillade aussi nourrie que bien ajustée. De son côté, la section Largouet de la 12e batterie dirigea son feu sur le fort de Chu qui riposta faiblement. Des troupes de première ligne furent mises en position : deux compagnies de la légion et la batterie Jourdy, sur la hauteur de la gauche, deux compagnies du 3e tirailleurs algériens sur la hauteur de droite.

Le combat dura tout le jour, sous un soleil de feu ; l'ennemi chercha, par un feu rasant des mieux ajustés, à nous faire évacuer les crêtes. Plusieurs fois, pendant la journée, des troupes venant des forts de la route de Lang-Son vinrent renforcer les défenseurs de Chu ; chaque arrivée de renforts fut suivie d'une poussée vers nos positions et d'un redoublement marqué d'intensité de feu. Vers deux heures, un fort détachement, sorti des forts de l'Ouest, chercha à envelopper notre aile gauche et à couper nos communications avec **Traï-Dam** (débarcadère des vivres et des munitions) en se glissant le long de l'arroyo qui coulait derrière la position d'attente de la colonne. Une des deux compagnies du 3ᵉ tirailleurs algériens laissées en réserve sur cette position fut opposée à ce mouvement tournant et parvint à l'arrêter. Vers quatre heures, notre aile gauche était dégagée, ainsi que nos derrières, et le commandant de Mibielle, qui commandait la deuxième ligne, put faire amener de Traï-Dam des munitions d'infanterie qui venaient d'y arriver et dont le besoin commençait à se faire sentir sérieusement parmi les troupes de la première ligne.

A la fin de l'après-midi, on commença à couvrir d'un bourrelet de terre la crête de la hauteur occupée par la légion et la batterie Jourdy ; le travail fut dirigé avec entrain, sous un feu très vif, par les sapeurs du génie. A la nuit tombante, la hauteur était entièrement couronnée d'un parapet suffisent pour arrêter le tir rasant de l'ennemi ; le même travail fut alors exécuté sur les hauteurs occupées par les tirailleurs algériens. Pendant la nuit, sur tout le développement du front du combat, les troupes travaillèrent à renforcer les retranchements qui, au jour, offrirent une protection et une valeur défensive des plus sérieuses. L'ennemi ne tenta, pendant toute cette nuit, aucune attaque et se renferma sur la défensive dans ses retranchements.

Le 11, dès le matin, il fit un vigoureux effort offensif sur les positions conquises la veille par nos soldats ; mais, reçu à courte distance par notre artillerie et notre infanterie, les assaillants durent se replier, abandonnant un grand nombre de leurs morts sur le terrain, sans nous avoir fait éprouver la moindre perte. Le 12, tous les retranchements ennemis étaient évacués, et le 13, à la faveur de la nuit, un fort détachement procéda, sans être inquiété, à la destruction des ouvrages abandonnés.

Toutes les troupes ayant pris part au combat avaient fait preuve d'autant d'élan à enlever les positions ennemies que de solidité et de tenacité pour les conserver sous le feu le plus vif. Nous avions perdu dans la journée du 10, 21 hommes, et nos blessés s'élevaient à 89.

La campagne débutait mal pour la Chine. Les succès de Chu et de Kep avaient arrêté l'armée du Koung-Si ; celle du Yunnan ne

Le Général BRIERE de l'ISLE

(D'après la photographie de M. Apport)

fut pas plus heureuse dans ses attaques contre Tuyen-Quan. Le 13 octobre, les masses ennemies signalées par le général Brière de l'Isle attaquèrent inutilement la petite garnison de la citadelle.

Lu-Vinh-Phuoc espérait, en harcelant Tuyen-Quan, couper les communications de la garnison avec Hanoï et la réduire par la famine. Cette garnison était composée de deux compagnies de la légion étrangère, d'une demi-compagnie de tirailleurs algériens, de deux sections d'artillerie avec deux pièces de 80 millimètres et de deux canons de 4 de montagne; elle était commandée par le commandant Franger de la légion.

Les Pavillons-Noirs mirent leur projet à exécution dans les premiers jours de novembre.

Un de leurs détachements se porta sur Duoc, pendant que d'autres bandes, harcelant Tuyen-Quan par des alertes incessantes, brûlaient les villages autour de la ville; ce détachement éleva une série de retranchements sur les berges de la rivière.

Dès lors, le service des jonques devint impossible, et celui des canonnières dangereux; un cantinier remontant à Tuyen-Quan fut pris par les Chinois qui le décapitèrent et mirent à mort les indigènes de sa jonque.

La *Trombe* et le *Revolver* eurent de furieux combats à livrer. Dans l'un d'eux, l'équipage du *Revolver* perdit un tiers de son effectif, et son commandant, l'enseigne de Balincourt, reçut trois blessures; mais la canonnière sortit victorieuse.

Comme il importait absolument de rétablir les communications entre Son-Tay et la forteresse et de purger le pays, le général en chef envoya de Hanoï, au colonel Duchesne, deux compagnies d'infanterie de marine, deux compagnies de la légion et une section d'artillerie. Le colonel réunit 700 hommes, au confluent de la rivière Claire, pour attaquer une ligne de retranchements qu'on disait défendue par 3,000 Pavillons-Noirs. Les trois canonnières la *Couleuvrine*, la *Bourrasque* et l'*Eclair* furent placées sous les ordres du colonel Duchesne. Celui-ci quitta Son-Tay le 15 novembre à une heure de l'après-midi, embarqua à Bac-Hat la légion, et, grâce à une crue des eaux, put remonter facilement jusqu'à Phu-Doan-Hung, à 20 kilomètres de Tuyen-Quan.

Le 18 au soir, on débarqua à 6 kilomètres de Duoc. Le 19, la colonne prit les armes au petit jour, et, un peu avant sept heures du matin, elle atteignit les retranchements de l'ennemi. Arrivée à 150 mètres des Pavillons-Noirs, la section d'avant-garde fut reçue par un feu des plus violents ; le lieutenant Schuster tomba frappé d'une balle. L'ennemi était fortement retranché, le pays accidenté, boisé, très favorable à la défense. Le colonel Duchesne fit exécuter par une compagnie de la légion un mouvement tournant à travers bois, amusa les Pavillons-Noirs pendant quatre heures sur le front d'attaque sans s'engager à fond, et lança enfin ses colonnes sur la position quand la fusillade lui indiqua que sa manœuvre avait réussi. Les Pavillons-Noirs se voyant tournés s'enfuirent sur Phuan-Binh, sur le haut Song-Chao, et se débandèrent sur les montagnes. Ils avaient perdu quelques centaines d'hommes ; de notre côté, 10 tués et 25 blessés. Tout le matériel de l'ennemi tomba entre nos mains et son importance prouva qu'il voulait créer en ce point un établisment définitif.

Le soir même, à sept heures, la colonne arriva en vue de Tuyen-Quan et fit sa jonction avec la brave petite garnison de cette forteresse, très éprouvée par les fatigues qu'elle venait de supporter. Dans les journées suivantes, des colonnes volantes parcoururent la région, détruisirent trois villages fortifiés autour de Tuyen-Quan sans trouver trace de l'ennemi. Le colonel Duchesne changea la garnison de Tuyen-Quan et envoya l'ancienne à Hanoï, où elle put prendre un repos bien mérité. En même temps, il laissa une compagnie d'infanterie de marine entre Phu-Doan-Hung et Duoc, afin de prévenir tout mouvement offensif de l'ennemi et assurer le passage des bâtiments. Les canonnières avaient rendu les plus grands services ; l'*Eclair*, commandé par le lieutenant de vaisseau Leygue, avait pu remonter jusqu'à proximité des retranchements chinois et coopérer vigoureusement à l'attaque. Comme sur le Loc-Nam, elle avait rendu, grâce à son petit tirant d'eau et à l'énergie de son équipage, les services les plus appréciables.

Pendant ce temps, de nouveaux crédits furent votés par le Parlement, qui approuva la création d'un deuxième régiment étranger et d'un quatrième régiment de tirailleurs algériens.

Les renseignements signalèrent, le 7 décembre, l'apparition des

Chinois dans la haute vallée du Loc-Nam, où un millier d'entre eux étaient établis à Phuoc-Thang.

Le général de Négrier rencontra une patrouille chinoise dans une reconnaissance faite, le 14, au col de Déo-Quan.

L'ennemi s'était dirigé sur Ha-Ho, dans la nuit du 15 au 16; 2,000 hommes environ marchaient par la route de Déo-Van-Giu-Phtuong, pendant qu'un autre groupe, posté sur les hauteurs de Déo-Quan, surveillait la garnison de Chu. Le but de cette irruption était d'enlever le marché de Ha-Ho, que trois compagnies françaises devaient protéger, afin d'empêcher le ravitaillement de l'armée chinoise.

Une des colonnes se heurta contre un nombreux corps chinois, et un combat très vif, conduit vigoureusement par le capitaine Bolgert, s'engagea. L'ennemi fut repoussé à la baïonnette et battit en retraite, salué par des feux de salve bien dirigés; mais bientôt, cette colonne, menacée par des forces supérieures, dut se retirer sur Giap-Ha et s'établir dans une forte position défensive.

La compagnie de la légion Gravereau, au bruit de l'engagement, s'était portée vivement vers la colonne Bolgert et la dégagea, non sans avoir été tournée elle-même et été réduite à se faire jour à la baïonnette.

La compagnie Verdier accourut de Kep-Ha, pendant que le lieutenant-colonel Donnier venait de Chu; ces nouveaux secours déterminèrent l'ennemi à battre en retraite. A quatre heures et demie du soir, nos troupes regagnaient leurs cantonnements, ayant 16 tués et 22 blessés; celles de l'ennemi étaient de beaucoup supérieures. Au surplus, son opération avait échoué.

Le général de Négrier, à la nouvelle de ce combat, prit deux compagnies de tirailleurs algériens dans cette place et revint à Chu.

Dès le 22, de nouvelles masses étaient signalées vers Maï-To, grossissant chaque jour. Notre point de concentration, pour la marche sur Lang-Son, se trouvait donc menacé vers l'est et même sur ses derrières. D'autre part, l'ennemi répandu dans la vallée, vers An-Chan, vivait abondamment des produits du pays. Il importait de lui enlever ces ressources et d'établir la sécurité aux approches des établissements que nous élevions sur la ligne de Sam-Chu, pour notre base d'opérations.

Le bataillon du 143ᵉ (commandant Farret) ; un bataillon de tirailleurs algériens (commandant de Mibielle) ; un bataillon d'infanterie de marine (commandant de Mahias) ; une batterie d'artillerie (capitaine de Saxcé) furent dirigés sur Loch-Man où le général de Négrier en prit le commandement ; le 2 janvier, toutes nos troupes étaient concentrées à Chu.

Elles se composaient de deux bataillons, sous le commandement du lieutenant-colonel Herbinger, d'un bataillon mixte d'infanterie de marine, d'un bataillon de tirailleurs algériens, d'un bataillon de la légion étrangère, d'un bataillon de tirailleurs tonkinois, de deux batteries d'artillerie, d'une section du génie, d'une section de télégraphistes, d'une section d'ambulance et d'un détachement du train.

Chu était observé par l'ennemi. Les Chinois couvraient les deux routes de Chu à Lang-Son. Le général de Négrier, jugeant nécessaire de donner de l'air au poste de Chu, avertit le commandant du corps expéditionnaire et se prépara à prendre l'offensive dans la direction d'An-Chau.

Une partie des troupes forma garnison à Chu sous les ordres du colonel Donnier, qui réserva une compagnie et demie de la légion étrangère comme troupe de sortie. Cette compagnie joua un rôle important, en attirant l'attention de l'ennemi pendant la marche du général.

Les Chinois avaient établi à Soui-Nien une ligne de quatre forts pour se couvrir d'une attaque venant du sud ; chacun de ses ouvrages, parfaitement organisé, était pourvu d'une enceinte continue, défendue par une batterie de quatre Krupp et dix pièces. Cet ouvrage portait le nom de camp retranché du Mui-Bop, et les renseignements recueillis n'en n'avaient pas fait soupçonner l'importance.

Les cantonnements de l'ennemi s'étendaient dans les villages qu'entourent ce camp, à l'ouest et au sud. De leur disposition, le général conclut qu'une attaque menée par la route de Chu et An-Chau ne ferait que rejeter l'ennemi sur des positions plus fortes, tandis que l'assaillant serait exposé à être attaqué sur ses derrières par un corps débouchant de Dong-Song par Deo-Van. En conséquence, il se résolut à faire une démonstration sur cette route au moyen des troupes de sortie de Chu, tandis qu'avec toutes ses forces il dérobait sa marche en remontant la rive gauche du Loch-Nan par un sentier de montagne. Il se proposa aussi d'atteindre un gué qui lui avait été signalé sur le Loch-Nan, près du village Dao-Bé, et, après être repassé sur la rive droite, de prendre place sur les hauteurs de Phong-Cot : un mouvement offensif dans cette direction devait couper l'ennemi de sa ligne de retraite sur Chu.

Le 3 janvier 1885, les troupes, rompant à six heures du matin, franchirent le Loch-Nan ou gué de Taï-Lam et se formèrent entre le village de To-Duong et le fleuve, face à l'est. La marche fut reprise à huit heures par un temps brumeux, dans un sentier difficile, coupé par un grand nombre de ruisseaux et de ravins ; le génie eut beaucoup de peine à améliorer les passages. A une heure, l'avant-garde atteignit le gué de Dao-Bé : ce gué était profond, le courant rapide, la rive droite escarpée, et il fallut établir une rampe. A mesure qu'elles passaient, les compagnies prenaient la formation de rassemblement dans un terrain boisé, qui les masquait des vues de l'extérieur. Le passage présentait de telles difficultés que le gros n'eut terminé son mouvement qu'à quatre heures, de sorte que l'ennemi eut le temps d'être informé de l'approche de la colonne.

L'avant-garde avait à peine commencé son mouvement dans la direction de Phong-Cot que le général, d'un sommet où il examinait les environs, aperçut une ligne chinoise garnissant les crêtes et d'autres groupes marchant à notre rencontre par le chemin de Phong-Cot, lequel suit le thalweg d'une vallée profonde. Aussitôt une batterie fut dressée, et, l'avant-garde (Tonkinois et infanterie de marine) se déploya vers la gauche. La position de l'ennemi ne tarda pas à se dessiner. Il avait pris, par sa gauche, appui sur une crête barrant l'horizon et dominant notre position, tandis qu'avec d'autres forces il suivait la vallée et marchait résolument à l'attaque de notre avant-garde. Deux compagnies d'infanterie de marine (compagnies Salles et Tailhan), éclairées à leur gauche par les tirailleurs tonkinois (capitaine de Beauquesne), furent envoyées pour tenir une croupe que l'ennemi était sur le point d'atteindre ;

la fusillade s'engagea de ce côté (quatre heures). La ligne chinoise, placée sur la crête de gauche, entra également en action : l'artillerie fut mise tout entière en batterie et choisit pour objectif le mamelon dominant occupé par les Chinois. L'infanterie de marine, prenant l'offensive, refoula l'ennemi jusqu'à un petit bois où il essaya de s'arrêter.

L'artillerie ayant préparé l'attaque, le général donna l'ordre au lieutenant-colonel Herbinger de faire enlever le sommet dominant par le bataillon du 143e (commandant Farret), soutenu par le bataillon du 111e (commandant Faure). Les compagnies de première ligne du 143e (3e compagnie, lieutenant Thébaut, et 4e compagnie, capitaine Dautelle), se portèrent rapidement en avant et ne commencèrent le feu qu'à trois cents mètres. Après quelques instants de feu rapide, elles se lancèrent à l'assaut et chassèrent l'ennemi, qu'elles poursuivirent de leurs balles. Il était quatre heures trente. L'infanterie de marine, en continuant son mouvement, rivalisait avec le 143e pour aborder la ligne chinoise : celle-ci montra encore une certaine ténacité et ne fut mise en fuite que vers cinq heures et demie.

L'obscurité, devenue complète, arrêta la poursuite. Les troupes engagées reçurent l'ordre d'attendre sur leurs positions le lever de la lune. Au débouché du thalweg, on avait, dans l'après-midi, aperçu le village de Phong-Cot et de nombreuses tentes; il était nécessaire d'occuper ce village, qui ouvrait le débouché. Le général donna au lieutenant-colonel Herbinger l'ordre de faire passer la ligne par le bataillon du 111e et d'enlever Phong-Cot ; en même temps il prescrivit au bataillon d'infanterie de marine de s'établir sur un sommet très élevé dominant Phong-Cot au nord-ouest pour assurer le flanc gauche du défilé du lendemain.

La batterie du capitaine de Saxcé fut amenée sur la crête conquise par le 143e. A une heure du matin, ces mouvements étaient achevés, sans combat, l'ennemi ayant évacué Phong-Cot Trois compagnies du 111e y prirent position, tandis que la compagnie Verdier, du même bataillon était placée en grand'garde dans une pagode entourée d'un petit bois, à 300 mètres environ au nord de Phong-Cot. Jusqu'à quatre heures du matin, tout fut tranquille aux avant-postes ; toutefois, de la compagnie Verdier, on entendit le bruit des outils des Chinois, travaillant à se retrancher. A cinq heures trente, la compagnie du 111°, de grand'garde, fut subitement attaquée de très près avec vigueur. En même temps l'ennemi commençait à bombarder Phòng-Cot.

Au moment où le jour se leva, à six heures, la compagnie Verdier, presque enveloppée, exécuta pour se dégager une attaque à la baïonnette qui amena un court combat corps à corps. La compagnie Tailhan, de l'infanterie de marine, descendant de sa position, se jeta sur le flanc de l'ennemi et acheva de dégager la compagnie Verdier. Le 111° prit immédiatement l'offensive avec une vigueur qui ne laissa pas que d'inquiéter le commandant : la direction du combat pouvait en effet lui échapper, et il craignait de ne pas avoir le temps de faire serrer les troupes pour appuyer l'attaque.

Le village de Phong-Cot est situé au centre d'une plaine, entre le massif de Noui-Ba-Mat et les hauteurs occupées pendant la nuit par le bataillon d'infanterie de marine.

Le général, qui s'était porté sur ces hauteurs, ordonna les dispositions suivantes :

Prendre comme appui de gauche le sommet sur lequel il se trouvait lui-même;

Couronner le terrain, à l'ouest des forts, pour empêcher l'ennemi, établi dans les cantonnements de Maï-To, de rentrer dans le camp retranché ;

Soutenir le combat démonstratif au centre ;

Masser une attaque à l'aile droite, pour enlever d'abord les ouvrages de l'est, couper ainsi la ligne de retraite et se rabattre de la droite sur la gauche.

Cette manœuvre fut immédiatement exécutée. Tandis que le gros marchait, le bataillon du 111°, continuant son attaque avec vivacité chassa l'ennemi des mamelons du sud du Nui-Bop, sur lesquels les Chinois avaient commencé des tranchées, et dépassa celle-ci de sorte que le centre se trouva en pointe au moment où la droite du 111° commençait à être dérobée. On rectifia aussitôt la ligne.

A neuf heures et demie, cette droite étant dégagée, et la ligne rectifiée, le général décida l'attaque par l'aile droite ; mais, pendant ces préparatifs, l'ennemi, qui ne restait pas inactif, défendait

**Le Lieutenant-Colonel Herbinger**

Commandant le gros de la colonne aux affaires de Lang-Son

les bords du Soui-Nien avec ténacité, quoique son artillerie eût vu son feu éteint.

A dix heures quarante, les dernières dispositions prises, les bataillons du 143° et des tirailleurs algériens, établis sur la crête, avaient débordé le fort de l'Est. Toute l'artillerie concentra son feu sur ce fort, et, tournés par leur gauche, les défenseurs du Soui-Nien lâchèrent pied. Sans attendre le signal, le 111° se précipita à leur poursuite ; après une fusillade, il escalada deux forts. Les tirailleurs algériens et le bataillon du 143° se jetèrent aussitôt en avant. Les trois forts appuyant la gauche de l'ennemi furent enlevés, la gauche elle-même mise en fuite vers le nord-est.

A la gauche de notre ligne, la section d'artillerie Largouët réussit à empêcher les corps ennemis de Liem-Son, de Maï-to, etc., de rentrer dans le camp retranché ; ces corps se dispersèrent dans la direction de Bien-Dong, en filant le long des pentes du Nui-Bop.

La compagnie Bourguignon, de l'infanterie de marine, traversa alors le Soui-Nien avec les plus grandes difficultés et se forma en colonne d'attaque au pied du seul fort dont nous n'étions pas maîtres. Là aussi l'ennemi avait posté une ligne de tirailleurs le long du ruisseau ; mais ceux-ci, pris de flanc par le mouvement de la compagnie Bourguignon, se hâtèrent de rentrer. La section Largouët dirigea son tir sur une redoute palissadée, adjacente à la face sud du fort. Aussitôt que la compagnie Bourguignon s'élança à l'assaut, les défenseurs, qui jusqu'alors étaient restés couchés dans le fossé, se levèrent et commencèrent un feu violent sur l'attaque. Un obus emporta le saillant de la palissade ; l'infanterie de marine s'y précipita ; les défenseurs se replièrent dans le fort et ouvrirent le feu aux deux rangées des créneaux. Cette fusillade quoique meurtrière, ne ralentit pas l'attaque qui, contournant au pas de course l'ouvrage entre le parapet et la palissade, arriva sur ses derrières. L'ennemi finit par évacuer, et l'infanterie de marine continuant, son mouvement se jeta sur le fort, dont les défenseurs s'enfuirent en sautant par dessus le parapet et en enfonçant la palissade.

Les hommes du centre et de la droite de l'ennemi, en déroute vers un col situé à l'ouest du Nui-Bop, se joignirent aux troupes des cantonnements, qui s'étaient mises également en retraite vers ce col. Toute l'artillerie concentra son feu sur les longues colonnes de fuyards et les poursuivit de ses schrapnels jusqu'à onze heures quarante-cinq : le manque de cavalerie empêcha seul leur ruine complète. Tous les forts, étendards, canons, armes, munitions, tentes, chevaux, outils, approvisionnements, bagages des Chinois étaient entre nos mains, et 500 ou 600 ennemis jonchaient le terrain.

La prise du Nui-Bop couvrait la route d'An-Chau à Mai-Xu et privait l'ennemi de sa ligne principale de ravitaillement. Le général de Négrier ordonna donc l'occupation immédiate de ce poste par une compagnie de la légion, une demi section de tirailleurs tonkinois et un détachement d'artillerie.

## LES COMBATS DE DONG-SONG ET DE LANG-SON

Les garnisons de nos places extrêmes, vers Lang-Son, étaient, au lendemain du combat de Nui-Bop : Nui-Bop, Chu, Kep; en seconde ligne : Dong-Trieu, Lac-Son, Phu-Lang-Thuong.

Le général Brière de l'Isle ayant résolu de marcher sur Lang-Son, on employa tout le mois de janvier en préparatifs : concentration des troupes, réunion des coolies, approvisionnement des parcs et des convois.

Il fut décidé, pour maintenir l'ennemi dans l'indécision sur nos projets, de diriger d'abord une partie des troupes sur Phu-Lang-Thuong et d'opérer une démonstration en avant de Kep, sur la route mandarine. Les troupes qui y prendraient part devaient rapidement gagner Chu. Le général Négrier conduisit cette opération avec un bataillon, une batterie et un aérostat; elle réussit pleinement. Le but ayant été atteint, deux brigades furent constituées à Chu, la première commandée par le colonel Giovaninelli, la seconde sous les ordres du général Négrier. Au total, la colonne comprenait 7,186 hommes.

Les garnisons du Nui-Bop, Chu et Kep, restèrent composées d'une compagnie d'infanterie légère pour la première, des sections de forteresse des troupes d'opération pour les deux autres. Les postes de Dong-Trieu et de Lac-Son, inutiles pour la marche en avant, furent supprimés; mais, vu la diminution des effectifs maintenus dans les places, la surveillance du Delta fut renforcée par les canonnières de la flottille qui, au fur et à mesure que la concentration s'opérait, rallièrent le secteur de circulation assigné à chacune d'elles. Pendant la durée des opérations et l'absence du général commandant le corps expéditionnaire, le colonel Dujardin reçut le commandement supérieur du Delta, dont le territoire fut divisé en cinq circonscriptions militaires.

Le temps consacré à la préparation, ou, pour mieux dire, à la création des moyens de transports nécessaires à la marche sur Lang-Son avait été mis à profit pour compléter, autant que le permettaient l'esprit des habitants et la présence de l'ennemi, les renseignements à peu près nuls existant sur les routes qui relient Lang-Son au Delta. De cet ensemble de renseignements ressortait la connaissance de quatre routes :

1° La première, dite route Mandarine, part de Kep en utilisant la vallée de Song-Thuong sur une grande partie de son parcours ; 2° la seconde aboutissant à Chu, gagne Lang-Son par Nui-Bop, Phuc-Thang et Na-Dzuong ; 3° la troisième part de Chu par deux directions, le col de Déo-Quan et celui de Déo-Van ; celles-ci se rejoignent à Dong-Son pour continuer sur Lang-Son ; la quatrième part de Tien-Yen.

Il y avait lieu tout d'abord d'écarter la dernière : elle suit, dans la partie sud de son parcours, le lit d'un torrent qui présente des difficultés considérables dans la traversée du massif montagneux qui sépare Lang-Son de la région maritime. Les autres routes vers Lang-Son étaient tenues par l'armée chinoise, dont les centres sur chacune d'elles semblaient être vers Hao-Loc, à Dong-Song et vers Phuc-Thang.

La route Mandarine était la plus connue et la plus directe, mais on y trouve des fondrières et des ravins infranchissables. En outre, de Hao-Loc jusqu'au delà de Than-Moï, la muraille calcaire de cent mètres et plus de hauteur se rapproche de Song-Thuong, défilé très dangereux, sur une longueur de 25 kilomètres. L'ennemi, en prévision de notre attaque dans cette direction, y avait accumulé des défenses, que favorisait un terrain très difficile : 20 à 25,000 hommes étaient installés sur cette route, à l'abri dans les retranchements, les forts et les cantonnements qu'ils avaient établis.

La route de Chu-Nui-Bop présentant un terrain moins difficile, avait ce désavantage d'augmenter de deux journées de marche le chemin à parcourir.

Restait la ligne Chu-Dong-Song, soit par le Déo-Quan, soit par le Déo-Van. Ce dernier col, plus connu que le premier, offrait deux avantages, malgré son altitude élevée et ses nombreuses difficultés : par lui, on abordait la gauche de Dong-Song et pouvait plus probablement rejeter l'ennemi en dehors de sa ligne de retraite. Il permettait en outre, dès la première marche, de s'emparer du village de Can-Hat, désigné comme magasin de riz des troupes en avant de Dong-Song.

Ces deux raisons firent prévaloir la marche de Chu à Lang-Son, par Déo-Van et Dong-Son.

Le départ eut lieu le 3 février, par un temps épouvantable. La pluie, tombant depuis la veille, n'arrêta pas la colonne qui marcha depuis six heures du matin à onze heures du soir, de façon à s'engager la nuit dans le col de Déo-Van. Le génie et les auxiliaires tonkinois, préparaient à la hâte, et à mesure qu'on avançait, les passages les plus difficiles, en se servant le plus souvent de la dynamite; on put ainsi accomplir, sans trop d'embarras, un long trajet dans des gorges étroites et sillonnées de ravins.

Les artilleurs, officiers et soldats, rivalisèrent d'ardeur pour hisser les pièces; malheureusement les mulets n'étaient pas assez nombreux.

Enfin, le col fut franchi; la 2° brigade qui l'avait occupé pendant la nuit, rencontra, bouscula les avant-postes ennemis et prit facilement le village de Can-Hat, où on trouva encore de notables provisions de riz.

A la nuit close, la première brigade coucha à la sortie du défilé. Les renseignements fournis par les espions annamites concluaient à une position formidable à Dong-Song, où les Chinois avaient en effet établi une ligne de forts et de retranchements échelonnée sur tous les pics reliant le Déo-Van au Déo-Quan. C'est devant ces premiers ouvrages que se trouvait la colonne, le 4 février au matin.

La 2° brigade qui avait reçu l'ordre d'attendre, pour continuer le mouvement, d'être rejointe par la 1re avec ses deux batteries de 80 millimètres, entama, vers midi, l'attaque contre les premiers forts à l'est de la route. Elle détacha sur la crête sud la compagnie Gravereau, de la légion étrangère, avec ordre de fl nquer l'extrême gauche de la ligne de bataille, de suivre cette crête, et de s'opposer à toute sortie de la garnison des forts de cette région.

La 1re brigade continua sa marche et entra en ligne entre la 2e brigade et la compagnie Gravereau, qu'elle fit renforcer de deux compagnies de tirailleurs algériens (bataillon de Mibielle).

Le soir, la deuxième brigade cantonna dans les forts des sommets de gauche de la position ennemie, très brillamment enlevée; la première occupa quatre positions fortifiées au centre.

« Il n'y eut aucun délai dans l'attaque, raconte le correspondant du *Standard*. Les Chinois croyaient sans nul doute que la colonne française suivrait le fond de la vallée ; naturellement, elle manœuvra autrement. Le colonel Giovaninelli, avec la première brigade, prit direction à droite, tandis que le général de Négrier suivait la ligne des crêtes sur la gauche. Heureusement, les forts les plus rapprochés étaient les plus élevés. L'escalade des hauteurs et la marche dans les ravins étaient très fatigantes, et ce fut seulement dans l'après-midi que les clairons purent donner le signal de l'assaut, presque en même temps dans les deux brigades. Les Français avaient probablement en ligne leurs meilleures troupes, mais l'entrain de leurs hommes était vraiment étonnant. Ils escaladèrent sac au dos la dernière grande pente. Ils portaient cinq jours de vivres, cent vingt cartouches, et pas un homme ne fléchit; à cinquante mètres des ouvrages, ils jetèrent sac à terre, puis chargèrent avec autant de vigueur que des troupes fraîches. Les Chinois ne perdaient pas leur temps. Ils reçurent les assaillants par un feu nourri, heureusement mal dirigé, qui, cependant éclaircit les rangs des Français ; mais ils n'attendirent pas l'assaut : à l'attaque finale, ils escaladèrent les murs de terre et filèrent avec armes et étendards. Quelques minutes de repos, et on s'élança sur les autres forts, cette fois avec les canons de 80 de montagne qui, ayant atteint les crêtes à dos de mulet, rendirent d'immenses services. On peut dire que sans ces canons, qui ont une portée de 8,000 yards (7,000 mètres) les Français ne seraient jamais arrivés à Lang-Son. En toutes circonstances, les Chinois résistaient avec ténacité contre le feu de la mousqueterie, mais ils fuyaient en désordre devant les obus, qu'ils fussent à fusée ou à percussion. »

Le corps expéditionnaire se trouva, le 5, en présence du centre de résistance, à Hao-Ha. L'attaque fut commencée à midi, à cause du brouillard et des dispositions préparatoires.

Les compagnies s'élancèrent, baïonnette au canon, tandis que d'autres, tournant les positions, formèrent une immense ligne de tirailleurs, prêts à fusiller l'ennemi, dès qu'il cherchera à fuir.

C'est effectivement ce qui se produisit ; pendant qu'une partie des Chinois restaient dans les casemates d'où ils tiraient sur nos hommes, les autres évacuèrent, et on les vit très distinctement, descendre en courant des hauteurs. Notre ligne, bien placée, ouvrit alors un feu meurtrier qui changea la fuite en déroute. Les forts de droite, ceux de l'extrême gauche tombèrent sans coup férir en notre pouvoir, devant l'enlèvement des forts intermédiaires et les progrès de notre marche au centre ; le soir, les deux brigades tenaient l'entrée du défilé de Dong-Son.

A partir de ce moment, nos deux brigades livrèrent chaque jour des combats héroïques, tout en continuant à subir d'énormes fatigues. C'est ainsi qu'une compagnie d'infanterie de marine, ayant escaladé un piton, enlevé un fort chinois, en pénétrant par les embrasures et tué tous les défenseurs, se demanda, au moment de reprendre sa place dans la colonne, comment elle redescendrait de cette crête qu'elle avait si lestement escaladée et conquis. A chaque pas il fallait combattre. Chaque mamelon dut être enlevé de force ; chaque pli de terrain cachait un fort, abritant des Chinois qui ne se sauvaient qu'après une défense énergique.

Le 6, la colonne reprenait sa marche, la 2ᵉ brigade en tête. Dès 9 h. 30 du matin, celle-ci était sous le feu d'un ouvrage battant la route ; elle l'enleva, puis, négligeant les ouvrages plus à gauche, attaqua la longue tranchée couvrant Dong-Song au sud. Vigoureusement poussée, cette attaque obtint un succès complété par l'enlèvement des forts dominant Dong-Song à l'est. La 1ʳᵉ brigade continua, pendant ce temps son mouvement par la route, dépassa la 2ᵉ et s'empara du dernier fort du système, vers Lang-Song. Le camp retranché était à nous. L'ennemi s'enfuit, en pleine déroute : une partie s'écoula vers Lang-Song ; l'autre partie, inquiétée par nos progrès sur la route, se jeta vers Than-Moï à travers le défilé.

Le jour même, une reconnaissance de cavalerie, sous les ordres

Le Général de Négrier faisant sauter la porte de Chine

de M. le capitaine Lecomte, de l'état-major général, partit pour Chu, par la route de Déo-Quan et atteignit heureusement cette place; elle ne rencontra que quelques traînards, les forts qui couvraient cette ligne étaient évacués. Dès le lendemain, ordre fut donné de travailler à la route du Déo-Quan, qui, plus directe, fut adoptée désormais comme ligne de communication avec notre base.

Le général de Négrier et son chef d'état-major, le commandant Fortoul, profitèrent de l'arrêt pour escalader le plus haut pic, d'où l'on a une vue sur les diverses vallées, et purent compter à la lorgnette les innombrables ouvrages élevés par les Chinois sur la route de Kép, ouvrages inutiles, puisque nous les tournions. Il restait beaucoup à faire; toute la nuit des coups de fusil furent tirés par nos factionnaires sur les rôdeurs ennemis.

Le 9, les deux compagnies de la légion eurent à se défendre; l'ennemi, devenant audacieux, accentua son mouvement offensif, et, à un certain moment, un de nos hommes signala une bande qui, ayant escaladé la crête en se défilant dans les bois, s'avançait au pas de gymnastique et baïonnette au canon. Cet homme, courant sus aux Chinois, tomba sous une grêle de balles, mais fut vengé par ses camarades, qui infligèrent de sérieuses pertes à l'ennemi et le repoussèrent. Nous avions un homme mort, un blessé mortellement, et trois hors de combat. Trois nouvelles compagnies, envoyées sur la crête, exécutèrent des feux de salve sur les fuyards et permirent aux soldats qui se battaient depuis le jour de manger à cinq heures du soir, étant à jeun depuis le matin.

Le 10, la marche en avant fut reprise, la première brigade en tête; le pays devint plus difficile, coupé de ravins, de fourrés, de bois impénétrables, présentant à certains points de véritables escaliers à flanc de précipice; la route offrait par elle-même des obstacles incessants retardant la marche de la colonne.

Le 11, les obstacles de la route furent les mêmes que la veille, et la difficulté de la marche encore accrue par des brouillards intenses dont l'humidité détrempait le sol.

Peu après avoir franchi la ligne de partage des eaux des versants de Chine et du Tonkin, la 2ᵉ brigade, qui tenait la tête, s'engagea et refoula, de crêtes en crêtes, des forces chinoises, placées en avant de la ligne des positions couvrant Lang-Son ; leur résistance donna à penser que le lendemain les abords de la place seraient vigoureusement défendus. L'engagement ne cessa qu'à la nuit, et le bivouac fut pris à Pho-Vi.

Le 12, la colonne aborda enfin les positions couvrant Lang-Son.

Dès neuf heures, la première brigade, qui avait pris la tête, commença son attaque contre de fortes masses ennemies, tenant solidement les crêtes, fortifiées et appuyées par sept forts.

L'engagement, gêné par des alternatives de brouillard, fut très violent. La brigade, qui avait reçu l'ordre de forcer le passage et de négliger les forts, se trouva environnée de feux, mais rien n'arrêta son élan. Le bataillon Comoy, des tirailleurs algériens, enleva un mamelon donnant vue sur quatre des sept forts ; l'infanterie de marine emporta le fort le plus élevé qui domine le col.

La 2ᵉ brigade suivit immédiatement la 1ʳᵉ qui, à six heures du soir, avait poussé jusqu'à dix kilomètres de Lang-Son, où elle bivouaqua. La 2ᵉ brigade s'établit en avant du col, à Bac-Viaï.

La journée nous avait coûté des pertes sérieuses, dues surtout à l'infériorité des effectifs, la nature du terrain ne permettant pas l'entrée en ligne des deux brigades.

Nous extrayons d'une correspondance les passages relatifs à certains détails de nos pertes dans cette journée :

« ..... Un bataillon de la légion, dont l'adjudant-major est le capitaine Bolgert, un Alsacien, est envoyé en avant. Nous sommes anxieux d'entendre la canonnade, et le brouillard est tellement intense que l'on se bat sans y voir. Nos avant-postes ont dû passer la nuit à 100 mètres à peine des Chinois. C'est ainsi qu'une demi-compagnie de tirailleurs tonkinois, commandée par le capitaine Geil (également un Alsacien), se trouvait au petit jour au milieu des Chinois. Elle s'est vaillamment comportée en attendant les renforts.

« Vers midi, nos batteries tonnent enfin ; je débouche avec le 111ᵉ dans une vallée un peu plus large, et c'est à partir de ce moment seulement que j'ai pu me rendre compte de l'action générale.

« Les Chinois défendent leurs mamelons pied à pied ; ils sont soutenus par quatre forts, dont un commande toute la vallée et envoie sur notre route une grêle de balles. Un soldat a le mollet traversé à côté de moi. Les plus éprouvés sont les tirailleurs algériens, qui ont déjà une quinzaine de morts et plus de 60 hommes hors de combat; le commandant Comoy est touché; un capitaine et deux lieutenants le rejoignent à l'ambulance principale du D$^r$ Riou, qui a du mal à trouver un emplacement à l'abri des balles. J'avance encore et rencontre un brancard sur lequel est étendu un officier supérieur d'artillerie. C'est le pauvre commandant Levrard. Tous sont navrés; le temps gris et pluvieux, la vue des camarades tombés, les balles qui continuent à siffler à nos oreilles nous communiquent une sorte de griserie d'exaspération. La journée du 5 avait été très dure, mais nous n'y éprouvions pas l'émotion ressentie aujourd'hui. Au moment où j'arrive auprès de l'état-major général, le jeune sous-lieutenant Bossand, fils du général de ce nom et officier d'ordonnance du commandant en chef, est frappé au cœur; il fait deux pas vers son général, ouvre les bras et tombe.

« Nos troupes avancent en achetant chèrement le terrain; l'infanterie de marine (compagnie Sales) vient d'enlever le fort à pic qui commandait la vallée et où se trouvait la clef de la position. J'ai vu, le 13 au matin, redescendre cette compagnie; pour ne pas rouler dans le ravin, les hommes étaient obligés de se laisser glisser sur le dos de la hauteur sur laquelle ils étaient montés à l'assaut la veille.

« Les Chinois n'ont pas eu le temps d'enlever leurs morts; les ravins sont noirs de réguliers, parmi lesquels je vois plusieurs mandarins. Malgré une résistance désespérée, le colonel Giovaninelli nous a fait faire 11 kilomètres d'une heure à huit heures du soir, les troupes se battant sans relâche; son avant-garde s'arrête à une lieue de Lang-Son.

« ..... Si l'infanterie a été éprouvée, nos artilleurs ont largement payé leur tribut; il a fallu mettre les pièces en batterie à moins de 800 mètres des lignes ennemies, en raison de la configuration de ce terrain accidenté et du brouillard qui empêchait de viser à une grande distance. Nos batteries sont donc restées toute la journée sur les mamelons, exposés à une fusillade meurtrière servant de cible à l'ennemi. »

Le 13, la première brigade, rejointe par son artillerie que le mauvais état de la route avait retardé, poursuivit sa route.

A midi, le pavillon français était fixé sur la porte sud de la citadelle de Lang-Son, abandonnée depuis la veille, ainsi que les forts qui la couvrent.

Une partie de la ville avait été incendiée la nuit précédente; mais les débris de l'armée ennemie se montraient encore massés derrière le village de Ki-Lua, et dans les ouvrages de la rive droite, étendards déployés.

La brigade traversa rapidement la citadelle et la rivière, et, appuyée par une section de 80 millimètres, hissée sur la porte nord, mit en déroute un fort parti, sorti des retranchements; les Chinois, à cette vue, s'enfuirent de tous les côtés.

La première brigade poussa à 3 kilomètres au nord de Ki-Lua et y établit ses cantonnements; la deuxième s'installa dans la ville et dans la citadelle. Le but de nos troupes était atteint, mais les pertes étaient grandes : on comptait 37 tués et 254 blessés.

Le 14 et le 15 furent consacrés à la reconnaissance, au rassemblement et à la mise en ordre de l'énorme quantité de matériel, de munitions et d'approvisionnements accumulés dans les villages et les forts.

Mais, à cette date, des nouvelles graves arrivèrent au quartier général. Si l'armée de Kouang-Si était vaincue en partie, il n'en était pas de même de celle du Yunnan.

Tuyen-Quan, bloquée par elle, voyait sa petite garnison étroitement serrée, et son corps de place attaqué de la manière la plus énergique.

Le général Brière de l'Isle, en ces conditions, laissa la brigade Négrier à Lang-Son, et avec la brigade Giovaninelli, il se porta, à marches forcées, sur Tuyen-Quan.

## LA PORTE DE CHINE ET LA RETRAITE DE LANG-SON

Pendant que le général en chef et la brigade Giovaninelli se portaient au secours de Tuyen-Quan, la brigade Négrier recevait l'ordre de continuer ses opérations et de rejeter l'ennemi hors des frontières.

Le 17, une reconnaissance fit connaître que les Chinois occupaient Dong-Dang et se trouvaient en force au sud de la frontière. Aussi le général, voulant empêcher une trop grande concentration de troupes amenées, se résolut à prendre l'offensive; comme il ne possédait aucun moyen de transport pour ses vivres, chaque soldat emporta six jours de vivre sur le sac. Ce ne fut que le 21 au soir qu'on put réunir la quantité nécessaire d'approvisionnement pour fournir cette quantité de vivres.

Le 23 février, la brigade s'établit dès le matin au nord de Ki-Lua, et laissa ses trains, sous la garde d'une compagnie du 143e, dans la redoute, avec l'ordre de ne serrer que sur l'avis du général.

L'avant-garde, commandant Tounot, comprenant le 5e chasseurs d'Afrique, une compagnie et demie de tirailleurs tonkinois, le 2e bataillon de la légion, la 12e batterie du 12e d'artillerie, une section d'ambulance légère, commença sa marche sur Dong-Dang, à huit heures du matin.

Le gros, lieutenant-colonel Herbinger, formé du 3e bataillon, de la 4e batterie *bis* de marine, des bataillons du 23e et du 111e, du reste de l'ambulance, suivit la même route.

Vers dix heures, l'avant-garde signala l'ennemi, poussa rapidement en avant, trouva, en arrivant dans la vallée, un assez fort groupe de tirailleurs occupant un mouvement de terrain qui enfilait la route.

Les tirailleurs tonkinois se déployèrent vers la droite, et le 2° bataillon de la légion se mit à cheval sur la route ; la batterie de Saxcé s'établit sur un mamelon, à l'ouest, et prépara l'action de l'infanterie.

L'avant-garde n'avait pas terminé son déploiement, que l'ennemi, se renforçant rapidement, prononçait une attaque enveloppante sur les deux ailes. Le général, pour éviter à sa gauche d'être tournée, prit une formation en échelons, la droite en avant. L'échelon de gauche, placé sur des hauteurs, à l'ouest de la route, était formé par une section de la 12° batterie du 12°, capitaine Largouet, avec un peloton du 143° comme soutien, et le bataillon du 23° ; le deuxième, placé sur un sommet touchant la route, et, à quatre cents mètres en avant du précédent, était composé des deux autres sections de la batterie de Saxcé, d'un peloton du 143° et des troupes de l'avant-garde ; le troisième échelon, établi au nord-est de la route, sur un sommet très élevé, commandait la droite de la route. La 4° batterie *bis* d'artillerie y fut amenée avec les plus grandes difficultés, les mulets ayant roulé dans les ornières, et le matériel ayant dû être apporté objet par objet. Les troupes de cet échelon comprenaient une compagnie du 143°, capitaine Dantelle, une du 2° bataillon de la légion, capitaine Bérard qui, de l'avant-garde, avait été détaché sur ce point comme garde-flanc, et une compagnie du 3° bataillon de la légion, tirée du gros, capitaine Lascombe. Une compagnie du 3° bataillon de la légion, également tirée du gros, fut en même temps envoyée du garde-flanc, à droite, pour tenir les sommets encore plus élevés qui auraient pu commander la position de l'échelon. Cette mesure était d'autant plus nécessaire que l'ennemi, se renforçant, cherchait à déborder notre droite. Le reste des troupes fut maintenu en réserve.

Vers midi, l'ennemi, qui se montrait de plus en plus nombreux vers sa droite, tenta une attaque, en poussant de grands cris, contre le mamelon qu'il prenait pour notre point d'appui de gauche. En se développant, cette attaque présenta le flanc au premier échelon, situé en arrière et tomba ainsi sous des feux croisés d'artillerie et de mousqueterie, les Chinois se dispersèrent dans les ravins et ne tentèrent plus rien dans cette direction. Cette attaque ayant échoué, le général, qui s'était porté à l'échelon de droite, donna l'ordre aux compagnies de la légion étrangère Bérard et Lascombe d'enlever la hauteur située en face de l'échelon. De cette hauteur, l'ennemi entretenait un feu efficace qui menaçait de rendre la position intenable pour l'artillerie. La batterie Roperh prépara l'action, qui fut menée à droite par la compagnie Bérard, à gauche, par la compagnie Lascombe. La compagnie Bérard, après avoir réussi son attaque, enleva à l'ennemi une seconde position. Dans ce mouvement, le capitaine Bérard fut très gravement blessé. Le commandant Schaeffer, qui marchait par les crêtes avec la compagnie de garde-flanc de droite, se porta également en avant et gagna du terrain dans la direction de la route de Chine.

Il était une heure, les attaques de l'aile des Chinois avaient échoué. Le général se décida à couper l'ennemi en deux en lui enlevant sa position du centre. Le feu de l'artillerie fut concentré sur le plateau calcaire. L'artillerie de l'ennemi qui, jusqu'alors, avait pris pour objectif d'abord l'échelon de droite, puis l'échelon du centre, fut éteinte à deux heures. Une crête, située au sud-est de la route de Chine, sur laquelle l'ennemi avait rangé en bataille un corps nombreux, fut évacuée à la même heure. L'échelon de gauche reçut l'ordre de venir s'établir à la hauteur de l'échelon du centre. La batterie de Saxcé réunie, joignit son feu à celui de la batterie Roperh pour préparer l'attaque. Les ouvrages situés à l'ouest de Dong-Dang furent rigoureusement canonnés par un feu croisé. Ils furent attaqués et enlevés par l'avant-garde, tirailleurs tonkinois, capitaine Geil; 2ᵉ bataillon de la légion, commandant Diguet, et deux compagnies du 3ᵉ bataillon de la légion (capitaines Brunet et Michel). Les tirailleurs tonkinois furent jetés aussitôt dans le village de Dong-Dang, dont la partie sud était en flammes. Le lieutenant-colonel Herbinger reçut l'ordre d'attaquer le plateau du massif calcaire; le sous-lieutenant Dégot, du 3ᵉ tirailleurs algériens, détaché à l'état-major de la brigade comme officier topographe, lui fut envoyé comme guide. Le lieutenant-colonel Herbinger, avec le bataillon du 111ᵉ (commandant Faure) et une compagnie du 3ᵉ bataillon de la légion (capitaine Brunet), qui était

Horrible traitement infligé aux prisonniers Français par les Chinois.

resté à la tête du gros, traversa le village en flammes et monta à l'assaut du massif calcaire, qu'il aborda au nord de Dong-Dang par la brèche de l'Ouest. Il enleva les ouvrages, et, tandis qu'il couvrait sa gauche vers That-Khé par une compagnie, il poursuivit son mouvement. Le sous-lieutenant Portier, du 111°, fut mortellement blessé dans cette attaque. Pendant ce temps, les trois compagnies du 2° bataillon-légion (capitaines Ysombard, Cotter, lieutenant Durillon), qui venaient de s'emparer des redoutes au sud de Dong-Dang, marchèrent dans la direction de That-Khé, en chassant l'ennemi de crête en crête.

Il était trois heures, les Chinois étaient séparés en deux fractions : l'une disparut par le chemin de That-Khé ; l'autre s'écoula par la route de Chine. Le général, qui s'était placé à l'est de Dong-Dang, commença aussitôt la poursuite. Les deux compagnies (Cotter et Durillon) de la légion furent mises en position sur la route de That-Khé pour couvrir de ce côté le mouvement de la brigade. Le lieutenant-colonel Herbinger reçut l'ordre de s'avancer par le plateau calcaire parallèlement à la route de Chine et de renvoyer la légion sur cette route. Les tirailleurs tonkinois furent poussés sur la route de Chine, tandis que deux sections de la batterie de Saxcé se mirent en batterie sur un mamelon. Cette position enfilait la vallée, et permettait de battre les ouvrages et les camps fortifiés qui la défendaient. La poursuite se fit par échelons d'artillerie et d'infanterie, allant successivement occuper les positions que le feu de l'artillerie venait de faire évacuer. Aussitôt que l'artillerie, qui avait été portée en avant, eut ouvert le feu, l'échelon en arrière cessa le sien pour descendre sur la route et dépasser à son tour l'échelon qui le précédait.

A cinq heures trente, la brigade occupa la porte de Chine et les forts qui la flanquaient des deux côtés. Les derniers tirailleurs de l'ennemi disparurent vers le nord. La nuit arrivant, la brigade prit ses bivouacs sous la protection d'avant-postes poussés en avant, à cheval sur la route de Chine. Le quartier général de la brigade fut établi à la pagode de la porte. Les troupes furent réparties dans les villages chinois, au nord de la frontière et dans les ouvrages abandonnés par l'ennemi. Le gros de l'ambulance avait laissé son dépôt des blessés à Dong-Dang, sous la garde des deux compagnies de la légion. L'ordre fut donné aux trains de serrer sur Dong-Dang.

Dans cette journée, l'ennemi avait pris une position exceptionnelle ; il l'avait garnie de troupes nombreuses, qui montrèrent de la résolution dans leurs attaques et qui, jusqu'à trois heures, parurent bien décidées à défendre la frontière. Dans sa déroute, qui n'a commencé qu'après la prise de sa position du centre, l'ennemi abandonna quatre canons Krupp de montagne, trois mitrailleuses de gros calibre en parfait état, une grande quantité d'étendards, d'énormes approvisionnements de munitions d'infanterie et d'artillerie, des poudres, des torpilles (quelques-unes chargées de dynamite), un câble électrique fluvial, un magasin de fusils et d'habillements, des tentes, etc. Il a même été trouvé en magasin des plaques de blindage d'acier de 25 centimètres d'épaisseur pour batteries cuirassées. Dans cette région si difficile, où les combattants furent forcés de gravir, sous le feu, des pentes abruptes, la fatigue des troupes a été excessive ; cependant, elles ne montrèrent jamais plus de vigueur ni plus de dévouement.

Nous ne pouvons mieux donner une idée de cette période de combats qu'en reproduisant la lettre suivante de l'un des héros de ces journées, un jeune sous-lieutenant, M. Réné Normand, fils du colonel en retraite Normand, et, tué glorieusement quelques jours plus tard à Dong-Bo (Chine).

Cette lettre est la dernière écrite par lui ; elle est adressée à son camarade Laroche, sous-lieutenant au 16ᵉ chasseurs :

« Nous avons crevé de faim tout le temps ; nous mangions chacun avec une escouade : café, biscuit et viande de conserve ; voilà l'ordinaire pendant dix jours et de l'eau par là-dessus.

« Nous avons campé presque tout le temps ; quand nous n'avons pas campé, nous avons bivouaqué, sans feu, en face de l'ennemi, avec 8 à 10 degrés et la rosée glaciale des nuits de ce pays-ci. Pas de bagages ; à travers les montagnes, le convoi ne pouvait pas rejoindre. Quelle vie ! bon Dieu !

« Comme combat, le 4, Thaï-Hoa, peu donné ; quelques feux de salve sur les Chinois qui filaient ; feux qui ont rudement réussi, par exemple ; ils tombaient comme grêle.

« Le 5, à Ha-Hoa, j'entends les balles pour la première fois ; entre ces deux jours nous leur avons enlevé plus de 35 forts construits sur des hauteurs très raides à gravir, et qu'ils abandonnaient comme des Jean-f..., lorsque nous y montions à la fourchette (baïonnette).

« De la Londe, le fils du chef de bureau de l'infanterie au ministère, a été traversé ce jour-là par une balle, entrée en pleine poitrine et sortie sous le bras gauche. Il s'en tirera.

« Le 6, à Dong-Dang, dégagé la légion qui se faisait ramener assez proprement dans un défilé. Là, nous avons perdu quelques hommes dont mon adjudant, qui a eu le pied traversé près de moi, je l'ai relevé. Nous sommes restés à Dong-Dang les 7, 8 et 9.

« Le 9, les Chinois qui filaient au Kep, tournés par notre mouvement, se font canarder par la légion toute la journée ; le jeune Blondin, de ma promotion, a commandé les feux de salve depuis deux heures de l'après-midi jusqu'à cinq heures sans arrêter ; il est resté aphone pendant huit jours.

« Le 10, reprise de la marche et concentration des deux brigades. Man-Man (c'est le surnom de Brière de l'Isle ; cela veut dire : *doucement*, en annamite) décide qu'on attaquera le lendemain la position de Lang-Son.

« Le 11, la brigade Négrier file en avant (c'est toujours comme cela, lorsqu'on doit se cogner). Ma compagnie était d'avant-garde ; nous rencontrons les Chinois à deux heures après-midi ; nous nous déployons sur une hauteur, en avant de Pho-Vy, et nous montrons à peine le nez, que nous recevons une grêle de balles ; je te réponds que cela vous fait un rude effet.

« Le père Herbinger, du 26e chasseurs, qui commande notre régiment, était là et est resté tout le temps debout derrière moi, également debout, la chaîne de tirailleurs tirant, couchés à quelques pas en avant. Nous avons forcé ces infirmes de Chinois à se mesurer, et la brigade s'étant déployée pendant ce temps, nous nous sommes portés en avant.

« Les Chinois ont fait semblant de résister ; ils nous lâchaient des bordées de coups de fusil et puis se sauvaient avec leurs drapeaux ; nous nous emparons de toutes leurs positions ; il était quatre heures du soir, et la nuit tombait. Tout le monde croyait que c'était fini.

« Voilà que ces c...-là, se mettent, pour se f... de nous, à planter trois sales loques sur une hauteur, à 800 mètres en avant; Négrier sautait de fureur, il sifflait comme un merle, ce qui est toujours mauvais signe chez lui. Il appelle Herbinger, lui dit de prendre deux compagnies du 111° et d'enlever le ballon à ces pig...-fs.

« Herbinger prend la 1re et la 2e (Bibi est à la 2e) et nous partons. Nous étions heureux comme des papes : toute la brigade, l'arme au pied, nous reluquait, tu penses. Mais voilà qu'à 400 mètres de la position, nous recevons une dégelée de balles; cela sifflait tellement qu'on n'entendait plus.

« La hauteur en question était dominée à droite et à gauche par deux autres hauteurs d'où cela rappliquait ! Je n'aurais pas donné deux sous de ma pauvre peau. Herbinger, voyant cela, ne fait ni une ni deux, fait mettre baïonnette au canon et sonner la charge. Cela fait un effet, mon vieux, quand on ne l'a pas entendu au milieu des balles, avec les hommes qui tombent et les Chinois qui sonnaient de la trompe et qui criaient comme des fous, on ne sait pas ce que c'est.

« Nous allons donner du nez dans une rivière, pendant que les autres, nous voyant dans le pétrin, nous tiraient dessus de plus belle, nous sautons dans la rivière; avec ma taille, j'en avais jusqu'au ventre; nous grimpons de l'autre côté, et, comme j'ai des jambes assez longues, je grimpe, je grimpe et j'arrive le premier là-haut; mais je n'en étais pas plus fier pour cela. Tous ces b....-là me tiraient dessus; heureusement les hommes finissent par arriver et *seulement quinze minutes après*, nous les fichions dehors. On m'offrirait 50,000 francs pour recommencer que je reculerais !

« Nous avions 2 tués et 11 blessés pour vingt-cinq minutes de combat. Le père Herbinger m'a félicité très chiquement devant la compagnie et m'a promis de ne pas m'oublier. En effet, il m'a proposé pour une citation à l'ordre du corps expéditionnaire, et on m'assure que, vu les circonstances, je suis sûr de l'avoir. Je n'en sais rien, mais je serais rudement content de l'obtenir; tu comprends qu'une machine comme cela sur vos notes et votre livret, cela vous flanque un rude coup d'épaule à certains moments. J'attends l'ordre avec une impatience que je ne te dissimule pas.

« Le 12, c'est la 1ʳᵉ brigade qui a donné ; les tirailleurs ont eu 5 officiers et 80 hommes par terre, mais quel massacre de Chinois ! Le soir, quand nous sommes passés, il y en avait partout.

« Le 13, après quelques coups de canon, les Chinois lâchaient Lang-Son où nous entrions à trois heures.

« Lang-Son est grand, bien fortifié : une citadelle, 7 forts sur les hauteurs, 4 à Ki-Lua, en arrière de Lang-Son ; un réduit dans les rochers à 200 pieds en l'air, absolument imprenable. Ils ont laissé des munitions et des fusils en masse ; nous avons, pour notre part, pris quelques étendards, sabres, fusils très chics, que je te montrerai en rentrant.

« Enfin, le 23, nous avons été les déloger de Dong-Dang où ils étaient restés pour protéger leurs approvisionnements. Cela a été d'un dur ! Ces b....-là étaient perchés sur des rochers que nous ne pouvions aborder de front : autant serait facile de grimper sur la façade de ta maison, à Lille. Il fallait traverser Dong-Dang qu'ils tenaient, défiler sous leur nez pour aller les déborder à gauche par un endroit où l'on ne pouvait passer : 900 mètres à parcourir avec l'ennemi qui nous tirait dessus.

« A 200 mètres de Dong-Dang, nous en recevions tellement que, sans commandement, tout le monde a pris le pas de course et s'est jeté à la baïonnette sur Dong-Dang. C'était superbe !

« Les Chinois n'ont pas eu le temps de filer ; j'en ai vu tuer, à coups de baïonnette, trente-deux dans une salle grande comme la bibliothèque de la caserne ; on les tuait dans les rues à coups de crosse et de baïonnette. Oui, mais une fois hors du village, nous voyons ces sacrés Chinois appuyer leurs fusils sur les roches pour mieux nous descendre ; nous trottions en serrant les fesses, fallait voir cela !...

« Les hommes, le feu venant de droite, appuyaient tous à gauche ; j'avais beau gueuler : « Appuyez à droite ! » Ah ! j't'en fiche ! ils trottaient, mais ils appuyaient à gauche ; il fallait les prendre par le bras pour les remettre dans la direction.

« Enfin, nous trouvons un endroit favorable, nous prenons position, et, ayant eu la chance de trouver la hausse juste (400 mètres) nous en descendons une tapée dans les rochers.

« Le père Herbinger, qui était là, était content comme un dieu.

« Le reste du bataillon les a échoppés (attaqués) par derrière, et le soir, on les voyait alignés par terre, sur trois rangs d'épaisseur à certains endroits !...

« Le lendemain, par ordre du général, nous allions faire 6 kilomètres en Chine pour nous f... d'eux; nous faisions sauter à la dynamite leur porte de Chine, détruisions 300,000 cartouches et nous rentrions à Lang-Son. Malheureusement, mon pauvre camarade Portier était mort le lendemain du combat, le 24; il avait reçu une balle qui lui était entrée au-dessous du nombril et sortie au-dessus de la hanche gauche, puis avait percé sa sacoche en cuir et était tombée dedans. Je l'ai tenue dans ma main. Nous l'avons enterré à Lang-Son.

« Et voilà! Nous ne savons pas ce que nous allons faire; toujours ni pain ni vin; nous crevons de faim et de soif et nous travaillons comme quatre. A part cela, tout va bien; je me porte comme un charme, malgré les fièvres et la dyssenterie qui font fureur ici.

« J'ai été proposé pour lieutenant par le commandant pour Dong-Dang, et maintenu par le colonel; si ma citation a abouti, cela ira bien. D'ailleurs, va comme je te pousse; je demande surtout à en tirer ma peau; nous verrons après... »

Le général fit sauter la porte de Chine.

Après la prise de Lang-Son et la destruction de la porte de Chine, les Chinois, abandonnant That-Ké, battirent en retraite sur leur propre territoire. Le 7 mars, le général de Négrier envoya à That-Ké un détachement de chasseurs qui y pénétra sans combat et qui se retira le 9, les Chinois, très en force, menaçant de leur couper la retraite. Au retour, les chasseurs franchirent sous la pluie les 75 kilomètres qui les séparaient de Dong-Dang; ils durent à trois reprises traverser le Song-Ki-Kong débordé, ayant aux gués plus de un mètre d'eau; l'artillerie fut obligée de créer des rampes pour faciliter le passage des chevaux.

Le général de Négrier n'ignorait pas qu'aussitôt après la prise de Lang-Son et la destruction de la porte de Chine les Chinois s'étaient retirés à Lan-Tcheou et à Dong-Bo, et qu'ils avaient réuni, dans les deux places, des approvisionnements considérables; sur la route même qui va de Lang-Son à Lan-Tcheou, ils construisaient de nombreux retranchements, restant ainsi fidèles à la tactique qu'ils avaient adoptée dès le début de la campagne.

Le 22, ils essayaient sur Dong-Dang une surprise de nuit en tournant nos avant-postes. Les précautions prises ayant fait manquer leur coup, ils s'enfuirent; mais ce n'était que partie remise. Éclairés par le petit nombre de défenseurs de Dong-Dang, on pouvait être sûr qu'avant peu ils reviendraient plus nombreux. La situation était intolérable; les 15 kilomètres séparant Lang-Son de Dong-Dang devaient être continuellement parcourus par la brigade, qui en quelques jours, eût été sur les dents. Gêné par ce voisinage, le général résolut de rejeter sur leur territoire les Chinois, qui grossissaient sans cesse et construisaient de nouveaux camps à quelques kilomètres de Cua-Aï. Il ne fallait pas se laisser bloquer dans Lang-Son. On se remit en route le 23. A Dong-Dang, on laissa, pour couvrir les derrières, le bataillon du 23° de ligne et le 3° de la légion. Comme un bataillon de zéphyrs avait été commis à la garde de Lang-Son, la colonne de marche ne comprenait que 925 hommes.

A 9 heures du matin, on se heurta contre une première ligne de retranchements construits sur des hauteurs presque inaccessibles et littéralement couvertes de Chinois. La batterie d'artillerie qui accompagnait la colonne canonna les forts avancés, pendant que l'infanterie arrêtait ses dispositions de combat. A midi le 143° et le 111° feignirent une attaque de front, les légionnaires montèrent à l'assaut par la gauche, et, malgré une défense désespérée (que nos feux rasants à 400 mètres, eurent grand'peine à éteindre), vers une heure, le grand fortin était à nous.

On se remit en marche, dans un terrain impossible; on hissa, au prix des plus grands efforts, l'artillerie sur un gand mamelon; et, pendant ce temps, les Chinois nous tiraillaient de leur mieux.

Le 111° et le 143° n'hésitèrent pas; ils s'élancèrent à la baïonnette, au pas gymnastique, et, l'ennemi, stupéfait de cette charge folle, se retira derrière sa troisième ligne de retranchements qui

Le Lieutenant-Colonel HERBINGER commandant la retraite de Lang-Son.

protégeait des camps dont on ne pouvait compter les tentes, mais il était cinq heures et demie, et, à cause du brouillard, il fallut s'arrêter.

Dans cette affaire, si délicate de la retraite de Lang-Son, nous nous bornerons à citer les différents récits, la plupart d'officiers, sans vouloir prendre aucune part à la critique de ces différentes journées.

« Le lendemain, dit une correspondance, le bataillon du 111ᵉ est envoyé vers la gauche, avec mission d'occuper la grande tranchée qui barre la route et qui s'appuie, à droite et à gauche, sur des massifs de hauteurs presque inaccessibles. Je dis : *presque*, parce que le mot « impossible » est de moins en moins français ici... Le bataillon du 143, pendant ce temps, doit tourner la position vers la droite, mais il est d'à peine 300 hommes, et le colonel Herbinger, reconnaissant l'impraticabilité du terrain, le lance, sur l'ordre du général de Négrier, à l'assaut d'un fortin au centre même de la ligne de défense. Malgré un feu d'enfer, nos braves lignards s'en emparent. Cependant la position du bataillon est critique. Il est dominé encore par les ouvrages de droite auxquels s'appuie la tranchée et pris à revers par un mouvement tournant très accentué de l'ennemi. *Blessés et tués ne se comptent plus*. Les Chinois semblent sortir de terre : il en vient, il en vient toujours. A gauche, le 111ᵉ se voit définitivement écrasé sous le nombre... S'emparer des dernières défenses de Dong-Bo et s'y tenir est impossible ; il faut quitter le territoire chinois. *Partis à l'effectif de 925, nous avons eu en ces deux jours 350 hommes hors de combat*. Même avec Négrier à leur tête, 575 Français ne peuvent venir à bout d'une armée. On bat en retraite en bon ordre. Le général, qui a fait le coup de feu comme un troupier, et qui ne cesse d'étonner les plus braves, marche le dernier, à l'arrière-garde, et s'assure lui-même que personne ne reste derrière lui. Sous un feu épouvantable, nous avions enlevé nos blessés, mais les Chinois, nous voyant partir, nous suivirent. Le bataillon de la légion, laissé en réserve, arrête heureusement la poursuite de l'ennemi, et nous rentrons, en pleine obscurité, sur le territoire français — au Tonkin. Que vous dirai-je encore ?... D'acteur, avec ma patte démolie, j'étais devenu spectateur et speclateur souvent éloigné... Un épisode me revient pourtant, que je n'oublierai jamais. Là, à Cua-Aï, à la porte de Chine, les hommes, exténués de fatigue, mourant de faim et affectés par la disparition de tant de leurs braves camarades, s'étaient laissés tomber dans la boue, incapables, semblait-il, d'un nouvel effort. Et les pauvres diables se plaignaient, avec des plaintes pareilles à ces murmures dont le bruit peut perdre une armée. Le général de Négrier entendit, et s'approcha. Il était pâle.

— « Silence! » dit-il.

« Sa voix vribait étrangement. Et le silence se fit, solennel, et les hommes se redressèrent, respectueux et repris.

« On aurait, dans cette ombre, entendu voler une mouche. C'était poignant, ma parole, et très beau.

— « Soldats! continua le général, on ne doit entendre ici que la voix de vos officiers. C'est surtout à de pareilles heures qu'ayant montré votre bravoure, vous devez montrer votre discipline... Voici l'ordre de marche : la brigade va rentrer à Dong-Dang...»

« Sans un mot, les hommes se levèrent, émus comme nous, et tellement subjugués qu'ils retenaient leur fourreau de sabre et leur bidon pour ne pas faire de bruit...

« Le lendemain, 25 mars, nous étions à Ki-Lua, ville et citadelle de Lang-Son dont 1,500 mètres la séparent.

« La journée du 26 se passa sans incident ; quelques renforts ayant rejoint la colonne, le total des troupes commandées par Négrier s'éleva alors à 3,500 hommes. On profita de ce répit pour évacuer les blessés sur Chu, où fut massé une forte réserve.

« Dans la soirée du 27, une forte alerte se produisit; le lendemain les Chinois nous attaquaient, en garnissant les hauteurs et les mamelons environnants. L'ensemble des forces impériales formait une espèce de V dont les deux ailes atteignaient leur maximum d'écartement sur les flancs de Ki-Lua; le plan des Chinois était des plus simples : nous dépasser et refermer le cercle sur nous.

« Mais le général de Négrier le devina; sa brigade, renforcée depuis deux jours de 1,700 hommes tant en zouaves et spahis, qu'en complément d'effectifs, il en profita pour disposer son monde à droite et à gauche, le 28, de façon à opérer le même mouvement que les Chinois, mais en sens opposé.

« Les Célestes, les crêtes garnies, se ruaient toujours sur la route de Dong-Dang ; notre artillerie, placée en arrière du Song-Ki-Kang et à gauche, sur une éminence, avait ses pièces braquées sur ce défilé de Dong-Dang, et ses hausses à la distance exacte ; les Chinois furent ramassés et balayés jusqu'au dit défilé devant lequel nos obus et notre mitraille les décimèrent épouvantablement. Leur défaite fut absolue et ils s'enfuirent laissant au moins 1,200 des leurs sur le carreau. Encore en aurions-nous tué le double, si nous avions eu plus de canons et de munitions ; on ménageait les coups. Enfin ce fut une belle revanche de nos pertes du 24.

« Pendant le combat, vers trois heures de l'après-midi, le général de Négrier fut blessé à la poitrine, mais la balle s'amortit contre un carnet qu'elle traversa et ne fit qu'un séton d'une largeur de vingt centimètres, au-devant de la région de l'estomac. On le transporta à l'ambulance, puis on l'évacua, avec un convoi de blessés, dans la direction de Chu.

« Ce fut le lieutenant-colonel Herbinger qui prit le commandement de la brigade ; cet officier ordonna, à 5 heures du soir, le commencement de la retraite. »

« Le mouvement rétrograde, disent MM. Bouinais et Paulus, se fit sans que l'ennemi osât nous inquiéter. Les blessés, y compris le général de Négrier, furent évacués sur Dong-Song, où ils arrivèrent le 29. La brigade, après un engagement, atteignit le 1er avril à Chu et, à midi à Kep où, depuis la veille, était parvenu un bataillon de renfort, et s'installa dans de fortes positions. De Lang-Son à Than-Moï, à Dong-Song et à Chu, la retraite s'était opérée en bon ordre. Le colonel Borgnis-Desbordes, envoyé par le général en chef, prit le commandement en remplacement du lieutenant-colonel Herbinger. Le général Brière de l'Isle et le général Giovaninelli suivirent de près et arrivèrent le 5 à Chu sur la canonnière le *Moulun*, après avoir solidement assuré la défense de la rivière Claire et de Long-Hoa. Le commandant en chef reconnut immédiatement les positions avancées et fit réoccuper Deo-Van, Deo-Quan et Nuy-Bop, reportant ainsi nos lignes à une trentaine de kilomètres au nord du cours supérieur du Loch-Nan. Nulle part on ne rencontra les Chinois, qui se montraient d'une extrême prudence et paraissaient se concentrer vers Dong-Song et Bac-Lé. Bref, toutes les dispositions furent prises pour repousser l'invasion menaçante, en attendant les renforts qui permettraient de marcher de nouveau vers la frontière impériale. »

Voici, d'autre part, les différentes appréciations sérieuses sur cette retraite ; nous avons cru devoir les mettre sous les yeux de nos lecteurs, en terminant le récit des opérations de cette malheureuse brigade, ses dernières, car la paix allait bientôt être signée.

Extrait de l'*Avenir du Tonkin:*

« A l'heure où nous apprenions de nouveaux succès à Formose, au moment où l'amiral Courbet s'emparait des îles Pescadores, qui commandent le détroit et peuvent intercepter toutes communications maritimes entre le nord de la Chine et le sud, nous suivions, au Tonkin, avec un intérêt anxieux, la marche rétrograde de la 2ᵉ brigade, qui a dû se replier vers sa base d'opérations pour éviter de se voir envelopper par des masses innombrables de soldats chinois dans cette citadelle annamite de Lang-Son, que nous n'avions pas eu le temps de mettre sur un pied respectable et qui, du reste, mal située, mal construite, ne répondant plus aux besoins de la tactique moderne, dont les armées jaunes font un usage tel que nous ne pouvons plus douter qu'elles sont conduites par des conseillers européens, n'était pas véritablement défendable.

« Quelque regrettable que soit le retour en arrière, si nous examinons froidement la situation, nous sommes forcés de reconnaître que les circonstances l'ont imposé à nos troupes. La distance considérable qui les séparait de leur base de ravitaillement, la difficulté inouïe des voies de communication, à peine ébauchées, et surtout l'insuffisance des moyens de transport, n'avaient pas permis d'approvisionner suffisamment cette place si défectueuse des vivres et des munitions qui eussent permis de soutenir un siège quelque peu prolongé. »

Extrait d'une correspondance du *Temps :*

« ... Ne faut-il pas admettre, tout d'abord, que les forces humaines ne sauraient dépasser une certaine limite, malgré les vertus guerrières dont nos troupes ont été animées ? Peut-on exiger que les hommes se battent sans relâche, pendant plus de sept mois, renouvelant sans cesse les mêmes exploits, sans trouver, dans les rares intervalles entre les marches ou les combats, le moindre bien-être matériel ? Puis, ne leur a-t-on pas trop demandé dans cette expédition de Lang-Son, qui, — nous l'écrivions en décembre, — aurait dû être faite par étapes successives et sans se presser ?

« On a pris Lang-Son ; on a poussé plus loin, puisque le général de Négrier a eu la satisfaction de faire sauter la porte de Chine ; mais les routes ne se créent pas par enchantement dans ces régions désolées, véritable chaos où la nature a amoncelé les deux plus grands obstacles : l'eau et les montagnes. Dans toutes les opérations militaires, il est toujours nécessaire d'assurer les bases de ravitaillement en vivres et en munitions, et de porter ces bases en avant, au fur et à mesure des progrès. Nos généraux, bien secondés par le commissariat de la marine et par l'intendance, ont tenté de le faire en groupant les approvisionnements à Chu d'abord, à Dong-Son ensuite. Mais, à partir de ce dernier point, la marche a été trop rapide, étant données la faiblesse des effectifs et la distance à franchir. Le désir de vaincre, d'atteindre vite et glorieusement l'objectif visé ne doit pas faire reléguer au second plan le difficile problème qui consiste à ravitailler, d'une façon continue, les troupes de première ligne ! Enfin, il faut bien dire aussi que le nombre sans cesse croissant des ennemis à combattre finit par avoir raison de nos poignées d'hommes.

« Le général de Négrier, dont la main de fer et l'énergie à toute épreuve a soutenu jusqu'au dernier moment ceux qui marchaient sous ses ordres, sait communiquer aux troupes son ardeur nerveuse, conséquence d'un entraînement constant. Lorsqu'il télégraphiait de Dong-Dang que nous étions en présence d'une immense invasion, il devait prévoir le moment où ses bataillons ne tiendraient plus. La fatalité veut que le général soit blessé au milieu d'une action ; aussitôt la détente s'opère : le soldat, qui avait foi à l'étoile de son chef, perd confiance, l'instinct de la conservation reprend le dessus et la retraite s'impose...

« La vérité se fait jour quand même ; si on ne l'avait pas fardée, nous serions plus avancés que nous ne le sommes aujourd'hui ! Il ne faut pas que le Tonkin serve uniquement à procurer de l'avancement ou des décorations ; je suis un des premiers à demander bien haut des récompenses pour ceux qui ont accompli leur devoir, mais il y a autre chose en jeu : le développement de notre puissance coloniale, jusqu'aux limites raisonnables et raisonnées, et, pour cela, l'avis de l'état-major n'est pas toujours le meilleur... »

Extrait de la *Hong-Kong-Dayly Press* :

« L'armée du général Négrier a-t-elle été battue ? Les Chinois ont-ils anéanti ses légions ? Loin d'avoir battu les Français, les impériaux étaient, le 28 mars, en pleine retraite, c'est-à-dire à l'heure même où les Français évacuaient Lang-Son.

« La prise de cette ville, le 13 février, avait été un coup terrible, elle ouvrait le territoire du Céleste-Empire à l'armée française, et rendait les assaillants maîtres du Tonkin. A cette époque et après les brillants combats de Duoc et de Tuyen-Quan, tout paraissait favorable à un arrangement qui ferait honneur à la France. Les succès étaient à l'ordre du jour.

« Cependant, attendre des Chinois des propositions de paix eût été peu connaître le caractère indécis de la nation. Les affaires ont donc continué à marcher jusqu'au 15 mars. D'une part, vers cette date, on observait journellement dans le voisinage de Lang-Son des bandes considérables augmentant constamment en nombre et en audace.

« D'autre part, le général de Négrier, qui était aux prises avec les plus sérieuses difficultés pour son ravitaillement en vivres et munitions, car ses coolies avaient déserté *en masse* (sic), demandait des instructions et proposait d'abandonner la ville de Lang-Son en détruisant le fort et le matériel pris à l'ennemi. Là est, à notre avis, la clef des événements qui ont suivi.

« La réponse ne fut pas longue à arriver. M. Jules Ferry télégraphia que « des pourparlers étaient engagés et qu'il était nécessaire de frapper un grand coup pour décider la Chine ». Je n'ai pas vu le texte de ce télégramme, mais je puis en garantir le sens. Du reste, en même temps, et afin de donner plus de poids à son ordre, M. Ferry envoyait au général Brière de l'Isle une dépêche disant que le général de Négrier allait recevoir la juste récompense de ses succès, c'est-à-dire sa promotion au grade de général de division.

« Il n'y avait qu'à s'incliner. Le général de Négrier devait continuer à vaincre, coûte que coûte. Tels étaient les ordres. L'homme qui les donnait ignorait-il que les troupes françaises, harassées par les difficultés d'une campagne de cinq mois, étaient forcées de vivre à la ration *substituée* (sic), qui ne consistait qu'en riz et en eau-de-vie ?

. . . . . . . . . . . . . . . . . .

« Obéissant aux ordres reçus, Négrier partit de Lang-Son et marcha sur la « porte de Chine », frontière du Kouang-Si.

« Mais l'ennemi continuait à grossir, et le 24, après une bataille sanglante, les Français évacuaient ce point en laissant 88 tués sur le terrain et ramenant 195 blessés. Les Chinois avaient terriblement souffert, et le nombre de leurs morts a dû être considérable.

« Comme toujours, les Français avaient combattu bravement et avec un courage digne d'une meilleure cause. La légion étrangère, le 111ᵉ et le 143ᵉ, en particulier, avaient 7 officiers tués et 5 grièvement blessés.

« Les Français se retirèrent sur Ki-Lua : les Chinois les suivirent dans cette direction, élevant à chaque pas des retranchements et édifiant des redoutes innombrables, afin de couvrir leur ligne de retraite. L'évacuation de la porte de Chine a été la conséquence directe du manque de munitions. Il était déjà difficile d'approvisionner Lang-Son. Qu'allait-il se passer à Ki-Lua ?

« Rester inactif, c'était permettre aux Chinois de se fortifier. Cela était impossible avec un chef tel que le général de Négrier. Ramassant toutes ses forces, il livra aux Chinois combats sur combats et leur infligea de telles pertes que leurs généraux vivaient dans les plus chaudes alarmes et croyaient avoir devant eux un ennemi beaucoup plus nombreux. Le 28 au matin, l'aile droite de l'armée impériale, battue dans un engagement, se mettait en retraite.

« Mais, tandis que les Chinois fuyaient d'un côté, des masses

Le Général de Négrier

énormes s'avançaient dans la direction opposée. Le général de Négrier était sur ses gardes. Le combat s'engagea ; une fusillade terrible s'étendit sur toute la ligne et ne dura pas moins de trois heures. Ce n'est pas exagéré que d'estimer à 20,000 hommes les forces impériales qui ont été incapables de forcer les lignes françaises.

« Le général était dans une redoute, surveillant les mouvements, quand on vint le prévenir que le lieutenant de Berge, son officier d'ordonnance, avait été blessé à la tête. Désirant voir ce jeune officier, il quitta le fort, s'engagea dans une tranchée. C'est là qu'il reçut une balle en pleine poitrine. »

D'après la *Daily Press*, la nouvelle de la blessure du général causa un grand découragement. Le colonel Herbinger, en prenant le commandement, fut avisé qu'il ne restait que 60,200 cartouches, soit environ dix-sept coups par homme. Fallait-il s'exposer à un siége ? Pourrait-on recevoir les convois annoncés ? Telles étaient les questions que l'on se posait.

« La retraite fut décidée. C'était le seul moyen de sortir de la position difficile dans laquelle on était, et je sais que le général de Négrier lui-même, peu avant d'être blessé, conférait avec le commandant de Douvres sur le plan d'évacuation de la place. Il était 6 heures 30 quand l'ordre fut donné de reprendre la route du Delta. Le mouvement devait se faire pendant la nuit. »

Le journal anglais de Hong-Kong affirme que tout le monde a été étonné de cette précipitation, et surtout quand on apprit qu'on allait abandonner l'artillerie et le matériel de guerre pris aux Chinois sans les détruire et jeter les 530,000 francs du trésor et la batterie d'artillerie du capitaine Martin dans le Song-Ki-Cung.

« Un ordre formel disait que l'on ne devait rien emporter pouvant gêner la marche. Les artilleurs se mirent à l'œuvre, défonçant les caisses contenant l'argent, et dans la nuit et le silence, les brillantes piastres mexicaines furent précipitées dans la rivière, transformant ainsi le Song-Ki-Cung en un nouveau Pactole. Les canons furent noyés à la même place, par 10 mètres d'eau, comme si le trésor devait être confié à leur garde. »

Suit ici le récit des scènes qui se sont passées dans la ville : les soldats envahissent les cantines, s'enivrent ; puis on se met en route. La nuit est sombre, sans une étoile ; toutes les armes sont mêlées, pas d'ordre dans la retraite. On retourne vers le Delta et, après deux jours et demi de marche, sans vivres, par une chaleur tropicale, on arrive à Chu, n'ayant perdu que trois hommes dans la retraite.

« J'ai la conviction, dit en terminant le correspondant, que les Chinois battaient en retraite de leur côté, tandis que les Français évacuaient Lang-Son, et en voici la preuve : quelques soldats de la légion étrangère, qui s'étaient enivrés dans le pillage des boutiques des cantinières, n'avaient pu suivre la brigade. Ils sont restés, cuvant leur vin, vingt-quatre heures dans la ville abandonnée, ne l'ont quittée que dans la nuit qui a suivi l'évacuation, et sont arrivés à Chu trente heures après la colonne. Et alors, où est cette grande victoire dont se vantent tant les Chinois ? Ce que je sais parfaitement, c'est que l'état-major français a commis de grandes fautes, que le ministère a encouru une grande responsabilité et qu'il y a eu un manque de connaissance de la région et des hommes de la part du lieutenant-colonel Herbinger, sur qui on voudrait rejeter toute la responsabilité. »

# LE SIEGE DE TUYEN-QUAN

Tuyen-Quan était tombé entre nos mains le 1ᵉʳ juin 1884. Prévoyant le rôle que cette citadelle devait jouer, le général Millot l'avait pourvue d'une garnison et approvisionnée en munitions et en vivres ; de même, le général Brière de l'Isle, avant d'entreprendre ses opérations sur Lang-Son, avait chargé le colonel Duchesne de conduire des troupes fraîches à Tuyen-Quan. Le colonel Duchesne repartit le 23 novembre, mais à peine s'était-il remis en marche que l'ennemi, se rapprochant sans cesse, enveloppa la citadelle, dont la garnison avait à sa tête le commandant Dominé.

Le plan de nos adversaires était bien simple : Tuyen-Quan et Thaï-Nguyen seraient d'abord repris, afin qu'on pût établir une ligne d'investissement du Delta ; l'armée du Kouag-Si donnerait la main à celle du Yunnan, et celle-ci s'unirait aux troupes annamites échelonnées le long du Day et de la rivière Noire jusque dans la province de Hong-Hoa. La cour de Hué avait envoyé aux mandarins des instructions en ce sens.

Tuyen-Quan commande le cours de la rivière Claire, affluent du fleuve Rouge. La citadelle, élevée sur la rive droite, a la forme d'un carré parfait de 300 mètres de côté.

La *Mitrailleuse*, petite canonnière Farcy, avec vingt-cinq hommes d'équipage, commandés par l'enseigne Senez, était le seul appoint sur le fleuve, avec la petite garnison; elle était armée d'une pièce de 14 et d'un hotchkiss. On communiquait de la citadelle à cette canonnière par une tranchée; enfin, à 5 ou 600 mètres, au sud-ouest, un blockauss, couronnant un mamelon était occupé par une dizaine d'hommes.

C'est dans le *Journal du Siège de Tuyen-Quan*, rédigé par le chef de la place, le commandant Dominé, que nous allons trouver les seuls éléments de ce siège mémorable commencé le 23 novembre 1884, fini le 3 mars 1885, et soutenu de la façon la plus énergique par une poignée d'hommes contre une armée tout entière, attaquant les défenseurs non en barbares, mais à l'européenne, par des moyens de siège en usage dans les armées instruites.

Sans reproduire tout entier le journal du commandant Dominé, nous allons en donner les extraits les plus intéressants et suffisant à faire connaître la marche des opérations.

### JOURNAL DE TUYEN-QUAN

*23 novembre.* — Départ de la colonne Duchesne. La garnison de Tuyen-Quan reste composée de la manière suivante : deux compagnies de la légion (8 officiers, 390 hommes); artillerie de marine (1re section de la 2e batterie *bis*, 1 officier, 31 hommes); génie (4e régiment, 8 hommes); infirmiers (15e section, 3 hommes); ouvriers d'administration (15e section, 3 hommes); tirailleurs tonkinois (1er régiment, 8e compagnie, 2 officiers, 162 hommes).

L'approvisionnement du poste est, à cette date, constitué ainsi qu'il suit :

Munitions. — Pour les 2 canons de 4 rayés de montagne : 212 obus ordinaires, 92 obus à balles, 52 boîtes à mitraille. — Pour les 2 canons de 80 millimètres : 178 obus à balles, 200 obus ordinaires. — Pour les 2 hotchkiss : 1,526 obus ordinaires, 200 boîtes à mitraille. — 266,112 cartouches d'infanterie, modèle 1874, outre les cartouches portées par les hommes.

Outils. — 27 pioches, 40 pelles, 4 haches. La légion n'a pas d'outils de compagnie.

Vivres. — Biscuits, 16 jours pour l'effectif de la garnison; farine, 101 jours; vin, 119 jours; talia, 128 jours; café, 118 jours;

thé, 124 jours; sucre, 118 jours; conserves de bœuf, 107 jours; lard salé, 39 jours; fayols, 39 jours; légumes secs, 30 jours; sardines à l'huile, 23 jours; riz (ration française), 60 jours; riz, (ration indigène), 60 jours; fromage, 1/2 jour; sel, 119 jours; bœufs, 25.

*24 novembre.* — Déclaration de l'état de siège. Un conseil de défense et un comité de surveillance des approvisionnements du siège sont constitués de la manière suivante :

Conseil de défense. — Commandant Dominé, président; capitaine Cattelin (de la légion), membre; lieutenant Derappe, commandant l'artillerie, membre; sergent Bobillot, chef du génie, membre.

Comité de surveillance des approvisionnements de siège. — Médecin-major de 1re classe, Vincent, président; capitaine Cattelin, membre; lieutenant Derappe, commandant l'artillerie, membre; sergent Bobillot, chef du génie, membre; Gauthier de Rougemont, chargé du service administratif, membre.

Sur l'invitation du colonel Duchesne, un détachement est envoyé, à six heures et demie du matin, à Yuoc, pour détruire le barrage construit par les Pavillons-Noirs sur la rivière Claire. Ce détachement est composé de deux groupes : le premier, chargé de la destruction du barrage, comprend 25 coolies (tout ce qu'on a pu trouver), munis de cordes et de perches et une escorte de 15 hommes de la légion; il est placé sous la direction du second de la *Mitrailleuse*, et se rend à destination sur une jonque; le deuxième groupe est formé d'une compagnie de la légion, chargée de protéger l'opération.

*25 novembre.* — Une reconnaissance d'un peloton de la légion est envoyée, dans l'après-midi, aux villages de Yla et Tricong-Mou, s'assurer que les habitants ne reconstruisent pas les cagnons qui ont été inondés.

Le troupeau se trouvant réduit à 23 bœufs, le commandant décide qu'il ne sera plus abattu qu'un seul de ces animaux tous les jours.

*27 novembre.* — Le commandant du poste reçoit de Phu-Doan,

avis que 10,000 Pavillons-Noirs sont à Than-Quan, 2,000 à Phuan-Binh, et 1,000 aux environs de Phu-Doan.

*2 décembre.* — Dans l'après-midi, une dépêche du commandant Bougnié, de l'infanterie de marine, annonce l'arrivée d'un convoi de deux mois de vivres pour la garnison, envoi qu'il est chargé d'escorter avec une compagnie d'infanterie de marine et la canonnière l'*Eclair*; il fait connaître que le convoi sur jonques et sampans a dû s'arrêter à 4 kilomètres au-dessus de Yuoc, l'*Eclair* n'ayant pu le remorquer plus haut à cause de la baisse des eaux.

*3 décembre.* — La compagnie de la légion, qui devait aller à Yla pour reconnaître la position des Pavillons-Noirs est, conformément à l'invitation du commandant Bougnié, dirigée sur Yuoc. Cette compagnie atteint le mouillage de l'*Eclair*, et, le soir, à 4 heures et demie, elle rentre à Tuyen-Quan, ramenant 33 bœufs.

Dans la matinée du 3, une quarantaine de Pavillons-Noirs, drapeaux en tête, et avec accompagnement de trompettes, viennent faire une démonstration jusqu'à 2 kilomètres de la citadelle.

*4 décembre.* — Le commandant Bougnié fait connaître que l'*Eclair* est allé à Phu-Doan et qu'elle reviendra le lendemain au mouillage avec 33 bœufs. Il demande qu'une autre compagnie de la légion soit envoyée le lendemain à ce point pour prendre ces animaux.

*5 décembre.* — Les grosses jonques, allégées, parviennent à Tuyen-Quan et sont déchargées dans la journée.

*6 décembre.* — Les émissaires envoyés à Yuoc ayant fait connaître, la veille dans la soirée, qu'un groupe de Chinois est établi au tournant où a déjà été assaillie la compagnie Moulinay, la compagnie de la légion chargée d'aller chercher les bœufs, au lieu de prendre la voie de terre, s'embarque sur les jonques avec l'infanterie de marine, ce qui lui permet d'éviter le passage en question. Elle a ordre de débarquer avant le point où les Chinois ont établi leur premier retranchement, et, à partir de ce moment, de se rendre par voie de terre jusqu'au mouillage de l'*Eclair*, flanquant ainsi les jonques sur lesquelles doit rester l'infanterie de marine.

L'aller et le retour (celui-ci se faisant par voie de terre) ont lieu sans encombre, et, à 2 heures de l'après-midi, la compagnie de la légion et les 15 tirailleurs tonkinois restèrent à Tuyen-Quan.

Pour le retour, le détachement de la garnison de Tuyen-Quan avait été accompagné presque jusqu'à la sortie des bois par une compagnie d'infanterie de marine amenée de Phu-Doan avec l'*Eclair* au second voyage de cette canonnière.

*7 décembre.* — Les renseignements apportés la veille par des espions ont fait connaître que les Chinois sont revenus en grand nombre au point où le chemin de Ung-Di pénètre dans les forêts. Une reconnaissance, composée d'une compagnie de la légion et de 30 tirailleurs tonkinois, est envoyée de ce côté pour déterminer les positions occupées par l'ennemi.

La reconnaissance, partie à 5 heures du matin, arrive au point du jour à Yla, bouscule les avant-postes chinois établis à la lisière de ce village du côté de Tuyen-Quan et gagne la lisière extérieure des bois en arrière de Yla; elle aperçoit, sur les hauteurs boisées entre lesquelles s'engage le chemin de Ung-Di, deux ouvrages en construction; les Chinois ou Pavillons-Noirs se sont déployés sur ces hauteurs et ils occupent le mamelon sur lequel s'élève le fortin imparfaitement détruit dans la journée du 20 novembre. La reconnaissance entend, en même temps, de grands cris sur sa droite : ces cris partent d'un rideau de bois que précède un ravin presque infranchissable.

Le capitaine Moulinay, qui commande la reconnaissance, estime à 500 environ le nombre des Chinois qu'il a vus sur les hauteurs.

Conformément aux instructions reçues, la reconnaissance ne s'engage pas; elle revient à la citadelle, où elle est de retour à 9 heures.

Dans la journée, on aperçoit une grande ligne de fumée du côté du ravin, d'où la reconnaissance a entendu partir des cris.

Le soir, des espions envoyés de ce côté viennent rendre compte que 700 à 800 Pavillons-Noirs sont derrière le ravin et qu'ils y installent un campement. Les Chinois établis sur les hauteurs sont, disent-ils, des réguliers.

*8 décembre.* — A partir du 8 décembre, l'approvisionnement de

Le chasseur d'Afrique GRAILLOT. (Bac-Lé.) — Le commandant DOMINÉ. (Tuyen-Quan.) — Le lieutenant de vaisseau DUBOC. (Sheipoo.)

viande fraîche étant reconstitué, il est abattu un bœuf chaque jour, sauf les mardis, jours où ont lieu des distributions de lard.

11 *décembre*. — Commencement de la construction d'un blockhaus par vingt hommes sur un mamelon situé à 300 mètres de la citadelle, en avant du secteur S.-O.

16 *décembre*. — Deux déserteurs chinois, appartenant à l'armée régulière, viennent se rendre dans la matinée à la citadelle. Leurs renseignements confirment les rapports précédents au sujet de la présence de 1,500 Chinois réguliers ou Pavillons-Noirs autour de Tuyen-Quan. Ces deux Chinois appartiennent à un renfort de 500 hommes arrivé récemment de Lao-Kay.

A 11 heures du matin, les Chinois dirigent sur le blockhaus une reconnaissance semblable à celle de la veille; cette reconnaissance est repoussée par la garnison du blockhaus, qui tire à 600 mètres. Aucun des Chinois n'est atteint.

17 *décembre*. — A six heures et demie, une reconnaissance composée de 300 tirailleurs tonkinois et de 20 légionnaires, sous le commandement de M. le lieutenant Goullet (des tirailleurs tonkinois), va de nouveau dans la direction de Yen; elle a pour mission de chercher un chemin plus rapproché de la rivière Claire que celui suivi le 11 décembre, chemin qui permettrait peut-être de gagner la gauche des campements chinois.

La reconnaissance ne trouve que des sentiers qui se perdent avant d'arriver à hauteur de Yen.

Des renseignements obtenus le même jour par des espions font connaître que les campements ennemis s'étendent jusqu'à la rivière Claire.

L'ennemi ayant envoyé, deux jours de suite, une reconnaissance vers le blockhaus, une embuscade, composée de 30 tirailleurs tonkinois, sous le commandement du sergent-major de Bergues, est envoyée à 10 heures du matin, derrière la grande haie qui coupe la plaine entre Tuyen-Quan et Yla. L'embuscade était à peine installée qu'un groupe de 200 Chinois réguliers (costume avec caractères rouges) débouchent de Yla, marchant sur le blockhaus. Ce groupe, déployé en tirailleurs, était précédé, à 200 mètres, de deux éclaireurs suivant le chemin d'Yla à Tuyen-Quan. L'embuscade les laisse approcher et les tire à bout portant. Le gros de la reconnaissance chinoise continuant à avancer, les tirailleurs tonkinois se retirent et regagnent Tuyen-Quan, en suivant la haie jusqu'au point où elle est coupée par le chemin de Dong-Yen. Les Chinois, d'ailleurs, ne dépassent pas cette haie, et font demi-tour quelques minutes après l'avoir atteinte.

18 *décembre*. — Une nouvelle embuscade, composée de 20 tirailleurs tonkinois et d'un peloton de la légion, sous le commandement de M. le sous-lieutenant Proye, est renvoyé à 9 heures derrière la haie.

A 10 heures, les Chinois débouchent encore de Yla au nombre de 50 environ. Ils font quelques centaines de mètres dans la direction de la haie; mais, soit qu'ils aient éventé l'embuscade, soit pour tout autre motif, on les voit subitement prendre le pas de course pour rentrer à Yla.

A 2 heures de l'après-midi, arrivée de quatre jonques chargées de vivres, pour porter à six mois l'approvisionnement de la place. Le convoi est escorté d'un détachement d'infanterie de marine.

19 *décembre*. — Départ, à 9 heures du matin, des jonques et de l'escorte.

20 *décembre*. — Le dernier convoi ayant apporté de l'alcoola de quinquina (approvisionnement de deux mois pour l'effectif de la garnison), une distribution de vin de quinquina, conformément aux ordres du général en chef, remplace chaque jour, à partir du 20 décembre, la ration hygiénique de tafia.

21 *décembre*. — Les rapports des espions ont signalé la présence de 1,000 à 1,600 Chinois autour de Tuyen-Quan.

Pour contrôler ce renseignement, le commandant du poste fait faire, dans la matinée du 21, une reconnaissance offensive qu'il dirige vers Dong-Yen, c'est-à-dire sur le chemin de Phu-An-Binh.

Cette reconnaissance est composée de : une compagnie de la légion, une pièce de 4, approvisionnée à 30 coups, 30 tirailleurs tonkinois, un détachement d'ambulance. Le capitaine Cattelin (de la légion étrangère), qui la commande, a pour instructions de refouler les avant-postes ennemis, d'après les renseignements recueillis, au village de Dong-Yen et dans les bosquets de bois avoisinants, de gagner ensuite la lisière opposée des couverts et, de là, de tâter la position principale de l'ennemi soit par des patrouilles, soit au moyen du tir de la pièce de 4.

La reconnaissance devra laisser, en deçà de Dong-Yen, un repli de la force d'un peloton.

A 7 heures du matin, la reconnaissance part dans la direction qui lui a été indiquée. Le brouillard est très intense, et le capitaine Cattelin arrête son détachement à 500 mètres de Dong-Yen, pour attendre qu'il soit dissipé.

A 9 heures et demie, le brouillard disparaît; le capitaine Cattelin aperçoit alors deux fortins sur la gauche et en arrière de Dong-Yen : il les prend comme point de direction, laissant Dong-Yen sur la droite.

Conformément aux instructions qu'il a reçues, il fait prendre position à un peloton à la lisière d'un petit bois, et avec l'autre il forme trois fortes patrouilles qui s'avancent sur un même front, suivant la direction de Phu-An-Binh, lequel passe tout près des fortins. Après avoir fait 500 ou 600 mètres, la ligne de patrouilles tombe sur un petit poste chinois qui s'enfuit immédiatement. Le petit poste est poursuivi ; mais, après avoir fait quelques pas, les patrouilles sont accueillies par un feu très vif partant d'une tranchée qui barre la route à 200 mètres environ de l'emplacement du petit poste. En deux bonds, la ligne de patrouilles déployée atteint le retranchement et en chasse les défenseurs à la baïonnette. Les Chinois tentent un retour offensif pour reprendre leurs morts et leurs blessés, mais ils sont repoussés par les feux de salve des légionnaires.

L'ennemi, en s'enfuyant, avait montré ses forces. Le capitaine Cattelin estime que, tant dans la tranchée que dans les fortins, il y avait environ 500 Chinois. Le but de l'entreprise étant atteint de ce côté, le signal de la retraite est donné; le moment était d'ailleurs favorable, l'ennemi étant alors en fuite sur la route de Phu-An-Binh.

*23 décembre* — Les rapports des espions font connaître qu'à la suite de l'affaire du 21, Lu-Vinh-Phuoc est venu lui-même à Dong-Yen, avec un renfort de 500 Pavillons-Noirs.

*26 décembre.* — Un Chinois régulier, fait prisonnier, donne les renseignements suivants : 3,200 Chinois sont réunis autour de Tuyen-Quan, 2,000 Pavillons-Noirs, et 1,200 réguliers de Kouang-Si. Les 1,200 réguliers sont stationnés dans les fortins de Dong-Yen ; les Pavillons Noirs occupent les retranchements de Truong-Mou et les campements en arrière du grand ravin qui, de Truong-Mou, va à la rivière Claire.

A Than-Quan se trouvent 5,000 réguliers du Yunnan, et la route de Tuyen-Quan à Phu-An-Binh est jalonnée par des postes dans lesquels se trouvent encore un millier de Pavillons-Noirs.

*29 décembre.* — Le village construit pour recevoir tous les Annamites qui se sont réfugiés sous la citadelle est terminé, et les indigènes vont s'y installer ; sauf sur la face qui regarde la citadelle, le village est entouré d'un mur en terre haut de 2 mètres et épais de 50 centimètres.

Les 80 coolies employés aux travaux de la place sont organisés en milice pour la défense du village. Ils forment 4 sections commandées chacune par un doï.

La milice est commandée par le mandarin Nguyen-Dôn-Bân, auquel les indigènes donnent le titre de capitaine annamite. Ce mandarin, qui paraît peu flatté de l'honneur qui lui est fait, a pour le seconder dans son commandement le doï des coolies, Han-Van-Hing, du village de Yen, qui est un homme énergique et sachant se faire obéir.

C'est d'ailleurs à ce doï qu'est due la construction du village, le tong-doï, qui est vieux et malade, opposant une inertie absolue à tous les ordres qui lui sont donnés.

L'armement des coolies consiste en lances de bambou appointées ; le capitaine annamite a un fusil à répétition et un pistolet ; le doï a un fusil à piston.

*31 décembre.* — A 11 heures du matin, un groupe de 500 Chinois, venant des directions Truong-Mou et Yen, marche sur le blockhaus en ordre de combat. Des drapeaux blancs (drapeaux personnels de

Lu-Vinh-Phuoc, d'après les renseignements donnés par les deux prisonniers) sont portés en avant de la ligne de tirailleurs. Arrivés à 1,500 mètres environ du blockhaus, les Chinois s'arrêtent et font demi-tour presque aussitôt après.

*1ᵉʳ janvier*. — Des espions font connaître que Lu-Vinh-Phuoc est retourné à Phu-An-Binh avec un groupe d'environ 1,500 Pavillons-Noirs. La démonstration de la veille a sans doute eu pour but de donner le change sur le mouvement exécuté par le chef des Pavillons-Noirs.

A huit heures du soir, le village est attaqué par un groupe de Chinois qui vient se butter contre contre les défenses dont le village est entouré.

*4 janvier*. — Depuis plusieurs jours, les Chinois ont pris l'habitude d'envoyer à onze heures du matin, quelques groupes sur la ligne de mamelons dirigée suivant le chemin de Yen. Une embuscade de 30 légionnaires est placée à dix heures à cet endroit, mais l'embuscade est éventée et la patrouille chinoise se retire à Truong-Mou d'où elle est venue.

*6 janvier*. — A partir du 6 janvier, l'indemnité de cinq centimes de légumes est remplacée par une distribution journalière de légumes secs (fayots et pois, alternativement). Autorisation est également donnée de toucher du pain de soupe, à titre remboursable.

*10 janvier*. — Dans la nuit du 9 au 10, à deux heures du matin, le blockhaus est attaqué par un groupe de Chinois venu par le chemin de Yen. Le sergent qui commande le poste du blockhaus les laisse approcher jusqu'à 50 mètres et commence le feu sur eux. Quelques décharges suffisent pour mettre les Chinois en fuite.

*16 janvier*. — Une patrouille chinoise, d'une quinzaine d'hommes, vient régulièrement chaque jour, vers dix heures du matin, de Dong-Yen jusqu'à la Grande-Haie, au point où celle-ci est coupée par la route de Dong-Yen. Une embuscade de 30 hommes, commandée par le sous-lieutenant Proye, de la légion, est envoyée sur le chemin de Dong-Yen; mais, entendant sur sa gauche un mouvement considérable de troupes, et ayant reçu ordre de ne point s'engager, le commandant se replie, après avoir tué trois Chinois, éclaireurs d'un groupe.

*21 janvier*. — A huit heures du matin, des groupes très nombreux, mais faibles et disséminés, se dirigent de Yla vers la grande ligne de bois qui partage la plaine entre Yla et la citadelle. Le nombre de Chinois venu de Yla est d'au moins 500. De grands feux s'allument vers dix heures sur toute la ligne des bois; il y a lieu de penser que les Chinois travaillent à une tranchée.

*22 janvier*. — De nombreux travailleurs arrivent encore de Yla, dans la matinée, vers la grande ligne des bois, mais ils sont éparpillés. On ne parvient pas à arrêter leur mouvement.

*23 janvier*. — Les travailleurs reviennent encore de Yla à la ligne des bois. Dans toute la journée, la plaine est parsemée de tirailleurs isolés, entre Ya-Ho et Yla et la ligne des bois.

*24 janvier*. — Le travail des Chinois semble s'arrêter; leur batterie de rempart tire 38 coups sur le blockhaus, un seul coup atteint cet ouvrage sans l'entamer.

*25 janvier*. — Le travail, suspendu la veille, reprend avec plus d'activité. Plus d'*un millier* d'hommes de corvée vont et viennent toute la journée entre Ya-Ho et la ligne des bois. Les Chinois auraient-ils l'intention d'attaquer la place pied à pied? Dans la journée on aperçoit sur la route de Phu-An-Binh, à 5 kilomètres de la place, un camp d'une soixantaine de tentes.

D'après les renseignements qu'a pu se procurer le tong-doï, le nombre des Chinois réunis autour de Tuyen-Quan est de 5,000, et Lu-Vinh-Phuoc, avec 2,000 Pavillons-Noirs, occupe le défilé de Yuoc.

*26 janvier*. — A cinq heures et demie du matin, le village annamite est subitement incendié; les habitants se réfugient sous les murs de la citadelle et sur la rive droite du fleuve à l'abri du cantonnement des tirailleurs tonkinois. L'approche des Chinois n'avait pas été signalée par les habitants du village.

Les Chinois, sortant du village, s'avancent jusqu'au mamelon de la pagode démolie, dite pagode de la Compagnie chinoise; ils essuient alors le feu des tirailleurs tonkinois et se replient dans le village. Une partie s'établit dans les roches qui sont au pied de la berge de la rive droite, à la hauteur du village, et de là tire sur la *Mitrailleuse*. Cette canonnière prend alors son poste de combat au milieu de la rivière, et, de concert avec les tirailleurs tonkinois, répond au feu dirigé sur elle.

Le piquet de la garde de la citadelle se porte alors au rempart, qui se trouve garni par une compagnie sur tout le pourtour.

Un quart d'heure environ après l'attaque tentée contre le baraquement des tonkinois, deux autres attaques se dessinent, l'une contre la haie de la citadelle et l'autre contre le blockhaus. Du côté de la face nord, les Chinois, ayant fait un mouvement tournant, s'avancent, défilant par les berges de la rive droite de la rivière Claire, le long de la grève, découverte par suite de la baisse des eaux; la colonne venue de ce côté est estimée à un millier d'hommes par le capitaine de la *Mitrailleuse* qui, par sa position, pouvait la la découvrir tout entière. A 100 mètres environ de la citadelle, la tête de la colonne quitte le bord de la rivière pour gagner le chemin. Elle est accueillie par les feux de la face nord. En même temps, la *Mitrailleuse* tire à mitraille sur la partie de la colonne qui n'a pas encore quitté le bas de la berge. Ces deux feux combinés produisent un effet foudroyant; la colonne chinoise se rompt aussitôt; ceux qui se trouvent sur le chemin cherchent un abri derrière tous les obstacles du terrain. Les pièces du 4 du mamelon tirent sur ces abris, et lorsque les Chinois les quittent pour se retirer un à un, ils se trouvent en butte au feu des tireurs de position (choisis parmi les meilleurs de la légion) qui occupent le mamelon.

Contre le blockhaus, trois colonnes étaient dirigées simultanément : la première venant de la grande pagode, la deuxième de la direction de Yla, et la troisième de la direction de Yen par la ligne des mamelons; chacune de ces colonnes était forte de 300 hommes environ. Le poste du blockhaus, 18 hommes commandés par le sergent Liber, de la légion, les tient toutes les trois à distance; les deux premières se retirent au bout d'une demi-heure; mais la troisième, qui a pris position sur le mamelon à 200 mètres du blockhaus, y reste jusqu'à dix heures du matin; et de là tire sur

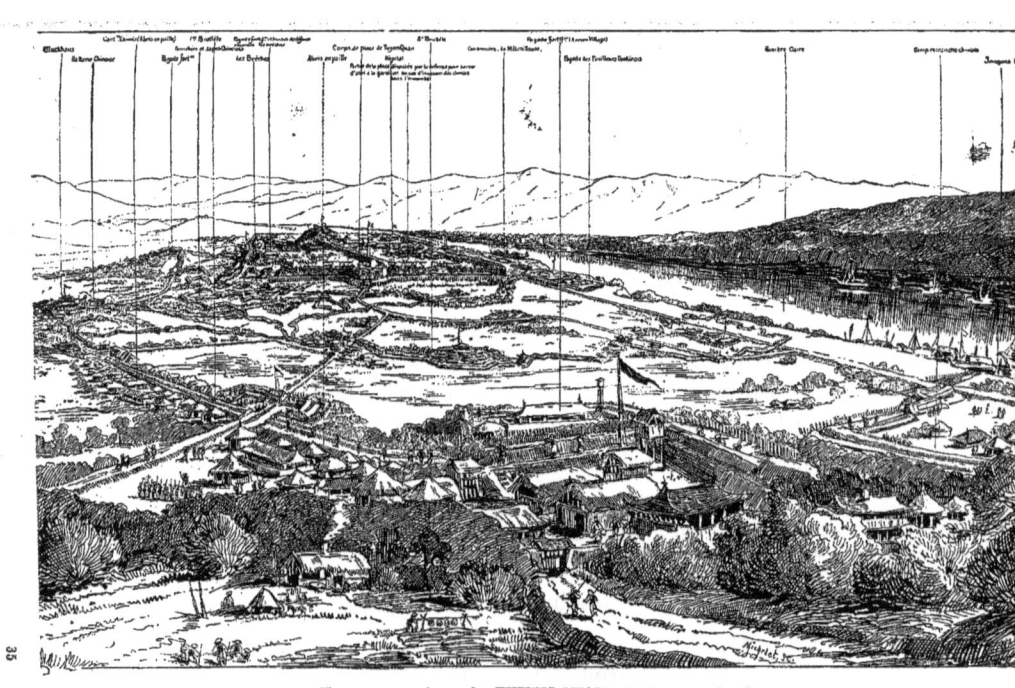

Vue panoramique de TUYEN-QUAN et de ses abords
Pendant le siège de la place par les Pavillons-Noirs

cet ouvrage et sur la citadelle. La face ouest de la citadelle, en flanquant le blockhaus, avait contribué à la retraite rapide des deux premières colonnes. L'artillerie, du haut du mamelon de la citadelle, avait tiré avec les hotchkiss sur toutes les colonnes chinoises.

Du côté de la face sud, les Chinois, profitant du terrain couvert, s'établissent derrière la digue qui relie la grande pagode au fleuve et au village annamite. Ils y exécutent immédiatement une tranchée, et leur ligne d'investissement se trouve de ce côté n'être plus qu'à 550 mètres du cantonnement des tirailleurs tonkinois.

Le nombre des morts de l'ennemi dans cette journée ne peut être apprécié d'une façon exacte; une reconnaissance poussée dans l'après-midi en avant de la face nord a trouvé sur le terrain cinq cadavres et un pavillon; de nombreuses taches de sang marquaient la ligne de retraite.

De notre côté, nous avons eu deux blessés, appartenant tous deux au poste du blockhaus : le caporal Kummer, de la légion, et un tirailleur tonkinois.

Pendant tout le restant de la journée, les Chinois, de leur nouvelle ligne d'investissement, ne cessent de tirer sur les tirailleurs tonkinois et sur la citadelle, dans laquelle les projectiles tombent de toutes parts.

Le travail des Chinois ne se ralentit pas de toute l'après-midi; des fascines et des branches d'arbre sont apportées sur la ligne d'investissement. Il n'y a plus à en douter, c'est une attaque pied à pied qui se prépare.

De notre côté, nous complétons le travail de défilement des communications et du logement.

*27 janvier.* — Pendant la nuit du 26 au 27 et pendant toute la journée du 27, les Chinois continuent le bombardement de la citadelle avec leurs fusils de rempart, qui sont au nombre de 10.

Au milieu de la nuit, une attaque de vive force est tentée contre le cantonnement des tirailleurs tonkinois; les Chinois se lancent en poussant de grands cris sur la face sud de leur baraquement; mais ils sont repoussés par les feux croisés des Tonkinois et des postes de la face sud de la citadelle. Un peu après, une attaque est dirigée contre le blockhaus; cette attaque est également repoussée.

La veille au soir, de grands feux ont été allumés par les Chinois dans la grande pagode et dans la pagode de la route de Yuoc; les pièces de 80 millimètres ont été pointées avant la tombée de la nuit sur ces deux points; à 5 heures du matin, un obus à balles est envoyé dans chacune des deux pagodes, que les Chinois abandonnent en poussant de grands cris.

La journée du 27 est employée activement, comme celle du 26, à la continuation des ouvrages de défilement. Comme il y a lieu de prévoir l'occupation par l'ennemi de la rive gauche, un chemin couvert allant de la porte d'entrée de la citadelle au fleuve est fait afin de protéger les hommes de corvée qui vont à l'eau.

Dans la journée, il n'est répondu au bombardement que par le feu de quelques tireurs de position; ces derniers prennent pour objectif les travailleurs ennemis qui se montrent à découvert sur la ligne retranchée que les Chinois construisent entre la grande pagode et la lisière sud du village annamite (distance de tir, 700 à 750 mètres); ce feu des tireurs de position est très efficace, et, dans le courant de la journée, on constate l'enlèvement de 8 hommes mis hors de combat.

Comme nous, d'ailleurs, les Chinois ont des tireurs de position, placés en arrière du village annamite, qui, par leur feu, rendent impraticable pour les hommes à découvert la face sud du mamelon, la partie de la citadelle comprise entre le pied du mamelon et les faces sud des baraques de la 2ᵉ compagnie de la légion.

Les murs de clôture en briques faits précédemment autour des baraques de la 2ᵉ compagnie pour garantir les hommes contre le froid sont maintenant de la plus grande utilité contre les balles; mais leur résistance est à peine suffisante contre les projectiles des fusils de rempart, et des gabions sont préparés pour le revêtement intérieur des baraques. De nouveaux parados et de nouvelles traverses sont faits sur le rempart.

Devant l'attaque pied à pied entamée par les Chinois, il y a lieu de se préoccuper de l'éventualité de l'évacuation du blockhaus, lequel peut résister à toutes les attaques de vive force dirigées contre lui, mais qu'un cheminement de l'adversaire peut isoler de la place. L'évacuation du blockhaus laisse à l'adversaire la hauteur la plus dangereuse. Pour parer à l'inconvénient qui en résultera, il est de toute nécessité de modifier et de compléter certaines parties du défilement. Dans la soirée même du 27, on commence un cheminement défilé dans la grande rampe qui mène au mamelon.

28 *janvier*. — Le matin, au point du jour, on aperçoit, partant du point appelé « Saillant de la Haie », un boyau de communication qui s'avance vers le blockhaus.

Plusieurs coups de hotchkiss sont envoyés sur la tête de sape ; le travail semble d'ailleurs interrompu dans la journée.

Il faut s'attendre à ne plus pouvoir conserver le blockhaus ; aussi, les travaux intérieurs de défilement sont-ils très activement poussés. La première compagnie de la légion construit une traverse coupant le chemin qui mène de la porte d'entrée à son cantonnement ; cette traverse, élevée à l'entrée du cantonnement, le garantit contre les coups venant du sud. La 2ᵉ compagnie place ses gabions autour des murs de baraquement ; elle continue également à travailler à la grande traverse.

Le service du génie, au moyen de 60 hommes de corvée de la légion, continue le cheminement défilé dans la rampe du mamelon.

Toute la nuit du 27 au 28 et toute la journée du 28, les Chinois envoient sur le cantonnement des Tonkinois et sur la citadelle une grêle de balles et de projectiles de fusils de remparts qui n'atteignent personne.

29 *janvier*. — Le sergent André, de la légion, qui était de garde au blockhaus, du 28 au 29, rend compte que la tranchée, par laquelle les Chinois marchent sur le blockhaus, n'est plus qu'à une centaine de mètres de cet ouvrage. A midi, le sergent Dumont, qui a pris la garde le matin, fait connaître que la sape continue.

A deux heures de l'après-midi, il tente une sortie contre la tête de sape, mais les hommes qu'il envoie sont accueillis par un feu assez nourri partant d'une parallèle que les Chinois ont eu soin d'établir perpendiculairement au cheminement, à 200 mètres environ du blockhaus ; la petite troupe rentre dans l'ouvrage.

A 4 heures du soir, le capitaine Cattelin, de la légion étrangère, est envoyé au blockhaus pour connaître l'état d'avancement des travaux de l'adversaire; il constate que la tête de sape est à moins de cent mètres de l'ouvrage.

Dans ces conditions, le blockhaus peut encore tenir toute la nuit et peut-être une partie de la journée du lendemain ; il importe de retarder le plus possible son évacuation, car les travaux de défilement de la citadelle ne sont pas encore entièrement terminés et le bombardement continue.

30 *janvier*. — Dans la nuit du 29 au 30, les Chinois tentent inutilement trois assauts du blockhaus. Au point du jour, le sergent Bobillot, chef du service du génie, se rend au blockhaus. Au retour, il fait connaître que le cheminement de l'adversaire est parvenu au pied même du mamelon du blockhaus, que le travail marche très vite et que dans sept ou huit heures, la tête de sape sera arrivée sur la ligne de communication du blockhaus à la citadelle.

Afin que le blockhaus soit évacué sans combat, ordre est donné au poste de cet ouvrage de rentrer à la citadelle à 10 heures.

Un quart d'heure environ après l'évacuation du blockhaus, quelques Chinois se montrent. Un obus de 80 est alors lancé sur l'ouvrage dont il traverse le premier mur. Les Chinois, qui avaient pénétré dans l'ouvrage, ne reparaissent plus, et, de la journée, aucun Chinois n'ose y pénétrer.

De leurs parallèles et des mamelons qui jalonnent le chemin des Yeiden, les Chinois ouvrent alors sur la citadelle un feu vif qui dure de dix heures et demie du matin à quatre heures du soir, et je crois être au dessous de la vérité en estimant à 30,000 le nombre des cartouches qu'ils ont brûlé dans cette journée.

De notre côté, les tireurs de position seuls répondent ; une pièce de 4 et une de 80 placent aussi plusieurs coups heureux sur des colonnes venant de Yla et de Dong-Yen ; on aperçoit des convois de blessés ou de morts qui regagnent ces deux villages.

Nos pertes de la journée s'élèvent à 1 tué et 3 blessés.

31 *janvier*. — Malgré le bombardement incessant, on travaille toute la nuit aux travaux de défilement.

Le lendemain, on constate que l'adversaire a établi une tranchée sur le mamelon du blockhaus. Cette tranchée est reliée à la grande pagode par une autre commencée la veille, et qui formait un deuxième cheminement sur le blockhaus.

Pendant la nuit du 30 au 31, à 8 heures du soir, les Chinois tentent une attaque vive contre le baraquement des Tonkinois ; ils sont repoussés, et laissent deux morts sur le terrain.

Pendant le jour, on est obligé de suspendre en partie les travaux à cause de l'intensité du feu de l'adversaire.

1ᵉʳ *février*. — On termine le défilement de la grande rampe du mamelon ; on commence un chemin couvert en arrière de la grande traverse de la 2ᵉ compagnie de la légion. L'artillerie établit, au rentrant compris entre la citadelle et le cantonnement des Tonkinois, une batterie pour une pièce de 4 ; cette pièce enfile la route de Yuoc et flanque la face sud, sur laquelle se dirigent surtout les cheminements des Chinois.

D'après la direction de leurs tranchées, ces derniers semblent vouloir attaquer simultanément le cantonnement des Tonkinois et la demi-lune de la face sud.

Au matin, on constate que les Chinois n'ont pas mis moins d'activité que nous dans leur travail. Ils ont poussé leurs tranchées jusqu'à 250 mètres du mirador sud. — A partir de 8 heures du matin, la citadelle est en butte à un feu concentrique qui dure toute la journée avec une grande intensité, particulièrement de la ligne des mamelons situés sur la face ouest, sur lesquels les Chinois ont élevé des retranchements crénelés. De la pagode du mamelon déboisé ils tirent sur la face nord, et de la rive gauche du fleuve ils battent la porte d'entrée de la citadelle et la *Mitrailleuse*. Les tireurs de la rive gauche sont détachés des postes qui sont établis sur cette rive en aval de la place, depuis le 28 janvier.

2 *février*. — Dans la nuit du 1ᵉʳ au 2, les Chinois envoient un groupe contre les tirailleurs tonkinois ; ils laissent un mort et un blessé sur le terrain.

Continuation du bombardement.

Nos tireurs de position mettent journellement en moyenne dix hommes hors de combat ; les effets de l'artillerie contre les ouvrages qu'élève l'adversaire sont presque nuls. Aussi, d'une manière générale, n'est-il employé que contre les groupes qui se présentent à portée, et à faire taire le feu des batteries de l'adversaire pour l'exécution du travail.

Le cheminement des Chinois s'avance rapidement; le 2, au matin, il atteint l'éperon en avant de la porte sud. Une parallèle est établie par eux sur la ligne du mamelon, située à 50 ou 100 mètres de la face ouest de la citadelle.

De notre côté, nous exécutons une communication défilée, entre le logement de la 1re compagnie de la légion et la porte est (porte d'entrée). Des traverses sont élevées sur la face ouest pour protéger les hommes sur le rempart contre le feu venant du mamelon ou de la pagode dite du Broussaillement.

Dans la journée du 2 février, un caporal tonkinois, le nommé Gia, est blessé à la tête et meurt quelques heures après, des suites de sa blessure.

3 *février*. — Dans la nuit du 2 au 3, à trois heures un quart, les Chinois ouvrent un feu général de leur ligne de tranchée; ils font ensuite quelques pas en dehors de leur abri, pour marcher contre les Tonkinois et contre les faces sud et ouest de la citadelle, mais notre feu les fait immédiatement rentrer dans la tranchée.

Continuation du bombardement. La parallèle que les Chinois ont creusée en arrière des crêtes des mamelons de la face ouest, a été tendue pendant la nuit, jusqu'au mamelon du saillant ouest, c'est-à-dire jusqu'à notre haie de bambous, à 25 mètres du mur de la citadelle.

4 *février*. — Les Chinois tirent peu pendant la nuit du 3 au 4. Dans la journée, le bombardement reprend avec l'intensité habituelle; cependant le tir des fusils de rempart est moins nourri; quelques-uns de ceux-ci jettent des projectiles cylindriques.

L'artillerie, le génie et l'ambulance évacuent le baraquement qu'ils occupaient et vont s'installer au cantonnement de la 1re compagnie de la légion.

Pendant la nuit du 3 au 4, les Chinois ont amélioré leurs travaux; ils ont fait sur leur ligne de tranchées, en avant de la face ouest, un amas considérable de fascines et de bottes de paille. Ils semblent avoir abandonné leur première idée d'attaquer par la face sud et chercher à envelopper les saillants sud-ouest et nord-ouest ainsi que la demi-lune ouest.

De notre côté, on continue les travaux commencés les jours précédents.

5 *février*. — Dans la nuit du 4 au 5, un groupe de Chinois s'avance encore du côté des tirailleurs tonkinois; il est repoussé. Dans cette nuit, les Chinois lancent une tranchée jusqu'au saillant sud-ouest de la haie, c'est-à-dire jusqu'à 25 mètres du saillant sud-ouest de la citadelle.

Les travaux que nous avons entrepris continuent et, sauf sur la face sud, on peut sans danger communiquer d'un point à l'autre de la citadelle.

Dans la journée du 5, les tireurs de position mettent hors de combat 18 Chinois, que l'on voit enlever.

Comme d'habitude, le bombardement dure nuit et jour. Le nombre des Chinois de la rive gauche augmente; leur tir est très gênant pour les tirailleurs tonkinois et pour la *Mitrailleuse*.

6 *février*. — Dans la soirée du 5, après la tombée de la nuit, les Chinois viennent faire un trou en terre contre notre haie de bambous, c'est-à-dire à trente mètres du mur de la citadelle; ce trou correspond à peu près au milieu de la demi-face sud de la face ouest. L'obscurité empêche de distinguer les travailleurs et le genre de travail qui est fait; on tire cependant du mur, mais sans résultat appréciable. L'adversaire, profitant de l'épaisseur de la nuit, est même parvenu à apposer des madriers contre la muraille, de manière à former une sorte de toit.

Lorsque la lune se lève, on aperçoit ce travail, lequel est détruit, au moyen d'un long crochet, par le sergent du génie. Au point du jour, on remarque que, du trou creusé, l'adversaire a cheminé le long de la haie vers le sud sur une longueur de 25 mètres, et que là, il a percé comme au premier point la haie de bambous.

Pour empêcher toute nouvelle tentative directe de l'adversaire contre la muraille, le nombre des sentinelles des demi-faces est augmenté d'une (soit au total 4 sentinelles, se partageant la surveillance sur un front de 150 mètres). Chacune de ces sentinelles

Une Exécution capitale au Tonkin

est munie d'un mâchicoulis mobile, qu'elle doit placer sur le mur au-dessus du point où l'ennemi tenterait de venir travailler, de manière à pouvoir tirer à l'abri sur les travailleurs. En outre, des petites fascines imprégnées d'alcool sont préparées pour éclairer le pied du mur.

Dans la matinée du 6, l'adversaire, partant du trou signalé plus haut, chemine perpendiculairement sur le mur, en se couvrant par un masque de fascines qu'il fait avancer au fur et à mesure de son travail. Il arrive ainsi jusqu'à égale distance de la haie de bambous et du mur. Là, il plante un drapeau qui, l'après-midi, est enlevé par quelques hommes de la première compagnie, au moyen d'un engin imaginé par M. le lieutenant Gœury, de cette compagnie. Deux Chinois, qui s'étaient accrochés au drapeau pour le retenir, sont tués par quelques tirailleurs postés en vue de cette éventualité.

Dans l'après-midi, l'adversaire établit une batterie de quatre fusils de rempart sur la rive gauche, au sommet du piton qui domine la pagode Blanche, à 1,400 mètres de la citadelle. Le tir de ces fusils ne produit aucun effet, les coups étant tous trop courts.

Le bombardement de la citadelle continue; il est particulièrement vif de huit heures à dix heures du matin et de quatre heures à six heures du soir. Nos tireurs de position tirent toujours avec le même succès, mais les Chinois qui se découvrent deviennent de plus en plus rares. Notre artillerie a l'occasion de placer quelques bons coups de hotchkiss contre des groupes de travailleurs.

Les travaux que nous avons exécutés, tant dans la nuit que dans le jour, sont : amélioration de la traverse de la 2ᵉ compagnie de la légion; amélioration des travaux de défilement du mamelon continuation d'un chemin couvert reliant la traverse de la 2ᵉ compagnie à la demi-lune sud.

*7 février.* — Dans la soirée du 7, les mâchicoulis mobiles sont installés et le pied du mur est éclairé sur la face ouest. On ne constate, durant cette nuit, aucune tentative directe de l'adversaire contre la muraille.

Au point du jour, on constate qu'il a complété et amélioré ses communications; sa troisième parallèle partant du village, passant en arrière de la pagode démolie et en arrière des crêtes des mamelons de la face ouest, semble achevée; il a relié par un boyau de communication cette parallèle avec le retranchement de la hauteur en avant de la demi-lune sud. En arrière du mamelon de la compagnie chinoise, il a élevé une barrière de fusils et de canons de rempart.

Dans la matinée, la batterie de fusils de rempart qui, la veille, avait été placée sur le piton de la rive gauche, descend au pied de cette hauteur; de sa nouvelle position, elle ne produit pas plus d'effet que de l'ancienne; elle est d'ailleurs contre-battue par les hotchkiss de la *Mitrailleuse*.

A midi, les Chinois démasquent sur le mamelon du blockhaus une batterie composée de deux canons de rempart, d'une vieille pièce d'assez fort calibre et d'une pièce de 4, qui lance notre obus ordinaire et notre obus à balles. Notre 80$^{mm}$ et les tireurs de position font taire la pièce de 4, qui est d'ailleurs mal installée dans une embrasure trop ouverte.

Nous continuons les travaux de défilement qui ont été commencés la veille. Le travail se poursuit jour et nuit.

8 *février*. — Au point du jour, on constate que l'adversaire a exécuté un deuxième cheminement perpendiculaire au mur et à 25 mètres d'éloignement du premier.

Dans l'après-midi, on s'aperçoit qu'il se forme un amas de terre s'accroissant peu à peu aux extrémités des deux cheminements; il y a tout lieu de penser que l'adversaire chemine alors en galerie souterraine vers le mur. A partir de ce moment, le sergent du génie fait écouter constamment pour déterminer la direction que suivent les deux galeries.

Pendant la nuit, l'adversaire a construit une sorte de casemate pour sa pièce de 4; à 10 heures et demie du matin, il lance deux obus à balles, dont l'un va éclater au delà du fleuve, mais dont le second enlève une partie de la toiture de la pagode occupée par l'interprète sur le mamelon. Notre pièce de 80$^{mm}$ est impuissante à détruire la casemate, mais comme celle-ci est très large, les tireurs de position empêchent les artilleurs ennemis de mettre la pièce en batterie. A la nuit tombante, cependant, les Chinois envoient encore un obus de 4 qui n'éclate pas et qui va tomber au delà de la citadelle.

Les travaux exécutés par nous sont : traverses posées sur la face sud pour se défiler du feu des mamelons de la face ouest; aménagement pour la fusillade de la traverse de la 2ᵉ compagnie.

*9 février.* — Dans la nuit du 8 au 9, les Chinois organisent une large place d'armes au point où le boyau qui va au saillant sud-ouest de la haie se détache de la parallèle; ils élargissent également ce boyau; de plus, ils ont amorcé un deuxième boyau en zigzag, menant de la place d'armes en question à la deuxième galerie souterraine.

Le sergent du génie a reconnu le point vers lequel se dirige la deuxième galerie souterraine, laquelle est plus avancée que la première; au point du jour, il fait avancer deux contre-galeries de manière à entraver le point où aboutira probablement le travail du mineur adverse; ces contre-galeries ont pour but de servir d'évents à la mine, de réduire considérablement son action; le soir, les contre-galeries sont presque arrivées (en descendant de 55 centimètres par mètre) jusqu'au mur.

Vers 4 heures de l'après-midi, on entend le travail d'un second mineur dans la première galerie souterraine; le sergent du génie estime qu'il est encore à 7 ou 8 mètres du mur.

On entend également tout le jour un bruit de pioche en arrière du mamelon du saillant nord-ouest.

Le sergent du génie ayant déclaré qu'une mine pouvait faire explosion pendant la nuit, les dispositions d'usage en pareil cas sont ordonnées.

Dans le cas où les deux mines feraient explosion, les brèches seront couronnées par deux sections de réserve générale; la section des travailleurs arrivera immédiatement avec les outils et un retranchement rapide sera exécuté derrière les défenseurs des brèches.

Dans la journée, un des deux hotchkiss de la place est installé au flanc sud de la demi-lune ouest, afin d'obtenir un flanquement plus complet de la demi-face menacée.

Le travail que nous exécutons dans la journée est l'aménagement défensif de la traverse de la 2ᵉ compagnie; l'établissement de parados sur la face sud et la création d'un chemin couvert pour aller au magasin à munitions du mamelon. L'ancien magasin à munitions est complètement évacué.

10 *février*. — Pendant la nuit, le mineur de la galerie de droite (par rapport à nous) a gagné du terrain. Au point du jour, on commence deux contre-galeries pour aller à lui. Ce moyen est le seul que nous puissions essayer contre lui.

Dans la journée, le bombardement continue ; il est particulièrement vif vers midi, et nous recevons en assez grande quantité des obus à balles, des bombes explosibles et des fusées qui sont plutôt un projectile qu'un agent incendiaire.

Les ordres donnés la veille pour le cas d'explosion d'une mine sont maintenus ; il est recommandé à l'artillerie du mamelon de tirer sur des groupes et de dédaigner de répondre pendant l'assaut au tir de l'artillerie ennemie. Le génie reçoit ordre d'accumuler gabions, sacs à terre et branches d'arbres ou bambous auprès des points sur lesquels l'adversaire dirige ses deux galeries souterraines.

Le moment où les réserves générales devront s'élancer pour couronner les brèches sera celui où les Chinois eux-mêmes se porteront à l'assaut ; le moment sera indiqué par la sonnerie de la charge.

Les travaux exécutés par nous dans la nuit du 9 au 10 et dans la journée du 10 sont : banquette et revêtement du clayonnage de la traverse de la 2ᵉ compagnie ; amélioration des défilements du mamelon.

La traverse intérieure de la 2ᵉ compagnie est aménagée défensivement ; il y a lieu de se préoccuper du cas où l'adversaire ferait sauter par la mine 100 à 150 mètres de muraille ; il serait alors, avec l'effectif disponible, impossible de garnir la brèche.

11 *février*. — L'ennemi continue ses travaux de mine.

12 *février*. — La mine de la galerie n° 2 saute ; mais, grâce aux contre-galeries qui forment évents, le mur n'a été que crevé et la brèche n'est pas praticable. Les Chinois qui marchaient en tête de colonne d'assaut sont pris de front et de flanc par les fusils et les hotchkiss de la demi-lune. Ce qui n'est pas tué rentre précipitamment dans la communication défilée.

13 *février*. — La nuit du 12 au 13, nos tirailleurs étaient occupés à creuser la contre-galerie du saillant et les deux contre-galeries correspondant à la galerie ennemie n° 1. A 3 heures 15, une explosion sourde ébranla la citadelle; le cri : « Aux armes ! » est répété, et chacun se tient prêt à exécuter les ordres donnés la veille. C'est le saillant sud-ouest qui vient de sauter; le mur d'escarpe, renversé sur une longueur de 15 mètres, est tombé dans le fossé, et le parapet en terre est détruit; la brèche existe, mais elle présente à son centre un entonnoir qui la rend difficilement praticable. On entend alors les Chinois pousser de grands cris à proximité de la brèche. Le capitaine Moulinay, de la 2ᵉ compagnie, fait alors sonner la charge et conduit à la brèche la section de réserve générale.

Le mouvement des Chinois est arrêté aussitôt : le porte-drapeau qui marchait en tête, tombe sur la brèche, et les autres rentrent dans la place d'armes défilée. A deux reprises ils tentent encore d'atteindre la brèche, mais ces deux tentatives sont repoussées comme la première.

L'obscurité était complète; les travailleurs (1ʳᵉ section) arrivent avec les outils, et un retranchement rapide est exécuté immédiatement un peu en arrière du bord de l'entonnoir.

L'action est continuée pendant le restant de la nuit par un feu très intense de nos adversaires; de notre côté, nous tirons très peu; au point du jour, l'artillerie tire quelques coups de hotchkiss et de 80 millimètres sur les groupes qu'elle aperçoit.

A 6 heures et demie, le feu de l'ennemi se calme et le service habituel est repris. La matinée est employée par le génie à reconstituer un retranchement commode et un obstacle sur l'emplacement de la brèche; malheureusement, le parapet est tellement entamé qu'il n'est pas possible de faire un parados, et cette partie de l'enceinte va se trouver prise par derrière par les tireurs du mamelon du saillant nord-ouest, ainsi que par ceux établis sur le mamelon au-dessous de la pagode du déboisement.

Les pertes de cette journée sont toutes subies par la légion ; elles sont de 5 hommes tués. Le caporal Beulin est allé, à la tombée de nuit, avec trois hommes de bonne volonté, chercher le corps du soldat Schlebaum, lancé au dehors, par l'explosion de mine. Pour cet acte de courage, le caporal Beulin est nommé sergent, et les trois hommes qui l'ont accompagné sont nommés de 1ʳᵉ classe. Ils sont cités tous quatre à l'ordre de la place.

*14 février.* — Dans la nuit du 13 au 14, de 8 heures et demie du soir à 3 heures du matin, l'ennemi ne cesse de tirer; cette fusillade est accompagnée de hurlements et de bruits de corne et de trompette.

Au matin, on s'aperçoit qu'il a nivelé l'amas de terre tombé au pied du parapet par suite de l'explosion de la mine du saillant; il a apporté également une grande quantité de branches d'arbre aux points où son cheminement perce la haie de bambous.

Dans la journée, nous avons 1 légionnaire tué et 3 autres blessés.

A la tombée de la nuit, une section de 30 tirailleurs tonkinois, sous le commandement de M. le lieutenant Goullet, fait une sortie. Elle pénètre audacieusement dans le retranchement que les Chinois construisent en arrière du mamelon de la pagode de la compagnie chinoise, tue sur place deux Chinois qui la défendent, disperse les autres en leur faisant subir des pertes et enlève deux drapeaux.

Les travaux exécutés sont : aux tirailleurs tonkinois, des chemins couverts; à la citadelle, continuation du retranchement de la brèche sud-ouest et de la tranchée qui relie la grande rampe à la traverse de la 2ᵉ compagnie.

*15 février.* — Dans la nuit, l'adversaire a élevé un blockhaus en palanques en face de la brèche du saillant; il a apporté des palanques et des bottes de paille en face de la demi-lune ouest, à une petite distance de la haie de bambous.

On constate également au matin qu'il a continué la tranchée où sont allés la veille les tirailleurs tonkinois, et qu'il l'a poussée jusqu'au fleuve.

Les Chinois couvrent la grande communication qui mène au saillant sud-ouest de la haie de bambous. Dans la matinée, on essaye de démolir avec des projectiles de 80 millimètres un point de cette communication; on tire cinq obus qui ne produisent aucun effet, quoique bien dirigés; sur l'avis de l'officier commandant l'artillerie, l'expérience n'est pas poussée plus loin.

Vers midi, les Pavillons-Noirs campés aux forts de la rive gauche viennent faire une démonstration contre les Tonkinois; ils se retirent devant le feu des Tonkinois et devant celui de l'artillerie des mamelons et de la mitrailleuse.

Dans la journée, on s'aperçoit que l'ennemi recommence à tirailler à la galerie n° 1, celle où il n'y a pas eu d'explosion de mine; une contre-galerie est ouverte sur la face ouest, à 25 mètres au sud de la demi-lune; cette contre-galerie a pour but d'arrêter un cheminement qui se ferait le long de notre mur (intérieurement) vers le rentrant de la demi-lune ouest.

Travail exécuté : continuation de la tranchée, reliant la droite de la traverse de la 2ᵉ compagnie à la grande rampe, et ouverture d'une tranchée reliant la grande rampe à la terrasse du mamelon.

Dans la nuit du 14 au 15, les Chinois ont creusé un trou vis-à-vis le milieu de la demi-face reliant le saillant sud-ouest à la demi-lune sud. Ce trou est à 25 mètres environ de la haie de bambous; il est relié à cette haie par un boyau de communication à peine commencé, et, au point où ce boyau rejoint la haie, un autre trou a été fait.

Ordre est donné au sergent Beulin (de bonne volonté) de sortir au point du jour avec 25 hommes, divisés en trois groupes : le premier groupe se portera sur le trou le plus éloigné; le deuxième groupe sur le trou de la haie. Ils y arriveront en même temps, tueront à la baïonnette, si c'est possible, les Chinois qui s'y trouvent et reviendront immédiatement par une ouverture que le troisième groupe aura faite dans la haie.

16 *février*. — Le détachement ci-dessus mentionné sort un peu avant le jour; le deuxième groupe se précipite sur le trou de la haie et tue 5 Chinois qui s'y trouvent. Malheureusement le premier groupe se trompe de direction; il arrive trop tard à l'autre trou dont les défenseurs, prévenus par le bruit de l'autre attaque, sont sur leurs gardes. Ce défaut de simultanéité nous coûte 4 légionnaires tués et 1 blessé. Le détachement rentre sans plus tarder par la haie et rapporte les morts et le blessé.

Travaux exécutés : ouverture de deux contre-galeries sur la face sud, où, le matin, le sergent Beulin a constaté l'ouverture d'une galerie chinoise; continuation de la contre-galerie de la face ouest;

## TUYEN-QUAN

Une rue de la Ville marchande avant le siège de la place

(D'après une photographie)

continuation de la tranchée reliant la grande rampe à la terrasse du mamelon. Dans la journée du 16, 2 légionnaires sont blessés.

17 *février*. — Pendant la nuit, les Chinois ont accumulé des palanques au saillant sud-ouest. En arrière du petit fortin qu'ils y ont construit, ils élèvent une sorte d'abri casematé en bois, terre et bottes de paille; le petit fortin en palanques semble être le point de départ d'une double galerie souterraine embrassant la brèche; d'ailleurs, dans l'après-midi du 16, on a vu apporter des planches et des madriers, et, pendant la nuit, on a entendu à côté du fortin le bruit d'un travail sur de la planche; il y a donc lieu de penser que les Chinois font un coffrage.

Pendant cette même nuit et pendant le jour, on entend encore la reprise du travail à la galerie n° 1 de la face ouest.

Si l'on considère la distance qui sépare les deux mines extrêmes, on peut en conclure que l'intention de l'adversaire est de faire sauter 150 mètres de la muraille.

C'est cette prévision qui a donné l'idée de continuer un retranchement intérieur.

L'adversaire ayant repris le travail à la galerie n° 1 de la face ouest, il est devenu nécessaire pour nous d'élargir les deux contregaleries qui ont été commencées en ce point et de les réunir entre elles, afin d'obtenir une diminution dans les effets que produira l'explosion de la mine. Des coolies sont employés à ce travail; dans la matinée, les tireurs chinois établis au mamelon du saillant nord-ouest tirent de leurs obus sur les travailleurs des contregaleries. L'artillerie du mamelon leur envoie quelques obus de 80 qui démolissent en partie l'abri et qui font taire leur feu.

Une heure après environ, vers neuf heures et demie, les Chinois démasquent au mamelon du blockhaus une batterie de deux pièces de 4, de trois obusiers de 12 et de deux mortiers de 22 centimètres, et ils commencent sur la citadelle, et particulièrement contre notre mamelon, un bombardement qui se prolonge pendant plus de deux heures; toutes les habitations du mamelon sont traversées plusieurs fois et l'interprète est tué d'un éclat d'obus.

Des efforts produits par ce bombardement, il ressortait clairement, étant donnée la position de la batterie ennemie, que le cantonnement seul de la 1<sup>re</sup> compagnie était encore habitable. L'ambulance, l'artillerie et le génie, qui étaient allés s'y loger, n'avaient donc pas à changer de place. Quant à la 2<sup>e</sup> compagnie, elle ne pouvait rester où elle était; comme ses postes de nuit, rapprochés de la face ouest, sont abrités par l'obstacle du parapet, ordre est donné à la 2<sup>e</sup> compagnie d'adopter pour le jour et la nuit les emplacements habituels de nuit.

Pour les artilleurs du mamelon, le poste et les officiers de l'état-major, des trous sont creusés dans la grande cour de la pagode.

Les tirailleurs tonkinois exécutent également de profondes tranchées et profitent de la terre qui en provient pour renforcer leur parapet.

Dans la matinée, le capitaine Dia, des tirailleurs tonkinois, qui, d'un emplacement de sentinelle reconnaissait les travaux de l'ennemi, est tué d'une balle au front. M. le lieutenant Goullet prend le commandement des tirailleurs tonkinois; M. le sous-lieutenant Hérold, de la légion, est détaché le jour même aux tirailleurs tonkinois.

*18 février.* — Les Chinois ont accumulé les matériaux (palanques, bottes de paille) entre la haie de bambous, en face de la demi-lune; ils ont construit un petit fortin contre cette haie; il y a lieu de s'attendre encore à les voir diriger une galerie souterraine contre la demi-lune ouest. Du côté des tirailleurs tonkinois, les Chinois commencent à cheminer. Pendant la nuit, on a très peu entendu de travail souterrain.

A six heures et demie du matin, le sergent Bobillot, chef du service du génie, est blessé grièvement en faisant une ronde; le caporal Gacheux, du génie, le remplace comme chef du service.

Continuation du bombardement; grâce aux mesures de précaution prises, aucun homme n'est atteint; le matériel seul souffre et trois grosses barriques de vin sont enfoncées par un obus de **12**. Dans la journée, on achève de recouvrir avec des sacs de farine, de riz et de légumes toutes les barriques de tafia et de vin.

Travail exécuté : continuation des contre-galeries; aménagement défensif de la partie de la grande rampe utilisée pour le **retranchement**.

*19 février.* — Toute la nuit, l'ennemi fait une fusillade nourrie accompagnée de grands cris et de sons de corne et de trompette : on entend très peu son travail souterrain. Au point du jour, on s'aperçoit que les trous creusés en avant de la face sud ont été reliés par un boyau de communication à la grande tranchée couverte.

Continuation du bombardement qui, jusqu'à présent, se fait assez régulièrement dans le milieu de la journée. L'artillerie ennemie est contre-battue par la nôtre.

*20 février.* — Dans la soirée du 19, les Chinois exécutent sur la citadelle un bombardement qui dure quarante-cinq minutes. Tout ce bruit avait pour but d'empêcher d'entendre leur travail, car, le lendemain matin, on s'aperçoit que de fortes palissades ont été plantées en avant de celles existant déjà au saillant du sud-ouest.

Les munitions ne paraissent plus en sûreté dans le magasin du mamelon; plusieurs petits dépôts sont installés dans les communications défilées.

*21 février.* — Dans la nuit du 20 au 21, l'ennemi perfectionna son retranchement sur le mamelon qui domine, à 50 mètres, la partie sud de la face ouest. Il y organise des créneaux d'où il plonge dans l'intérieur de la citadelle, à 20 mètres en arrière de la face. Notre artillerie cherche à renverser ce retranchement; mais, comme il est mal vu du mamelon de la citadelle, on n'y parvient qu'en partie.

Le commandant du poste renouvelle alors les recommandations déjà faites et insiste surtout sur ce point qu'il ne faut pas couronner la brèche immédiatement après l'explosion de la mine, mais que notre mouvement en avant doit correspondre à un mouvement semblable de l'adversaire.

*22 février.* — Le 21 février, à huit heures du soir, les Chinois recommencent le bombardement de la citadelle et particulièrement du mamelon, où trois hommes de garde sont légèrement atteints par les éclats d'un obus de 12.

Le 22, à six heures un quart, les Chinois rassemblés dans la place d'armes et dans la tranchée couverte poussent de grands cris. En prévision d'une explosion prochaine, le capitaine Cattelin, commandant le détachement de la légion, fait descendre du parapet les factionnaires du saillant ouest.

En effet, quelques moments après, la mine de la droite de la brèche, annoncée la veille par le caporal du génie, sautait.

Comme l'ordre en avait été donné, la demi-section chargée de couronner la brèche se disposait en arrière dans une position d'attente; mais tout à coup les cris des Chinois se font entendre à faible distance et un drapeau chinois paraît sur la brèche. Le capitaine Moulinay, emporté par son ardeur, entraîne la demi-section et garnit la brèche; les travailleurs suivent aussitôt.

Devant ce mouvement, les Chinois qui étaient sortis de la tranchée y rentrent vivement. Mais le capitaine Moulinay n'était pas sur la brèche depuis quelques minutes qu'une explosion inattendue se fait entendre : c'était une deuxième mine creusée à l'autre extrémité de la brèche déjà ouverte, laquelle avait pu être établie sans que nos sapeurs s'en aperçussent, grâce probablement à un terrain déjà ameubli par les explosions précédentes. Cette deuxième explosion, dirigée en partie sur le terrain déjà bouleversé par la première, nous coûte les pertes les plus sensibles : 12 tués, parmi lesquels le capitaine Moulinay, et une vingtaine de blessés, parmi lesquels M. le sous-lieutenant Vincent. Mais rien ne peut émouvoir les hommes de la légion : une section de la 2º compagnie vient remplacer la demi-section de piquet et garde les deux ouvertures faites au saillant.

Cette section n'était pas plutôt en place qu'une troisième mine faisait explosion : celle de la galerie n° 1.

Sans le moindre trouble, une demi-section de la réserve générale (1ʳᵉ compagnie) se dispose en arrière de la 3ᵉ ouverture.

A ce moment, l'ennemi fait une tentative d'assaut général. Avertis par les sentinelles, les groupes disposés en arrière des brèches les garnissent et, sous leur feu, les Chinois, qui avaient quitté la tranchée, la regagnent précipitamment, laissant leurs morts sur le terrain. Cette tentative repoussée, nous nous reportons en arrière; les sentinelles seules sont laissées sur les brèches.

Le travail est alors entamé simultanément sur les trois brèches, qui, au bout de deux heures, sont déjà couronnées d'un retranchement provisoire.

Pendant l'explosion des mines de la face ouest, l'ennemi avait fait une démonstration contre la face nord.

*23 février.* — Le travail exécuté dans la nuit du 22 au 23, sur le chemin couvert entre la demi-lune sud et le saillant sud-ouest, est ralenti par un feu très vif de l'ennemi.

*24 février.* — Dans la soirée du 23, on remarque un grand mouvement de troupes chinoises dans les tranchées qui avoisinent le saillant sud-ouest. Vers 9 heures du soir, l'artillerie chinoise ouvre le feu, et, à partir de dix heures et demie, une fusillade très vive part des positions chinoises autour du saillant nord-ouest; ils allument un grand feu dans cette direction et renouvellent fréquemment leur fusillade, afin d'attirer l'attention de ce côté. A quatre heures trois quarts du matin, à la faveur du bruit qu'ils produisent et à la faveur de l'obscurité, un groupe assez fort de Chinois a réussi à se rassembler sans être vu ni entendu au pied des retranchements des brèches, dont les obstacles ne sont pas encore terminés.

Se présentant à la fois sur un développement de crêtes d'une trentaine de mètres, ils parviennent à percer cette ligne de quatre points.

Dès que l'alerte est donnée, le sergent-major Hurbaud, commandant le piquet (trois escouades) se couvre très bravement avec une escouade contre les Chinois qui ont déjà pénétré dans la citadelle, mais il est blessé et l'escouade recule. En même temps, le sergent Thévenet cherche à former les deux autres escouades pour les porter sur la brèche, mais il est également blessé, et les trois escouades restent derrière leur abri, d'où elles engagent avec les Chinois une fusillade de pied ferme.

Le capitaine Cattelin arrive à ce moment sur le terrain de la lutte avec la section de réserve générale de la 2ᵉ compagnie; il fait donner la charge et pousse droit aux brèches à la baïonnette. Les Chinois s'enfuient précipitamment; quatre d'entre eux restent dans la citadelle avec deux grands drapeaux, trois autres sont tués sur la brèche, d'autres encore sont tués dans le fossé. Cette action terminée, les postes habituels sont repris.

Dans la journée, les travailleurs sont occupés à achever la communication défilée de la demi-lune sud au saillant sud-ouest; les coolies font une palissade de bambous en arrière des retranchements des brèches pour rendre ces retranchements infranchissables.

D'après les observations faites par le caporal du génie, l'ennemi travaille à cinq galeries de mine : deux embrassant la brèche prolongée du saillant sud-ouest ; une sur la face sud, entre la demi-lune sud et le saillant sud-ouest ; une quatrième à côté de celle qui a sauté la dernière, sur la face ouest ; enfin, une cinquième à la demi-lune ouest.

Dans la journée du 24, les tirailleurs tonkinois construisent une grande ligne retranchée en terre et palanques, sur la rive gauche du ravin qui les sépare de la citadelle. Cette ligne prolonge la face sud de la citadelle. Dans le cas où les tirailleurs tonkinois seraient forcés d'évacuer leur cantonnement, cette ligne, défendue par un poste, assurerait la prise d'eau du côté sud, comme la *Mitrailleuse* l'assure déjà du côté nord.

En vue d'une explosion prochaine à la demi-lune ouest, la porte de cette demi-lune, qui servait d'abri à une demi-section de garde et à une demi-section de la réserve générale de la 2ᵉ compagnie (depuis le commencement du bombardement par l'artillerie chinoise), est évacuée. Ces deux groupes sont placés à l'ancienne baraque de l'artillerie, et la section de réserve générale de la 1ʳᵉ compagnie, qui occupait cette baraque, est installée en arrière de la cible chinoise.

25 *février*. — A 4 heures 45 du matin, le factionnaire du saillant signale un rassemblement de Chinois dans le grand chemin couvert. Quelques moments après, la mine préparée par les Chinois, à gauche du saillant sud-ouest, saute. Elle prolonge la brèche déjà existante d'une dizaine de mètres. Comme l'ordre en a été donné, le piquet se dispose en arrière de cette brèche et les travailleurs attendent formés plus en arrière.

La section de réserve générale de la 1ʳᵉ compagnie se forme à droite du piquet. Au moment même où ce mouvement s'exécute, les Chinois donnent l'assaut à la brèche de droite de la face ouest ; déjà ils en ont atteint la crête et leurs feux plongent dans l'intérieur de la citadelle ; cette attaque est vivement repoussée par la section de réserve générale de la 2ᵉ compagnie ; les Chinois sont rejetés dans le fossé où ils sont fusillés par les défenseurs de la demi-lune ouest. On attend encore une demi-heure, et, lorsqu'il est constaté que l'adversaire a abandonné les tranchées, l'ordre est donné par le commandant du poste de commencer le travail d'organisation de la brèche.

Dans la journée même, ce travail est terminé et un obstacle est reconstitué ; mais il n'y a plus de flanquement, et l'adversaire peut se rassembler sans être vu au pied des brèches.

La construction du retranchement intérieur est reprise dans l'après-midi.

Comme la veille, ordre est donné de ne pas laisser de sentinelles fixes sur les points où il peut se produire une explosion de mine ; ces sentinelles doivent être placées au pied du parapet.

Un Annamite, entré dans la place, apprend au commandant la prise de Lang-Son et la marche de la première brigade tout entière au secours de Tuyen-Quan.

28 *février*. — A onze heures et demie du soir, la mine du milieu de la face sud saute ; elle fait une brèche de dix mètres et lance d'énormes masses de terre. Les Chinois s'étaient massés en grand nombre auprès des brèches.

Dès que l'explosion s'est produite, ils s'élancent à l'assaut avec furie. Le sous-lieutenant Proye, qui commande le piquet (3 escouades de la 2ᵉ compagnie), se lance aux brèches de gauche.

Le capitaine Cattelin, qui arrive en ce moment de l'ancien baraquement de l'artillerie avec une demi-section de la réserve générale de la 2ᵉ compagnie, la lance contre les brèches de droite (brèches du 12 février, 1ʳᵉ et 3ᵉ brèches du 22 février).

L'autre demi-section de la réserve générale de la 2ᵉ compagnie arrive de la porte sud avec M. le lieutenant Naert. Une escouade de cette demi-section va renforcer le piquet à l'arrondissement du saillant, où le combat est particulièrement vif ; l'autre escouade est employée à surveiller la brèche qui vient de se produire sur la face sud : les Chinois n'ont probablement fait sauter une mine de ce côté que pour nous y attirer, car ils ne cherchent pas à donner l'assaut par la nouvelle brèche et tous leurs efforts se réunissent contre les anciennes.

Combat livré par la brigade Giovaninelli aux environs de Tuyen-Quan pour dégager cette place.

Pendant près de trente minutes, le combat se maintient à bout portant sur les brèches, les combattants n'étant séparés que par la palissade de bambous dont elles sont couronnées. Les Chinois essayent d'y planter successivement trois drapeaux qui sont immédiatement enlevés par nos légionnaires. Ils finissent par quitter le sommet des brèches pour se mettre à l'abri dans l'angle mort des entonnoirs; de là, ils lancent des pétards et des sachets de poudre à la figure des défenseurs.

Quelques moments après, ils renouvellent leur attaque; rejetés encore une fois au pied des brèches par notre feu, il ne se découragent pas et, pendant une heure et demie, ils ne cessent de tenter de nouveaux assauts.

Pendant que ces attaques furieuses sont dirigées sur notre saillant sud-ouest, une démonstration est faite contre la face nord et une autre contre les tirailleurs tonkinois; ces deux tentatives sont repoussées par les fractions de troupe attachées à la défense de ces points et grâce aussi au feu de l'artillerie du mamelon.

La lutte se termine vers trois heures du matin ; les Chinois abandonnent le pied des brèches où ils laissent une quarantaine de morts avec leurs armes.

A partir de ce moment, les travailleurs élèvent un retranchement rapide avec palissade et bambous sur la nouvelle brèche. Le piquet du saillant, renforcé d'une demi-section, assure le service de garde dans cette partie de l'enceinte et les autres troupes rentrent au cantonnement.

La journée est employée par les travailleurs à améliorer et réparer les retranchements des brèches.

L'affaire du 28 février nous coûte 3 tués et 9 blessés, parmi lesquels M. le sous-lieutenant Proye, de la 1$^{re}$ compagnie.

A huit heures du soir, la colonne qui vient débloquer Tuyen-Quan annonce son approche par des fusées qui sont très bien vues de la citadelle.

1$^{er}$ *mars*. — Nuit et journée assez calmes.

2 *mars*. — Fusillade entretenue nuit et jour; aucun incident important à Tuyen-Quan.

Toute l'après-midi, on entend la canonnade et la fusillade dans la direction de Yuoc.

Une communication défilée est établie entre la citadelle et les tirailleurs tonkinois.

*3 mars.* — Une fusillade assez vive est dirigée toute la nuit contre la citadelle; vers quatre heures du matin cette fusillade cesse presque entièrement. La canonnade que l'on a entendue la veille du côté de Yuoc annonçant l'approche de la colonne qui vient débloquer Tuyen-Quan, il y a lieu de supposer que les Chinois se sont retirés; une patrouille de Tonkinois est envoyée au retranchement le plus avancé, qu'elle trouve évacué. Le premier mouvement de terrain en avant de la face sud est alors occupé par une section de tirailleurs tonkinois, et une section de légionnaires est appelée pour former réserve.

De ce premier mouvement de terrain une patrouille est envoyée au village, qui est également trouvé abandonné; un poste de tirailleurs tonkinois est établi sur la rivière sud du village.

En même temps, pour nous prolonger sur la face ouest, une demi-section de Tonkinois, commandée par le sergent André, de la légion, gagne le saillant sud-ouest par une des tranchées de l'adversaire; elle trouve au saillant quelques Chinois qui sont tués; de là, elle se porte sur le mamelon Brûlé qu'elle occupe.

Dans une chambre souterraine se sont retirés quelques Chinois, qui se défendent en désespérés. En voulant y pénétrer directement, les Tonkinois ont un homme tué et un blessé. La section de la légion qui forme réserve arrive aussitôt, conduite par le capitaine de Borelli, commandant de la compagnie à laquelle appartient cette section; un des légionnaires voulant aller droit aux Chinois est tué. Le capitaine de Borelli fait alors boucher la sortie et tous les créneaux de la casemate avec de la paille humide et fait ensuite enfoncer la toiture. On parvient ainsi à atteindre cinq Chinois qui meurent les armes à la main, sans vouloir se rendre.

Vers dix heures du matin passent successivement, à 3,500 mètres de la place, deux colonnes chinoises se rendant de Dong-Yen à Yla, la première, forte environ d'un millier d'hommes, et la deuxième de 600. Plusieurs coups de 80 millimètres forcent ces colonnes à rompre leur ordre de marche.

A deux heures de l'après-midi, le général en chef, avec la brigade Giovaninelli, arrive à Tuyen-Quan.

Ainsi se termine ce *Journal du siège de Tuyen-Quan*, si éloquent dans sa simplicité.

La brigade Giovaninelli, à son départ de Lang-Son pour venir au secours de Tuyen-Quan, le 16 février, partit à huit heures du matin. La première étape fut très dure; de dix heures à deux heures, on dut traverser l'eau sept fois, et, à tout instant, notre avant-garde tirait des coups de feu.

Les formidables ouvrages amoncelés par l'ennemi dans les défilés devenus légendaires de Bac-Lé apparaissent après Than-Moï, où nous cantonnons dans la nuit du 17. La route est barrée et coupée; les pontonniers accomplissent des tours de force pour permettre à l'artillerie et au convoi de passer. Les difficultés sont telles qu'il faut s'arrêter, et les chasseurs sont chargés de reconnaître la route le plus loin possible. Ils reviennent bientôt, car, à une distance de 2 kilomètres du point où nous nous trouvons, l'ennemi a abattu les arbres et les a jetés sur le passage. La journée est exténuante pour le lieutenant Rémusat et ses pontonniers, mais ils ne se ménagent pas et la colonne peut continuer sa marche.

Devant Hao-Lac, on revoit le champ de bataille du 22 juin 1884. Les bandits ont violé les tombes, sans doute pour décapiter nos morts! L'émotion est profonde; les soldats se découvrent et les compagnies défilent silencieusement au port d'armes.

De Bac-Lé à Cao-Son il y a 13 kilomètres; mais la route, assez large en certains endroits, traverse des marais où le passage praticable devient très étroit; les hommes s'enfoncent dans la vase jusqu'aux genoux.

L'état-major devance la colonne. En arrivant à Cao-Son, le 19 février, vers une heure de l'après-midi, nous y trouvons surprises sur surprises. C'est d'abord une route splendide, que des centaines d'Annamites continuent tout près du Song-Thuong; puis, une attention du colonel Godart, commandant d'armes de Lang-Kep, qui vient au-devant du général Brière, avec plusieurs sacs de pain blanc et frais.

Enfin, le 22 au matin, la brigade fut réunie sur sur la rive gauche du fleuve Rouge, à hauteur d'Hanoï ; elle avait parcouru, en six jours, 140 kilomètres par une route difficile. Dans la journée même, elle fut embarquée sur la flottille à destination de Bac-Hat, au confluent du fleuve et de la rivière Claire.

Déjà le commandant supérieur du Delta, ne croyant pas à un retour si prompt de la première brigade, avait dès le 17 février constitué une petite colonne qui, sous les ordres du lieutenant-colonel de Maussion, comprenait deux compagnies de tirailleurs algériens, une compagnie de la légion étrangère, deux compagnies et demie de tirailleurs tonkinois, quatre pièces de 4 traînées par des coolies. Cette sorte d'avant-garde, tirée des garnisons de Hanoï, de Hong-Hoa et de Son-Tay, quittait Bac-Hat le 24, précédant de deux jours la brigade. Celle-ci, concentrée les 23 et 24 au même point, organisa son parc et son convoi, dont les transports devaient s'effectuer exclusivement par jonques et par sampans. A cette même date, le général commandant le corps expéditionnaire arriva à Bac-Hat avec les canonnières *Henri-Rivière*, *Berthe-de-Villers*, *Moulins*, *Eclair*, et *Trombe*. Là, la colonne se mit en marche sur Tuyen-Quan, en suivant les bords de la rivière Claire. A chaque demi-heure le génie devait combler des fondrières ou faire des ponts, des rampes, pour le passage de l'artillerie, enfin exécuter des travaux d'une dureté inouïe, et il a fallu toute la ténacité du colonel Giovaninelli pour résister à tout cela. Naturellement, on couchait presque toujours sur la dure.

La flottille, malgré l'état stationnaire des eaux de la rivière, toujours très basse, reçut l'ordre de tenter l'impossible pour se maintenir à la hauteur de la colonne et arriver avec elle devant l'ennemi ; celui-ci, fortement retranché à Hoa-Moc, en aval de Duoc, aurait été alors sérieusement menacé par les canonnières qu'il ne s'attendait point à voir venir jusqu'à lui. Dans sa marche, la colonne remonta la rive droite de la rivière Claire. Traversant un pays très couvert, coupé de ravins à pentes escarpées, la route ne présentait, là, où elle existait, qu'un mauvais sentier de piétons que l'on devait transformer pour le passage de nos mulets ; bien plus, elle cessa brusquement de Cham à Phu-Doan, et la brigade dut la construire en employant même parfois la dynamite ; des éperons boisés, rocheux, perpendiculaires à la rivière qu'ils surplombent, ne permettaient aucune recherche de tracé par la berge. Cette solution de continuité était connue : la colonne d'occupation de Tuyen-Quan (juin 1884), celle du colonel Duchesne (novembre 1884), la garnison envoyée à Phu-Doan (décembre 1884), avaient dû, pour franchir cette partie du parcours, s'embarquer de Cham à Phu-Doan ; ce procédé était alors interdit à la colonne et par son effectif, et par la situation des eaux, qui ne pouvait laisser espérer le passage des canonnières qu'à condition qu'elles fussent complètement allèges.

Enfin, le 27, la colonne était à Phu-Doan. Rejointe par ses jonques et sampans, elle se ravitailla en vivres, traversa le Song-Chao le 28 et se dirigea droit vers Tuyen-Quan. Quant à la flottille, les efforts de ses équipages ne purent lui permettre de se maintenir à la hauteur de la colonne ; ses échouages nombreux, par des fonds où les canonnières durent parfois être traînées à force de bras, lui donnèrent déjà un retard de douze heures sur les troupes.

De Phu-Doan, trois directions se présentent pour se rendre à Tuyen-Quan : l'une remontant le Song-Chao, rive droite, conduit à Phuan-Binh ; la deuxième, parallèle à la première par la rive gauche du Song-Chao, quitte ce cours à deux jours de marche de Phu-Doan (à Ca-Lane) ; la troisième est celle qui continue à remonter la rive droite de la rivière Claire par Duoc. Intermédiaire à ces deux dernières un sentier, sur l'existence duquel on ne possédait que des renseignements douteux, conduisait probablement aux cantonnements chinois de l'armée assiégeante, soit par Dong-Mo, soit par Min-Gam, à travers des marais et des bois. Quant à la route de la rive gauche de la rivière Claire, elle disparaît à quelques kilomètres de Phu-Doan. Les circonstances ne permettaient pas de prendre Phuan-Binh pour objectif : d'après les renseignements, cette localité, centre de l'armée du Yunnan, était couverte de nombreuses défenses, et la distance à parcourir pour gagner ensuite Tuyen-Quan nous obligeait à une opération à grand rayon. Nous n'avions d'ailleurs pas les moyens de transports suffisants pour nous éloigner de la rivière Claire, le Song-Chao n'étant qu'un torrent en cette saison.

La route par Ca-Lane présentait deux inconvénients, outre les considérations de temps : elle était peu connue, mauvaise, d'après le peu de renseignements obtenus ; elle nous éloignait, comme la précédente de nos convois par eau. D'ailleurs, était-il possible de marcher de Ca-Lane sur Tuyen-Quan en laissant Phuan-Binh sur nos derrières? La route de Duoc était connue ; elle était la plus courte ; si les renseignements nous la donnaient comme fortement occupée, ils nous représentaient les deux autres comme également tenues par de nombreux ouvrages. Il était, de plus, permis d'espérer l'appui des canonnières. Cette dernière direction fut donc désignée à la brigade. Cette région boisée, accidentée, était très favorable à la défense. Les Chinois, qui remuent la terre avec une facilité incroyable, s'étaient surpassés. A huit kilomètres de Tuyen-Quan, depuis Duoc, de formidables retranchements casematés étaient appuyés par des tranchées établies le long de la rivière Claire avec des fossés de deux mètres de profondeur. En avant, dans les hautes herbes, sur une étendue d'un kilomètre carré, des bambous taillés en pointe, habilement dissimulés et se confondant avec la verdure, déchiraient cruellement les jambes de nos soldats.

Enfin, le 2 mars, vers 10 heures du matin, la brigade était en vue de deux forts sur lesquels flottaient les pavillons des soldats de Lu-Vinh-Phuoc.

« Rien ne bouge, écrivait un officier, nous avançons toujours ; nous apercevons de nouveaux forts en avant de nous. Il est évident que nous sommes devant les lignes chinoises. Le colonel fit arrêter la colonne et procéder à une reconnaissance des positions ennemies. Les troupes poussèrent jusqu'à cent mètres du premier fortin, sans que rien ne bougeât ; l'ennemi attendait évidemment les nôtres à bout portant.

Le colonel envoya alors en avant quelques tirailleurs tonkinois ; lorsque ceux-ci arrivèrent à soixante mètres environ du premier fort, la fusillade partit de tous les côtés ; les autres forts firent alors feu simultanément. Les Tonkinois, qui marchaient dans les hautes herbes, étaient tombés sur un ouvrage occupé par les Pavillons-Noirs; ils essuyèrent la décharge à bout portant.

On eut beaucoup de peine à placer quelque part l'artillerie de 80, et il fallut débroussailler; enfin nos pièces ouvrirent le feu, mais nos obus ne firent que peu de mal aux retranchements ennemis d'une remarquable solidité. Le colonel Giovaninelli se décida à attaquer l'extrême gauche de la ligne chinoise, mais, voyant le combat traîner en longueur, il donna, vers deux heures, à un bataillon de tirailleurs algériens, l'ordre de marcher à l'assaut d'un premier fort dont l'occupation était importante. Le bataillon gagna du terrain, mais une compagnie, qui allait se mettre en position sur un mamelon, tomba dans une mine que les Chinois avaient préparée : dix hommes périrent et toute la compagnie fut renversée, pendant que continuait une fusillade à outrance. L'artillerie tirait au hasard, ne voyant rien au milieu des bambous et des hautes herbes, trouvant à peine la place pour se mettre en batterie. Bref, il était environ cinq heures : il fallait tenter un vigoureux effort. Le colonel s'avança alors vers le 1er bataillon d'infanterie de marine, et, s'adressant au commandant Mahias : « Commandant, lui dit-il, vous voyez ce fort; il faut absolument y coucher ce soir. Je vais le faire canonner par une section d'artillerie et vous donner les sapeurs du génie pour le cas où vous en auriez besoin. »

L'artillerie ne put faire brèche; le génie ne trouva pas l'occasion de prêter son concours aux assaillants. Alors le bataillon partit sans sacs dans les roseaux, entre le sentier de Tuyen-Quan et la rivière Claire; il en déboucha sous un feu terrible, puis il s'élança sur une palissade de bambous entre-croisés, gros comme le bras, hauts de 3 à 4 mètres, enfoncés profondément. Les hommes, officiers en tête, escaladèrent le talus du fort, essayant d'arracher les malencontreux bambous. Les Chinois tiraient à 5 mètres sur notre front, à 50 mètres sur notre flanc gauche, à 150 mètres sur notre flanc droit.

« Quelle musique et, hélas! écrivait quelques jours après un officier, quelle hécatombe! Là tombent successivement le capitaine Bourguignon, mort huit jours après; Varsand, blessé à la tête; Moissenet, tué d'une balle au ventre; le capitaine Tailhand, tué;

OBSÈQUES NATIONALES DE L'AMIRAL COURBET

PARIS. — Vue de l'Esplanade des Invalides au moment du départ du cortège funèbre

Guérin, blessé aux reins ; Mondon et le capitaine Salle, blessé l'un aux reins, l'autre à la tête. Lagarde et Le Heizet, lieutenants du capitaine Salle, avaient été blessés dès le début ; l'adjudant de la 34ᵉ, Lacour, a été tué raide ; Labetau, celui de la 25ᵉ, blessé mortellement. En moins d'une demi-heure, 164 hommes sur 230 étaient couchés sur le talus. Nos petits *marsouins* ont été admirables ; ils se jetaient sur les palissades, tombaient par douzaines sous les balles ou brûlés par les fusées à main que les Chinois nous lançaient par dessus le retranchement, reculaient de quelques pas pour riposter au feu et revenaient ensuite d'eux-mêmes à l'assaut, qui a été ainsi donné une vingtaine de fois. Enfin la palissade a cédé, et Feystetter, le sous-lieutenant de la 29ᵉ, entre le premier. » On coucha sur les positions.

La nuit fut terrible ; on se trouvait à 200 mètres de l'ennemi, au milieu des hautes herbes, sous une pluie intense, sous une grêle de projectiles. Impossible d'allumer des feux : le docteur Masse frottait de temps à autre une allumette pour rajuster les pansements de ses blessés, au milieu des mourants et des morts. On entendait distinctement les ordres donnés dans le camp ennemi. Un sergent d'infanterie de marine, égaré dans le brouillard, eut la tête coupée. « Au petit jour, un suprême effort fut tenté ; *marsouins* et turcos s'élancèrent sur les lignes ennemies avec une furie telle qu'ils arrivèrent dans les retranchements chinois, malgré les fougasses et les mines qui éclataient sous leurs pas. On put se rendre compte à ce moment des travaux élevés par les Pavillons-Noirs. Des lignes brisées de parallèles s'étendaient jusqu'à la citadelle de Tuyen-Quan, où les assiégeants avaient fait brèche ; dans les redoutes, de longs tuyaux en bambous, traversant les meurtrières, permettaient aux Chinois d'exécuter des feux croisés dans une direction habilement choisie, de telle sorte que le terrain était battu sur tous les points accessibles. En dehors de leurs sapes, de leurs mines, les Célestes avaient établi des batteries de 4, d'obusiers de 22, de fusils de remparts. Nos hommes marchaient sur un lit de cartouches.

A deux heures de l'après-midi, le général Brière de l'Isle pénétra dans la citadelle. En apercevant le commandant Dominé, qui l'attendait à l'entrée avec ses officiers, il mit pied à terre, et, profondément ému, embrassa le valeureux chef de l'héroïque garnison.

Nos pertes étaient énormes, il est vrai; mais elles nous permettent de dire que jamais troupes n'ont été plus admirables dans leur entrain, en toutes circonstances, aussi bien que dans leur énergie au feu. On peut se demander si jamais des compagnies ayant laissé dans la soirée leurs officiers et la moitié de leur effectif sur le terrain pour conquérir une position ont repris, d'elles-mêmes, au petit jour, la marche en avant, contre des ouvrages qu'il fallait remporter d'assaut. Tel est cependant le spectacle qu'a offert la 1<sup>re</sup> brigade, le 3 mars au matin.

Le général en chef adressa aux troupes deux ordres du jour après la levée du siège : dans l'un, il félicita les défenseurs de Tuyen-Quan; dans l'autre, les soldats venus au secours des assiégés.

Telle fut la fin de ce siège célèbre, dont les mille incidents semblent tenir du roman bien plus que de l'histoire et qui coûta à sa garnison 33 tués et 76 blessés.

Là, comme à Son-Tay, Lu-Vinh-Phuoc donna de sa personne ; ce siège, il le mena selon les règles les plus absolues de l'art militaire. Pour la première fois, une armée chinoise investissait régulièrement une place défendue par des Européens.

Nos soldats avaient eu à repousser de rudes adversaires, mais le péril ne bannit pas un seul instant la gaieté. C'est ainsi qu'un clairon faisait chaque soir le tour du fossé et sonnait pendant sa promenade un pot-pourri de nos airs nationaux. Nous ne pourrions tout citer, mais nous ne pouvons terminer ce chapitre sans parler du sergent Bobillot, à qui Paris va élever une statue.

Dans ce siège désormais célèbre, tous firent leur devoir sans un instant de défaillance; tous, depuis le plus humble soldat jusqu'au commandant Dominé, dont le nom figurera désormais parmi ceux des héros modestes de notre histoire. Il convient aussi de placer au premier rang de ceux qui moururent des blessures reçues à Tuyen-Quan le chef du génie, le sergent Bobillot, dont les restes reposent aujourd'hui sous un tertre de terre, dans le cimetière d'Hanoï. Le commandant Sorel, accompagnant à sa dernière demeure le héros de vingt-cinq ans, retraça en ces termes les services qu'il venait de rendre :

« Le détachement du génie vient de perdre un militaire qui lui faisait honneur. Le sergent Bobillot était noté comme un de nos meilleurs sous-officiers quand il fut envoyé à Tuyen-Quan, au moment où ce poste était menacé d'un siège.

« Intelligent autant que modeste, Bobillot devint l'âme de la défense, comme l'a dit le commandant de la place lui-même. Il dirigea la construction d'un ouvrage extérieur qui tint longtemps l'ennemi éloigné de la citadelle, fit construire les retranchements intérieurs et ne craignit pas, bien que dénué de ressources, d'entamer, sous les parapets, une lutte souterraine continuée avec succès jusqu'à la levée du siège.

« Blessé grièvement sur la brèche, on dut l'arracher du rempart, mais il vécut assez pour voir les Chinois abandonner un siège qui leur avait coûté si cher, et il allait recevoir la récompense bien méritée de ses services, la croix d'honneur ayant été demandée pour lui d'une manière spéciale. La mort l'a enlevé trop tôt, mais sa mémoire restera honorée parmi nous ; il sera cité entre les plus vaillants défenseurs de Tuyen-Quan, et demain, quand nos camarades du génie arriveront de France à Hanoï, nous pourrons leur dire, en montrant cette tombe : Prenez pour modèle le sergent Bobillot. »

## LES OPÉRATIONS A KELUNG ET A TAMSUI

### A SHEIPOO ET AUX ILES PESCADORES

L'amiral Courbet, sur sa demande, avait reçu du renfort destiné à Kélung; ce renfort était commandé par le colonel Duchesne.

Il vint, dans le courant de décembre 1884, prendre le commandement du corps de Formose; les troupes françaises n'occupaient que les forts qui environnaient Kélung à courte distance, et l'effectif, qui était de 1,800 hommes lors du débarquement du premier octobre, réduit alors par le feu et les maladies, suffisait à peine à garder les points en notre pouvoir, points dominés presque de tous côtés par les positions de l'ennemi qui, s'il avait su apprécier exactement la portée de ses armes, nous aurait certainement rendu intenables les postes où nous étions installés. En effet, ces postes étaient d'anciens forts chinois dirigés du côté de la mer et destinés à protéger au nord la rade de la ville. Ils étaient élevés sur des terrains en pente du côté du sud à des distances variant de 2,000 à 1,200 mètres, et même moins, des nouvelles positions prises par l'ennemi, et, n'étant nullement défilés de ses feux, ils auraient offert un large but aux salves que les Chinois auraient pu diriger du haut en bas sur nous, et même sur les cantonnements que nous occupions dans certaines parties de la ville. Il était donc urgent d'élargir le cercle qui enserrait nos troupes de toutes parts; mais, pour cela, il fallait attendre l'arrivée des renforts annoncés et ne plus se borner à de simples reconnaissances après lesquelles les Chinois revenaient occuper le terrain parcouru, enregistrant et publiant comme victoire à leur actif la rentrée de ces reconnaissances, qu'ils n'avaient même pas inquiétées. Après l'arrivée du 3º bataillon d'infanterie légère d'Afrique et celle du 4º bataillon du 2º régiment étranger, il fut possible de se mettre à l'œuvre ; mais la première tentative faite pour refouler l'ennemi ne put donner des résultats bien appréciables en raison des pluies torrentielles qui vinrent entraver la marche de la colonne dès la première journée et qui durèrent sans interruption pendant près de cinquante jours. Le mauvais temps et l'état sanitaire, qui laissa beaucoup à désirer pendant une certaine période, immobilisèrent nos troupes ; enfin, le 2 mars, le temps s'étant mis au beau, le colonel Duchesne prit la résolution de se remettre en route le 4, lorsque le terrain serait un peu plus sec, avec une colonne formée de trois compagnies du 2º régiment de marche (lieutenant-colonel Bertaux-Levillain), du 3º bataillon d'Afrique (commandant Fontebride), de deux compagnies du 4º bataillon du 2º étranger (capitaine Césari) et d'un détachement d'artillerie de marine (capitaine Champglen), comprenant deux pièces de 4 et une pièce de 80 de montagne approvisionnées chacune à 72 coups. Le colonel avait également formé une petite section du génie avec les ouvriers d'art pris dans les différents corps et réunis sous les ordres du capitaine Luce, de l'artillerie de marine. L'intention du colonel Duchesne était de se diriger d'abord vers l'est, un peu au sud de Pétao, et de s'emparer du premier fort servant de point d'appui à la ligne chinoise qui formait autour de Kélung un vaste demi-cercle allant de l'est à l'ouest en passant par le sud, puis de prendre ensuite à revers les retranchements considérables que l'ennemi avait établis dans ce demi-cercle, où l'on comptait en certains endroits jusqu'à sept lignes successives dans un pays horriblement accidenté, sans chemins ni routes, et où tous les cols, tous les bois et tous les sommets étaient solidement retranchés.

Le 4 mars, à quatre heures et demie du matin, les troupes quittèrent leurs cantonnements dans l'ordre suivant : infanterie de marine bataillon d'Afrique, légion étrangère longèrent la côte est de la rade, entre le fort La Galissonnière et le rivage, et, s'engageant dans la vallée étroite qui débouche au nord de ce port, gagnèrent à la clarté de la lune, la tête de cette vallée. Deux compagnies d'infanterie de marine cheminèrent sur les crêtes nord pour protéger la gauche de la colonne, dont la droite se trouvait virtuellement appuyée par la première position, notre tête de ligne de ce côté. A six heures du matin, les premières troupes atteignirent les crêtes; mais la colonne s'était démesurément allongée par suite de la nécessité où l'on se trouvait de marcher un par un dans un sentier étroit et difficile, et il était indispensable de se masser tout d'abord avant de continuer le mouvement. Cette concentration s'opéra en arrière des crêtes, à l'abri des vues de l'ennemi, et à sept heures et demie, la colonne se trouva massée et prête à partir. Deux massifs se profilaient sur la ligne générale des crêtes, l'une derrière l'autre et dans la direction de l'est, le premier à 2,400 mètres environ du point de concentration, le second plus élevé et plus important, à 600 mètres du premier. La prise de possession de ces deux massifs constituait l'objectif de la journée : le premier ne devait être qu'une position intermédiaire, le deuxième était le but final : son occupation devait assurer pour la nuit à nos troupes un campement sûr, en même temps qu'un point d'appui sérieux pour la marche du lendemain. Tandis qu'une partie de la colonne, accentuant le mouvement par la gauche, décrirait un vaste arc de cercle pour se rabattre sur le massif le plus éloigné, le reste marcherait directement sur le massif intermédiaire et y prendrait position pour appuyer et protéger le mouvement. L'attaque de gauche fut confiée au bataillon d'Afrique qui se mit immédiatement en marche avec un canon de 4 de montagne. Les deux compagnies de la la légion se dirigèrent droit sur le premier massif, avec deux compagnies d'infanterie de marine et deux canons (un de 4 et un de 80 millimètres).

L'ambulance, les bagages et une compagnie d'arrière-garde (infanterie de marine) marchaient à la suite de cette deuxième colonne qui, à 10 heures du matin, prit possession de la hauteur indiquée sans coup férir. On s'y était établi sommairement depuis une demi-heure, quand tout à coup l'ennemi, embusqué dans des bois aux environs du massif le plus éloigné, révéla sa présence et ouvrit sur nous un feu assez vif, mais de peu de durée, auquel répondirent, par des feux de salve, les compagnies qui garnissaient les crêtes. Pendant ce temps, le bataillon d'Afrique prononçait son attaque de flanc. L'ennemi, se voyant menacé sur sa droite, cessa bientôt son feu et quitta ses positions; à midi un quart, la pointe du bataillon d'Afrique occupa, sans tirer un coup de fusil, la position qui lui était assignée, s'y établit et poursuivit de quelques feux de salve les partis de Chinois qui s'éloignaient. Ordre fut donné au reste de la colonne de se porter en avant pour rejoindre le bataillon d'Afrique; les uns en suivant en partie le même chemin que ce bataillon, les autres, sous le commandement du lieutenant-colonel Bertaux, un chemin parallèle sur la droite, pour fouiller les crêtes boisées qui couraient le long des lignes chinoises. A 4 heures de l'après-midi, toute la colonne se trouva ainsi réunie autour du massif dont l'occupation constituait l'objectif de la journée. A 4 heures 45, les Chinois semblèrent vouloir tenter un retour offensif sur la tête de nos positions et firent un feu nourri, bientôt éteint par nos feux de salve et quelques coups de canon. Les troupes prirent leurs dispositions pour passer la nuit sur le terrain : le bataillon d'Afrique sur la hauteur, l'infanterie de marine et une compagnie de la légion sur les crêtes, en arrière, à gauche. Le but qu'on s'était proposé était atteint dans des conditions très heureuses, nous n'avions eu que deux blessés. Un temps splendide avait favorisé l'opération.

La nuit du 4 au 5 se passa sans incident. Le 5, à 6 heures du matin, la colonne reprit sa marche dans l'ordre suivant : les trois compagnies d'infanterie de marine, une compagnie de la légion et deux compagnies du bataillon d'Afrique; les deux autres compagnies de ce bataillon, avec le commandant Fontebrie, restèrent provisoirement sur les positions qu'elles occupaient pour protéger les derrières de la colonne. L'objectif de la journée était la prise de l'ouvrage important qui défendait la droite des lignes chinoises, le refoulement de l'ennemi le long de ses lignes et, s'il était possible, l'occupation complète de ces lignes jusqu'aux ouvrages dits de la « Table », qui en formaient l'autre extrémité. Cet ouvrage de droite des Chinois apparaissait clairement comme la clef de la position. On ne pouvait songer à l'attaquer de front, tant étaient grandes les difficultés d'accès, tant étaient nombreuses les défenses accessoires accumulées par l'ennemi sur les pentes qui conduisaient à ces retranchements. On décida de déborder l'ouvrage sur sa droite, de l'enlever de vive force, s'il était nécessaire, et, en

**MÉDAILLE COMMÉMORATIVE DU TONKIN**
Décernée aux soldats des armées de terre et de mer ayant pris part aux opérations de l'expédition du Tonkin

prenant en enfilade les lignes ennemies, de couronner les crêtes successives qui conduisaient à la « Table ». Les compagnies d'infanterie de marine et la compagnie de la légion, sous le commandement du lieutenant-colonel Bertaux, se portèrent en avant, marchèrent d'abord dans la direction de l'est et descendirent dans le ravin qui bordait notre position; se dirigeant ensuite franchement vers la droite, elles gravirent, pour en occuper les crêtes et protéger le passage de la colonne, les pentes abruptes qui courent du nord au sud et aboutissent à 800 mètres environ du fort chinois. Bientôt une vive fusillade s'engagea entre ces compagnies et l'ennemi qui occupait le versant opposé de la vallée. Cependant l'artillerie et les trois autres compagnies suivirent le mouvement et s'avancèrent péniblement à travers un terrain extraordinairement accidenté, coupé de ravins et de fondrières, hérissé d'inextricables fourrés de bambous. A 9 heures 15, le feu de l'ennemi était à peu près éteint; le commandant de Fontebrie avait rallié, par ordre, le gros de la colonne avec une des deux compagnies laissée à l'arrière-garde. La marche reprit, plus pénible, plus difficile encore; pour passer de cette première ligne des crêtes à la suivante; il fallut pratiquer à la hache un passage pour l'artillerie et hisser le matériel au prix des plus grands efforts. Tandis que le gros de la colonne et l'artillerie luttaient ainsi contre cette série d'obstacles accumulés comme à plaisir par la nature, le lieutenant-colonel Bertaux, ne laissant qu'une section de la légion pour surveiller le versant d'où l'ennemi nous avait fusillés, continua sa marche avec les compagnies d'avant-garde et prit position derrière les dernières crêtes qui séparaient nos soldats du fort chinois. Pas un coup de fusil ne fut tiré : l'ennemi, bien qu'en éveil, ne se doutait pas encore de notre contact immédiat. Mais, entre ces dernières crêtes et le fort, le terrain était absolument découvert sur un parcours de 800 mètres. D'ailleurs, sur notre gauche, se dressaient quelques mamelons faisant également face au nord et qu'il y avait intérêt à occuper pour diriger de part et d'autre un feu concentrique sur les défenseurs et faciliter l'assaut. Le gros de la colonne arriva peu à peu et voici quelles étaient les dernières dispositions : deux compagnies d'infanterie de marine continueront à occuper les crêtes où l'artillerie prit aussi position; la troisième compagnie et les deux compagnies de la légion, sous la direction du lieutenant-colonel Bertaux, descendant par la gauche, se dirigeront, en masquant leur mouvement le plus possible, vers les mamelons à occuper. Le feu ne sera ouvert qu'au moment où ces dernières troupes auront pris position ; il sera aussi énergique que possible, jusqu'au moment où, l'assaut paraissant suffisamment préparé, on s'élancera de part et d'autre droit sur l'ennemi. Les trois compagnies du bataillon d'Afrique se masseront en réserve en arrière des crêtes de droite ; la dernière compagnie du bataillon, restée seule sur les positions de la veille, a reçu l'ordre de rallier la colonne et s'avance en ne laissant plus rien derrière elle.

Le mouvement ainsi projeté était en voie d'exécution quand un incident inattendu obligea le colonel Duchesne à modifier les dispositions arrêtées et à brusquer le dénouement.

Pour passer des crêtes, que nous tenions à droite, aux mamelons qu'il s'agissait d'occuper sur la gauche, les compagnies chargées de l'attaque de gauche se trouvèrent dans la nésessité de franchir une rizière où l'on enfonçait jusqu'au ventre, et, dans cette situation critique, furent brusquement assaillies par un feu violent partant des mamelons extrêmes occupés par l'ennemi.

Le colonel donna immédiatement l'ordre à la droite d'ouvrir le feu pour leur venir en aide, et la fusillade devint aussitôt générale. Les capitaines Césari et Bouyer furent frappés par les balles ennemies, le second très grièvement ; la position devint intenable. La compagnie d'infanterie de marine, plus exposée que les autres au feu des Chinois et plus engagée dans les bourbes de la rizière, n'avançait qu'avec les plus grandes difficultés. Le lieutenant-colonel Bertaux, faisant alors appel à l'énergie des compagnies de la légion, les lança en avant : l'une (compagnie Césari) marcha droit sur le fort, l'autre (compagnie du Marais), appuyant sur la gauche, fit face aux mamelons d'où partaient les feux qui nous décimaient.

Ces deux compagnies s'avancèrent en effet avec une intrépidité sans égale, sous un feu violent de face et de flanc, tantôt ripostant par des feux de salve, tantôt gagnant du terrain en avant. Le capitaine Césari, malgré la blessure qui entravait sa marche, mais qui ne pouvait diminuer son ardeur et son énergie, entraîna ma_ gnifiquement sa compagnie. Dès lors, une partie des troupes chinoises sentant sa ligne de retraite compromise par ce mouvement chercha à gagner la vallée et vint, dans sa fuite, défiler au pied de la compagnie du Marais, qui les culbuta par des feux de salve, entre 200 et 400 mètres. La compagnie Césari entra dans le fort, où elle prit position, tandis que les deux compagnies du bataillon d'Afrique, les 4ᵉ et 5ᵉ, arrivaient à la rescousse, se lançant vers la « Table » à la poursuite des fuyards. C'est à ce moment que furent blessés le capitaine de Fradel et le lieutenant Garnot, le premier très grièvement.

A quatre heures, l'ennemi avait abandonné toutes ses possessions de ce côté. Nous étions maîtres des légions chinoises, entre le fort et la « Table », ainsi que des contre-forts qui dépendent de ce massif principal. Le drapeau tricolore remplaçait sur la « Table » l'étendard chinois.

On trouva dans les lignes chinoises une grande quantité de munitions, des fusils, des étendards et deux canons de montagne, système Krupp, sur affût en fer.

Outre les capitaines Boyer et Césari, trois autres officiers avaient été blessés : MM. le lieutenant Ligier, de l'infanterie de marine ; le capitaine de Fradel et le lieutenant Garnot du bataillon d'Afrique. Un officier avait été tué, le sous-lieutenant Bacqué, de la légion.

Les troupes passèrent la nuit sur les positions, savoir : le bataillon d'Afrique sur « la Table », une compagnie de la légion dans le fort chinois ; l'autre compagnie, avec l'infanterie de marine, sur les mamelons et les crêtes en arrière.

La nuit fut absolument calme. Le temps, resté très beau pendant la journée, se modifia, et il plut une partie de la nuit.

Le 6 mars, à six heures du matin, conformément aux ordres donnés la veille, les compagnies de la légion et de l'infanterie de marine ralliaient la « Table », où la colonne devait se masser pour les opérations ultérieures. Le convoi des blessés suivait le mouvement pour être dirigé sur Kélung par les anciens postes avancés.

Le colonel pensait pouvoir reprendre dès midi la marche en avant et attaquer les positions du « Cirque », sans laisser à l'ennemi le temps de rassembler ses forces. Mais on éprouva, par suite des pluies de la nuit, des difficultés telles pour l'évacuation des blessés et le ravitaillement en munitions qu'il dut renoncer à son projet. Ordre fut alors donné aux troupes de camper sur la « Table », tandis qu'une compagnie reprenait position au fortin.

En outre, il prescrivait aux deux compagnies de la légion Lebigot et Jamot, de garde aux postes avancés, de remplacer les compagnies Césari et du Marais, épuisées par l'effort de la veille et fortement éprouvées en hommes et en officiers.

Nous avions, le 5, remporté un succès qui nous avait rendu maîtres de toute la droite des lignes chinoises, mais le plus difficile restait à faire, et il était de toute nécessité d'enlever le « Cirque », sur lequel les Chinois avaient élevé un fort connu sous le nom de fort Bambou. Ce point culminant (coté 212 mètres), d'un très difficile accès et protégé par un camp retranché et cinq ou six lignes successives, était la clef de ce formidable réseau dont il formait le réduit. Après avoir bien examiné le terrain le 6 au soir, en compagnie du lieutenant-colonel Bertaux-Levillain et commandant Fontebride, le colonel arrêta les dispositions suivantes :

Il sera formé deux colonnes : l'une, de droite, composée de quatre compagnies du bataillon d'Afrique et la 3ᵉ compagnie du 4ᵉ bataillon du 2ᵉ régiment étranger (capitaine Lebigot), ayant pour mission d'enlever le « Cirque » et le fort Bambou, tandis qu'une autre colonne, dite de gauche, sous les ordres du lieutenant-colonel Bertaux, devait commencer à livrer, sur la gauche, un combat démonstratif destiné à attirer de ce côté les forces chinoises du « Cirque » et faciliter la besogne de la colonne de droite. L'artillerie et la réserve resteraient sous le commandement direct du colonel Duchesne, sur une des positions chinoises abandonnées l'avant-veille, et de laquelle il pouvait suivre facilement l'ensemble des mouvements et diriger le feu de l'artillerie sur les points dont l'attaque avait besoin d'être préparée vigoureusement.

Vers six heures trente minutes du matin, la colonne de gauche commença son mouvement sous les ordres du lieutenant-colonel Bertaux. La 1ʳᵉ compagnie du 4ᵉ bataillon du 2ᵉ régiment étranger (capitaine du Marais) était en tête : son capitaine l'enleva avec une telle vigueur qu'il s'empara successivement de trois redoutes traversant les lignes que nous suivions et que les Chinois essayèrent, mais en vain, de défendre. Les compagnies de Cauvigny et Cormier, de l'infanterie de marine, le suivirent. Tandis que le lieutenant-colonel Bertaux installait la compagnie du 2ᵉ régiment étranger sur l'éperon qui aboutit à la rivière de Tamsui, la compagnie de Cauvigny traversa la vallée et vint s'établir sur un mamelon très rapproché des lignes chinoises, la compagnie Cormier et la compagnie du régiment étranger formaient avec cette compagnie, la plus avancée, deux lignes en échelon par le centre, et toutes trois répondirent avec beaucoup de vivacité au feu violent que l'ennemi avait ouvert sur elles.

A un moment donné, le feu devint tellement vif qu'on put craindre l'épuisement prématuré des cartouches; fort heureusement la 3ᵉ compagnie d'infanterie de marine, que le colonel Duchesne avait envoyée chercher un ravitaillement de munitions, arriva, et toute la ligne put être complètement approvisionnée. Des recommandations pressantes furent faites de nouveau aux commandants de compagnie d'avoir à faire observer la stricte discipline du feu de manière à ménager les munitions.

Devant cette attaque de gauche, les Chinois, confiants sans doute dans la force des ouvrages qu'ils avaient à droite, dégarnirent cette partie de leur ligne pour venir en grand nombre s'opposer à la démonstration du lieutenant-colonel Bertaux. Le but proposé était donc atteint.

Pendant ce temps, le commandant Fontebride descendait de la « Table » dans la direction de l'est, massait ses compagnies en arrière de notre ancien poste avancé, où elles étaient cachées à la vue de l'ennemi, faisait déposer les sacs, et donnait ses instructions aux commandants de compagnie. Puis il se mettait en marche, en masquant son mouvement le plus possible derrière une crête qui pouvait l'abriter, pendant un certain temps, des vues de l'ennemi.

Le premier objectif était, pour toutes les compagnies, d'enlever le camp retranché barrant le passage; le deuxième d'atteindre la crête la plus en arrière. Là, les 3ᵉ et 4ᵉ compagnies devaient se rabattre à droite et prendre à revers le sommet 212 et le fort Bambou; les 5ᵉ et 6ᵉ se rabattre à gauche, pour rejeter l'ennemi dans la vallée de Tamsui.

Le mouvement, dirigé avec beaucoup de jugement et de vigueur par M. le commandant Fontebride, eut une entière réussite. L'ennemi, surpris dans sa première ligne de défense, engagea d'abord une vive fusillade; mais rejeté bientôt derrière la deuxième, qu il ne défendit également que peu de temps, il se concentra en grand nombre derrière la troisième, où il arrêta, par un feu terrible, l'élan de la colonne de droite qui, ayant en tête le lieutenant Roiland et le sous-lieutenant Sicard, suivis de la 3° compagnie, vint s'abriter au pas de course et au cri de : « En avant! » au pied même du parapet.

Dans ce bond tomba le sous-lieutenant Sicard, mortellement atteint d'une balle à la tempe droite.

Au même moment arriva par la gauche la 6° compagnie (capitaine Bernhardt) dont le premier peloton, ayant à sa tête le sous-lieutenant Crochat, fut renvoyé pour appuyer la 3° compagnie. Ainsi renforcée, cette compagnie se lança de nouveau en avant, enleva le 3° retranchement et, continuant son effort, se porta vers la hauteur 212 à la poursuite de l'ennemi, qui fuit en désordre vers les ravins.

La charge sonna, un cri formidable « En avant ! » y répondit et, quelques instants après, le « Cirque » et le fort Bambou étaient couronnés par nos soldats et le drapeau chinois était remplacé sur le fort par le drapeau français, que saluaient les clairons des forts et de l'escadre.

Cependant la fusillade continuait vivement vers la gauche, du côté de la vallée de Tamsui. C'était la 5° compagnie (capitaine Michaud) qui avait été lancée dans la direction du sud à la poursuite des Chinois, se repliant de ce côté en longues files. Le deuxième peloton de la 6° compagnie (capitaine Bernhardt) avait appuyé ce mouvement par un autre sentier à droite de la 5°, tandis que le reste du bataillon occupait solidement le fort Bambou et les puissants retranchements qui le prolongent sur un front de 400 mètres.

Tant qu'il restait un Chinois sur les crêtes, le succès n'était pas complet; l'ennemi, chassé du fort Bambou et suivi par la compagnie Michaud (5° bataillon d'Afrique) et la 3° compagnie de la légion (capitaine Lebigot), avait garni une dernière ligne de défense très forte, derrière laquelle il opposait une résistance acharnée.

Il était d'autant plus difficile d'en venir à bout que le terrain, très boisé et presque impraticable, formait une crête très étroite sur laquelle il était impossible de se déployer. La 5ᵉ compagnie du bataillon d'Afrique s'épuisait devant ce dernier obstacle, et éprouvait des pertes cruelles. Il était urgent d'en finir au plus vite.

Le capitaine Lebigot, qui suivait le mouvement du capitaine Michaud, jugeant rapidement la situation, passa en avant de la compagnie du bataillon d'Afrique, et, enlevant ses légionnaires avec une vigueur au-dessus de tout éloge, s'élança à l'assaut de la position de laquelle les Chinois faisaient rouler sur nous d'énormes quartiers de roches qui écrasèrent deux hommes; devant un pareil élan, l'ennemi dut céder et s'enfuit en désordre.

Juste à ce moment, le lieutenant-colonel Bertaux arrivait sur la crête avec la colonne qu'il commandait et occupait la position, tandis que la 3ᵉ compagnie, suivant celle de la légion, partait vivement à la poursuite de l'ennemi, jusqu'au village de Loan-Loan, d'où elle revint avant la nuit, sur l'ordre du lieutenant-colonel Bertaux, tandis que la compagnie de la légion s'établissait en grand'garde dans le camp même des Chinois.

Pendant cette journée, l'artillerie, habilement menée par le capitaine de Champgleu, n'avait cessé de battre les positions ennemies de ses feux et avait préparé successivement toutes les attaques de l'infanterie.

Le capitaine de Cramoisy avait, lui aussi, habilement dirigé une très utile diversion sur les positions chinoises, qui produisit le meilleur effet et surprit l'ennemi sur un point par lequel il ne pensait pas devoir être attaqué.

Pendant les journées des 4 et 5 mars, le contre-amiral Lespès avait fait appuyer les mouvements au sud de Pétao, par les deux canonnières *Vipère* et *Fei-Ho*, venues croiser devant la baie. La *Vipère* put engager à 6,000 mètres quelques obus qui, s'ils ne produisirent pas un très grand effet, contribuèrent puissamment à donner la plus grande confiance aux troupes.

Le résultat de ces quatre journées était considérable et mettait en notre pouvoir toutes les lignes que les Chinois avaient établies au sud et à l'est de Kélung. Nous étions maîtres de tout le terrain compris entre Pétao, la rivière de Tamsui et Loan-Loan. L'ennemi

**Général Roussel de Courcy**

COMMANDANT EN CHEF DU CORPS EXPÉDITIONNAIRE

avait abandonné ses camps en y laissant quantité de vivres et de munitions, et, outre quelques fusils de rempart et quelques petites pièces d'artillerie insignifiantes, nous avions pris deux canons Krupp et une dizaine de drapeaux, dont l'un, portait l'inscription suivante : « Tchang, commandant en chef ». D'après les renseignements recueillis auprès des prisonniers, l'ennemi avait en ligne, le dernier jour, de 8,000 à 10,000 hommes et aurait subi de grosses pertes, estimées à environ 1,500 hommes hors de combat.

De notre côté, nous avions aussi beaucoup souffert, et le total de nos pertes se chiffre de la sorte :

|  | TUÉS | BLESSÉS |
|---|---|---|
| Infanterie de marine | 5 | 29 |
| Artillerie de marine | 1 | » |
| 3ᵉ bataillon d'Afrique | 23 | 73 |
| 4ᵉ bataillon du 2ᵉ régiment étranger | 12 | 55 |
| Totaux | 41 | 157 |

Pendant que le colonel Duchesne opérait dans l'île Formose, l'amiral Courbet ne demeurait pas inactif.

Un temps exécrable régna tout l'hiver sur la côte de Formose, et le mois de février fut surtout dur pour nos marins : de la pluie, du vent, du brouillard, de très grosses mers.

Les Chinois fournirent heureusement à nos équipages l'occasion de rompre glorieusement la monotonie du blocus et d'en oublier un peu les ennuis.

« Nous étions à Kélung, écrivait un officier, nous morfondant à ce triste mouillage, recevant coups de vent sur coups de vent, cassant parfois nos chaînes et roulant d'une façon assez incommode ce qui ne contribue pas à égayer l'existence, surtout lorsque cela se prolonge pendant des mois entiers, quand nous reçûmes l'ordre d'appareiller et de faire route pour Taï-Wan-Fou. A Kélung, le temps est affreux depuis le commencement du mois, si mauvais qu'on a été forcé d'arrêter les opérations contre les lignes chinoises. De nouveau, les malades affluent aux ambulances ; même à bord, l'état sanitaire est peu satisfaisant. On nous dit que ce sont les dernières épreuves, que la belle saison va venir après les premiers jours de mars. On l'attend avec impatience pour reprendre l'offensive, la seule distraction que l'on ait dans cette île Formose, qui laissera de tristes souvenirs à tous ceux qui ont guerroyé dans ce terrible hiver 1884-85. »

Ils avaient réuni dans le Yang-Tze-Kiang une escadre composée de cinq bâtiments : deux croiseurs en acier, *Nan-Tchen* et *Nan-Choui*, construits à Kiel; le croiseur *Kai-Tsi*, construit sur le même modèle à Fou-Tchéou; le *Yu-Yen*, frégate de 3,400 tonneaux, armée de 23 canons et de mitrailleuses Nordenfeldt, et la corvette *Tchen-King*, de 1,300 tonneaux et de 7 canons (type Dupleix). Dans les premiers jours de janvier, ces bâtiments prirent le large pour se diriger, suivant les uns, vers la rivière Min ; suivant les autres, pour se présenter sur la côte de Formose et nous offrir le combat. « Le plus simple, écrivait spirituellement un officier, était évidemment de leur épargner la moitié de la route », et c'est en effet ce qui eut lieu.

L'amiral Courbet, laissant le *Villars* et le *Champlain* devant Taï-Wan pour continuer le blocus des ports sud de Formose, le *La Galissonnière*, le *d'Estaing* et le *Volta* à Tamsui et à Kelung, partit de ce dernier point, le 25 février à 4 heures du soir, avec l'*Eclaireur*, la *Saône* et l'*Aspic*; le lendemain, il fut rallié par la *Triomphante*, le *Nielly* et le *Duguay-Trouin*.

Du 6 au 12 février, on visita vainement divers points de la côte de Chine. On remonta jusqu'à la rivière de Nam-Quan, on fouilla de près toutes les criques, on continua sur l'archipel des Chusan, mais on ne trouva rien. Enfin, on obtint à Gutzlaff des renseignements assez précis sur les derniers mouvements de l'invisible escadre, et l'on reprit la chasse. Le 13 au matin, l'*Eclaireur* et l'*Aspic*, envoyés en avant, signalèrent bientôt cinq bâtiments, sur lesquels on s'empressa de mettre le cap. Avertie sans doute par un bâtiment de grand'garde, la flotte chinoise prit chasse immédiatement : nous en étions à environ 5 milles. Après avoir doublé par le nord les îlots Méduse, Twins et Sanchesan, les trois croiseurs *Nan-Tchen*, *Nan-Choui* et *Kai-Tsi* mirent le cap au sud, semblèrent un moment diminuer de vitesse et rectifièrent leur ligne. L'amiral crut un instant qu'ils avaient l'intention d'accepter le combat, mais cette illusion fut de courte durée, car il les vit presque aussitôt filer à toute vitesse vers le sud. La frégate *Yu-Yen* prit la route de Sheipoo, et la corvette *Tchen-King*, après avoir hésité un moment, ne tarda pas à la suivre.

L'amiral, laissant à la *Triomphante*, à la *Saône* et à l'*Aspic* le soin de surveiller ces deux bâtiments, se lança avec le *Bayard*, le *Nielly* et l'*Eclaireur* à la poursuite des trois croiseurs. Ceux-ci, gagnant visiblement et inclinant vers le sud, disparurent. Puis la brume arriva, tellement épaisse que, de l'arrière, on n'apercevait pas l'avant du navire. Il fallut bien s'arrêter, et à 9 heures 40 minutes, Courbet abandonna la chasse pour retourner aux abords du port de Sheipoo; il voulut au moins s'assurer de la frégate et de la corvette. Il envoya l'*Eclaireur* et le *Nielly* au mouillage à l'est du Tung-Moon, tandis que le *Bayard* mouillait en rade de Sheipoo; de la sorte, les passes de l'Est étaient bien gardées. De leur côté, la *Triomphante* et la *Saône* gardaient celles du Sud, pendant que l'*Aspic* y faisaient une reconnaissance. Enfin, le lieutenant de vaisseau Ravel, aide de camp de l'amiral et excellent hydrographe, partit en canot à vapeur jusqu'à l'extrémité de la passe comprise entre l'île Sin et l'île Nyew-Tew pour voir où s'étaient réfugiés la frégate *Yu-Yen* et la corvette *Tchen-King*.

Avant de risquer ses bâtiments dans les passes qui conduisent au port Sheipoo, Courbet jugea nécessaire de les reconnaître, et il chargea de ce soin l'*Aspic* et l'*Eclaireur*. En attendant le résultat de leurs investigations, il résolut de tenter une attaque au moyen de deux canots porte-torpilles du *Bayard*. Seulement le temps étant trop mauvais pendant la nuit du 13 au 14, l'opération fut remise à la nuit suivante. Le premier jour de l'an chinois tombant juste le 15, l'amiral espérait, à la faveur des fêtes qui le précèdent, tromper la vigilance de l'adversaire,

Nos canots quittèrent le bord vers minuit avec mission d'attaquer la frégate. Le lieutenant Ravel qui, comme on vient de le lire, avait reconnu la position des bâtiments chinois et étudié le chenal, leur servait de pilote; il devait en outre se tenir à portée de les secourir et leur indiquer un point de ralliement après l'action; il était accompagné de M. Muller, pilote du Yan-Tse-Kiang, au service de la France depuis le mois de juillet. L'un des canots porte-torpilles était commandé par le capitaine Gourdon ; le second, par le lieutenant de vaisseau Duboc.

En raison des difficultés de navigation et de l'insuffisance de vitesse desdits canots, la petite expédition n'arriva aux environs du mouillage des bâtiments chinois qu'à trois heures et demie du matin. Guidée par M. Ravel, elle aperçut la frégate *Yu-Yen* à 700 ou 800 mètres, et elle se dirigea sur elle avec toute la rapidité et tout le silence possible. Le canot Gourdon, filant avec la plus grande vitesse, perdit un instant de vue le canot Duboc.

On faisait bonne garde à bord des bâtiments ennemis et à terre ; il y avait des hommes aux pièces et aux mitrailleuses Nordenfeldt, des tirailleurs sur le pont et dans les hunes. Découverts avant d'arriver, nos canots furent accueillis par un feu nourri de la frégate, appuyé par celui de la terre ; néanmoins, ils se lançaient à toute vitesse, pour exécuter leur coup d'audace, salués à chaque seconde, par quelque salve passant au-dessus d'eux.

Le capitaine Gourdon aborda le premier, droit par l'arrière. La torpille fit explosion ; mais l'embarcation ne put se dérober immédiatement, la hampe restant engagée ; il fallut dévisser son chariot et la filer. Elle se dégageait en faisant machine en arrière, lorsque l'embarcation Duboc passa près d'elle à toute vitesse et aborda la frégate par la hanche de tribord. L'engin éclata, et, comme la machine avait été renversée avant le choc, le canot se dégagea immédiatement ; les deux porte-torpilles s'éloignèrent poursuivis par le feu de la mousqueterie et des mitrailleuses ennemies ; emportés par le courant, ils dépassèrent l'endroit où les attendaient M. Ravel et ne virent pas le fanal de ralliement. Les deux groupes d'embarcation se cherchèrent jusqu'au jour et durent à ce moment songer à se retirer.

Lorsque M. Ravel, à l'aube, revint à bord du *Bayard*, il avait pu constater que la corvette était coulée et inclinée sur le flanc, que la frégate paraissait être droite comme si elle eût été intacte. On constata plus tard, aux environs de la basse mer que les deux bâtiments chinois étaient coulés, la frégate, droite noyée jusqu'à mi-bas mâts ; la corvette, inclinée sur le flanc et noyée jusqu'au-dessus des bastingages. Celle-ci avait été coulée par les boulets que les batteries de terre et la frégate elle-même avaient tiré sur nos embarcations.

Cette opération était d'autant plus méritoire que ces parages sont semés d'écueils, battus par des courants d'une extrême violence et que la navigation y est de la plus grande difficulté. C'est un remorqueur de mer, le *Fuh-Lee*, qui apporta à Shanghaï la nouvelle de la destruction des deux bâtiments chinois : la version de son capitaine a été résumée comme il suit par le rédacteur maritime du *Temps* :

« En arrivant à Sheipoo, le *Fuh-Lee* aperçut les deux épaves chinoises, la frégate *Yu-Yuen*, droite, coulée jusqu'aux bastingages, la corvette *Tcheng-King*, couchée sur le flanc, battant toutes deux le pavillon impérial. Les deux navires étaient envahis par les habitants des villages voisins et par des masses de pêcheurs qui les dépeçaient. Déjà on avait coupé le mât d'artimon de la frégate, et à terre on halait un des panneaux d'écoutille.

« Les riverains avaient très mal accueilli les équipages des navires coulés, et si les marins chinois n'avaient été en force et armés, ils eussent été forcés d'aller chercher un refuge autre part. Il n'y avait parmi eux qu'un seul Européen, un certain M. Richardson, mécanicien en chef de la frégate sur laquelle flottait le pavillon de l'amiral Ting. M. Richardson vint demander l'hospitalité à bord du remorqueur, et avec lui une douzaine de Chinois, mais, pendant la nuit, un des cuirassés français ayant exhibé son faisceau de lumière électrique, la moitié des Chinois prit peur et retourna à terre.

« Quand le *Fuh-Lee* appareilla, l'escadre française avait repris le large, sans plus s'inquiéter de ce qui passait à Sheipoo ; le remorqueur rentra à Shanghaï et raconta, d'après les Chinois qu'il avait interrogés, un véritable roman.

« La version chinoise est à peu près exacte en sa première partie.

« L'amiral Ting, qui était parti le 23 janvier, annonçant qu'il allait à Formose, avait fait route à toute petite vitesse, inclinant toujours vers l'ouest, au lieu de se diriger à l'est. Le 13 février, l'escadre, à l'ancre en dedans de l'île Montague, appareillait à six heures du matin pour les Chusan. Au sud de l'île, elle aperçut les navires de l'amiral Courbet et prit chasse. Les croiseurs prirent l'avance, mais le *Yu-Yuen* et le *Tcheng-King*, craignant d'être coupés, mirent le cap sur la terre, s'engagèrent dans la passe à l'ouest de Montague et, grâce à la marée, parvinrent à atteindre le port Sheipoo.

« Ici commence le roman. D'après les Chinois, le même soir à dix heures, par un temps très sombre, trois torpilleurs les attaquent, mais, après une heure de combat, ils sont repoussés par le tir de canons à répétition. A deux heures trente du matin, les trois mêmes torpilleurs reviennent à la charge, et toujours au bout d'une heure ils battent en retraite.

« Le 14, à huit heures du soir, nouvelle attaque, même insuccès. Les torpilleurs ne se lassent pas; ils reviennent encore à l'assaut à onze heures et demie. Il leur est impossible chaque fois d'approcher sous la grêle des projectiles, grâce à la fermeté des canonnières chinoises et aux habiles dispositions prises par le capitaine Ayung.

« La quatrième fois, quatre torpilleurs au lieu de trois avaient combattu une heure un quart durant, et les Chinois affirment qu'ils en ont coulé un, car ils n'ont vu que trois torpilleurs battant en retraite.

« Malgré tous ces succès, on voyait bien, dit le narrateur, que les navires ne pourraient échapper à une ruine certaine, car les Français bloquaient étroitement toutes les issues. L'heure fatale allait bientôt sonner. Le 15, dit-il, vers quatre heures du matin, plusieurs bateaux de pêche qui rentraient au mouillage pour célébrer le nouvel an étaient drossés par le courant et s'approchaient du *Yu-Yuen*. Deux ou trois d'entre eux arrivèrent ainsi à toute petite distance. Hêlés par le navire de guerre, ils répondirent en chinois. Tout à coup — ils étaient à peine à une demi-longueur du navire — deux torpilleurs s'élancent du groupe, et aussi vite que la pensée, avant qu'on ait pu rien faire pour les arrêter, ils abordent le navire de telle façon qu'aucun canon ne peut être incliné suffisamment pour les atteindre.

« Les deux torpilleurs avaient simultanément rejoint la frégate, mais une des torpilles n'éclata pas et le bateau qui la portait fit route immédiatement pour le *Tcheng-Ling*, laissant la frégate à son compagnon. Celui-ci vint se poster à l'arrière, et si près que le maître-canonnier du navire chinois put frapper un matelot français avec son écouvillon. Néanmoins, la torpille avait fait explosion ; le choc fut terrible et le navire semblait soulevé. Alors s'engagea une fusillade très vive, les Français répondant à coups de revolvers et tuant ainsi un Chinois, le seul qui ait péri, dit-on.

« Le *Tcheng-Ling*, lui aussi, était torpillé ; les deux navires remplissaient et coulaient rapidement. »

« Telle est la version chinoise, et c'est d'après elle qu'il a été télégraphié en Europe que plusieurs attaques des torpilleurs avaient eu lieu. Pour toute personne ayant quelque idée du mode d'emploi de la torpille, qu'elle soit portée par une embarcation ou par un bateau-torpilleur, la version répandue à Sanghaï sera considérée comme un récit de haute fantaisie. On voit d'ici trois torpilleurs luttant à quatre reprises différentes contre des navires de haut bord, échanger avec eux des coups et être finalement repoussés, puis user d'un stratagème et se cacher au milieu des bateaux de pêche pour arriver à une quarantaine de mètres de l'ennemi. Tout cela n'a aucun sens. Il suffit, en effet, de rappeler que le torpilleur n'a d'autre arme que sa torpille, qu'il ne porte ni canon ni mitrailleuse, et que, s'il manque son coup, il n'a qu'une chose à faire : fuir au plus vite, s'il le peut. C'est probablement l'amiral Ting qui a inventé toute cette histoire. Présent à l'action, il a voulu créer un mouvement d'opinion et prouver que les deux navires qu'il commandait avaient été détruits après une défense héroïque. L'amiral Ting n'a pas besoin d'excuses : il est certain que, si ses bâtiments n'avaient été torpillés, ils eussent été détruits dans la même journée par l'escadre qui les tenait sous sa griffe.

« Qu'étaient devenus les trois croiseurs chinois : le *Nan-Tchen*, le *Nan-Choui* et le *Kai-Tsi*? L'amiral Wu, qui avait son pavillon sur l'un d'eux, avait donné la route au sud et filé à toute vapeur sur Ning-Po. Pressé de se mettre à l'abri, il n'attendit même pas le jour et donna dans la passe, bien que les phares fussent éteints. Avec son croiseur il s'échoua sur le barrage, le démolit en partie ; heureusement pour lui, la marée était basse, le navire se releva à la mer haute, doubla l'obstacle et remonta à Ning-Po. En même

**Général Warnet**

CHEF D'ÉTAT-MAJOR DU CORPS EXPÉDITIONNAIRE

temps, les autorités chinoises prenaient les dernières dispositions pour fermer le barrage ; mais auparavant elles intimaient l'ordre à l'amiral Wu de reprendre le large, mais celui-ci refusa énergiquement de quitter l'abri où il se trouvait. »

Ce fut également à cette époque que les Pescadores tombèrent entre nos mains ; elles eussent fait pour nous une excellente base d'opérations, si la guerre s'était continuée.

Les Pescadores se composent d'un certain nombre d'îles habitées et de plusieurs rochers ; les principales sont : l'île Ponghou, l'île Pehoe et l'île des Pêcheurs.

Le groupe s'étend, depuis le parallèle de 23° 11'30".N. jusqu'au parallèle de 23° 47' N., et en longitude, depuis 116° 59' E. jusqu'à 117°25' E. Les îles qui le composent sont de formation basaltique généralement basses ; on y remarque cependant quelques collines d'une hauteur moyenne de 90 mètres. On y trouve en abondance d'excellents ports et il résulte de leur disposition que le groupe forme une des positions les plus sûres des côtes de Chine. Entre les îles des Pêcheurs, Pekoe et Ponghou, en effet, abritée contre tous les vents, se trouve une rade superbe, dont les fonds, à la marée basse, ne sont pas inférieurs à 21 mètres. Le sol de ces îles est bien cultivé, en gradins et rapporte suffisamment. Les principales productions sont les patates, le maïs, le millet, les pistaches. Il y a peu d'arbres ; en revanche, on y trouve de bons pâturages et beaucoup de bœufs. L'eau douce y est en abondance. La population, qu'on peut estimer à environ 30,000 pêcheurs, est généralement nomade ; la population fixe est bien inférieure à ce chiffre. L'île Ponghou, la plus grande des Pescadores, a 9 milles et demie d'étendue ; elle est partagée en trois parties par des passes que ferment des jetées de pierre. Cette île offre un des meilleurs ports de l'immense rade formée par l'ensemble du groupe : c'est le port de Makung, abrité et accessible, par un goulet mesurant près de 9 kilomètres de largeur, aux plus forts cuirassés. Ce port s'enfonce à 3 milles dans l'Est et l'accès en est défendu par un port.

Au point de vue militaire, les Pescadores sont une position de premier ordre. Le mouillage est magnifique et le port de Makung, très facile à garder avec quelques torpilles et un bâtiment. Les

Pescadores ont sur Kelung et le nord de Formose une supériorité incontestable. L'occupation de l'île principale ne peut immobiliser que des forces insignifiantes, qui se trouvent là dans une région battue par la brise de mer, où l'état sanitaire est, paraît-il, satisfaisant. Situées au milieu du canal de Formose, les Pescadores permettent le blocus de l'île.

La division navale, appuyant le corps de débarquement, mena l'affaire; les bâtiments étaient : le *Bayard*, la *Triomphante*, le *d'Estaing*, le *Duchaffaut*, la *Vipère* et l'*Annamite*.

Le 28 mars, ils se trouvaient réunis au cap Hou et le 29, l'escadre appareillait au jour; les bâtiments se mirent aux places désignées la veille, à des positions d'où ils devaient battre les principaux ouvrages ennemis avec efficacité, tout en restant le moins possible exposés à leurs coups : *Bayard*, à 900 mètres et à la limite du champ de tir du fort casematé de Makung, battant en outre les deux batteries barbettes de Makung et celle de l'île Observatoire, prenant à revers l'île Plate et le Dutchfort; — *Triomphante*, près la limite du champ de tir de la batterie de l'île Plate et du Dutchfort, à 1,000 mètres de la première et à 1,500 du second; abritée par l'île Plate des coups du fort casematé ; — *d'Estaing*, prenant l'île Plate à revers; — *Duchaffaut*, battant le fort casematé à revers et le camp nord des troupes chinoises ; — *Annamite*, hors de portée des canons des forts, battant l'isthme de sable de la baie Dôme, pour intercepter le passage des troupes chinoises et paré à débarquer les troupes.

« La baie de Dôme, dit l'amiral Courbet, m'avait paru *a priori* le meilleur point de débarquement pour plusieurs raisons. Suivant toutes les probabilités, les Chinois nous attendaient dans la plaine située au nord du fort de Makung; ils devaient y avoir élevé une série d'abris pour leurs tirailleurs : nous le constatâmes pendant et après le bombardement.

« Défavorisés en outre par une pente assez raide, nos troupes, une fois à terre, eussent éprouvé là des pertes sérieuses, malgré la protection des canons de l'escadre.

« Plusieurs kilomètres séparaient, il est vrai, la baie de Dôme de Makung, mais à travers un terrain dégagé où nos troupes aguerries, soutenues par des canons de montagne et appuyées par deux bâtiments de l'escadre, devaient combattre avec avantage un ennemi très supérieur en nombre.

« Enfin, la marche sur Makung par le sud et l'est menaçait la ligne de retraite de l'ennemi par terre, pendant que les bâtiments de l'escadre la menaçaient par mer.

« Vers sept heures du matin, le *Bayard* et la *Triomphante*, suivis par le *Duchaffaut*, entrent dans la baie Ponghou. La batterie de l'île Plate ouvre le feu à 2,000 mètres, suivie bientôt par les autres. Nos bâtiments répondent immédiatement, tout en chassant leurs postes, d'où, bientôt, ils écrasent les ouvrages ennemis par un tir très précis. Nos obus de 24 centimètres démolissent les embrasures du fort casematé, pendant que ceux de 14 centimètres et les hotchkiss criblent les défenseurs des pièces en barbette.

« Le feu des Chinois, très vif durant une demi-heure, n'atteint aucun de nos bâtiments, même pendant leur passage dans le champ de tir. Vers sept heures et demie, il commence à se ralentir; celui de l'île Observatoire cesse. A huit heures, le Dutchfort et la batterie de l'île Plate sont évacués; les défenseurs de celle-ci s'enfuient à la nage.

« Au fort casematé et aux batteries voisines surtout, la résistance est plus vive. Quelques pièces, servies avec acharnement, continuent à tirer. A 8 heures 20, je signale de cesser le feu; le *Bayard* et le *Duchaffaut* seuls continuent le tir pour démonter ces pièces. Le *Duchaffaut* change de mouillage et se rapproche du fort casematé. Les canons chinois sont réduits au silence les uns après les autres; deux poudrières sautent. A neuf heures et demie, on peut considérer le combat comme terminé. Les Chinois ne tireront plus que par intervalles des coups de canon inoffensifs.

« La *Vipère*, qui a rallié, a pris immédiatement part à l'action et seconde le *Duchaffaut* pour battre les batteries barbettes et le camp.

« Après le dîner des équipages, on complète la destruction des forts. Le *Bayard* et la *Triomphante*, mouillés à 700 mètres du fort casematé, le démolissent entièrement. La *Vipère* achève de démonter les pièces de l'île Plate et du Dutchfort. Le *d'Estaing* va bombarder le fort de l'île Fisher qui ne m'avait point paru occupé et que j'avais laissé de côté le matin. Quelques pièces de 14 centimètres et quelques canons hotchkiss sont dirigés sur les cantonnements chinois, sur les troupes armées, sur les fuyards et les édifices où ils se réfugient. Enfin, une escouade de torpilleurs et une section de la compagnie de débarquement de la *Triomphante*, soutenues par ce cuirassé et la *Vipère*, commencent la rupture des canons au fulmi-coton par les six pièces qui arment l'île Plate.

« Dès midi et demi, le *Duchaffaut* est allé porter à l'*Annamite* l'ordre de préparer le débarquement des troupes. Vers quatre heures, je prends passage sur ce croiseur pour présider à l'opération ; mises à terre vers cinq heures du soir, dans la baie Dôme, nos troupes s'établissent, pour la nuit, sur le pic Dôme et le contrefort voisin, position inexpugnable.

« Au début de la nuit, quelques coups de canon sont encore tirés par l'une des batteries barbettes de Makung ; puis, tout retombe dans le silence. Il reste à reconnaître et à détruire le barrage qui ferme le port de Makung ; on le dit en chaînes, mais il pourrait bien s'y trouver des torpilles. Je charge de cette opération mes deux aides de camp, MM. le capitaine de frégate Foret et le lieutenant de vaisseau Goudot.

« Pendant toute sa durée, le *Bayard* et la *Triomphante* éclairent à la lumière électrique les forts et les batteries de Makung, où des tirailleurs peuvent être embusqués ; nos embarcations ne sont pas inquiétées. Il est bien constaté que le barrage se compose uniquement de grosses chaînes soutenues de distance en distance par des bouées. Au jour, il est détruit par les embarcations de la *Triomphante*, sous la direction de M. le capitaine de frégate Talpomba. Les tirailleurs ennemis essayent de les entraver ; un homme est blessé mortellement.

« Aussitôt qu'un passage suffisant est pratiqué, le *Bayard* entre dans le port de Makung et prend à revers les abris des tirailleurs chinois qui s'enfuient aussitôt, poursuivis par nos feux.

« Les troupes, débarquées le 29 au pic Dôme, devaient se mettre en marche dès le 30 au matin, les compagnies de débarquement disponibles devaient les rejoindre dans le sud de Port-Makung.

« Le départ, retardé par l'artillerie de 80 millimètres, eut lieu à 8 heures 30. Une heure après, nos troupes rencontrèrent l'ennemi posté dans un chemin creux. La 27ᵉ compagnie, capitaine Cramoisy, lancée en avant, débusqua promptement cette avant-garde, qui se retira en déroute, poursuivie par les obus de la *Vipère*, et laissant une cinquantaine de morts sur le terrain.

« On se remit en marche ; mais, l'artillerie se traînant péniblement dans un terrain sablonneux, vers quatre heures du soir seulement, la colonne arriva sans autre incident, en un point convenable pour bivouaquer. La nuit fut calme, sans la moindre alerte ; on faisait bonne garde, du reste, et toutes les mesures de sécurité avaient été prises.

« Le lendemain 31, au jour, les compagnies de débarquement et la batterie de 65 furent mises à terre ; en peu de temps, elles eurent rejoint la colonne. A 8 heures 30, celle-ci se remit en marche en formation de combat.

« Elle se composait maintenant de 650 fusils et 6 canons.

« Au sortir du village de Sio-Koui-Tang, l'ennemi, abrité derrière des murs en pierre, la reçut par un feu nourri. Les 26° et 27° compagnies, tournant les Chinois par leur gauche, s'élancèrent avec entrain pour les déloger. Les compagnies de débarquement suivirent de près.

« L'artillerie de montagne, sous les ordres de M. le lieutenant de vaisseau Amelot, établie à l'angle nord-est du village et l'artillerie de la *Vipère* achevèrent la débandade. Du même élan nos troupes s'emparèrent du petit fortin de Tao-Xa-Pa. L'ennemi prit la fuite vers le nord de l'île, emportant ses blessés, mais laissant un grand nombre de morts sur le terrain.

« Restait un plateau situé à 800 mètres plus loin, d'où un gros de Chinois très bien armés faisait un feu dangereux. Cette position fut brillamment enlevée par les compagnies de débarquement de la *Triomphante* et du *d'Estaing*, ainsi que par les 25° et 27° compagnies d'infanterie de marine, soutenues par l'artillerie de montagne.

« A partir de ce moment, les Chinois, en complète déroute, n'opposèrent aucune résistance. La colonne arriva à Makung à 5 heures 15, occupa les cantonnements, y trouva des munitions, des armes, des drapeaux et des approvisionnements en grande quantité. Le pavillon français fut hissé sur le port de Makung.

« Le 1ᵉʳ avril, j'envoyai la *Triomphante* et la 3ᵉ compagnie d'infanterie de marine prendre possession du fort de l'île Fisher. Ce fort est neuf et assez bien aménagé pour recevoir de l'artillerie.

« On n'y a rencontré ni troupes ni canons. Provisoirement, il est armé avec les deux canons de 80 millimètres de montagne et défendu par 70 hommes de la 30°. Un détachement de la même compagnie a été installé au phare.

« Pendant les opérations à terre, nos bâtiments appuyaient la colonne et croisaient autour des Pescadores pour arrêter les jonques de soldats ou mandarins fuyards. La nuit favorisant celles-ci, on ne put en intercepter que trois.

« Le 30, les torpilleurs du *Bayard*, soutenus par la compagnie de débarquement du *Duchaffaut*, firent sauter les canons et la poudrière du Dutchfort et de l'île Observatoire. Ceux des forts et des batteries de la presqu'île Makung furent détruits après leur occupation par nos troupes.

« Nos pertes, du 29 au 31 mars, s'élèvent à 5 tués et 12 blessés, tous légèrement ; parmi ces derniers sont deux officiers : MM. Poirot, lieutenant de vaisseau, commandant la compagnie de débarquement de la *Triomphante*, et Ozoux, lieutenant d'infanterie de marine.

« Les pertes des Chinois sont de 300 à 400 tués et autant de blessés parmi lesquels plusieurs mandarins. Le mandarin en chef s'est enfui.

« Le 31 mars, j'envoyai le *d'Estaing* porter à Hong-Kong le télégramme qui vous annonçait la prise des Pescadores, et, le lendemain, le *Duchaffaut* allait reprendre le blocus de la côte sud de Formose, momentanément suspendu. »

## LA PAIX AVEC LA CHINE

Le 30 mars 1885 à la venue à Paris de la nouvelle annonçant la retraite de Lang-Son, le Parlement, dans une séance fort orageuse, renversa le ministère Ferry, venant demander un nouveau crédit de 200 millions.

Mais à l'issue de la séance, les bureaux procédèrent à l'élection de la commission chargée d'examiner la demande de 200 millions.

Tous les commissaires élus furent d'avis de voter de suite une provision de cinquante millions sur les crédits nécessaires pour venir au secours de notre armée. Personne ne songea à une brusque évacuation du Tonkin : notre prestige en Europe, la sécurité de la Cochinchine, l'amour-propre national nous commandaient de ne pas demeurer sous le coup d'un échec. Le général Lewal, démissionnaire, resta au ministère pour s'occuper activement de l'envoi des renforts au Tonkin.

Le 7 avril, un nouveau cabinet, présidé par M. Brisson, ministre des affaires étrangères, lut une déclaration dont nous détachons les passages suivants, relatifs à la Chine :

« ..... Nous demandons à la Chine le respect de nos droits, tels qu'ils résultent des traités, tels qu'elle les a reconnus elle-même dans la convention du 11 mai 1884 ; heureux si des négociations suffisent pour atteindre ce but, mais résolus à les poursuivre par les armes, décidés aussi à ne pas modifier le caractère de l'expédition sans le consentement du Parlement.

« Le sentiment de ce que nous devons à nos héroïques troupes

Signature du traité de paix définitif avec la Chine

de terre et de mer et à leurs chefs nous trouvera d'ailleurs facilement unanimes.

. . . . . . . . . . . . . . . . . . . . .

« Messieurs, il y a huit jours, votre commission du Tonkin s'exprimait en ces termes dans son rapport :

« Votre commission, comme la Chambre et la nation, est résolue à tous les sacrifices nécessaires à l'action de notre armée et à l'honneur de la France. »

« Et vous couvriez ces paroles de vos applaudissements.

« Nous inspirant de ce patriotique langage, nous demandons à la Chambre de voter les 150 millions de crédits réclamés par le précédent cabinet. »

Le projet de loi fut voté.

Le 8 avril, le ministre des affaires étrangères reçut une dépêche annonçant la ratification, par le Tsong-Li-Yamen, des préliminaires de paix. Une convention fut en effet signée entre M. Billot, directeur des affaires politiques au ministère des affaires étrangères et M. Campbell, délégué de sir Robert Hart, muni des pouvoirs réguliers et officiels du gouvernement chinois.

Elle était ainsi conçue :

« Entre M. Billot, ministre plénipotentiaire, directeur des affaires politiques au ministère des affaires étrangères à Paris, et James Duncan Campbell, commissaire et secrétaire non résident de l'inspecteur général des douanes impériales maritimes chinoises, de deuxième classe du rang civil chinois et officier de la Légion d'honneur,

« Dûment autorisés l'un et l'autre, à cet effet, par leurs gouvernements respectifs,

« Ont été arrêtés le protocole et la note explicative ci-annexée.

PROTOCOLE

« ARTICLE PREMIER. — D'une part, la Chine consent à ratifier la convention de Tien-Tsin du onze mai mil huit cent quatre-vingt-quatre, et, d'autre part, la France déclare qu'elle ne poursuit pas d'autre but que l'exécution pleine et entière de ce traité.

« Art. 2. — Les deux puissances consentent à cesser les hostilités partout, aussi vite que les ordres pourront être donnés et reçus, et la France consent à lever immédiatement le blocus de Formose.

« Art. 3. — La France consent à envoyer un ministre dans le Nord c'est-à-dire à Tien-Tsin ou à Pékin, pour arranger le traité détaillé, et les deux puissances fixeront alors la date pour le retrait des troupes.

« Fait à Paris, le 4 avril 1885.

« *Signé* : Billot,
« Campbell. »

### NOTE EXPLICATIVE DU PROTOCOLE DU 4 AVRIL 1885

« I. Aussitôt qu'un décret impérial aura été promulgué, ordonnant la mise à exécution du traité du 11 mai 1884 et enjoignant, par conséquent, aux troupes chinoises qui se trouvent actuellement au Tonkin de se retirer au delà de la frontière, toutes les opérations militaires seront suspendues sur terre et sur mer, à Formose et sur les côtes de Chine ; les commandants des troupes françaises au Tonkin recevront l'ordre de ne pas franchir la frontière chinoise.

« II. Dès que les troupes chinoises auront reçu l'ordre de repasser la frontière, le blocus de Formose et de Pak-Hoï sera levé et le ministre de France entrera en rapport avec les plénipotentiaires nommés par l'empereur de Chine pour négocier et conclure, dans le plus bref délai possible, un traité définitif de paix, d'amitié et de commerce. Ce traité fixera la date à laquelle les troupes françaises devront évacuer le nord de Formose.

« III. Afin que l'ordre de repasser les frontières soit communiqué le plus vite possible par le gouvernement chinois aux troupes du Yunnan, le gouvernement français donnera toutes facilités pour que cet ordre parvienne aux commandants des troupes chinoises par la voie du Tonkin.

« IV. Considérant, toutefois, que l'ordre de cesser les hostilités et de se retirer ne peut parvenir le même jour aux Français et aux Chinois et à leurs forces respectives, il est entendu que la cessation des hostilités, le commencement de l'évacuation et la fin de l'évacuation auront lieu aux dates suivantes :

« Les 10, 20 et 30 avril, pour les troupes à l'est de Tuyen-Quan ;

« Les 20, 30 avril et 30 mai, pour les troupes à l'ouest de cette place.

« Le commandant qui, le premier, recevra l'ordre de cesser les hostilités, devra en communiquer la nouvelle à l'ennemi le plus voisin et s'abstiendra ensuite de tout mouvement, attaque ou collision.

« V. Pendant toute la durée de l'armistice et jusqu'à la durée du traité définitif, les deux parties s'engagent à ne porter à Formose ni troupes ni munitions de guerre.

« Aussitôt que le traité définitif aura été signé et approuvé par décret impérial, la France retirera les vaisseaux de guerre employés à la visite en haute mer, et la Chine rouvrira les ports à traité aux bâtiments français.

« Fait à Paris, le 4 avril 1885.

« *Signé* : Billot,
« Campbell. »

En conséquence, un décret impérial, relatif à la mise en exécution des préliminaires de paix, parut le 13 avril dans la *Gazette officielle de Pékin*.

Enfin, le 9 juin 1885, le traité définitif de paix fut définitivement signé et soumis, le 22 juin, à la ratification du Parlement, qui adopta l'article unique du projet de loi ainsi conçu :

« *Article unique*. — Le président de la République est autorisé à ratifier et à faire exécuter le traité de paix, d'amitié et de commerce conclu entre la France et la Chine, à Tien-Tsin le 9 juin 1885, et dont une copie est jointe à la présente loi. »

Quant au texte même du traité, le voici tel qu'il a été publié :

« Le président de la République française et Sa Majesté l'empereur de Chine, animés l'un et l'autre d'un égal désir de mettre un terme aux difficultés auxquelles a donné lieu leur intervention simultanée dans les affaires de l'Annam, et voulant rétablir et améliorer les anciennes relations d'amitié et de commerce qui ont existé entre la France et la Chine, ont résolu de conclure un nouveau traité répondant aux intérêts communs des deux nations, en prenant pour base la convention signée à Tien-Tsin, le 11 juin 1884, et ratifiée par décret impérial le 6 avril 1885.

A cet effet, les deux hautes parties contractantes ont nommé pour leurs plénipotentiaires, à savoir :

« Le président de la République française, M. Jules Patenôtre, envoyé extraordinaire et ministre plénipotentiaire de France en Chine, officier de la Légion d'honneur, grand-croix de l'ordre de l'Etoile polaire de Suède, etc.;

« Et Sa Majesté l'empereur de Chine, Li-Hung-Tchang, commissaire impérial, premier grand secrétaire d'Etat, grand-précepteur honoraire de l'héritier présomptif, surintendant du commerce des ports du Nord, gouverneur général de la province du Tcheli, appartenant au premier degré du troisième rang de la noblesse, avec le titre de Sougi ;

« Assisté de :

« Si-Tchen, commissaire impérial, membre du conseil des affaires étrangères, président du ministère de la justice, administrateur du Trésor au ministère des finances, directeur des écoles pour l'éducation des officiers héréditaires de l'aile gauche de l'armée tartare à Pékin, commandant en chef le contingent chinois de la bannière gauche à bordures ;

Et de :

Teng-Tcheng-Sieou, commissaire impérial, membre du cérémonial d'Etat;

« Lesquels, après s'être communiqués leurs pleins pouvoirs, qu'ils ont reconnus en bonne et due forme, sont convenus des articles suivants :

« ARTICLE PREMIER. — La France s'engage à rétablir et à maintenir l'ordre dans les provinces de l'Annam qui confinent à l'empire chinois. A cet effet, elle prendra les mesures nécessaires pour disperser ou expulser les bandes de pillards et gens sans aveu qui compromettent la tranquillité publique et pour empêcher qu'elles ne se reforment. Toutefois, les troupes françaises ne pourront, dans aucun cas, franchir la frontière qui sépare le Tonkin de la Chine, frontière que la France promet de respecter et de garantir contre toute agression.

« De son côté, la Chine s'engage à disperser ou à expulser les bandes qui se réfugieraient dans ses provinces limitrophes du Tonkin et à disperser celles qui chercheraient à se former sur son territoire pour aller porter le trouble parmi les populations placées sous la protection de la France, et, en considération des garanties qui lui sont données quand à la sécurité de sa frontière, elle s'interdit pareillement d'envoyer des troupes au Tonkin. Les hautes parties contractantes fixeront par une convention spéciale les conditions dans lesquelles s'effectuera l'extradition des malfaiteurs entre la Chine et l'Annam.

« Les Chinois colons, ou anciens soldats qui vivent paisiblement en Annam en se livrant à l'agriculture, à l'industrie ou au commerce, et dont la conduite ne donnera lieu à aucun reproche, jouiront, pour leurs personnes et pour leurs biens, de la même sécurité que les protégés français.

« Art. 2. — La Chine, décidée à ne rien faire qui puisse compromettre l'œuvre de pacification entreprise par la France, s'engage à respecter, dans le présent et dans l'avenir, les traités, conventions et arrangements directement intervenus ou à intervenir entre la France et l'Annam.

« En ce qui concerne les rapports entre la Chine et l'Annam, il est entendu qu'ils seront de nature à ne point porter atteinte à la dignité de l'Empire chinois et à ne donner lieu à aucune violation du présent traité.

« Art. 3. — Dans un délai de six mois, à partir de la signature du présent traité, des commissaires désignés par les hautes parties contractantes se rendront sur les lieux pour reconnaître la frontière entre la Chine et le Tonkin. Ils poseront, partout où besoin sera, des bornes destinées à rendre apparente la ligne de démarcation. Dans le cas où ils ne pourraient se mettre d'accord sur l'emplacement de ces bornes, ou sur les rectifications de détails qu'il pourrait y avoir lieu d'apporter à la frontière actuelle du Tonkin, dans l'intérêt commun des deux pays, ils en référeraient à leur gouvernement respectif.

« Art. 4. — Lorsque la frontière aura été reconnue, les Français ou protégés français et les habitants étrangers du Tonkin qui voudront franchir pour se rendre en Chine ne pourront le faire qu'après s'être munis préalablement de passeports délivrés par les autorités chinoises de la frontière, sur la demande des autorités françaises. Pour les sujets chinois, il suffira d'une autorisation délivrée par les autorités impériales de la frontière.

« Les sujets chinois qui voudront se rendre de Chine au Tonkin, par la voie de terre, devront être munis de passeports réguliers délivrés par les autorités françaises sur la demande des autorités impériales.

« Art. 5. — Le commerce d'importation et d'exportation sera permis aux négociants français ou protégés français et aux négociants chinois, par la frontière de terre, entre la Chine et le Tonkin. Il devra se faire toutefois par certains points qui seront ultérieurement déterminés et dont le choix ainsi que le nombre seront en rapport avec la direction, comme avec l'importance du trafic entre les deux pays. Il sera tenu compte, à cet égard, des règlements en vigueur dans l'intérieur de l'empire chinois.

« En tout état de cause, deux de ces points seront désignés sur la frontière chinoise, l'un au-dessus de Lao-Kaï, l'autre au delà de Lang-Son. Les commerçants français pourront s'y fixer dans les mêmes conditions et avec les mêmes avantages que dans les ports ouverts au commerce étranger. Le gouvernement de Sa Majesté l'empereur de Chine y installera des douanes et le gouvernement de la République pourra y entretenir des consuls, dont les privilèges et les attributions seront identiques à ceux des agents de même ordre dans les ports ouverts.

De son côté, Sa Majesté l'empereur de Chine pourra, d'accord avec le gouvernement français, nommer des consuls dans les principales villes du Tonkin.

« Art. 6. — Un règlement spécial, annexé au présent traité, précisera les conditions dans lesquelles s'effectuera le commerce par terre entre le Tonkin et les provinces chinoises du Yunnan, du Kouang-Si et du Kouang-Tong. Ce règlement sera élaboré par des commissaires qui seront nommés par les hautes parties contractantes, dans un délai de trois mois après la signature du présent traité.

« Les marchandises faisant l'objet de ce commerce seront soumises à l'entrée et à la sortie, entre le Tonkin et les provinces du Yunnan et du Kouang-Si, à des droits inférieurs à ceux que stipule le tarif actuel du commerce étranger. Toutefois, le tarif réduit ne sera pas appliqué aux marchandises transportées par la frontière terrestre entre le Tonkin et le Kouang-Tong et n'aura pas d'effet dans les ports déjà ouverts par les traités.

« Le commerce des armes, engins, approvisionnements et munitions de guerre de toute espèce sera soumis aux lois et règlements édictés par chacun des Etats contractants sur son territoire.

« L'exportation et l'importation de l'opium seront régies par des dispositions spéciales, qui figureront dans le règlement commercial susmentionné.

« Le commerce de mer entre la Chine et l'Annam sera également l'objet d'un règlement particulier. Provisoirement, il ne sera innové en rien à la pratique actuelle.

« ART. 7. — En vue de développer dans les conditions les plus avantageuses les relations de commerce et de bon voisinage que le présent traité a pour objet de rétablir entre la France et la Chine, le gouvernement de la République construira des routes au Tonkin, et y encouragera la construction des chemins de fer.

« Lorsque, de son côté, la Chine aura décidé de construire des voies ferrées, il est entendu qu'elle s'adressera à l'industrie française, et que le gouvernement de la République lui donnera toutes les facilités pour se procurer en France le personnel dont elle aura besoin, Il est entendu aussi que cette clause ne peut être considérée comme constituant un privilège exclusif en faveur de la France.

« ART. 8. — Les stipulations commerciales du présent traité et les règlements à intervenir pourront être révisés après un intervalle de dix ans révolus à partir du jour de l'échéance des ratifications du présent traité; mais au cas où, six mois avant le terme, ni l'une ni l'autre des hautes parties contractantes n'aurait mani-

Paul BERT
RÉSIDENT GÉNÉRAL DE FRANCE AU TONKIN

festé le désir de procéder à la révision, les stipulations commerciales resteraient en vigueur pour un nouveau terme de dix ans, et ainsi de suite.

« Art. 9. — Dès que le présent traité aura été signé, les forces françaises recevront l'ordre de se retirer de Kelung et de cesser la visite, etc., en haute mer. Dans le délai d'un mois après la signature du présent traité, l'île de Formose et les Pescadores seront entièrement évacuées par les troupes françaises.

« Art. 10. — Les dispositions des anciens traités, accords et conventions entre la France et la Chine, non modifiés par le présent traité, restent en pleine vigueur.

« Le présent traité sera ratifié dès à présent par S. M. l'empereur de Chine et, après qu'il aura été ratifié par le président de la République française, l'échange des ratifications se fera à Pékin dans le plus bref délai possible.

« Fait à Tien-Tsin en quatre exemplaires, le 9 juin 1885, correspondant au vingt-septième jour de la quatrième lune de la onzième année Kouang-Sin.

(L. S.) Signé : Patenôtre.
(L. S.) — Li-Hong-Tchang.
(L. S.) — Si-Tchen.
(L. S.) — Teng-Tcheng-Sieou.

## LA MORT DE L'AMIRAL COURBET

La paix était à peine signée que l'on apprenait la mort de celui qui avait, plus que tout autre peut-être, contribué à sa conclusion. L'amiral Courbet mourait de maladie au moment où allaient prendre fin les fatigues incessantes de sa mémorable campagne.

Courbet était né le 26 juin 1827, à Abbeville. Après un brillant concours, il entrait à l'Ecole polytechnique à l'âge de vingt ans, c'est-à-dire en 1847, en sortait deux ans plus tard comme aspirant de 1re classe de la marine. Enseigne de vaisseau en 1852, il se faisait remarquer par ses aptitudes multiples et était promu au choix lieutenant de vaisseau en 1856. Comme officier subalterne, il fit une longue campagne autour du monde sur la corvette la *Capricieuse*, commandée par le capitaine de vaisseau Roquemaurel. Comme lieutenant de vaisseau, il fut embarqué sur le vaisseau-école des canonniers le *Suffren*, où il se distingua par des études scientifiques remarquables. Promu capitaine de frégate en 1866, il occupa dans ce grade les hautes fonctions de chef d'état-major de la division cuirassée du Nord, commandée alors par le contre-amiral Dompierre d'Hornoy.

En 1873, Courbet recevait le grade de capitaine de vaisseau, commandait la *Savoie* dans l'escadre d'évolutions, puis était successivement chef d'état-major de cette escadre sous les commandements des vice-amiraux Dompierre d'Hornoy et Cloué. A peine débarqué, on lui confiait le gouvernement de la Nouvelle-Calédonie, où il a laissé de bons souvenirs. Promu contre-amiral en 1880, au cours de cette mission, il rentrait en France en 1882, mais il ignorait le repos; en mars 1883, on jugea utile de constituer une division d'expériences pour étudier les nouveaux types de bâtiments. C'est à Courbet qu'on en confia le commandement. Il arma ses bâtiments les réunit à Cherbourg et prit la mer. Sa première relâche fut Brest; là il apprit la mort de Rivière et en même temps il fut mandé à Paris, où on lui donna le commandement de la division navale du Tonkin. Courbet rejoignit à Alger le *Bayard* et se mit en route pour l'Indo-Chine. Il arriva au Tonkin dans les premiers jours de juillet, étudia la situation et proposa au ministre d'agir sur Hué pour mettre fin à l'hostilité de la cour d'Annam. Le 15 août, il enleva les forts de Thuan-An. De là, il rentra au Tonkin, où il se cantonna dans ses attributions de chef des forces navales, en prêtant toutefois le plus entier concours aux généraux. Quand le général Bouët rentra en France, le gouvernement jeta les yeux sur Courbet pour le remplacer. L'amiral quitta son bâtiment établit son quartier général à Hanoï, enleva Son-Tay, le 16 décembre 1883, et fut remplacé par le général Millot au moment où il allait attaquer Bac-Ninh. Promu grand-officier de la Légion d'honneur, vice-amiral le 1$^{er}$ mars 1884, Courbet continua à remplir au Tonkin les devoirs multiples qui incombent au chef de nos forces maritimes. La paix était signée lorsqu'éclata le coup de tonnerre de Bac-Lé, c'est en Chine qu'il fallait désormais peser sur les déterminations du Céleste-Empire.

« La campagne de Chine, dit le *Temps*, a rendu Courbet populaire. Peu connu la veille, il devenait en quelques mois, une des figures les plus sympathiques de notre époque. »

L'amiral, épuisé par la fatigue, succombant sous l'excès du travail, avait reçu, dès le mois d'avril, la première atteinte du mal qui devait l'emporter, et l'on put, un moment, craindre que cette terrible secousse n'eût un fatal dénouement. Autour de lui, cependant, on se faisait peu d'illusions ; son état-major, inquiet, le pressa de demander son rappel, et il y consentit, sur les instances du docteur Doué ; mais quand on lui soumit la rédaction du télégramme, au lieu de l'expédier, il le déchira en morceaux. Le 9 juin, au moment de se mettre à table — on sait que tous les officiers supérieurs embarqués sur un bâtiment battant pavillon d'officier général mangent à la table de l'amiral — il pria son chef d'état-major de le suppléer pour en faire les honneurs :

« Je me sens bien fatigué, dit-il, et je vais me coucher. »

Le docteur Doué arriva aussitôt. Tout ce que la science et le dévouement peuvent inspirer pour soulager un malade fut mis en œuvre, mais rien ne devait plus ranimer les forces disparues.

Le 10 juin, profitant d'une absence de quelques minutes à laquelle M. Doué avait consenti sur ses instances, le malade se leva et put encore s'habiller. Lorsque le médecin revint dans la chambre, il trouva le lit vide et n'en put croire ses yeux. L'amiral s'était traîné jusqu'à son bureau, où il rédigeait des dépêches au gouvernement et des ordres pour la flotte. Au moment où le docteur entra, il le vit assis près de sa table de travail; sa main affaissée venait de laisser tomber la plume, que ses doigts refusaient à tenir plus longtemps. Il fallut appeler deux hommes pour le porter jusqu'à sa chambre et le remettre au lit. Il ne devait plus se relever.

Le lendemain, dans l'après-midi, l'aumônier du *Bayard*, ami particulier de l'amiral, vint le voir, resta seul avec lui et lui administra les sacrements. Puis Courbet fit venir son secrétaire et l'entretint quelques instants.

L'amiral Lespès, informé que les derniers moments approchaient, accourut près de son frère d'armes. Le mourant n'eut plus la force de lui tendre la main; le docteur soutint son bras, et il put ainsi transmettre, dans une dernière étreinte, un suprême adieu à celui qui devait le remplacer dans le commandement de l'escadre.

Le docteur lui prit ensuite les mains dans les siennes; de temps à autre, un léger mouvement indiquait la vie. Soudain, toute pression cessa.

Courbet ouvrit une dernière fois les yeux, poussa un profond soupir et mourut.

Une lettre d'un officier de l'escadre, datée du 12 juin, donne sur l'événement les détails suivants :

« L'amiral est mort hier soir, à neuf heures quarante-cinq, à bord du *Bayard*. Jusqu'au dernier moment, il a fait son service avec une énergie surhumaine. Visites à terre, dans les casernes et hôpitaux, à bord des bâtiments. Il est mort épuisé. Ce n'est pas impunément qu'à cinquante-huit ans on mène l'existence qui a été sienne depuis deux ans, vivant dans un logement humide qui a une odeur de moisi insupportable — résultat des pluies de Ké-Lung — avec une température de 32°... et nourri comme à la mer de conserves et de vivres de campagne !

« L'amiral était malade du foie, des intestins, de l'estomac, et il allait quand même. Il y a huit jours, il s'était senti si fatigué qu'il avait consenti, sur les instances du docteur Doué et de son entourage, à demander son rappel. On a rédigé le télégramme, mais quand on lui en a soumis la rédaction avant de l'expédier, il l'a déchiré en morceaux.

« C'est une grande perte pour le pays. Ici, marins et soldats sont navrés. Ils avaient la plus grande confiance dans leur amiral, et cet homme si froid, si exigeant, si complètement chef, avait su se faire adorer du plus humble. Il avait, en effet, une préoccupation constante, celle de donner à ceux qui servaient sous ses ordres le bien-être possible, de ménager leurs forces, en exigeant d'eux cependant ce qu'un autre n'eût osé leur demander. Mais aussi, un éloge de sa bouche, un encouragement était considéré par tous comme une faveur insigne, et l'amiral savait parler à ses troupes.

« Il est mort entouré de tous ses capitaines. Son agonie a commencé à six heures du soir. Il n'a pas repris connaissance et s'est éteint sans souffrances. A cinq heures trente, il donnait encore des ordres. On garde son corps à bord du *Bayard*.

« Ce matin, les bâtiments et les forts ont mis leur pavillon en berne ; nous avons les vergues en pantenne. »

Le lendemain de la mort de Courbet, le contre-amiral Lespès, la fit connaître dans l'ordre du jour suivant, aux équipages de la flotte dont il prit le commandement :

« Officiers, officiers mariniers, sous-officiers, marins et soldats de de l'escadre de l'extrême Orient et du corps expéditionnaire de Formose :

« Nous venons de faire la perte la plus cruelle : notre illustre et glorieux commandant en chef n'est plus, emporté à notre affection et à notre admiration par une maladie que les fatigues de la campagne ont rendue foudroyante. Nos frères d'armes du Tonkin, où son nom brillait naguère, notre patrie entière, dont il fut un des plus nobles enfants, s'associeront à notre immense deuil. Pour ceux qui l'ont connu et apprécié, son souvenir restera comme le modèle de toutes les vertus militaires.

« Contre-amiral LESPÈS. »

Le lendemain, un nouvel ordre du jour apprenait aux marins et aux soldats qu'ils avaient un nouveau chef.
Il était ainsi conçu :

« Officiers, officiers mariniers, sous-officiers, marins et soldats, etc.

« Je prends par intérim le commandement en chef de l'escadre de l'extrême Orient et du corps expéditionnaire de Formose. C'est un héritage bien lourd que me valent mon ancienneté et mon grade. Mais je sais que je puis compter sur votre discipline parfaite, votre dévouement au pays, sur votre valeur militaire, dont vous avez donné tant de preuves, et que vous me rendrez ainsi plus légère la tâche que j'ai à remplir.

« De votre côté, vous trouverez en moi un chef entièrement dévoué, je ne suis pas un nouveau venu parmi vous; vous me connaissez. Soyez sûrs que je mettrai tous mes efforts à faire valoir auprès du pays les titres que vous ont acquis vos services. Je tâcherai aussi de remplacer pour vous, autant qu'il me sera possible, votre chef vénéré, le vice-amiral Courbet.

« Vive la République !

« Contre-amiral LESPÈS. »

La dépouille de l'amiral fut ramenée en France aux frais de l'Etat sur le *Bayard*. Lorsque ce bâtiment arriva en vue de Port-Saïd, le *Seignelay*, venu exprès d'Alexandrie pour rendre les honneurs à la dépouille de l'amiral Courbet, mit ses vergues en pantenne et tira un coup de canon chaque demi-heure. Le stationnaire égyptien suivit le même cérémonial, en alternant ses salves avec celles du *Seignelay*. Les bâtiments de commerce ou de guerre présents sur rade, ainsi que toutes les administrations à terre, mirent leurs pavillons en berne. La colonie française d'Egypte qui, pleine d'espoir pour le succès de nos armes, avait pu apprécier à son passage le vaillant amiral et espérait bien avoir à lui faire une ovation triomphale à son retour, fut plus douloureusement frappée que quiconque par cette mort brutale. Aussi, dès qu'il avait été question de transporter ses restes en France, les comités et les souscriptions s'organisèrent de toutes parts, et les colonies de Port-Saïd, du Caire, d'Alexandrie, de Suez, d'Ismaïlia, et les marins du *Seignelay* préparèrent de magnifiques couronnes, qui furent déposées par les députations de chaque colonie à bord du *Bayard*. M. Saint-René Talandier, chargé d'affaires de France en Egypte, M. Klezcowsky, consul à Alexandrie, étaient arrivés d'Alexandrie avec le *Seignelay* pour recevoir le *Bayard*.

Le 26 août, à huit heures du matin, une cérémonie funèbre eut lieu aux Salins d'Yères, sur le *Bayard*, terminée par une allocution de l'amiral Duperré.

A Paris, les obsèques solennelles de l'amiral furent célébrées à l'hôtel des Invalides, qui, dès la veille, avait été richement décoré. Le portail Louis XIV, qui fait face à la grille principale et dont la hauteur n'atteint pas moins de vingt-six mètres, disparaissait complètement sous les tentures; on avait exhaussé le cintre et on l'avait surmonté d'un motif représentant l'arrière du *Bayard*, avec un canon de 19 centimètres en batterie et tout un entourage d'attributs maritimes, tels que porte-voix, gouvernails, boussoles, lunettes, ancres. Le portail Napoléon qui précède immédiatement l'entrée de la chapelle avait été recouvert de longues tentures noires brodées d'argent et rehaussées de cartouches dorés où l'initiale C se mêlait à des ancres argentées. Les colonnes du rez-de-chaussée et de la galerie disparaissaient sous de magnifiques draperies de velours brodé d'argent. Trois trophées de drapeaux tricolores garnissaient les baies de la galerie supérieure. On ne pouvait pénétrer dans l'église des Invalides sans être saisi par le spectacle grandiose qu'on avait sous les yeux. Toute la nef était cachée par d'immenses tentures noires parsemées d'argent, au milieu, une

Sentinelle Française sur un mirador improvisé

immense croix blanche; dans chacun des angles de la chapelle, on avait fixé, à hauteur des galeries où se tenaient les officiers subalternes et les invités du gouverneur des Invalides, des trophées de drapeaux tricolores. Les colonnes supportaient aussi des trophées de drapeaux alternant avec des médaillons où se détachaient, en lettres d'or, les noms glorieux de Sontay, Fou-Tchéou, Kélung, rivière Min et Phu-Xa. Le catafalque était formé de colonnes torses et d'un plafond massif lamé d'argent, orné de panaches noirs à chacun de ses angles et d'écussons aux initiales de l'amiral; le cercueil apparaissait entre les colonnes : il était recouvert d'un drapeau tricolore voilé de crêpe. Un dais noir brodé d'argent s'étendait au-dessus du catafalque. A onze heures, les troupes de la garnison de Paris se massèrent sur l'Esplanade, pendant que la famille, les membres du gouvernement, du Parlement ou de l'armée se tenaient dans la nef. A une heure, la cérémonie étant terminé, le cercueil fut conduit jusqu'à la porte des Invalides : la musique de la garde républicaine joua la marche funèbre de Chopin, le canon tonna et les troupes commencèrent à défiler.

Enfin, à Abbeville, la cérémonie fut très imposante et les concitoyens de Courbet firent grandement les choses.

## LE GUET-APENS DE HUÉ

Malgré la convention signée entre MM. Billot et Campbell, le gouvernement français n'en crut pas moins nécessaire de maintenir notre situation militaire au Tonkin jusqu'à la conclusion du traité de paix définitif. Par décret du 14 avril, le général de division Roussel de Courcy, commandant le 10ᵉ corps d'armée, fut nommé au commandement en chef du corps expéditionnaire, et les généraux Brière de l'Isle et de Négrier mis à la tête des deux divisions du Tonkin. Les chefs des quatre brigades furent les généraux Giovaninelli, Jamais, Munier et Prudhomme. Le général Jamont reçut le commandement de l'artillerie. Le général Warnet, ancien chef d'état-major du ministère de la guerre, fut nommé chef d'état-major du corps expéditionnaire.

En réponse à la dépêche qui lui annonçait son remplacement par le général de Courcy, le général Brière de l'Isle adressa au ministre de la guerre un télégramme très digne :

« Hanoï, 13 avril, 5 h. 5, soir.

« Mon patriotisme se réjouit des résolutions prises par le gouvernement ; ma personnalité n'est rien en face de l'intérêt du pays.

« Je prendrai avec plaisir le commandement de la première division, surtout si le commandement de la deuxième est donné au général de Négrier.

« Négrier sera à cheval dans quinze jours. »

On voit que le général Brière, dont les services avaient depuis dix-huit mois été au-dessus de tout éloge, demandait patriotiquement de rentrer dans le rang. En Crimée, Canrobert avait lui-même réclamé l'honneur de servir sous les ordres de Pélissier, son subordonné de la veille.

Le général Roussel de Courcy était le cinquième commandant du corps expéditionnaire du Tonkin. Avant lui, le général Bouët, l'amiral Courbet, le général Millot et le général Brière de l'Isle avaient eu successivement la direction des opérations militaires.

Par suite de la nouvelle organisation, tous les pouvoirs se trouvèrent concentrés entre les mains du général de Courcy, qui ne fut pas seulement investi du commandement supérieur militaire, mais qui réunit, en outre, l'autorité administrative et les pouvoirs diplomatiques précédemment conférés à M. Lemaire, notre résident général en Annam. Un décret lui donna le droit de nommer à titre provisoire aux vacances revenant au tour du choix (soit une vacance sur deux), qui se produiraient dans les corps de troupes de toutes armes et de divers services, jusques et y compris le grade de capitaine ou le grade correspondant dans les hiérarchies spéciales. De plus, il fut autorisé à conférer, également à titre provisoire, des décorations d'officier et de chevalier de la Légion d'honneur et des médailles militaires dans des proportions numériquement déterminées.

Dès le 14 avril, le général Brière de l'Isle adressa à la population une proclamation pour l'informer de la signature des préliminaires de paix et envoya des émissaires annoncer la cessation des hostilités; mais, avant qu'ils eussent pu se mettre en communication avec les mandarins militaires, ceux-ci, après s'être fortifiés à Dong-Son, firent attaquer Kep par environ 2,000 hommes. Ces réguliers chinois furent repoussés au delà de Bac-Lé avec des pertes sensibles, tandis qu'un seul des nôtres fut tué (14 avril). Le même jour, les canonnières *Henri-Rivière* et *Éclair*, en faisant une reconnaissance sur la rivière Noire, reçurent quelques coups de fusil; une sortie de la garnison d'Hong-Hoa mit en déroute les agresseurs.

Dès le lendemain, la suspension des hostilités commença. Des parlementaires se présentèrent aux avant-postes de Kep pour donner l'assurance que les lettres du général Brière de l'Isle avaient été envoyées au général en chef de Lang-Son, et en effet les Chinois rétrogradaient vers le Kouang-Si. Une mission impériale partit de Hong-Kong, le 21, pour le Tonkin : elle était composée de deux Européens, MM. Woodruff et Volcipelli, l'un directeur, l'autre sous-directeur des douanes de Canton ; des quatre mandarins Kouang-Ky-Chien, Vi-Chan-Thanh, Ton-Hon-Huên et Tru-Fien-San, et d'une suite de douze Chinois. Les commissaires furent reçus par le général Brière, entouré de son état-major en grande tenue. M. Sylvestre, directeur des affaires civiles et politiques, assistait à cette réception, ainsi que le général de Négrier, complètement remis de sa blessure.

La prestance du général Brière de l'Isle eut l'air d'en imposer aux Chinois. Le général, après quelques mots de politesse et d'usage, leur dit que, comme militaire, il regrettait que la paix se fît, car avec les renforts qu'il attendait, et en profitant de la saison des pluies, il aurait pu refouler et chasser du Tonkin les armées chinoises et remonter jusqu'à la frontière, mais que, comme diplomate, il était heureux de voir cesser une guerre qui n'avait que trop duré. Le chef de la mission lui répondit qu'il ne pouvait trouver ni un mot ni une expression pour rendre le bonheur qu'il éprouvait de voir que cette guerre sans but allait se terminer par une honorable paix pour tous. Le général de Brière présenta aux Chinois le général de Négrier. Ceux-ci, après de grandes salutations, lui serrèrent les mains et lui firent dire par leurs interprètes qu'ils étaient heureux de connaître un aussi brave et un aussi loyal soldat. Le général de Négrier leur répondit en anglais qu'il était extrêmement flatté, mais qu'il n'était pas mort, comme le bruit en avait couru en Chine ; qu'au contraire, il était en parfaite santé et prêt à retourner à la tête de ses braves.

Immédiatement, les commissaires allèrent présider aux détails de l'évacuation, et le 5 mai, l'armée du Kouang-Si avait définitivement opéré son mouvement de retraite ; celle du Yunnan l'imita bientôt.

Le général de Courcy était arrivé à Hanoï le 3 juin. Peu de temps après, il alla présenter au roi d'Annam les lettres de créance qui l'accréditaient auprès de la cour de Hué en qualité de représentant de la République française. Accompagné d'un bataillon de zouaves et d'une compagnie de chasseurs à pied, il débarqua le 2 juillet à Thuan-An, où il fut reçu par notre chargé d'affaires et deux ministres annamites. Il entrait à Hué le même jour à trois heures, et son arrivée était annoncée par le canon français et le canon annamite. Les pourparlers pour la remise en audience solennelle des lettres de créance dont il était porteur avaient été engagés immédiatement ; mais les négociations, compliquées de questions d'étiquette, étaient laborieuses et n'aboutissaient point. Les principales difficultés étaient dues au mauvais vouloir évident du ministre des rites, Nguyen-Van-Chuong, et de celui de la guerre, Ton-That-Thuyet, qui, sous prétexte de maladie, évitaient toute relation avec nous et restaient invisibles.

Le 3 juillet, le général en chef prit le parti d'attendre en patience le résultat des délibérations de la cour et continua l'installation dans la concession française des troupes nouvellement débarquées. La garnison française de Hué comprenait alors :

1° La 27ᵉ compagnie du 1ᵉʳ régiment d'infanterie de marine, qui occupait la partie de la citadelle concédée à la France. Effectif : 4 officiers, 185 hommes ;

2° Les 27ᵉ et 30ᵉ compagnies du 4ᵉ régiment d'infanterie de marine, casernées près de la légation de France. Effectif : 6 officiers, 150 hommes ;

3° La 22ᵉ batterie d'artillerie de marine, dans la concession. Effectif : 2 officiers, 28 hommes, 6 pièces de 4 de montagne, 5 pièces de 12, 3 canons-revolvers et 2 mitrailleuses.

A ces 375 hommes, il faut ajouter les troupes amenées par le général de Courcy comme escorte d'honneur, soit un bataillon du 3ᵉ zouaves (16 officiers, 870 hommes), une compagnie du 11ᵉ chasseurs (3 officiers, 154 hommes) installée dans la concession. De sorte que le total des troupes françaises à Hué était, à la date du 3 juillet, de 31 officiers, 1,387 hommes, 17 pièces d'artillerie. En outre, la canonnière *Javeline* était mouillée dans la rivière, à peu de distance de l'angle de la citadelle occupée par les troupes françaises. Son armement était de 1 canon de 16 centimètres, 1 obusier de 4 de montagne, 2 canons-revolvers.

Le général en chef, le 4 au soir, ne se doutait pas des préparatifs faits par l'armée annamite pour l'attaquer cette même nuit; il avait reçu fort paisiblement, à la légation, dans la soirée, les officiers de la garnison, pour traiter avec eux de différentes questions relatives à l'installation.

Cependant, on assure que les 3 et 4 juillet M. de Champeaux fut avisé à chaque instant, par des espions, que les Annamites faisaient de formidables préparatifs dans la citadelle; qu'ils construisaient des pare-balles et des approvisionnements de batterie; que le prince Thuyet avait fait distribuer à ses 30,000 soldats leurs rations de riz de campagne et que, pour parer à toute éventualité, il avait dirigé sur Can-Lo trois cents caisses remplies de lingots d'argent, d'armes, de munitions de guerre.

Et cependant le colonel Pernot, qui commandait les troupes du Mang-Ka, ne fut point avisé de ces mouvements menaçants.

C'est évidemment qu'on n'y croyait pas; par exemple, ce qu'il y eut de fâcheux, c'est que, pour ne pas effaroucher les mandarins annamites, qui s'étaient toujours plaints de la promiscuité des militaires, le général de Courcy défendit à nos troupes de se montrer dans la partie annamite de la citadelle, où les officiers de la garnison avaient l'habitude d'aller se promener.

Ce qui permit à Thuyet de faire ses derniers préparatifs sans se gêner et sans que l'éveil pût être donné à notre concession.

Le général de Courcy croyait bien à la traîtrise des Annamites, mais il les avait en si profond mépris qu'il ne les jugeait pas capables de tenter un coup de force, même Thuyet, contre lequel il était très monté, et pour cause.

Un rapport de police l'avait averti que le ministre de la guerre, qui continuait à faire le malade, avec l'intention bien arrêtée de ne pas assister à l'audience que lui donnerait le roi d'Annam, et qu'il restait à la tête des troupes, afin d'être prêt à agir si nous tentions quelque mouvement.

Enfin, que le premier régent, Nguyen-Van-Thuong, avait une grande peur de Ton-That-Thuyet, dont il était obligé de subir tous les conseils.

Ce rapport aurait bien pu être rédigé par Thuong lui-même, s'il ne le fut par un de ses agents, car il ajoutait :

« Les femmes du palais royal, celles de certains mandarins qui veulent la paix, ainsi que la population, sont inquiètes de voir que les deux parties ne s'accordent pas. Le régent Thuong et le prince Hoaï-Duc ont, depuis quelques jours, fait des instances auprès de Thuyet pour qu'il vienne voir M. le commandant en chef, mais celui-ci ne veut pas les écouter. Il leur dit qu'il craint que nous ne l'empoignions (sic) et que nous ne le traitions comme le tong-doc de Haï-Dzuong. »

« A une heure du matin, écrivit un officier, au signal donné par un coup de canon, l'attaque commence simultanément contre la légation et contre la concession.

« Des bandes d'Annamites, munies d'engins incendiaires, bousculent les sentinelles, se ruent sur les paillotes où dorment les soldats et y mettent le feu. De tous côtés des incendies s'allument, avant même que l'éveil ait pu être donné. Les hommes se lèvent, prennent leurs fusils et leurs cartouches et, après un moment d'effarement bien naturel, se groupent autour de leurs officiers, qui prennent les dispositions nécessaires pour repousser l'attaque.

« A la citadelle, les Annamites, se glissant par le canal, avaient réussi à pénétrer dans l'intérieur de la concession ; mais bientôt les zouaves les repoussent à la baïonnette avant qu'ils aient pu achever leur œuvre incendiaire, qu'ils essayent d'ailleurs de continuer du dehors en lançant des fusées.

« Dès que les incendiaires sont rejetés en dehors de la concession, les dispositions suivantes sont prises pour la défense :

« Les 3ᵉ et 4ᵉ compagnies du bataillon de zouaves sont réparties aux postes et sur les cavaliers de niveau, avec le parapet de la citadelle face au sud.

La 1ʳᵉ compagnie garnit le mur entre les deux canaux, à droite et à gauche de la caponnière ; la 2ᵉ compagnie reste en **réserve**. Les chasseurs à pied, se plaçant à la droite de la 1ʳᵉ compagnie de zouaves, occupent le mur crénelé faisant face à l'ouest. **La compagnie d'infanterie de marine garde la porte de Mang-Ca et occupe le parapet au-dessus de cette porte.** »

L'artillerie ouvrit d'abord son feu avec trois pièces de 4 de montagne, le canon-revolver et les deux mitrailleuses de la **caponnière**.

# RETOUR DES TROUPES EN FRANCE

Réception faite aux Troupes à leur arrivée à Paris
par les Habitants du XII° arrondissement

(D'après une photographie instantanée)

Puis, les six pièces de 12 entrèrent en action. La *Javeline* dirigea son feu sur la face nord-est de la citadelle.

Les attaques de l'infanterie ennemie étaient fréquentes, mais décousues et mal dirigées. Par contre, le bombardement se prolongeait avec fureur. Le tir, mauvais d'abord, sembla se rectifier, et bientôt les deux faces du mur d'enceinte de la concession se trouvèrent enfilés. La situation ne pouvant sans inconvénient se prolonger ainsi, deux colonnes d'attaque furent organisées un peu avant le jour, en arrière des portes. La 2ᵉ compagnie de zouaves forma la colonne de gauche, les chasseurs à pied celle de droite. Un petit détachement d'infanterie de marine servit de guide à chaque colonne, les zouaves et les chasseurs ne connaissant pas la ville. La 3ᵉ compagnie de zouaves soutint l'attaque de gauche ; la 4ᵉ, celle de droite. La première resta provisoirement en réserve entre les deux colonnes d'attaque. Les hommes de la compagnie d'infanterie de marine furent employés, partie comme auxiliaires d'artillerie, l'effectif de la batterie étant très faible, partie comme guides pour les colonnes d'attaque et partie en réserve dans la concession. L'artillerie allongea son tir.

A 4 heures 45, les colonnes d'attaque sortirent de la citadelle.

La colonne de gauche suivit la ligne des remparts de la face est s'arrêta un instant au canal, puis vint prendre position à l'angle des deux faces est et sud, où elle arriva vers 6 heures 45. Deux pièces de 4 suivirent cette colonne jusqu'au canal, où elles se mirent en batterie à 6 heures 15. La colonne de droite suivit la face nord ; elle enleva le deuxième mirador ; puis, changeant brusquement de direction, elle se dirigea vers le sud ; à ce moment, elle fut renforcée d'une section de la 4ᵉ compagnie et d'un peloton de la 3ᵉ compagnie du bataillon de zouaves. L'autre peloton de la 3ᵉ compagnie de zouaves, laissé d'abord à la garde du canal, le franchit vers 6 heures 30 et se dirigea sur le quartier des ministères, dont il s'empara après une vive résistance et un retour offensif de l'ennemi. A 7 heures 15, ce peloton arriva à la porte est du palais. La 4ᵉ compagnie de zouaves, qui suivait l'attaque de droite, laissa les chasseurs opérer leur changement de direction et continua sa marche en tenant toujours la ligne des remparts. Elle arriva à 7 heures 30 au canal et s'y arrêta. A huit heures, apercevant une grande quantité de fuyards, elle se porta en avant pour leur couper la retraite ; elle réussit à en arrêter un grand nombre et poursuivit les autres à coups de fusil du haut des remparts.

« La 1ʳᵉ compagnie de zouaves, raconte un témoin, sortie par la brèche du canal vers cinq heures un quart, forme un échelon en arrière à droite de la deuxième, passe à six heures le pont de pierres ; arrêtée au débouché par des explosions, elle repasse le pont, qu'elle ne parvient à franchir définitivement qu'à 6 heures 45. Elle suit alors la grande artère qui mène à la porte est du palais du roi, où elle rallie le peloton de la troisième et quelques hommes de l'infanterie de marine. Toute cette troupe attaque alors la porte du palais, qu'aucun effort ne peut ébranler. On finit par trouver une issue qui permet de déboucher sur la vaste place d'armes en avant du palais. L'ennemi a complètement évacué la place ; les derniers groupes de fuyards disparaissent dans la direction de l'ouest.

« Il est 7 heures 40. La citadelle est entièrement en notre pouvoir. Le pavillon annamite est amené et remplacé par le drapeau français.

« Du côté de la légation, l'attaque des Annamites, commencée exactement à la même heure, avait été conduite de la même manière. Repoussés, après avoir mis le feu aux casernements, les soldats ennemis cherchent à incendier l'hôtel de la légation en lançant des fusées, mais ils ne réussissent qu'à brûler les dépendances.

« L'hôtel de la légation est organisé en réduit ; des tireurs sont placés aux fenêtres ; un poste occupe le télégraphe qui, fort heureusement, n'a pas été coupé. Le reste du détachement d'infanterie de marine est employé à la défense extérieure et opère de vigoureux retours offensifs. Au point du jour, deux pièces d'artillerie sont amenées par l'ennemi et mises en batterie à une faible distance de la légation et ouvrent le feu sur la face ouest du bâtiment. Mais elles sont bientôt prises à revers par une section d'infanterie de marine qui parvient à s'en emparer.

A ce moment l'ennemi se retire et la fusillade cesse, mais en même temps les pièces d'artillerie de la face sud de la citadelle ouvrent un feu vif et bien dirigé sur l'hôtel de la légation, qui est bientôt criblé de boulets. Ce bombardement, qui a duré environ deux heures, prend fin au moment où les zouaves, avançant dans la citadelle, prennent à revers les pièces de la face sud.

« On peut estimer à 22,000 le nombre des Annamites qui nous ont attaqués, soit 15,000 à la citadelle et 7,000 à la légation.

« De notre côté, nous avions 1,237 hommes à la citadelle et 150 à la légation.

La marche en avant de nos troupes dans la citadelle a commencé à 4 heures 45 du matin, et à 7 heures 40, c'est-à-dire moins de trois heures après, le succès était complet.

« Les pertes de l'ennemi sont considérables ; 1,200 à 1,500 cadavres ont été enterrés par nos soins.

« De notre côté, nous avons eu 2 officiers et 9 hommes tués ; 5 officiers et 71 hommes blessés. »

Voyant que l'attentat tournait mal, Nguyen-Thuong avait emmené le jeune roi, avec quelques troupes, dans la forteresse de Cam-Lâ (province de Kouang-Tri), située au milieu de plaines cultivées, au débouché des montagnes qui séparent le bassin de la mer de Chine de celui du centre de l'Indo-Chine. Quant au régent, Nguyen-Van-Thuong, plus adroit que les autres, il resta dans son palais au ministère des finances, et fit immédiatement sa soumission. Le général de Courcy adressa au peuple un manifeste portant sa signature et celle de Thuong, flétrissant l'agression de Thuyet, et invitant en termes respectueux le roi et la reine à regagner Hué. Tous les princes du sang et la reine mère rentrèrent, en effet, à la légation de France. En l'absence du jeune roi, prisonnier de Thuyet, la famille royale désigna comme régent Thon-Xuan, oncle de Tu-Duc. Le comat ou conseil secret fut réorganisé avec ceux des ministres qui parurent moins hostiles à notre domination, et M. de Champeaux, notre résident, reçut le portefeuille de la guerre. Quant à Nguyen-Van-Thuong, il fut écarté du pouvoir, car on ne tarda pas à acquérir la certitude que sa soumission était feinte et qu'il ne cessait de tremper dans toutes les intrigues dirigées contre nous. Le tong-doc de Hanoï, très populaire, fut confirmé premier ministre du royaume d'Annam, et chargé d'une mission royale au Tonkin, avec le titre de vice-roi.

Le général de Courcy s'empressa de faire occuper par un bataillon le fort de Dong-Hoï, chef-lieu du Kouang-Binh. A une petite distance au sud de la rivière de même nom, les montagnes se rapprochent beaucoup de la côte, et ne laissent entre elles et le littoral qu'un passage assez étroit et facile à défendre ; de sorte que, par l'occupation de Dong-Hoï, les communications se trouvèrent interceptées entre les bandes de Thuyet et les provinces limitrophes du Tonkin ; nous devînmes maîtres de la route royale, celle qui part de Hué et continue par Hanoï jusqu'à la frontière de Chine, et en même temps de celle qui se dirige vers la région forestière, à peu près perpendiculairement à la première.

Cependant, l'ennemi avait encore à sa disposition la fameuse route de montagnes construite depuis la prise de Thuan-An et notre installation à Hué, afin de permettre les communications entre les troupes annamites et les forces qui nous disputaient le Tonkin. Le général de Courcy fit donc occuper un point de cette route par des tirailleurs tonkinois, dans l'espoir que cette opération suffirait pour tenir en respect les insurgés et les empêcher de se répandre dans le Ngé-Anh et le Thanh-Hoa, où Thuyet comptait de nombreux partisans. Au mois d'août, la citadelle de Thanh-Hoa elle-même fut occupée sans combat par un détachement de 500 hommes d'infanterie de marine ; puis, ce fut le tour de la citadelle de Bin-Dinh, d'où les lettrés dirigeaient impitoyablement le massacre des missionnaires et des chrétiens établis dans la province : chemin faisant, le général Prudhomme dut, pendant trois jours, culbuter les bandes ennemies, mais il les culbuta si bien que, lorsqu'il se présenta devant la place, le drapeau blanc fut arboré avant l'attaque.

Cependant, le jeune roi était toujours prisonnier de Thuyet, de sorte que le trône d'Annam restait inoccupé. A tort ou à raison, le général de Courcy résolut, avec l'assentiment du gouvernement français, de le remplacer. Conformément aux vœux de la famille royale et du comat, Mé-Trieu, prince Sang-Mong, fils adoptif de Tu-Duc, fut solennellement installé à Hué, le 14 septembre, et prit le titre de Khan-Ky. Le couronnement eut lieu le 19.

Peu de temps après, l'ex-régent Thuong, qui continuait à intriguer, fut mis en état d'arrestation, puis déporté.

. Ici se termine le récit de cette campagne du Tonkin, si fertile en incidents; si extraordinaire par les brusques surprises diplomatiques, politiques et militaires inopinément survenues en cette période de deux ans; campagne qui a dévoré tous les commandants de corps d'armée, depuis le premier, l'humble lieutenant de vaisseau Francis Garnier, jusqu'au dernier, le général de Courcy, en passant par Henri Rivière, Bouët, Courbet, Millot et Brière de l'Isle; qui a rappelé au monde, et surtout aux puissances européennes que la vaillance française n'était pas morte et que la tactique militaire n'avait pas succombé dans les plaines de France, en 1870; qui a montré aux marines étrangères que les officiers et les équipages français possédaient la plus belle instruction nautique.

Campagne terrible, il est vrai, mais revivifiante, moralisatrice à tout l'élément militaire, qui a appris beaucoup et fait surtout espérer davantage en l'avenir.

La grande guerre est terminée au Tonkin, la pacification est chose accomplie, aujourd'hui; les effectifs des corps expéditionnaires de terre et de mer sont rentrés. Seules les troupes ordinaires de garnison sont restées à demeure sous le commandement du général Jamais.

Au surplus, on a institué quatre régiments de tirailleurs tonkinois, à 4 bataillons de 4 compagnies, pour lesquels il a été créé 336 emplois d'officiers, savoir :

    4 de colonels ou lieutenants-colonels;
    32 de chefs de bataillon;
    100 de capitaines;
    100 de lieutenants;
    100 de sous-lieutenants.

Les cadres de sous-officiers français sont en rapport avec celui des officiers.

Quant à l'organisation, le gouvernement a fait connaître, par voie parlementaire, ses projets pour l'organisation administrative, judiciaire et financière du Tonkin.

Un rapport de M. Lanessan, distribué aux députés, le 8 juillet, contenait la note suivante, à lui communiquée par le ministre de la marine et des colonies :

« Le département des colonies n'a pas attendu qu'une demande lui fût adressée par l'autorité militaire pour préparer une organisation complète des provinces du Tonkin. Il est, dès maintenant, en mesure de fournir au commandant en chef tous les renseignements nécessaires au point de vue politique, administratif et commercial. Un projet a été préparé, de concert avec M. de Champeaux, sur l'organisation administrative du Tonkin ; il a communiqué au ministère des affaires étrangères, qui a été d'avis d'attendre, la ratification du traité de Hué.

« Un autre plan, relatif à l'organisation du personnel des résidences, a été également élaboré au service des colonies. Ce projet suit naturellement le sort du premier. Toutefois, on a donné à M. de Champeaux, à son départ, une copie de chacun des deux projets, en l'invitant à les soumettre à l'examen de M. Lemaire et à nous faire connaître son avis.

« Enfin, un projet d'organisation judiciaire a été préparé au département ; il a été concerté avec le ministère de la justice et à reçu même, sauf quelques modifications, l'assentiment du ministère des affaires étrangères.

« Le service des douanes fonctionne actuellement à Haï-Phong, à Hanoï, à Nam-Dinh, à Hong-Hoa, à Quan-Yen, à Qui-Nhone et à Tourane, soit sept bureaux installés.

« Le service des ponts et chaussées comprend en ce moment, au Tonkin, un ingénieur colonial ayant le diplôme d'ingénieur des arts et manufactures, et deux conducteurs des ponts et chaussées, provenant de Cochinchine.

« De plus, un ingénieur en chef, qui serait le directeur de tout le service, a été demandé au département des travaux publics.

« Le service des mines n'est organisé que d'une façon provisoire. Il le sera définitivement quand le gouvernement aura réglementé l'exploitation des mines en Annam et au Tonkin. Une commission siégeant à Paris a élaboré un projet sur le régime et l'exploitation des mines. Un ingénieur colonial des mines a été envoyé, le 1$^{er}$ mars dernier, avec trois maîtres ouvriers mineurs.

« Le service financier a été constitué au mois de mai 1883. Il comprenait un payeur particulier chef de service, un payeur adjoint et quatre commis de trésorerie. En décembre suivant, deux nouveaux payeurs adjoints furent attachés au corps expéditionnaire. Par deux dépêches en date des 30 juin et 4 juillet 1884, le département a prescrit l'établissement au Tonkin d'un bureau d'informations commerciales et d'un service de renseignements.

« Le bureau d'informations commerciales a pour objet de réunir un ensemble de renseignements et de données statistiques de nature à éclairer les négociants et les industriels de la métropole sur les cultures du Tonkin et de l'Annam, sur les productions du pays, sur l'industrie manufacturière, maritime et minière, sur le commerce d'importation et d'exportation, sur les moyens de communication entre l'Annam, le Tonkin, le Laos et les provinces méridionales de la Chine.

« Il doit aussi faire des études, au point de vue économique et commercial, sur chaque ville importante, sur chaque province, et compléter ces notices par des renseignements géographiques précis. Le bureau d'informations a été institué par une décision du général Millot, en date du 29 août 1884; la direction en a été confiée à un agent spécial. »

Sur une décision du 23 novembre 1884, une chambre de commerce a été créée à Haïphong. Elle comprend quatre membres français, un membre étranger et le chef du service des douanes, sous la présidence du résident.

La Banque de l'Indo-Chine a été autorisée, par arrêté ministériel du 30 mars 1884, à établir une succursale à Haïphong.

L'administration y est solidement établie, intelligemment pratiquée, tout entière en des mains civiles, sous la direction d'un résident général civil; le meilleur qu'on eut pu choisir, un des plus illustres savants français, M. Paul Bert.

M. Paul Bert a trouvé un terrain déjà préparé intelligemment, par le général Warnet, successeur intérimaire du général de Courcy; M. Paul Bert a compris, dans sa haute intelligence, tous les bienfaits de l'organisation civile dans un pays pacifique, et il applique, en ce moment, ses idées administratives au mieux des intérêts de la France et de cette belle colonie.

Voici du reste la proclamation qu'il a adressée au peuple tonkinois, proclamation qui a produit plus d'effets bienfaisants que la plus belle victoire, et que tous les Français de cœur ont applaudie :

« *Le membre du Hann-Linn de France, envoyé extraordinaire et résident général en Annam, aux populations tonkinoises.*

« Le gouvernement de la République française m'a choisi pour le représenter et être ici l'interprète de ses volontés.

« Depuis longtemps, dans mon pays, je me suis appliqué à connaître et à défendre les intérêts de ce peuple d'Annam, si laborieux et si intelligent.

« L'ardent désir qu'en toute occasion j'ai manifesté de le voir prospérer et jouir en paix du fruit de ses riches cultures a été la cause déterminante de la mission que l'on m'a confiée et que j'ai acceptée avec bonheur, bien que j'aie dû, pour la remplir, abandonner provisoirement mon pays, et d'importants travaux scientifiques et législatifs.

« Je viens chez vous avec la ferme intention d'examiner sur place la situation du pays et de m'enquérir de vos besoins.

« Des malentendus nous ont divisés; nos relations ont été gravement troublées; au lieu d'échanger paisiblement de la soie, nous avons brutalement échangé du plomb; le sang a coulé, et nous avons senti que les sentiments d'estime dont nous étions réciproquement animés s'altéraient dans nos cœurs.

« J'ai scrupuleusement étudié les causes de ces divisions regrettables, et mon premier soin sera d'éviter de faire prendre à mon gouvernement les chemins difficiles et dangereux où d'autres se sont précédemment engagés.

« La France est un pays prospère et riche en ressources de toute nature. Si des Français quittant leur famille viennent se fixer sur votre territoire, il faut que vous sachiez que ce n'est nullement dans la pensée de s'emparer de vos terres ni de vos récoltes, mais, au contraire avec l'intention d'augmenter la prospérité générale en donnant de la plus-value à vos domaines, en facilitant vos exploitations agricoles déjà si habilement conduites par la création de voies de communications aisées, par la mise en valeur des richesses que recèlent vos mines, et par la protection que nous accorderons à vos transactions commerciales avec les peuples étrangers.

« Les Français ont pour cela des moyens que les Annamites ne possèdent point : ils ont les capitaux, l'outillage et une grande expérience des affaires ; ils sont vos frères aînés. De même que les Chinois autrefois ont amélioré votre état social, en vous apportant leur civilisation, en vous initiant aux travaux de leurs législateurs, de leurs philosophes et de leurs littérateurs, de même les Français qui viennent aujourd'hui chez vous amélioreront votre situation agricole, industrielle et économique, et élèveront votre niveau intellectuel par l'instruction.

« Les Français n'ont pas davantage l'intention d'usurper les fonctions publiques. Elles seront conférées par mes soins aux plus dignes d'entre vous.

« Rien ne sera changé dans vos rites, dans vos usages ; vos traditions seront respectées ; vous continuerez à être soumis à vos mêmes lois et règlements, et je veillerai avec soin à ce que pas un Tonkinois ne fournisse indûment une journée de corvée, ne paie indûment une sapèque d'impôt.

« Les cantons et les villages seront administrés comme autrefois ; votre système communal ne sera pas modifié ; vous choisirez vous-mêmes vos notables ; ils seront spécialement chargés de la répartition de l'impôt et prendront sous leur responsabilité, dans l'étendue de leur territoire administratif, telles mesures de police qui leur paraîtront utiles pour la sauvegarde de vos biens et de vos personnes.

« Pour m'éclairer dans les graves questions d'intérêt général, je réunirai à Hanoï un conseil composé de délégués que vous élirez dans chaque province parmi les notables.

« Ils me transmettront les vœux de la population et m'éclaireront sur ses besoins. Je m'inspirerai de leurs conseils dans toutes les questions qui l'intéressent directement, comme celles de création ou d'entretien de voies de communication, d'exploitation des mines.

« Je les tiendrai au courant de mes actes et leur indiquerai les volontés de la France, qu'ils feront ensuite connaître aux habitants.

« Je ne puis vous donner une plus grande preuve de ma confiance et de ma sincérité. Les populations m'en sauront gré, et je compte sur leur concours dévoué pour faire prospérer à jamais, sous le protectorat définitivement établi de la France, ce pays du Tonkin, berceau de l'Annam, où tant de dynasties illustres se sont succédé. »

Cette belle et patriotique proclamation, que tous les esprits judicieux ont approuvée sans restriction, est venue à point pour calmer les susceptibililités des derniers opposants.

## CONCLUSION

La France possède maintenant l'immense empire colonial indo-chinois rêvé par elle, depuis vingt-cinq ans; il s'étend du golfe de Siam aux montagnes de la Chine et comprend la Cochinchine, le Cambodge, l'Annam et le Tonkin.

C'est un domaine de trente-six mille lieues carrées, ayant une population égale à la moitié de celle de la métropole et une étendue supérieure.

A la France africaine, on a ajouté la France indo-chinoise !

Mais n'oublions pas que la possession politique d'une colonie a peu d'influence sur son commerce; militairement, ce nouvel empire est à nous, et commercialement il pourrait être aux autres nations.

C'est ce qu'il importe d'éviter, et le gouvernement ne peut rien; les négociants et industriels français peuvent seuls faire qu'ils soient ou ne soient pas les maîtres de l'empire indo-chinois.

Que l'industrie française modifie ses habitudes, qu'elle vende ses produits là-bas, au même taux de bon marché des produits étrangers, qu'elle consulte le goût de ses clients avant de lui imposer le sien.

La victoire commerciale, c'est le bon marché et la meilleure fabrication. Si les industriels français ne comprennent pas ce nouveau genre de tactique, nous aurons vaincu, au Tonkin, en faveur de l'étranger.

Les vœux formulés dans notre conclusion commencent à être pris en considération ; on y satisfait déjà et tout indique un excellent point de départ commercial et industriel au Tonkin.

Ce point de départ, nous le trouvons expliqué dans la lettre suivante, datée de Hanoï, du 23 avril 1886, arrivée en France le 2 juin, et renfermant les dernières nouvelles détaillées de la colonie.

Nous ne saurions mieux terminer ce récit de conquête que par la publication de cette lettre rasserénante, véritable message de paix et de confiance après la bataille, prodrôme de tranquillité et de bonheur :

« Hanoï, 22 avril 1886.

« L'ouverture du fleuve Rouge et l'entrée de nos troupes à Lao-Kay, ne sont plus des nouvelles fraîches, mais ce problème de la navigabilité du fleuve Rouge est posé depuis si longtemps, depuis si longtemps discuté, que les nouvelles du grand fleuve sont encore à Hanoï, le gros attrait de la quinzaine. Et d'abord, disons-le tout de suite, même aujourd'hui la *grande artère commerciale* a encore ses fidèles et ses incrédules. Ses incrédules, ce sont, qui le croirait, les marins. Oui, les marins, les vrais, n'admettront jamais qu'un bateau, bateau digne de ce nom, s'entend, puisse remonter le fleuve jusqu'à Lao-Kay. D'abord, disent-ils, toutes nos canonnières s'échouent à hauteur de Hong-Hoa. Eh oui, les canonnières s'échouent, mais ne pourrait-on pas remonter plus haut en jonque. La jonque, voilà le gros mot lâché. Mais prendriez-vous donc une jonque pour un bateau ? Une jonque n'a ni pont, ni machine, ni canons, ni équipage ; est-ce qu'un lieutenant de vaisseau pourra jamais monter sur une jonque ? Autant vaudrait un radeau.

« Pour nous autres, simples pékins, nous dirons tout uniment que la jonque, sans être un bateau, sert à aller sur l'eau, et que nombre de jonques remontent le fleuve Rouge, soit avec, soit derrière la colonne Maussion. — Un pékin qui croit à la navigabilité du fleuve Rouge, c'est M. Wibaux, de la maison Pottier et Wibaux, lequel a lancé dix jonques chargées de sel à la suite de l'arrière-garde, et les aura prochainement échangées à Mangao contre de bons écus sonnants. Il est vrai que ses jonques ont touché le sable plus d'une fois et sont restées quelques jours en panne en attendant la première crue. Mais c'est un accident qui arrive même sur la Seine. — Un autre terrien qui y croit encore mieux, c'est l'intendant Baratier, lequel n'a pas craint de mettre sur jonques tous les approvisionnements de la colonne de Maussion. Ces utiles embarcations ont suivi pas à pas nos soldats sans le moindre accroc ni le plus léger retard. Il est vrai que le modèle en avait été spécialement étudié, et qu'on peut dire que ce sont les premiers bâtiments construits par nous spécialement pour la remonte. Ces jonques portaient chacune dix tonneaux, c'est-à-dire autant que cent mulets.

« Si l'on pense que le quintal transporté de Bac-Ninh à Lang-Son revient à notre administration à 100 francs, — je dis bien cent francs, — et que la distance de Bac-Ninh à Lang-Son n'est pas le tiers de celle d'Hanoï à Lao-Kay, on conviendra que ce fleuve tant discuté est un moyen de transport bien économique. Il y a plus de deux mois que le colonel de Maussion est parti ; eh bien ! l'on estime que la dépense nécessitée pour les transports de son expédition ne dépassera pas 60,000 francs. Il y a de quoi faire rêver nos bons revenants du Deo-Quan du temps où il fallait dix mille coolies à la division Brière de l'Isle, qu'on payait ces coolies trente sous par jour, — et qu'on n'en trouvait pas.

« Les rares voyageurs qui ont descendu le fleuve et sont restés à Hanoï depuis que nos troupes sont à Lao-Kay font des récits enthousiastes. Le plus enthousiaste de tous est certainement M. Gatten, l'ingénieur des ponts et chaussées, qui a trouvé moyen, sous prétexte d'hydrographie, de dépasser les avant-postes et de saluer le premier la petite citadelle, objectif de tout l'hiver.

« Il paraît qu'il a reçu quelques coups de fusil, ce que les militaires lui pardonneront difficilement. Pourquoi est-il allé chasser sur leurs terres ? On lui a déclaré procès-verbal, et il rentrait à Hanoï assez penaud pour s'y faire juger.

« Mais les juges ont leurs faiblesses, l'ingénieur avait du nouveau, on l'interrogea si longtemps qu'on finit par oublier de le condamner ; il fut remercié, complimenté, fêté, et les plus farouches, une fois leur curiosité à moitié satisfaite, pensaient qu'après tout il avait fort bien fait. Il déclare que les rives du fleuve sont méconnaissables depuis que nos soldats ont passé par là. A peine pouvait-on distinguer à la montée quelques paillottes enfouies au milieu des roseaux et des bambous ; d'habitants, pas trace ; de routes, pas davantage. Au retour, au contraire, il voit des paysans partout, les hauts bambous ont été coupés et remplacés par de petites haies sèches qui laissent circuler l'air, et pénétrer dans les villages le regard du voyageur. Les gens paraissent honnêtes et saluent, les roseaux ont disparu, tout un monde fourmille dans la vallée, courbé sur la glèbe qui gémit, et se prépare à recevoir l'inondation bienfaisante. Notre directeur des travaux croise les jonques de M. Wibaux, puis d'autres embarcations que la spéculation entraîne vers le nord, au rebours du courant.

« Les Chinois de la frontière du Yunnan se mettent eux-mêmes en frais. Un des leurs, envoyé par un groupe de commerçants, est venu s'assurer auprès du colonel de Maussion que la navigation du fleuve était réellement ouverte. L'échange de tous les métaux a été, paraît-il, complètement interrompu depuis le commencement des hostilités. Naturellement, ces négociants chinois ont reçu avis d'amener au plus vite leurs chargements. On veut leur offrir à Hanoï une petite fête à leur arrivée. Quelques commerçants de la ville ont déjà été présentés à ce sujet par le résident général et nous allons assister à une inauguration : il y aura des pétards, peut-être des discours ; réjouissances complètes.

« Depuis le commencement de nos opérations dans le haut fleuve, nos troupiers ont appris à connaître les Mûongs. Ce sont des indigènes beaucoup plus grands et plus forts que les Annamites. Ils passent pour avoir possédé autrefois tout le Delta, d'où les Annamites les auraient refoulés dans les montagnes. Aussi ont-ils conservé une haine vive et solide contre leurs envahisseurs. Ils bâtissent beaucoup mieux que les Annamites, élevant leurs maisons sur des pilotis à quelques mètres au-dessus du sol, ils constituent de petits villages fort propres.

« Nous avons eu l'heureuse chance d'obtenir tout d'abord, et de garder jusqu'ici toutes leurs sympathies ; un seul d'entre leurs grands chefs se tient à l'écart. Encore a-t-il déjà fait quelques ouvertures et laisse-t-il à penser qu'il sera promptement rallié.

« Il était, d'ailleurs, bien naturel que toutes ces peuplades fissent bon accueil à nos colonnes. Autant l'Annamite, poltron et efféminé, a horreur de la guerre et des soldats, autant le Mùong est d'un naturel fier et guerrier. C'est aussi sur l'état de guerre que sont basées les institutions sociales. Le chef de chaque village n'est plus un mandarin, administrateur civil, c'est un guerrier, plus vieux ou plus vaillant que les autres, un capitaine, un chef militaire en un mot. L'autorité de ces chefs est si absolue, que, bien qu'elle dérive des lois de la famille, il n'est pas rare de voir un vieux guerrier transmettre le pouvoir à son fils et se prosterner ensuite devant lui à la tête des hommes du village. De tels faits seraient impossibles en pays annamite, où l'autorité de l'âge est et demeure indiscutée. — Beaucoup de ces chefs de tribus sont venus offrir le concours de leurs bras à nos colonnes et se déclarent prêts à fournir des compagnies à notre armée, à condition que les Français seuls, à l'exclusion des Annamites, soient appelés à les commander. — Puissent ces bonnes dispositions résister au temps et aux mille piqûres que l'administration fait et fera toujours sentir à ses administrés !

« Les troupes chinoises qui étaient dans le haut fleuve se sont, paraît-il, très correctement comportées, abandonnant pas à pas les points devant lesquels nous nous présentions, et se préoccupant d'empêcher tout pillage en avant de nos colonnes. C'est ainsi que, le matin de notre arrivée à Lao-Kay, les Chinois, qui avaient évacué la ville depuis quelques jours, revinrent et expulsèrent quelques pirates. Ceux-ci avaient audacieusement profité de l'absence de tout possesseur régulier pour exercer leurs rapines dans la ville sans défense.

— FIN —

www.ingramcontent.com/pod-product-compliance
Lightning Source LLC
Chambersburg PA
CBHW070444170426
43201CB00010B/1204